車場業又は①に準ずる事業においては、簡易インボイスを交付することができます。
※インボイスには、返還インボイスの記載事項を追加して記載し、両者を兼ねた書類とすることができます。

(2) 免税事業者の登録等に関する経過措置

項　目	概　要	適用時期	根拠条文
登録申請	免税事業者は、課税事業者選択届出書の提出をせずとも、登録申請書の提出によって、登録希望日から、課税転換してインボイス発行事業者の登録をすることができます。登録希望日は、登録申請書の提出日から15日を経過する日以後の日です。	R11.9.30までの日の属する各課税期間	平28改法附則44④、平30改令15
簡易課税制度の選択	免税事業者がインボイス発行事業者の登録をする場合において、登録開始日を含む課税期間中に、届出書を提出した日の属する課税期間について適用を受ける旨を記載した簡易課税制度選択届出書を提出した場合は、その課税期間の初日の前日に提出したものとみなされます。		平30改令18

(3) 仕入税額控除に関する経過措置

項　目	概　要	適用時期	根拠条文
2割特例	免税事業者がインボイス発行事業者の登録をした場合等には、次の金額（特別控除税額）を控除対象仕入税額（納付税額は売上税額の2割相当額）とすることができます。 $\text{特別控除税額} = \begin{array}{l} \text{課税標準額に対する消費税額} \\ \triangle \ \text{対価の返還等に係る消費税額} \\ + \ \text{貸倒回収に係る消費税額} \end{array} \times 80\%$ ※2割特例適用の翌課税期間に簡易課税制度選択届出書を提出すると、その課税期間から適用することができます。	R8.9.30までの日の属する各課税期間	平28改法附則51の2
少額特例	その基準期間における課税売上高が1億円以下である課税期間又はその特定期間における課税売上高が5,000万円以下である課税期間においては、支払対価の額が税込1万円未満である課税仕入れについては、インボイス保存の要件はありません。	R5.10.1からR11.9.30までの期間	平28改法附則53の2
8割控除	インボイスの交付を受けない課税仕入れのうち、区分記載請求書等保存方式であれば仕入税額控除の適用を受けるものについては、区分記載請求書等の保存を要件に、その課税仕入れに係る消費税等相当額に8割を乗じた金額を課税仕入れに係る消費税額とみなして仕入税額控除の規定を適用します。	R5.10.1からR8.9.30までの期間	平28改法附則52
5割控除	上記の割合が5割となります。		

はしがき

　令和5年10月1日にインボイス制度が開始しました。令和6年度税制改正においては、インボイス制度をメンテナンスする改正が行われました。また、国外事業者に係る消費税の課税の適正化としてプラットフォーム課税の導入が決まり、その前段階として事業者免税点制度の見直し等が行われました。輸出物品販売場制度は、不正行為が問題となり、令和7年度税制改正において購入時に課税した税を出国時に返金する制度への変更という抜本的な見直しを行うこととされました。今改正においては、免税購入された物品だと知りながら行われた課税仕入れは、仕入税額控除の適用対象から除くこととされました。

　本書は、ますます複雑になる消費税について、日々の迅速な判断の一助になることを願って作成いたしました。杉田宗久先生のご監修のもとに、「消費税の基礎実務」においては法人における一般的な取扱いを、輸出入がある場合や国境を越えた役務の提供がある場合、個人事業者である場合等に留意すべき事項は、それぞれの項目ごとに整理して掲げています。また、いつも傍らに置いていただけるよう携帯に便利なハンディタイプにし、図表等を用いて簡潔に記述しています。

　もとより、税法の詳細な解説を行うものではありませんので、ご利用にあたっては、あわせて法令等をご確認いただきますようお願いいたします。

　本書は、宮口定雄先生、杉田先生のご指導の下に版を重ねてまいりました。初版から監修のご尽力をいただいた宮口先生は、平成26年12月22日にご逝去されました。云い尽くせない感謝と祈りを捧げ、宮口先生からいただいた「はしがき」の一部を次に掲げます。

税理士　金井恵美子

　わが国の税財政を考えたとき今後、安定的な税収を確保するために重要な位置付になると考えられる消費税を十分に知ることが、税の実務において重要であるといえます。…この重要性を認識した上でその処理にあたる実務家のために、課税の判定表を1,500例以上掲げ、読者の消費税の課否判定に役立つことを大きな特徴としている「消費税ハンドブック」を手元に常備できることは、実務的に日常の消費税対応が容易になることと思われます。この「消費税ハンドブック」は原則として、その解説を表形式にまとめて記載されています。このことによって、まさに「ハンドブック」（手元書）として消費税の「座右の書」として有用になるものと思われます。

　この「消費税ハンドブック」は、税務に関する実務書として、「税務ハンドブック（拙著）」「相続税ハンドブック（杉田宗久税理士著）」と併せた三書でハンドブックトリオと位置付けられ、多くの実務家からご好評を頂戴しています。

　税理士会における研修会などでご活躍されている、金井恵美子税理士のご研究の成果である「消費税ハンドブック」が消費税実務に携わる諸氏のお役に立ち、今後ますます「座右の書」として重宝され、活用されますことをご期待申し上げ、本書改訂に当たっての言葉とします。

宮口定雄

■納付すべき消費税額の計算の概要

基本的な計算	具体的内容			次頁番号
課税資産の譲渡等の対価に係る消費税額（売上げの税額）	• 課税資産の譲渡等の対価の額（P119） • みなし譲渡と低額譲渡（P124）			→①
	加算	• 償却債権取立益に係る消費税額（P185）		→③
	控除	• 売上対価の返還等に係る消費税額（P181）		→⑤
		• 貸倒れに係る消費税額（P184）		→⑥
△ 仕入れに係る消費税額（仕入れの税額）	一般課税	• 全額控除（P144） • 個別対応方式（P144） • 一括比例配分方式（P151） （課税売上割合 P153）	仕入税額に加算	• 非課税資産の輸出等のための仕入税額（P216） • 免税事業者から課税事業者になった場合の期首在庫に係る税額（P94） • 非課税業務用資産を課税業務用に転用した場合の調整税額（P164） • 課税売上割合が著しく増加した場合の調整税額（P165）	→④
			仕入税額から控除	• 仕入対価の返還等に係る消費税額（P155） • 輸入に係る消費税額の還付税額（P210） • 課税事業者が免税事業者になる場合の期末在庫に係る税額（P95） • 課税業務用資産を非課税業務用に転用した場合の調整税額（P164） • 課税売上割合が著しく減少した場合の調整税額（P165）	→④
				• 控除しきれない金額 →③
	簡易課税（P250）	• 一種類の事業区分の場合 • 複数の事業区分の場合（75％ルールあり）		→④
⇩ 差引税額	売上げの税額＜仕入れの税額のとき　→　還付			→⑧
	売上げの税額＞仕入れの税額のとき　→　納付			→⑨
△ 中間申告納付税額	• 毎月中間申告 • 3ヶ月中間申告 • 年1回中間申告	• 前年度実績による計算（P194）（みなし中間申告あり） • 仮決算による計算（P196）		→⑩
⇩ 納付税額	納付又は還付（P191）			→⑪ →⑫

■申告書の計算欄

項目			計算式等
	①	課税標準額	税込課税売上高の合計額 $\times \dfrac{100}{110}$ （千円未満切捨て）
	②	課税標準額に対する消費税額	①×7.8%
	③	控除過大調整税額	調整計算により算出 （税額控除の調整等、納税額に加算するための調整税額）
消費税額の計算	④	控除対象仕入税額	税込課税仕入高の合計額 $\times \dfrac{7.8}{110}$ ＋輸入に係る消費税額
	⑤	返還等対価に係る税額	課税売上げに係る対価の返還等の金額 $\times \dfrac{7.8}{110}$
	⑥	貸倒れに係る税額	課税売上げに係る貸倒れの金額 $\times \dfrac{7.8}{110}$
	⑦	控除税額小計	④＋⑤＋⑥
	⑧	控除不足還付税額	⑦－②－③
	⑨	差引税額	②＋③－⑦ （百円未満切捨て）
	⑩	中間納付税額	中間申告額 （前期納税実績又は仮決算）
	⑪	納付税額	⑨－⑩
	⑫	中間納付還付税額	⑩－⑨
地方税額の計算	⑰	地方消費税の課税標準額 控除不足還付税額	上記⑧の金額
	⑱	差引税額	上記⑨の金額
	⑲	譲渡割額 還付額	⑰ $\times \dfrac{22}{78}$
	⑳	納付額	⑱ $\times \dfrac{22}{78}$
	㉑	中間納付譲渡割額	中間申告額 （前期納税実績又は仮決算）
	㉒	納付譲渡割額	⑳－㉑
	㉓	中間納付還付譲渡割額	㉑－⑳
消費税および地方消費税の合計税額			⑪＋㉒－⑧－⑫－⑲－㉓

（注）軽減税率が適用される取引がある場合には、税率が異なるごとに区分してそれぞれの税率を適用して計算します。

返還等対価に係る税額及び貸倒れの税額は、その課税資産の譲渡等に適用した税率で計算します。

令和6年度の主な改正

令和6年度税制改正における主な改正点は、次のとおりです。

項目		概要	適用時期
インボイス制度	インボイス不要の要件	帳簿のみの保存により仕入税額控除が認められる自動販売機特例及び3万円未満の回収特例が適用される課税仕入れについて、帳簿への住所等の記載が不要となりました。	R5.10.1から
	8割控除5割控除	インボイス発行事業者以外の者から行った課税仕入れに係る税額控除に関する経過措置について、一のインボイス発行事業者以外の者からの課税仕入れの額の合計額がその年又はその事業年度で10億円を超える場合には、その超えた部分の課税仕入れについて、経過措置の適用が認められないこととなりました。	R6.10.1以後に開始する課税期間から
	経理処理	法人税及び所得税における所得の金額の計算において、税抜経理方式を適用する場合の免税事業者からの仕入れにつき、次の特例が設けられました。 ①簡易課税制度又は2割特例を適用する事業者は、継続適用を条件として、インボイスの保存がある場合と区別せず仮払消費税等を計上することができます。 ②8割控除又は5割控除を適用する場合は、仮払消費税等の額はないものとすることができます。	R5.10.1から
国外事業者に係る消費税の課税の適正化	プラットフォーム課税	国外事業者がデジタルプラットフォームを介して行う消費者向け電気通信利用役務の提供で、国税庁長官の指定を受けた「特定プラットフォーム事業者」を介して対価を収受するものは、その特定プラットフォーム事業者が行ったものとみなされます。	R7.4.1から
	事業者免税点制度	国外事業者について、次のように取り扱うこととなりました。 ①国外事業者は、特定期間における課税売上高について、給与支払額による判定ができません。 ②外国法人は、基準期間があっても、国内における事業の開始時に新設法人に係る資本金1,000万円基準を適用します。 ③特定新規設立法人の範囲に、その事業者の国外分を含む収入金額が50億円超である者が直接又は間接に支配する法人を設立した場合のその法人を加え、基準期間があっても、国内における事業の開始時に特定新規設立法人の判定を行います。	R6.10.1以後に開始する課税期間から
	簡易課税2割特例	その課税期間の初日において恒久的施設を有しない国外事業者は、簡易課税制度及び2割特例の適用ができないこととなりました。	R6.10.1以後に開始する課税期間から
輸出物品販売場制度		免税購入された物品だと知りながら行われた課税仕入れについては、仕入税額控除の適用を認めないこととされました。	R6.4.1以後の課税仕入れ
		物品購入時に課税し、出国時に物品を確認した上で返金する制度への変更につき、令和7年度税制改正において制度の詳細について結論を得ることとされました。	——
高額特定資産の範囲の見直し		高額特定資産の仕入れ等をした場合の特例の対象に、その課税期間において取得した金又は白金の地金等の額の合計額が200万円以上である場合が加えられました。	R6.4.1以後の課税仕入れ

目次 【十七訂版】令和6年4月改正対応 実務消費税ハンドブック

【損益計算書科目】

科目	該当頁	科目	該当頁	科目	該当頁
売上高	P23-24	接待交際費・寄附金		租税公課	P30-31
売上原価	P24	会議費		地代家賃	P31
販売費及び一般管理費	P25-32	水道光熱費	P29	リース料	P31-32
人件費	P25-26	修繕費		雑費	P32
旅費交通費	P26	減価償却費		貸倒引当金繰入	
荷造運送費	P26-27	保険料			
通信費	P27	会費	P29-30		
宣伝広告費	P28	図書研修費	P30		
販売促進費		支払手数料			

科目	該当頁	科目	該当頁	科目	該当頁
営業外収益	P33-35	貸倒引当金戻入		売上割引	
受取利息・配当金		債務免除益		為替換算差損・為替決済差損	
仕入割引	P33	為替換算差益・為替決済差益		貸倒損失	
補助金収入		有価証券売却益	P35	雑損失	P35
損害賠償金	P33-34	固定資産売却益		有価証券売却損	
収用補償金等	P34	営業外費用		固定資産売却損	
雑収入		支払利息		資産評価損	
償却債権取立益	P35	手形売却損		過年度修正損	

【貸借対照表科目】

科目	該当頁	科目	該当頁	科目	該当頁
流動資産		建設仮勘定（住宅以外）		公共施設・共同施設負担金	P39
現預金		機械装置・工具・器具・備品・車両	P37	自動車リサイクル料金	
受取手形・暗号資産				繰延資産	
売掛金		減価償却累計額		創立費	
貸倒引当金		無形固定資産		開業費	
有価証券		差入保証金・敷金・権利金		開発費・試験研究費	
商品	P36	借地権		新株発行費・社債発行費	
貯蔵品		営業権		社債発行差金	
未成工事支出金		特許権・実用新案権等	P38	負債の部	P40
立替金		特許出願中の権利		買掛金	
前渡金・仮払金		ノウハウ		未払金	
前払費用		著作権・出版権・著作隣接権		前受金	
貸付金		ソフトウエア		預り金	
繰延税金資産		電話加入権		借入金	
有形固定資産	P36-37	投資その他の資産	P38-40	未払法人税等	
土地	P36	ゴルフ会員権	P38	純資産の部	
建物（住宅）	P37	リゾートクラブの会員権	P38-39		
建物（住宅以外）		信託	P39		

消費税のしくみ

消費税の基礎実務

国境を越えた役務の提供がある場合

公益法人等の特例

企業組織再編成があった場合

個人事業者の場合

簡易課税制度

一　凡　例　一

　租税の法令名等の略号は、慣例にならい、例えば所得税法は「所法」、所得税法施行令は「所令」、所得税法施行規則は「所規」、所得税基本通達は「所基通」と表示しています。ただし、消費税法、消費税法施行令、消費税法施行規則、消費税法基本通達については、「法」「令」「規」「基通」と表示しています。

税制抜本改革法	社会保障の安定財源の確保等を図る税制の抜本的な改革を行うための消費税法の一部を改正する等の法律		（令和2年法律第8号）
		経理通達	消費税法の施行に伴う法人税の取扱いについて
電帳法	電子計算機を使用して作成する国税関係帳簿書類の保存方法等の特例に関する法律	所得税経理通達	消費税法の施行に伴う所得税の取扱いについて
平26改令	消費税法施行令の一部を改正する政令（平成26年政令317号）	直法6-1通	消費税法の施行に伴う源泉所得税の取扱いについて
		間消3-2通	消費税法の改正等に伴う印紙税の取扱いについて
平28改法	所得税法等の一部を改正する法律（平成28年法律第15号）	95％基本QA	「95％ルール」の適用要件の見直しを踏まえた仕入控除税額の計算方法等に関するQ&A［Ⅰ］【基本的な考え方編】
平28改令	消費税法施行令等の一部を改正する政令（平成28年政令第148号）		
平28.11.18改法	社会保障の安定財源の確保等を図る税制の抜本的な改革を行うための消費税法の一部を改正する等の法律等の一部を改正する法律	軽減制度QA	消費税の軽減税率制度に関するQ&A【制度概要編】
		軽減個別QA	消費税の軽減税率制度に関するQ&A【個別事例編】
平28.11.18改地法	社会保障の安定財源の確保等を図る税制の抜本的な改革を行うための地方税法及び地方交付税法の一部を改正する法律等の一部を改正する法律	大工等の取扱通達	大工、左官、とび職等の受ける報酬に係る所得税の取扱いについて
		大工等の取扱情報	大工、左官、とび職等の受ける報酬に係る所得税の取扱いに関する留意点について（情報）
平30改令	消費税法施行令の一部を改正する政令（平成30年政令135号）		
令2改法	所得税法等の一部を改正する法律		

本書は、令和6年4月1日現在の法令に準拠しています。

■課否判定表50音順索引 （索引の数字は、ページではなく、課否判定表の索引ナンバーです。）

(数字はページではなく、課否判定表の索引ナンバーです。)

（数字はページではなく、課否判定表の索引ナンバーです。）

（数字はページではなく、課否判定表の索引ナンバーです。）

（数字はページではなく、課否判定表の索引ナンバーです。）

（数字はページではなく、課否判定表の索引ナンバーです。）

ち

つ

て

そ

た

（数字はページではなく、課否判定表の索引ナンバーです。）

（数字はページではなく、課否判定表の索引ナンバーです。）

（数字はページではなく、課否判定表の索引ナンバーです。）

課否判定表50音順索引

（数字はページではなく、課否判定表の索引ナンバーです。）

勘定科目別課否判定表

- 譲渡等をする者と受ける者の課税区分は原則として同じになりますが、事業性の有無や立替金等の処理などにより異なる場合があります。
- 買手は、原則として売手が交付するインボイスによって判断することになりますが、8割控除又は5割控除の経過措置の適用等を考慮して、仕入れの課否判定を掲載しています。

【損益計算書科目】

取引・対価等				課	免	非	不	参考法令等	索引NO.
売上高	他から購入した商品・自己が製造した製品	国内売上げ	課税商品	課				法2①,4①	1
		国内売上げ	非課税商品			非		法6①	2
		輸出売上げ	課税商品		免			法7①	3
		輸出売上げ	非課税商品 非課税資産の輸出等の特例				不	法31	4
		国外支店の売上げ					不	法4③	5
		同種・同額の商品を返却する商品の融通					不	法2①,4①	6
		景品・サービス品・サンプル等の無償提供					不		7
		商品の廃棄・盗難・滅失					不	基通5-2-13	8
		法人が行う自社商品の使用・消費					不	基通5-2-12	9
		課税商品の安売り・損売り（実際の販売価額）		課				法28①	10
		資産の無償供与（形態別「みなし譲渡」参照）					不	法2①,4①⑤	11
	サービスの提供(土木工事・修繕・運送・保管・印刷・広告・仲介・興行・宿泊・飲食・技術援助・情報の提供・便益・出演・著述等)	「電気通信利用役務の提供」はNo1847以降参照							12
		国外事業者が行う芸能、スポーツ等の役務の提供はNo2082以降参照							13
		サービスの提供場所が国内		課				法4①③,7,令6②,基通5-5-1	14
		サービスの提供場所が国外					不		15
		国内外にわたって行う運輸・通信等			免				16
		無償で行うサービスの提供					不	法2①,4①	17
		非課税商品の販売				非		法6①	18
	リース譲渡 課税商品	原則(売上げの全額を引渡し時に)		課				基通9-1-1,9-3-1	19
		延払基準による場合	その課税期間に支払期日が到来するもの	前期以前に支払いを受けた	（当期は）不				法16,令31	20
				当期に支払いを受けた	課					21
				当期に未収であった	課					22
			翌課税期間以降に支払期日が到来するものにつき当期に支払いを受けた		課					23
			前課税期間以前に支払期日が到来するものにつき当期に支払いを受けた		（当期は）不					24
		契約に明示された利息				非		別表第二3,基通6-3-1	25
		契約に明示された保証料相当額				非			26
	買掛金と相殺して代金の授受を行わない売上げ	課税商品		課					27
		非課税商品				非		法2①,4①	28
	国・地方公共団体・公共法人・公益法人への売上げ	課税商品		課					29
		非課税商品				非		法6①	30
	対価の額が確定していない商品の売上げ等（引渡した課税期間において）	課税商品		課					31
		非課税商品				非			32
	その後確定した対価との差額（確定した課税期間において）	課税商品		課				基通10-1-20	33
		非課税商品				非			34
	売上値引き・返品・割戻し(リベート)・売上割引・販売奨励金	課税売上げに係るもの	返還の課税期間に一般課税	売上返還税額控除				法38①,基通6-3-4	35
		課税売上げに係るもの	返還の課税期間に簡易課税	売上返還税額控除					36
		非課税売上げに係るもの		非課税売上からマイナス				令48①,基通11-5-5	37
		免税売上げに係るもの		免税売上からマイナス					38
		免税事業者であった課税期間の売上げに係るもの	課税売上げに係るもの	売上返還税額控除なし、課税売上からマイナス				基通11-5-2,14-1-6	39
			非課税売上げに係るもの	非課税売上からマイナス				令48①	40
			免税売上げに係るもの	免税売上からマイナス				基通11-5-2	41

取引・対価等				課税区分 課	免	非	不	参考法令等	索引NO.
売上高 本支店間売上げ							不		42
グループ法人への売上げ（グループ法人税制の適用を受ける場合）				他者への売上げとして判定				法2①, 4①	43
グループ法人への売上げ（グループ法人税制の適用を受けない場合）									44
輸出については形態別参照									45
売上原価 期首商品棚卸高	前課期間が免税事業者であった場合	当期一般課税		控除対象仕入税額の調整あり				法36①, 令54	46
		当期簡易課税		調整なし				法37①	47
	上記以外			調整なし				法30①, 基通9-1-1	48
商品仕入	課税商品の仕入れ			課				法2①, 30①	49
	土地等の非課税商品の仕入れ					非		法6①	50
	付随費用	国内引取り運賃・倉庫保管料	課税商品に係るもの	課				法2①, 30①	51
			非課税商品に係るもの	課（非課税売上げ対応）				法2①, 30②	52
		運送保険料				非		別表第二3	53
	利益がゼロ又は損になる場合の課税商品の仕入れ			課					54
	同種・同額の商品を返却する商品の融通						不		55
	買手が危険負担をする契約の購入代金	商品の引渡し	課税商品に係るもの	課				法2①, 6①, 基通11-2-9	56
			非課税商品に係るもの			非			57
		事故により引渡しなし	課税商品に係るもの	課					58
			非課税商品に係るもの			非			59
製造原価	材料の購入			課				法2①, 30①	60
	下請け先に対して材料等を支給する行為	有償支給		課（売上げ）				法2①, 基通1-4-3, 5-2-16	61
		有償であっても支給した者の資産として管理している場合					不		62
		無償支給					不		63
	支払加工賃・外注費			課				法2①, 30①	64
	製造のための賃金（その他の製造原価は販売費及び一般管理費参照）						不	法2①, 基通11-1-2	65
	原価の減少項目として処理している端材の売却			課（売上げ）					66
	外注加工先に支払う報奨金	材料ロスが少ないこと等を称える特別報奨金					不	法2①, 30①	67
		製造品の数に応じて必ず支払われる報奨金		課					68
	製造原価から他勘定への振替						不		69
対価の額が確定していない商品の仕入れ等（引き渡しを受けた課税期間において）	課税商品			課					70
	非課税商品					非		基通11-4-5	71
その後確定した対価との差額（確定した課税期間において）	課税商品			課					72
	非課税商品					非			73
仕入値引き・返品・割戻し（リベート）・仕入割引	課税仕入れに係るもの			仕入税額からマイナス				法32①, 基通6-3-4	74
	非課税・免税仕入れに係るもの							法32①	75
	免税事業者であった課税期間の仕入れに係るもの			処理なし				基通12-1-8	76
商品評価損・棚卸減耗損の計上							不	基通5-2-13	77
仕入れた商品が廃棄・滅失・盗難等により販売不可能となった場合でも販売したものと同様に判定								基通11-2-9	78
試作品・サンプル・試供品の製作費用等も販売したものと同様に判定								基通11-2-14	79
転売する住宅の取得（自己建設はNo.658以降参照）	売却するまでの間に家賃収入が発生する			居住用賃貸建物				法30⑩, 基通11-7-1	80
	売却するまでの間に家賃収入が発生しない			課					81
期末商品棚卸高	翌課税期間が免税事業者となる場合	当期一般課税		控除対象仕入税額の調整あり				法36⑤, 令54	82
		当期簡易課税		調整なし				法37①	83
	上記以外			調整なし				法30①, 基通9-1-1	84

勘定科目別課否判定表

取引・対価等				課	免	非	不	参考法令等	索引NO.
役員報酬、給与、賞与							不	法2①,基通1-1-1, 11-1-2	85
人件費（給与・賞与・法定福利費・福利厚生費）	手当	通勤手当	通常の交通手段を利用して必要と認められるもの：所得税において給与課税されないもの	課					86
			所得税において給与課税される（月額15万円超）もの	課					87
			新幹線通勤のための通勤手当（グリーン料金を含む）	課				基通11-6-5	88
			自動車・自転車等の交通用具を使用する者の通勤手当で、所得税において給与課税されないもの	課					89
			必要と認められる金額を超える部分				不		90
		単身赴任手当	毎月一定額の手当を支給				不		91
			月又は年を単位として支給する帰宅旅費				不		92
			通常の交通手段を利用して必要と認められるもので領収書を徴して支給する帰宅旅費	課					93
			帰宅する者に支給するための切符の購入	課				法2①,基通11-6-4, 11-2-1	94
		その他の各種手当					不		95
		宿直料・日直料					不		96
		家賃補助					不		97
		住宅取得等借入金の利子補給金					不		98
		深夜勤務につき食事の支給に代えて食事代を支給					不		99
	現物給与（給与課税されるかどうかにかかわらず）	金銭による給与の支給にかえて商品等の現物を引渡し		課（売上げ）				法2①,4①,基通5-1-4	100
		食事等の現物給与を支給する行為					不		101
		現物支給する物品の購入		課				基通11-2-1	102
		給与から天引きした弁当代		課（売上げ）				法2①,4①	103
		天引きした弁当代よりも高額な弁当の購入		課					104
		無料又は低額な社員食堂における材料の購入		課				基通11-2-1	105
		社員食堂運営のための補助金					不	法2①,基通5-2-15	106
	出向社員の給与等	出向先が負担する給与負担金					不		107
		出向先が経営指導料等の名目で支払う給与負担金					不		108
		出向元が支給する給与					不		109
		出向先が負担する出向社員の通勤費負担金（通常必要と認められるもの）		課				基通5-5-10	110
		出向元が支給する通勤手当（通常必要と認められるもの）		課					111
		出向先から実費相当額の通勤費を預かり本人に支給	出向先において	課					112
			出向元において 預かり				不		113
			おいて 支給				不		114
	臨時雇賃金・アルバイト・パート等						不	法2①	115
	表彰等	報償金・表彰金	使用人の発明につき会社が特許権を出願したことにつき支払い	課					116
			使用人の発明により会社が特許権を取得しその売上げにつきロイヤリティを支払い	課					117
			使用人が取得した特許権を会社が使用したことにつき支払い	課				基通11-2-2,所基通23~35共-1	118
			使用人が取得した特許権を会社が買取り	課					119
			本来職務につき著しい成果があったことにつき支払い				不		120
			その他給与所得となるもの				不		121
			その他譲渡所得・雑所得となるもの	課					122
		永年勤続者に対する表彰	記念品を支給する行為				不	基通5-3-5	123
			記念旅行招待 実際に旅行する場合	課					124
			記念旅行招待 現金支給				不		125
		賞品・表彰のための記念品等の購入		課					126
	慰安旅行の費用	国内旅行	従業員本人分 会社が実額を支払い	課				法2①	127
			従業員本人分 会社が補助金を支給				不		128
			家族を招待した場合の費用 会社が実額を支払い	課					129
			家族を招待した場合の費用 会社が補助金を支給				不		130
		海外旅行					不		131
		従業員から一定額の負担金を徴収		課（売上げ）				法2①,4①	132
		不参加者への実費相当額の支給					不	法2①	133

販売費及び一般管理費

取引・対価等		課	免	非	不	参考法令等	索引 NO.
	見舞金・結婚祝い金・せん別等				不		134
	健康診断費用・常備薬の購入	課					135
	健康診断のための派遣医師に支払う報酬	課					136
	労働安全衛生法13条により選任が義務付けられている産業医報酬 / 医療法人に委託している場合	課				法2①	137
	労働安全衛生法13条により選任が義務付けられている産業医報酬 / 個人開業医に委託している場合				不		138
	修学中の従業員に支給する奨学金				不		139
	保養施設等の福利厚生施設の借上げ家賃（使用料の支払いを受けるかどうかにかかわらず）	課					140
	借上げ社宅の支払家賃（従業員等から家賃の支払いを受けるかどうかにかかわらず）			非		別表第二13	141
	社内親睦会に対する補助金・負担金等				不		142
	社内親睦会で使用する備品等を会社が購入して支給	課				法2①, 基通5-2-15	143
	社内親睦会で購入する備品等を選定し会社が業者からの請求に基づき支払い	課				法2①, 基通5-2-15	144
	共済会、互助会に対する補助金				不		145
	使用人を被保険者とする保険料			非		別表第二3	146
	労働保険料・社会保険料			非		別表第二3	147
	労働保険・社会保険事務委託費	課				法2①	148
退職金	退職金として金銭を支給				不	基通5-1-4, 11-1-2	149
退職金	退職金としてあらかじめ金銭以外の資産を支給することとしている場合のその資産の支給				不	基通5-1-4, 11-1-2	150
退職金	金銭による退職金の支給にかえて資産を引渡して代物弁済	課（売上げ）				法4①, 基通5-1-4	151
退職金	退職として支給するための課税資産の購入	課				法2①	152
退職金	出向社員の退職金 / 出向先が負担する退職給与負担金				不	基通5-5-10	153
退職金	出向社員の退職金 / 出向元が支給する退職金				不	基通5-5-10	154
外交員	外交員の報酬（給与所得となるもの）				不	基通11-2-3	155
外交員	保険など非課税となる業務に係る外交員の報酬（給与所得とならないもの）	課				基通11-2-3	156
外交員	外交員に支給する旅費交通費	課				法2①	157
マネキン	マネキンに支払う報酬				不	所基通204-21	158
マネキン	マネキンの紹介手数料	課				法2①	159
	派遣社員に係る労働者派遣料	課				基通5-5-11	160
	労働者紹介手数料	課					161
	賞与引当金繰入				不		162
	退職給付引当金繰入				不		163
旅費交通費	国内におけるバス・鉄道・航空・船舶等の交通機関利用料	課				法2①, 30①	164
旅費交通費	有料道路・高速道路使用料、通行料	課				法2①, 30①	165
旅費交通費	ETCカードを利用した場合の通行料	課				法2①, 30①	166
旅費交通費	成田空港・関西空港から出国する際の旅客サービス施設使用料（航空券料金に含まれていても）	課					167
旅費交通費	転勤のための旅費・転勤に伴う転居のための移転料 / 通常必要と認められるもの（給与課税されない）	課					168
旅費交通費	転勤のための旅費・転勤に伴う転居のための移転料 / 必要な金額を超える部分（給与課税される）				不		169
旅費交通費	国内出張旅費・宿泊費・日当 / 通常必要と認められるもの（給与課税されない）	課				法2①, 30①, 基通11-6-4	170
旅費交通費	国内出張旅費・宿泊費・日当 / 必要な金額を超える部分（給与課税される）				不	法2①, 30①, 基通11-6-4	171
旅費交通費	国内出張旅費・宿泊費・日当 / 旅費規程により支給し実費精算しないもの	課				法2①, 30①, 基通11-6-4	172
旅費交通費	入社試験受験者、採用予定者に支払う交通費、日当（旅費規程による）	課					173
旅費交通費	海外出張費・海外宿泊費・海外出張日当				不		174
旅費交通費	自動車のレンタル料	課					175
旅費交通費	従業員の自家用自動車を合理的な契約により賃借	課					176
荷造運送費	荷造梱包費用 / 課税商品に係るもの	課				法2①, 30①	177
荷造運送費	荷造梱包費用 / 非課税商品に係るもの	課				法2①, 30①	178

取引・対価等	課	免	非	不	参考法令等	索引NO.
販売費及び一般管理費 / 荷造運送費						
燃料費・軽油燃料費 ガソリン・灯油等の燃料費	課				基通10-1-11	179
軽油引取税の額が請求書・領収書等に明記されている 軽油引取税				不		180
軽油引取税を除く金額	課				基通10-1-11	181
軽油引取税の額が請求書・領収書等に明記されていない	課（全額）					182
運送外注費 国内輸送	課				法2①,30①	183
国際輸送		免				184
国内における梱包、通関手続等を一括して依頼する国外への輸送		免			法7①,令17②,基通5-7-13	185
国外輸送（出発地・到着地のいずれも国外）				不	法4③	186
外国貨物が混在する運送に係る月極め運送料金	課				法2①,4③	187
運送用パレットの購入 荷主が購入 荷主における購入	課					188
運送業者への支給				不		189
運送業者が荷主に代わって購入 立替え処理し運賃と区分して精算 運送業者において				不	法4①,基通10-1-16	190
荷主において	課					191
運賃に上乗せして請求 運送業者の購入	課					192
荷主への請求	課					193
運送保険料 貨物運送保険 荷主が契約者で保険料を運送会社が立替処理し、運賃と区別して精算 運送業者において				不		194
荷主において			非			195
荷主からの委託で運送会社が保険契約者となり立替処理し、運賃と区別して精算（保険金受取人は荷主） 荷主において			非			196
運送会社において				不	別表第二3,基通10-1-16	197
運送会社が付保した保険料を運賃に上乗せして請求	課					198
運送業者賠償保険 運送業者における保険料の支払い			非			199
運賃に上乗せして請求 運送業者において	課					200
荷主において	課					201
貨物の積卸期間の超過により海上運送業者に支払う滞船料（割増運賃）	課				法32①,基通5-5-9,12-1-1,14-1-1	202
貨物の積卸期間の短縮により海上運送業者から受ける早出料（割戻運賃）	仕入れ税額からマイナス					203
通信費						
国内電信・電話・ファクシミリ利用料	課				法2①,30①	204
電気通信事業法に規定する回線利用料 国内・国外にわたって敷設されているもの		免			基通5-5-12	205
国内に敷設されているもの	課					206
NHK受信料	課				令2①	207
自社で使用するクオカードの購入 原則			非		別表第二4,基通6-4-1~4,11-3-7	208
継続適用	課					209
自社で使用する日本郵便株式会社からの郵便切手・はがき・郵便書簡・特定封筒の購入 原則			非			210
継続適用	課					211
クオカード、日本郵便株式会社等から購入した郵便切手・はがき・郵便書簡・特定封筒の使用 原則	課					212
継続適用				不		213
料金計器による郵送料	課				法2①,30①	214
国際郵便料金・国際電話料金		免			法7①,令17②,基通5-7-13	215
金券ショップ・チケット業者等（日本郵便株式会社等以外）からの郵便切手・はがき・郵便書簡・特定封筒の購入	課				基通6-4-1	216
はがきの印刷費用 郵便局で購入したはがきを持ち込んで印刷注文 はがきの購入 原則			非		（使用時に課税）	217
継続適用	課				基通6-4-2,11-3-7	218
印刷費用	課					219
印刷業者側の判断 はがきの預かり				不	法2①,4①	220
印刷料	課					221
はがき購入の代行を依頼して印刷費と区分して支払い はがき代 原則			非		（使用時に課税）	222
継続適用	課				基通6-4-2,11-3-7	223
印刷費用	課					224
印刷業者側の判断 はがきの購入代行				不		225
印刷費用	課				法2①	226
デザイン印刷されたはがきを日本郵便株式会社等以外から購入 はがき代相当額	課					227
はがき代相当額以外	課					228

取引・対価等				課	免	非	不	参考法令等	索引NO.
	「電気通信利用役務の提供」は№1847以降、「国外事業者が行う芸能、スポーツ等の役務の提供」は№2082以降参照								229
	カタログ・チラシ・ポスター作成費			課					230
	出演料・講演料	役員・使用人に給与として支払う出演料・講演料					不		231
		役員・使用人以外の者に支払う出演料・講演料（サラリーマン・主婦等、事業者以外への支払いであっても）		課				基通11-1-2	232
	贈答用クオカード	クオカードの購入				非		別表第二4	233
		社名・商品名等の印刷費用（クオカード本体を除く）		課				法2①,30①	234
		図柄等によりプレミアムつきで販売されるもの				非		別表第二4	235
	広告宣伝用資産の贈与	広告宣伝用資産を無償で取引先に供与する行為					不	基通5-1-5,11-2-17	236
		贈与用の広告宣伝用資産の購入		課					237
	広告宣伝用資産を購入させるためにメーカーが販売店等に支払う補助金（広告宣伝の対価）			課				法2①,30①	238
宣伝広告費	広告宣伝等のための商品・材料等の自社使用	使用又は消費する行為					不	基通5-2-12	239
		使用した商品等の購入		課				法2①,30①	240
	共同展示会等、共同行事の負担金	原則	共同行事の主催者（売上げ）	課					241
			共同行事の参加者（仕入れ）	課					242
		予め設定した負担割合により分担し、主催者において仮勘定で経理	共同行事の主催者				不	基通5-5-7,11-2-7	243
			参加者において行事費用を直接支払ったものとして判定						244
	自社運営のポイントカード・スタンプ等	顧客がためたポイントカードと買い物券とを交換					不	法2①,4①	245
		課税商品をポイントに応じて値引き販売		課（値引き後の金額で売上げ）					246
		顧客がためたポイントカードと景品とを交換					不	法2①,4①	247
		顧客がためたポイントと引き換えに商品を販売					不		248
		顧客がためたポイントカードと交換するための景品の購入		課				法2①,30①	249
	レース・イベントの賞金等	国外事業者が行う芸能、スポーツ等の役務の提供は№2082以降参照							250
		受賞者がその受賞に係る役務の提供を業とする者であり、賞金等の給付が予定されているイベントに参加して受ける賞金		課					251
		馬主が受ける賞金、レーサーが受けるレースの賞金等		課				基通5-5-8	252
		イベントにエントリーしていない者に授与する賞金					不		253
	消費者に対するキャッシュバックサービス			売上返還税額控除				法38	254
	スポーツ大会等の協賛金（広告宣伝の対価）			課					255
	求人広告費			課				法2①,30①	256
販売促進費	課税商品の販売促進費として金銭を支出			売上返還税額控除				法38,基通14-1-2	257
	非課税商品の販売促進費として金銭を支出			非課税売上げからマイナス				令48①	258
	販売促進費として、物品・商品等を支給	物品・商品を支給する行為					不		259
		商品券・旅行券等を支給する行為					不	法2①	260
		支給する課税物品等の購入		課					261
		販売促進費として交付するための商品券・旅行券等の購入				非		別表第二4	262
	売上割戻し（リベート）	課税商品のリベート		売上返還税額控除				法38	263
		非課税商品のリベート		非課税売上からマイナス				令48①	264
		メーカーが卸売り業者を飛越して販売店に直接支払う課税商品の飛越リベート		売上返還税額控除				基通14-1-2	265
	経営コンサルティング・経営指導料	期間の契約をして定額を支払うもの		課					266
		計上した売上高に連動した金額を支払うもの		課				法2①,30①	267
	内装工事業者が並行して工事を行う建設業者に支払う建設協力金			課					268

（左欄：販売費及び一般管理費）

勘定科目別課否判定表

取引・対価等				課税区分 課	免	非	不	参考法令等	索引NO.
販売費及び一般管理費	接待交際費・寄附金	接待飲食費・接待ゴルフプレー費	レストラン・ホテル・バー等における飲食費	課					269
			交際費課税されない1人1万円以下の飲食費	課				法2①,30①	270
			チップ				不		271
			ゴルフプレー費・クラブハウスでの飲食費	課					272
			ゴルフプレー費等のうち、ゴルフ場利用税・入湯税部分				不	基通10-1-11	273
			ゴルフコンペ参加会費	課				法2①,30①	274
			ゴルフコンペ開催祝い金(実質的に参加費でない)				不		275
			ゴルフクラブ・レジャー施設等の会費・返還されない入会金	課				基通5-5-5,11-2-5	276
		海外からの招待客に係る費用	国際航空運賃		免			令6②	277
			国内交通費・国内宿泊費	課					278
			レストラン・ホテル・バー等における飲食費等	課				法2①,30①	279
		旅行の招待	旅行社等に支払う国内旅行招待費	課					280
			旅行社等に支払う海外旅行招待費				不		281
			贈答用旅行券の購入			非		別表第二4	282
			旅行に招待する名目で現金を贈与				不	法2①	283
		慶弔費等	香典・祝儀等の現金による慶弔費				不	基通5-2-14,11-2-17	284
			祝い品・花輪・樒・供花・贈答品等の購入	課					285
			贈答用商品券・ビール券・招待券等の購入			非		別表第二4	286
		送迎のタクシー代	自社の役員、使用人が利用	課					287
			接待の対象者が利用	課					288
			実費精算するタクシー代の立替えと精算				不	法2①,30①	289
			コンパニオン派遣料	課					290
			野球のシーズン観覧予約席料	課					291
			費途不明交際費・渡切交際費				不	基通11-2-23	292
		寄附金	現金を供与				不		293
			実質的に課税資産の譲渡等の対価と認められる寄附金	課				基通5-2-14	294
			寄附するための課税物品の購入	課					295
			政経パーティー券の購入				不		296
	会議費	会議費	会議室会場使用料、会議用菓子・弁当代	課					297
		株主総会開催費用	総会資料印刷費	課					298
			総会会場使用料	課					299
	水道光熱費		上下水道料金・電気料金	課				法2①,30①	300
			電力会社の遅収料金（遅収に係る割増加算金）	課					301
	修繕費		修繕のために使用人に支払う賃金				不		302
			損害保険会社からの保険金を充てて支払った修繕費用	課					303
			事故の加害者からの補償金を充てて支払った修繕費用	課					304
	減価償却費		減価償却費				不		305
	少額償却資産費		少額減価償却資産の購入	課					306
			繰延資産の償却費				不		307
	保険料		生命保険料・損害保険料・地震保険料			非		別表第二3	308
			共済掛金			非		基通6-3-3	309
	会費	同業者団体、組合等	組合等の運営のための通常会費・入会金				不		310
			記念行事開催に際しての特別負担金				不		311
			定例総会、ブロック大会等の開催 参加する会員が支払う特別参加費				不		312
			参加する会員が支払う特別参加費で懇親会費用が含まれているもの				不	基通5-5-3	313
			参加する会員が支払う特別参加費で宿泊費が含まれているもの				不		314
			特別参加費とは別に支払う宿泊費等	課					315
			出版物の購読・研修受講の対価としての会費	課					316
			親睦会の開催を目的とする団体で全額親睦会の開催費用に支弁される会費	課				法2①,4①	317
		情報提供を受けるための会費・返還されない入会金	「電気通信利用役務の提供」はNo.1847以降参照						318
			国外事業者が提供				不	法4①③,令6②	319
			国内事業者が提供	課					320

取引・対価等			課	免	非	不	参考法令等	索引NO.
会費	一定の割引率で商品等を購入するための会費・返還されない入会金		課				法2①	321
	レジャー施設の会費		課				法2①, 基通5-5-3～4	322
	クレジットカード年会費		課					323
	盗難保険料相当額を含むクレジットカード年会費		課					324
	各種の特典を受けることができるデパート等のクラブの会費		課					325
	フランチャイズ加盟料・ロイヤリティ・経営指導料等		課					326
	ロータリークラブの入会金、通常会費					不	基通5-5-3～5, 11-2-4～5	327
	ライオンズクラブの入会金、通常会費					不		328
	政治献金にあてるための会費					不		329
	資産の譲渡等の対価に該当するかどうかの判定が困難な会費	会費の納入先から不課税であると通知されたもの				不		330
		上記以外	課					331
図書研修費	講演料	社内使用人に給与として支払う講師料				不	法2①	332
		講演・研修の講師謝金（講師がプロかどうかにかかわらず）	課				法2①, 30①	333
		講師謝金とは別に支払うお車料	課				所基通204-2	334
		商品券で支払う講師謝金	課				基通11-4-3	335
	セミナー・通信教育等の受講料	受講者が給与課税されるもの				不		336
		受講者が給与課税されないもの	課					337
	社内研修に使用する資料等の印刷費・制作費等		課				法2①, 30①	338
	書籍購入費等		課					339
支払手数料	税理士・弁護士・司法書士等の報酬	支払報酬（源泉所得税控除前）	課				基通5-5-1, 10-1-13	340
		交通費等の実費負担分	課					341
		報酬とは明確に区分し預り金処理した登録免許税等の税金				不	基通10-1-4	342
	送金・為替・振込・両替手数料等	国内送金・為替・振込・両替手数料	課				法2①, 30①	343
		国内送金手数料等に含まれる印紙代	課					344
		売掛金等の入金時に差し引かれた振込手数料 — 値引きとして売掛金を減額した場合	売上返還税額控除				法38	345
		手数料として計上した場合	課				法2①, 30①	346
		国外への送金・為替・振込手数料			非		別表第二5	347
		手形・小切手の取立手数料	課				法2①, 30①	348
	予約のキャンセル	キャンセル料				不		349
		キャンセルのための事務手数料	課					350
		キャンセルに伴う予約金の没収 — キャンセル料として明示した部分				不	基通5-5-2	351
		事務手数料として明示した部分	課					352
		区分していない場合				不		353
	増資の払込みに対する銀行手数料		課					354
	貸金庫手数料・保護預り手数料		課				法2①, 30①	355
	口座維持管理手数料・残高証明手数料		課					356
	銀行預金取引のファックスサービス料		課					357
	事務委託費用		課				基通10-1-12	358
	清掃業務等の委託費用		課					359
	委託販売手数料（委託商品等が非課税であっても）		課				法2①, 30①	360
	代理店報酬（保険等、取扱い商品等が非課税であっても）		課				基通6-3-2	361
	廃棄物処理料		課				法2①, 30①	362
	支払コミッション等		課					363
	クレジット加盟店手数料				非		別表第二3, 令10③	364
	クレジット会社に支払うリボルビング手数料				非			365
	カードキャッシングの手数料・融資手数料				非			366
	貸付利息と区別して支払う融資手数料		課				法2①, 30①	367
	キャップローンの上限金利設定手数料（キャップ料）				非		別表第二3	368
	法人の借入につき担保提供をした役員に支払う保証料				非		基通6-3-1	369
	金銭消費貸借契約締結等の事務手数料		課				法2①, 30①, 基通11-2-23	370
	ニュースソースを明らかにできない情報提供料					不		371
租税公課	固定資産税、償却資産税、消費税等の納付					不	法2①	372
	個別消費税	ゴルフ場利用税・軽油引取税・入湯税				不	基通10-1-11	373
		酒税・たばこ税・揮発油税・石油石炭税・石油ガス税等	本体に含む					374
	罰金・科料・過料・交通反則金加算税					不	法2①	375

※左端の大分類は「販売費及び一般管理費」。

取引・対価等	課	免	非	不	参考法令等	索引NO.
租税公課 公証人手数料			非			376
税理士・弁護士登録手数料			非		別表第二5	377
車庫証明 警察署が発行する自動車保管場所証明書の発行手数料			非			378
車庫証明 地主に支払う保管場所使用承諾書の発行手数料	課				法2①,30①	379
行政手数料 法令に基づく行政手数料			非		基通6-5-1~2	380
行政手数料 法令に基づかない行政手数料	課					381
公共施設の賃借料	課				法2①,30①	382
印紙・証紙 郵便局・印紙売りさばき所からの印紙の購入			非			383
その他の者(金券ショップ等)からの印紙の購入	課				別表第二4,基通6-4-1	384
地方公共団体・売りさばき人からの証紙の購入			非			385
その他の者(金券ショップ等)からの証紙の購入	課					386
印紙・証紙の使用				不	法2①	387
実費による印紙・証紙の融通、立替				不		388
地代家賃 (形態別 (No.1092-1120) 参照)						389
リース料 所得税・法人税で金融取引とされる場合 セール・アンド・リースバックの前提となるリース対象資産の譲渡				不	基通5-1-9	390
リース料				不		391
リース料のうち明示されている利息・保険料			非		別表第二3	392
所有権移転ファイナンスリース 国外で資産の引渡しをするリース				不		393
課税資産のリース リース対象資産の引渡し	課					394
月々のリース料				不		395
リース料のうち明示されている利息・保険料			非			396
契約に明示された残価保証額				不		397
非課税資産のリース リース対象資産の引渡し			非			398
月々のリース料				不		399
リース料のうち明示されている利息・保険料			非			400
契約に明示された残価保証額				不		401
所有権移転外ファイナンスリース 会計上売買処理した場合 国外で資産の引渡しをするリース				不		402
課税資産のリース リース対象資産の引渡し	課					403
月々のリース料				不		404
リース料のうち明示されている利息・保険料			非			405
契約に明示された残価保証額				不	法2①,4①③,6①,令10③,基通5-1-9,5-2-5,5-7-12,6-3-1	406
非課税資産のリース リース対象資産の引渡し			非			407
月々のリース料				不		408
リース料のうち明示されている利息・保険料			非			409
契約に明示された残価保証額				不		410
会計上賃貸借処理した場合 課税資産のリース 一括控除を選択 リース対象資産の引渡し	課					411
月々のリース料				不		412
リース料のうち明示されている利息・保険料			非			413
契約に明示された残価保証額				不		414
分割控除を選択 リース対象資産の引渡し				不		415
月々のリース料	課					416
リース料のうち明示されている利息・保険料			非			417
契約に明示された残価保証額				不		418
非課税資産のリース リース対象資産の引渡し			非			419
月々のリース料				不		420
リース料のうち明示されている利息・保険料			非			421
契約に明示された残価保証額				不		422
ファイナンスリースの解約等(課税資産) 売買とともの、一括控除を選択したもの 解約時に賃借人が支払う残存リース料 賃借人に倒産、リース料の支払遅延等の契約違反があった場合				不		423
リース物件が滅失・毀損し、修理不能となった場合				不	法2①,4①③,6①,令10③,基通5-1-9,5-2-5,5-7-12,6-3-1,9-3-6の3~4	424
リース物件の陳腐化のための借換えなどにより合意に基づき解約する場合				不		425
リース物件のレベルアップのためにリース料に追加して支払う解約金	課					426
リース資産を返還することにより残存リース料の支払減額	課(代物弁済)					427

販売費及び一般管理費

取引・対価等				課税区分 課	免	非	不	参考法令等	索引NO.
販売費及び一般管理費 / リース料 / ファイナンスリースの解約等（課税資産） / 賃貸としたもの、一括控除を選択したもの		保険金が支払われることにより残存リース料の支払減額		課（値引き）					428
		リース資産の陳腐化のため合意によりリース資産を廃棄することにより残存リース料の支払減額		課（値引き）					429
		リース期間の終了時に賃借人が支払う残価保証額		課					430
		リース期間の終了によるリース資産の返還					不		431
		親会社が倒産した子会社のリース料を代位弁済	物件の所有権を移転	親会社	課（仕入れ）					432
				子会社	課（売上げ）					433
			物件の所有権の移転なし	親会社				不		434
				子会社				不		435
分割控除を選択したもの	解約時に賃借人が支払う残存リース料	賃借人に倒産、リース料の支払遅延等の契約違反があった場合		課				法2①,4①③,6①,令10③,基通5-1-9,5-2-5,5-7-12,6-3-1,9-3-6の3〜4	436
		リース物件が滅失・毀損し、修復不能となった場合		課					437
		リース物件の陳腐化のための借換えなどにより合意に基づき解約する場合		課					438
		リース物件のレベルアップのためにリース料に追加して支払う解約金		課					439
		リース資産を返還することにより残存リース料の支払減額		課（代物弁済）					440
		保険金が支払われることにより残存リース料の支払減額		課（値引き）					441
		リース資産の陳腐化のため合意によりリース資産を廃棄することにより残存リース料の支払減額		課（値引き）					442
		リース期間の終了時に賃借人が支払う残価保証額		課					443
		リース期間の終了によるリース資産の返還					不		444
	親会社が倒産した子会社のリース料残金を代位弁済	物件の所有権を移転	親会社	課（仕入れ）					445
			子会社	課（売上げ・仕入れ）					446
		物件の所有権の移転なし	親会社				不		447
			子会社				不		448
オペレーティングリース	国外で資産の引渡しをするリース（国内で使用する契約を除く）						不	法2①,4①③,6①,令10③,基通5-1-9,5-2-5,5-7-12,6-3-1	449
	国外で資産を使用する契約のリース						不		450
	課税資産のリース	リース対象資産の引渡し					不		451
		月々のリース料		課					452
		解約時に賃借人が支払う残存リース料	リース資産を返還する場合				不		453
			リース資産を買い取る場合	課					454
			賃借人に契約違反がありリース資産を返還する場合				不		455
			賃借人に契約違反がありリース資産を買い取る場合	課					456
			リース物件が滅失・毀損し、修復不能となった場合				不		457
			リース物件の陳腐化のための借換えなどにより合意に基づき解約する場合	課					458
	非課税資産のリース	リース対象資産の引渡し					不		459
		月々のリース料				非			460
雑費	有線放送利用料金			課					461
	起工式等において神主に支払う玉串料						不		462
	顧客が持参した空き瓶の購入（保証金の返還でないもの）			課					463
	駐車違反車両の移動料・保管料	警察に支払う移動料・保管料					不	法2①,4①	464
		レッカー移動を請負った業者の売上げ		課					465
	社葬費用	会場使用料・花輪料・会葬お礼品代・新聞広告料等		課					466
		僧侶に支払うお布施・戒名料					不		467
	地方自治体が発行する有料ゴミ処理券	コンビニエンスストア等がゴミ処理券を譲渡（委託販売）					不	基通10-1-12	468
		コンビニエンスストア等が受け取るゴミ処理券販売手数料		課					469
		コンビニエンスストア等からゴミ処理券を購入	原則				不	基通11-3-7	470
			継続適用	課					471
		ゴミ収集にゴミ処理券を使用	原則	課					472
			継続適用				不		473
貸倒引当金繰入							不	法2①	474

勘定科目別課否判定表

取引・対価等	課	免	非	不	参考法令等	索引NO.
営業外収益 受取利息・配当金 国内事務所における預貯金・貸付金等 預金利息等 日本郵便株式会社から受ける貯金利息			非		別表第二3,法31,令6③,10,基通6-3-1,6-3-2の2	475
国内の銀行等から受ける預金利息			非			476
国外の銀行等の国外の本支店から受ける預金利息	非課税資産の輸出等の特例					477
国内の銀行等の国内の支店から受ける預金利息			非			478
相互掛金・定期積金の給付補てん金			非			479
貸付金利息 居住者から受ける貸付金の利息			非			480
非居住者から受ける貸付金の利息	非課税資産の輸出等の特例					481
債券利息 国債・地方債等の利息			非			482
外国債券の利息	非課税資産の輸出等の特例					483
割引債の償還差損益			非			484
法令139の2①に規定する償還有価証券の調整差損益			非			485
海外CD・CPの利息・割引料	非課税資産の輸出等の特例					486
売掛金等の売掛債権に係る利息 国内の取引先から受ける利息			非			487
国外の取引先から受ける利息	非課税資産の輸出等の特例					488
国外事務所において受ける預貯金・貸付金等の利息 預金利息等 国内の銀行等から受ける預金利息				不	法4③,令6③	489
国外の銀行等の国外の本支店から受ける預金利息				不		490
国外の銀行等の国内の支店から受ける預金利息				不		491
貸付金利息 居住者から受ける貸付金の利息				不		492
非居住者から受ける貸付金の利息				不		493
債券利息 債券の利息				不		494
割引債の償還差損益				不		495
売掛金等の売掛債権に係る利息 国内の取引先から受ける利息				不		496
国外の取引先から受ける利息				不		497
本支店間の利息				不	法2①,4①	498
合同運用信託等の収益分配金			非		別表第二3	499
受取配当金 利益の配当・剰余金の分配				不	基通5-2-8	500
匿名組合からの利益配当				不	基通5-2-8~9	501
株式の有償消却等によるみなし配当				不		502
協同組合から受ける事業分量配当金 課税商品等に係るもの	仕入れ税額からマイナス				法32①,基通5-2-8,12-1-3	503
非課税商品に係るもの	処理なし					504
仕入割引 課税仕入れに係るもの	仕入れ税額からマイナス				法32①,基通6-3-4,12-1-4	505
非課税・免税仕入れに係るもの	処理なし					506
補助金収入 雇用調整助成金・職業転換給付金				不	基通5-2-15	507
身体障害者等能力開発助成金				不		508
その他、国・地方公共団体等から受ける補助金・助成金・奨励金等				不		509
援助団体等から受ける補助金(法人税が課税されるかどうかにかかわらず) 対価性あり	課					510
対価性なし				不		511
損害賠償金 棚卸資産の破損等 使用可能な商品を加害者に引き渡す場合	課				基通5-2-5,5-7-5~6	512
使用不可能な商品を加害者に引き渡す場合				不		513
その他賠償金として受ける場合				不		514
賃貸借契約の解除 賃貸借契約を中途解約することを理由に徴収する解約金				不		515
賃貸借契約の中途解約を理由に返還しない保証金				不		516
契約による明渡し日より退去が遅れたことによる賃料(違約割増しを含む) 土地の場合			非			517
住宅の場合			非			518
土地・住宅以外の場合	課					519

取引・対価等	課	免	非	不	参考法令等	索引NO.
損害賠償金 特許権・著作権等の侵害をうけた場合に使用料相当額として受ける損害賠償金	課					520
貸付金・売掛金等の返済が期日より遅れた場合の遅延損害金			非			521
倉庫の貸付けにあたり倉庫からの搬出遅滞により徴収する違約金	課				基通5-2-5, 5-7-5〜6	522
購入した建物の明渡猶予期間中の使用に対する損害金	課					523
心身又は資産につき加えられた損害の発生に伴い受ける損害賠償金				不		524
販売した商品の品質不良、品違い、納期遅延等により支払う損害賠償金 — 売上げの値引きと認められるもの（課税商品）売上返還税額控除					法38①	525
同上（非課税商品）非課税売上げからマイナス					令48①	526
売上げの値引きと認められないもの				不		527
メーカーに代わってクレーム処理をした販売店にメーカーが支払うもの	課					528
予約の取消しに伴うキャンセル料（事務手数料を除く）				不	法2①,4①,基通5-2-5,5-5-2	529
その他の損害賠償金				不		530
損害賠償請求に要した弁護士費用等	課					531
収用補償金等 対価補償金（圧縮記帳前の補償金の額による）（5,000万円特別控除前の補償金の額による）— 土地等、非課税資産の対価補償金			非			532
同上 — 建物等、課税資産の対価補償金	課				令2②,基通5-2-1,5-2-10,5-7-9	533
租税特別措置法により、所得税又は法人税で対価補償金として取り扱われる移転補償金等				不		534
経費補償金・収益補償金等（対価補償金以外の収用補償金）				不		535
都市再開発事業等による休業補償金等				不		536
漁業権を消滅させるための補償金				不		537
雑収入 金銭により支払いを受ける販売奨励金等（課税商品に係るもの）仕入税額からマイナス					法32①,基通12-1-2	538
同上（非課税商品に係るもの）処理なし						539
本体価格と利子とを明示した延払販売につき繰上弁済をしたため徴収する早期完済割引料 — 一律に徴収する事務手数料	課				法4①,別表第二3	540
同上 — 上記以外				不		541
安価で提供する社員食堂の売上げ（実際の提供価額）	課				法28①	542
無償で食事を提供する社員食堂（みなし譲渡に該当しない）				不	基通5-1-4	543
使用人から受ける保養施設・福利厚生施設等の使用料	課				基通5-4-4	544
使用人等から受ける社宅家賃			非		別表第二13	545
親会社から受け取る事務委託料 — 国内の親会社、グループ法人税制の適用がある場合	課				法2①,4①	546
同上 — グループ法人税制の適用がない場合	課					547
国外の親会社、国内に親会社の支店等がある	課				基通7-2-17	548
国内に親会社の支店等がない		免				549
カード会社のCD機設置手数料 — 金利相当額			非		法2①,4①	550
同上 — 設置管理等の手数料部分	課					551
クレジットカードの利用者が支払高に応じてクレジット会社から受けるキャッシュバック（債務免除に該当）				不	基通12-1-7	552
自動販売機設置手数料	課				法2①,4①	553
保険金収入（人的被害・物的被害を問わず）				不	基通5-2-4	554
保険契約の契約者配当金				不		555
保険契約の解約返戻金				不	法2①,4①	556
保険契約の契約者を変更して地位を譲渡した場合の解約返戻金相当額				不		557
保険代理店報酬・保険料引去手数料・団体保険集金手数料	課				基通6-3-2	558
保険会社から委託を受けて行う損害調査・鑑定の手数料	課					559
自社が販売した商品のアフターケア・修理収入	課					560
作業くず・不用品等の売却	課					561
周年祝い金等、金銭・物品の受贈益				不	法2①,4①	562
商品券の受贈				不		563
税金の還付加算金				不		564

取引・対価等				課	免	非	不	参考法令等	索引NO.
営業外収益	償却債権取立益	課税売上げに係る債権	売上げ計上時に免税事業者				不	法39③	565
		課税事業者	売上げ計上時に課税事業者 / 貸倒れ時に免税事業者				不		566
			貸倒れ時に課税事業者	控除過大調整税額					567
		課税資産の譲渡等に係る債権以外の債権					不		568
	貸倒引当金戻入						不	法2①,4①	569
	債務免除益						不	基通12-1-7	570
	為替換算差益・為替決済差益						不	基通10-1-7	571
	有価証券売却益	売却収入について形態別参照							572
	固定資産売却益	土地等、非課税資産の売却				非(売却収入)			573
		課税資産の売却		課(売却収入)				法28①	574
		免税事業者であった課税期間に購入した固定資産の売却	課税資産	課(売却収入)				法2①,4①	575
			非課税資産			非(売却収入)			576
営業外費用	支払利息	金融機関からの借入金等の支払利息				非		別表第二3,基通6-3-1	577
		金融機関以外の企業からの借入金等の支払利息				非			578
		金銭債権の返済遅延損害金				非			579
		キャッシング手数料				非			580
		割賦購入手数料				非			581
		ファクタリング料				非			582
		信用保証の保証料				非			583
		物上保証料				非			584
		前払費用に計上した信用保証料の償却費					不		585
	手形売却損	手形売却（課税売上割合の計算には算入しない）				非			586
		手形割引料とは別に支払う割引手数料、取立手数料		課				法2①,4①	587
	売上割引	課税売上げに係るもの		売上返還税額控除				基通6-3-4,14-1-4	588
		非課税売上げに係るもの		非課税売上げからマイナス				令48①	589
	為替換算差損・為替決済差損						不	基通10-1-7	590
	貸倒損失	課税売上げに係る貸倒れ	貸倒れの課税期間に一般課税	貸倒税額控除				法39,令59,規18	591
			貸倒れの課税期間に簡易課税	貸倒税額控除					592
			買掛金と相殺した部分				不		593
		免・非・不課税売上げに係る貸倒れ					不		594
		免税事業者であった課税期間の売上げに係る貸倒れ					不		595
		貸付金の貸倒れ					不		596
	雑損失	現金過不足					不	法2①,30①	597
		火災損失	火災損失に振り替えた商品の仕入れ	課税商品	課				598
				非課税商品			非		法6①	599
			他勘定からの火災損失への振替				不		600
		搬入途中に事故で損壊して使用できなくなった備品につき支払った購入代金		課				法2①,30①	601
	有価証券売却損	売却収入について形態別参照							602
	固定資産売却損	土地等、非課税資産の売却				非(売却収入)			603
		課税資産の売却		課(売却収入)				法28①	604
		固定資産の除却損（未償却残高）					不	法2①	605
	資産評価損						不		606
	過年度修正損	仕入税額控除の時期	国内において課税仕入を行った日					法30①,基通11-3-1	607
			保税地域から課税貨物を引き取った日（特例申告の場合は申告の日）						608

【貸借対照表科目】

取引・対価等			課	免	非	不	参考法令等	索引NO.
現預金	預貯金の受入れ、払出し					不	法2①, 4①	609
	預貯金の譲渡				非		別表第二2, 令9	610
	記念金貨、収集用・販売用の紙幣、コイン等の購入、譲渡	邦貨	課				令9, 基通6-2-3	611
		外貨	課					612
受取手形暗号資産	手形の受入れ、手形の決済					不	法2①	613
	受取手形の譲渡・暗号資産（仮想通貨）の譲渡（課税売上割合の計算には算入しない）				非		令48②, 基通6-2-3	614
売掛金	売掛金の発生、回収					不	法2①, 4①	615
	資産の譲渡等の対価として生じた売掛金の譲渡（課税売上割合の計算には算入しない）				非		令48②	616
	他から購入した売掛金の譲渡（平成26.4.1以後課税売上割合は5％算入）				非		令9①, 48⑤	617
貸倒引当金	繰入れ、取崩し					不	法2①, 4①	618
有価証券	形態別（No.1281-1294）参照							619
商品	購入費用について売上原価（No.46-84）参照							620
貯蔵品	購入費用について売上原価等参照							621
未成工事支出金	その費用に応じて、製造原価・販管費に準じて判定							622
	原則	仕入材料等の引渡しの日・外注費等の役務提供完了の日の課税仕入れ					基通11-3-5	623
	特例（継続適用）	工事目的物引渡しの日の課税仕入れとすることができる						624
立替金	売上げ・仕入れとは区分して精算される立替金					不	法2①	625
前渡金・仮払金	商品の引渡し・役務の提供が完了していない（商品の引渡し・役務の提供が完了した時点で判定）					不	基通9-1-27	626
	前渡金の利息				非		基通6-3-5	627
前払費用	まだ役務の提供を受けていない部分					不		628
	1年以内の短期前払費用で法人税法上損金処理したもの（支払時に）	土地、住宅使用料・保険料等			非		基通11-3-8	629
		住宅以外の施設使用料等	課					630
貸付金	貸付金の発生・債権の回収					不	法2①	631
	貸付金の譲渡（平成26.4.1以後課税売上割合は5％算入）				非		令9①, 48⑤	632
繰延税金資産	繰延税金資産の計上と取崩し					不	法2①	633
有形固定資産 土地	購入対価				非		別表第二1	634
	購入のための仲介手数料		課				基通6-1-6	635
	固定資産税・都市計画税の未経過期間精算金				非		基通10-1-6	636
	登録免許税・不動産取得税等の租税					不	法2①	637
	購入のための借入金の利息・割賦購入手数料				非		基通6-3-1	638
	土地購入に伴う取壊し予定の建物購入対価		課					639
	土地購入に伴う取壊し予定の建物取壊し費用		課				法2①, 4①	640
	土地の造成費		課					641
	交換による取得・交換による引渡し				非		令45②, 基通5-2-1, 10-1-8	642
	共有地の持分の交換	共有持分の譲渡			非		別表第二1	643
		共有地の分割による共有持分権の交換 持分に応じた合理的分割である場合				不	法基通2-1-19	644
		持分を超える部分の譲渡			非		別表第二1	645
		登記手数料	課					646
		登録免許税				不		647
	土地購入の権利	土地購入に係る着手金の支払い				不		648
		買主の地位を譲渡した場合 支払った着手金相当額				不	法2①, 4①	649
		着手金を超える部分（土地の譲渡ではない）	課					650
	担保提供	担保として提供				不		651
		担保権の実行により所有権を移転			非			652
		担保権の実行として換価			非		別表第二1	653
		担保提供の解除				不		654

取引・対価等				課税区分				参考法令等	索引NO.
				課	免	非	不		
有形固定資産	建物（住宅）	購入対価	使用料を徴収しないことが客観的に明らかな社宅	課				法30⑩	655
			その他の賃貸用住宅　税抜1,000万円未満	課					656
			その他の賃貸用住宅　税抜1,000万円以上	居住用賃貸建物					657
		自己建設	累計額が1,000万円に達しない課税期間の課税仕入れ	課				法30⑩, 令25の5①②	658
			累計額が1,000万円に達した課税期間以後の課税仕入れ	居住用賃貸建物					659
		資本的支出	税抜1,000万円未満の課税仕入れ	課				基通11-7-5	660
			税抜1,000万円以上の課税仕入れ	居住用賃貸建物					661
		店舗付き住宅	税抜1,000万円未満	課				法30⑩, 令25の5①②	662
			税抜1,000万円以上	居住用賃貸建物					663
			構造や設備の状況から住宅の貸付けの用に供しないことが明らかな部分（店舗部分等）は合理的に区分して仕入税額控除の対象					基通11-7-3	664
	建物（住宅以外）	購入対価		課				法2①,4①,基通11-7-1	665
		収受した保険金を支払いに充てた購入対価	圧縮記帳の対象部分	課				基通11-2-8	666
			圧縮記帳の対象外	課					667
		固定資産税・都市計画税の未経過期間精算金		課					668
		登記が遅れたことにより立替払いした固定資産税・都市計画税の精算					不	基通10-1-6	669
		登録免許税・不動産取得税等の租税					不	法2①	670
		建物の取得価額に算入した割賦購入手数料				非		別表第二3	671
		交換による取得・交換による引渡し		課				令45②,基通5-2-1,10-1-8	672
	建設仮勘定（住宅以外）	発注した工事の着手金・中間金等の前払金	支払い時				不		673
			完成引渡し時	課					674
		自己が行う建設資材の購入・経費の支払い	原則　購入時	課				基通11-3-6	675
			原則　完成時				不		676
			特例（継続適用）　購入時				不		677
			特例（継続適用）　完成時	課					678
		自己が行う工事に係る賃金					不	基通11-1-2	679
		神官に支払うお祓い費用					不		680
		建設中の建物を譲渡した場合	譲渡収入　工事着手金等相当額				不	法2①,4①	681
			譲渡収入　工事着手金等相当額を超える部分	課					682
			建設に係る課税仕入れ　すでに仕入税額控除の対象としたもの				不	基通11-3-6	683
			建設に係る課税仕入れ　まだ仕入税額控除していないもの	課					684
	機械装置・工具・器具・備品・車両	自己使用・賃貸用にかかわらず購入時に		課					685
		設置手数料・運送料等の付随費用		課				法2①	686
		自動車税等の租税					不		687
		購入のための借入金の利息・割賦購入手数料				非		別表第二3	688
		減価償却費					不	法2①	689
		下取り（値引きではなく、売却として取り扱う）		課				基通9-3-6,10-1-17	690
		法人税法上受贈益と共に行う受贈資産の計上					不	法2①	691
		減価償却の対象とならない書画、骨董品の購入		課					692
		広告宣伝資産の受贈	現物の受入れ　資産計上するべき車両等				不	法2①,4①	693
			現物の受入れ　資産計上しない看板等				不		694
			取得のための現金受入れ（広告宣伝の対価）	課（売上げ）					695
			受入れた現金で資産計上するべき車両等を購入	課				法2①	696
			受入れた現金で資産計上するべき看板等を購入	課					697
			受入れた現金で少額減価償却資産となる看板等を購入	課					698
		売買処理を行ったリース取引については仕入税額の分割控除はできない							699
	減価償却累計額						不	法2①	700

勘定科目別課否判定表

取引・対価等				課	免	非	不	参考法令等	索引NO.
差入保証金・敷金・権利金				形態別参照					701
借地権	土地に係る地上権及び賃借権（借地権）の設定					非		別表第二1基通	702
	借地権の取得・譲渡					非		5-4-1, 6-1-2	703
営業権	営業権の譲受け			課				基通5-7-8	704
	営業権の償却費						不	法2①	705
特許権・実用新案権・意匠権・商標権・回線配置利用権・育成者権	実施権・使用権の設定、譲渡・使用	日本で登録された特許権等	買手が居住者	課				法4③, 令6①, 17②, 基通5-1-3, 5-4-1, 5-7-5	706
			買手が非居住者		免				707
		国外のみで登録された特許権等	買手が居住者				不		708
			買手が非居住者				不		709
		複数の国で登録された特許権等 売手の住所が国内	買手が居住者	課					710
			買手が非居住者		免				711
		売手の住所が国外	買手が居住者				不		712
			買手が非居住者				不		713
	特許権等の実施権を互いに与え合うクロスライセンス	課否判定は一方的な使用許諾と同様							714
		差額決済の場合であっても相殺前の対価による						法28①	715
	特許権等の侵害に係る損害賠償金で使用料に相当するもの	通常の使用料として判定						基通5-2-5	716
特許出願中の権利	権利の譲渡・使用	売手の住所が国内	買手が居住者	課				法4③, 令6①, 17②, 基通5-7-7	717
			買手が非居住者		免				718
		売手の住所が国外					不		719
ノウハウ	特許に至らない技術・技術に関する附帯情報等の使用	売手の住所が国内	買手が居住者	課					720
			買手が非居住者		免				721
		売手の住所が国外					不		722
著作権・出版権・著作隣接権	著作権に係る出版権の設定	売手の住所が国内	買手が居住者	課				法4③, 令6①, 17②, 基通5-1-3, 5-4-1, 5-7-6	723
			買手が非居住者		免				724
		売手の住所が国外					不		725
	著作権・出版権等、登録を要しない権利の譲渡・使用	売手の住所が国内	買手が居住者	課					726
			買手が非居住者		免				727
		売手の住所が国外					不		728
	著作物の複製・上演・放送・展示・上映・翻訳・編曲・脚色・映画化・その他著作物を利用させる行為	売手の住所が国内	買手が居住者	課				令6①, 17②, 基通5-4-2	729
			買手が非居住者		免				730
		売手の住所が国外					不		731
	著作権等の侵害に係る損害賠償金で使用料に相当するもの	通常の使用料として判定						基通5-2-5	732
ソフトウエア	ソフトウエアの購入	「電気通信利用役務の提供」はNo.1847以降参照							733
		「電気通信利用役務の提供」でない場合はNo.1847~1856参照							734
	ソフトウエア開発に要した賃金						不	法2①	735
	ソフトウエア開発に要した賃金以外の費用については販管費参照								736
	ソフトウエア償却費						不		737
電話加入権				課				法2①	738
投資その他の資産 ゴルフ会員権	ゴルフ場への払込み	返還されない入会金部分		課				基通5-5-5	739
		預託金・株式払込金部分					不		740
		名義書換料		課				法2①, 4①	741
		年会費・ロッカー使用料等		課					742
	ゴルフ場以外との売買又は市場売買	返還されない入会金部分		課					743
		預託金・株式払込金部分		課				法4①, 別表第二2	744
	発行ゴルフ場が行う市場価格による買取消却（預託金部分を含めて）			課					745
	発行ゴルフ場からの預託金の返還						不	法2①, 4①	746
リゾートクラブの会員権	クラブへの払込み	返還されない入会金部分		課				基通5-5-5	747
		預託金部分					不	法2①, 4①	748
		土地、敷地権の所有権の取得の対価				非		別表第一	749
		建物の所有権の取得の対価		課				法2①, 4①	750
		年会費等		課					751

勘定科目別課否判定表

取引・対価等			課	免	非	不	参考法令等	索引NO.
投資その他の資産								
リゾートクラブの会員権	クラブへの払込み・名義書換料	会員としての権利に対応する部分	課				法2①,4①	752
		土地、敷地権の書換料			非		別表第二1	753
		建物の所有権の書換料	課					754
	クラブ以外との売買	返還されない入会金部分	課				法2①,4①	755
		預託金部分	課					756
		土地、敷地権の所有権の譲渡の対価			非		別表第二1	757
		建物の所有権の譲渡の対価	課				法2①,4①	758
	クラブから返金	預託金の返金				不		759
		土地、敷地権の所有権移転の対価			非		別表第二1	760
		建物の所有権移転の対価	課				法2①,4①	761
信託	受益者等課税信託	受益者等課税信託契約に基づく資産の所有権の移転				不		762
		受益者等課税信託契約の終了による資産の所有権の移転				不		763
		信託報酬	課				法14①,基通4-2-1,9-1-29	764
		収益の分配				不		765
		信託の運用に係る課税収入 受益者において	課					766
		受託者において				不		767
		信託の運用に係る課税仕入れ 受益者において	課					768
		受託者において				不		769
	特定受益証券発行信託	信託資産の所有権の移転 課税資産	課				令2①,基通4-2-1	770
		非課税資産			非			771
		収益の分配			非		別表第二3,法14①,令10③	772
	法人課税信託	信託資産の所有権の移転 課税資産	課				別表第二3,法14①,15,令2①,基通4-2-1~2	773
		非課税資産			非			774
		受益者等課税信託が法人課税信託に該当することとなった場合に出資があったとみなされるもの 課税資産	課					775
		非課税資産			非			776
		収益の分配			非		別表第二3,法14①,令10③	777
	退職年金等信託に基づく資産の所有権の移転					不	法14①,基通4-2-1	778
	特定公益信託に基づく資産の所有権の移転					不		779
	合同運用信託・公社債投資信託・公社債等運用投資信託	信託の購入				不	別表第二3,法14①,令10③,基通6-3-1	780
		収益の分配			非			781
		信託報酬			非			782
	上記以外の投資信託	収益の分配			非		令10③	783
		信託報酬	課				法2①,4①	784
	退職年金等信託、特定公益信託	収益の分配			非		令10③	785
		信託報酬	課					786
	特定金銭信託（公社債投資信託を除く）・金銭信託の信託報酬		課				法2①,4①	787
	指定金銭信託の中途解約手数料					不		788
公共施設・共同施設負担金	専用側線利用権・電気ガス供給施設利用権・水道施設利用権・電気通信施設利用権等の設定の対価であるもの		課					789
	負担者と負担者以外との利用条件が同一であるもの					不		790
	施設の専有面積等により負担金が算定されるもの		課					791
	負担金と事業の実施に伴う役務の提供とに明確な対価関係があるもの		課				法2①,4①,基通5-5-6,11-2-6	792
	負担金と事業の実施に伴う役務の提供とに明確な対価関係がないもの					不		793
	負担金の対価性が明白でない場合	負担金を徴収する公共団体・同業者団体が不課税としているもの				不		794
		負担金を徴収する公共団体・同業者団体が課税としているもの	課					795

取引・対価等			課税区分				参考法令等	索引NO.
			課	免	非	不		
投資その他の資産	自動車リサイクル料金	シュレッダーダスト料金・エアバッグ類料金・フロン類料金・情報管理料金	車両購入時の支払いは預託金				不	法2①,4①,30①	796
			廃車の時に課税仕入れ	課				法2①,4①,30①	797
			車両売却時は金銭債権の譲渡			非		別表第二2	798
		資金管理料金の支払い（支払時に費用処理する）		課				法30①,基通11-3-1	799
繰延資産	創立費		設立の課税期間に販管費に準じて判定					基通9-1-1,11-3-4	800
	開業費								801
	開発費・試験研究費		発生の時点で、販管費に準じて判定						802
	新株発行費・社債発行費								803
	社債発行差金		発行価額と償還金額との差額			非		基通6-3-2の2	804
負債の部	買掛金		買掛金の発生、支払い				不	法2①,4①	805
	未払金		未払金の発生、支払い				不		806
	前受金		課税商品代金の前受け、建物売却着手金				不	基通9-1-27	807
			土地の売却着手金				不		808
	預り金	金銭・資産の預り、返却等					不	法2①,4①	809
		容器保証金	空の容器等を返却したときに返還する保証金等				不	基通5-2-6	810
			容器が返却されないことにより返還しないこととなった保証金等	当事者間で損害賠償金とした場合				不		811
				当事者間で容器等の譲渡とした場合	課					812
		商品発送に伴い別途受領する配送料等（実費精算）					不	基通10-1-16	813
		源泉所得税の預りがある場合、控除前の支払総額が対価の額						基通10-1-13	814
	借入金		借入資金の入金と返済				不	法2①,4①	815
	未払法人税等		未払法人税等の計上と納付				不		816
純資産の部	金銭出資	株式会社の設立・新株発行における金銭の受入れ					不	令2①,基通11-4-1	817
		合同会社・合資会社・合名会社の金銭による出資受入れ					不		818
	現物出資	課税資産の受入れ		課					819
		非課税資産の受入れ				非			820
		デッドエクイティスワップによる資本の増加					不		821
		デッドエクイティスワップによる金銭債権の出資行為（株主）				非			822
	自己株式	自己株式の取得	市場取引			非		基通5-2-9	823
			相対取引				不		824
		自己株式の消却					不	法2①,4①	825
		自己株式の処分					不		826
	出資金の払戻し						不		827
	法定準備金・任意積立金の積立て・取崩し						不		828
	利益の配当・剰余金の分配						不	基通5-2-8	829

形態別課否判定表

取引・対価等				課税区分				参考法令等	索引 NO.
				課	免	非	不		
非居住者に対して国内に所在する資産を譲渡又は貸付け		課税資産		課				法2①, 4①	830
		非課税資産				非		法6①	831
非居住者が国内に所在する資産を譲渡又は貸付け		課税資産		課				基通5-1-11	832
		非課税資産				非			833
商品等の輸出	課税商品の輸出売上げ	輸出証明あり			免			法7, 基通7-2-1	834
		輸出証明なし		課					835
	非課税商品の輸出売上げ	株式等の有価証券・支払手段・抵当証券・金銭債権の輸出		非課税資産の輸出等の特例適用なし				法7, 31①, 令51	836
		その他の非課税資産	輸出証明あり	非課税資産の輸出等の特例					837
			輸出証明なし	非課税資産の輸出等の特例適用なし					838
	輸出用の商品を輸出を行う事業者に国内で売上げ	課税商品		課				基通7-2-2	839
		非課税商品				非			840
	輸出物品の製造のための下請加工			課					841
	輸出する身体障害者用物品の製造のための下請加工					非		令14の4②	842
	国外支店へ引き渡すことを条件に国内でした販売				免			法4③, 7①	843
	国外支店で販売するため、国内にある商品を国外に移送			非課税資産の輸出等の特例				法31②	844
	国外支店で使用するため、国内にある事務機器等を国外へ移送			非課税資産の輸出等の特例				法31②, 基通11-8-1	845
	国外の親会社、子会社に対して商品を販売	課税資産	輸出証明あり		免			法7, 基通7-2-1	846
			輸出証明なし	課					847
		株式等の有価証券・支払手段・抵当証券・金銭債権の輸出		非課税資産の輸出等の特例適用なし				法7, 31①, 令51	848
		その他の非課税資産	輸出証明あり	非課税資産の輸出等の特例					849
			輸出証明なし	非課税資産の輸出等の特例適用なし					850
	名義貸し輸出（実際の輸出者が輸出申告書を保存、名義人である商社に「消費税輸出免税不適用連絡一覧表を交付、商社がその写しを申告書に添付）	実際の輸出者において			免			法7②	851
		商社において					不		852
		商社が受ける手数料		課				法2①, 4①	853
外国貨物の譲渡	国外で購入した資産を国内へ搬入せず他へ譲渡（契約が国内であっても）	譲渡					不	基通5-7-1	854
		その譲渡費用で国内の課税仕入れ		課（課税売上対応）				基通11-2-11	855
	国外で購入した資産を国内の保税地域に陸揚げし輸入手続きをしないで他へ譲渡	譲渡	課税貨物		免			法7①, 31, 基通7-2-3	856
			非課税貨物	非課税資産の輸出等の特例					857
		その譲渡費用で国内の課税仕入れ		課（課税売上対応）					858
	国外で購入した資産を国内の保税地域に陸揚げし輸入手続きをした後に譲渡	譲渡	課税貨物	課				法2①, 4①	859
			非課税貨物			非			860
	輸出の許可を受けた貨物の譲渡	国外で譲渡					不	法4③	861
		国内で譲渡	課税貨物		免			法2①, 7①, 31	862
			非課税貨物	非課税資産の輸出等の特例					863
		その譲渡費用で国内の課税仕入れ		課（課税売上対応）				法30②, 31	864
	保税地域に搬入した内国貨物（課税資産）を譲渡			課					865
保税工場で製造した製品の譲渡	内国貨物のみを原材料としている製品	国内の事業者への譲渡		課				法2①, 4①	866
		輸出として譲渡			免			法7①	867

取引・対価等			課税区分 課	免	非	不	参考法令等	索引NO.
保税工場で製造した製品の譲渡	外国貨物のみを原材料としている製品	国内の事業者への譲渡		免			法7①	868
		国外の事業者への譲渡		免				869
	製品加工に係る外注加工費		課				基通7-2-2	870
国外に所在する資産の譲渡等	国外支店での商品売上げ					不	法4①③、基通5-7-10	871
	国外に所在する土地・建物その他の資産の譲渡・貸付け（国内で契約を締結していても）					不		872
海上において行う課税資産の譲渡・譲受け	公海上	譲渡				不	法4③	873
		譲り受けた課税資産の輸入	課					874
	日本の属地的管轄権が及ぶ地域での譲渡・譲受け		課				法2①、4①	875
国内で引き渡すことを条件とした国外での土産物の販売	国内への輸送を約して国外で販売	国外で販売した現物を輸送して引渡し				不	法4③	876
		あらかじめ国内に準備しておいた商品を引渡し	課					877
		国外で見本品を選ばせ国内の商品を引渡し	課					878
		国外における商品の調達				不		879
	商品の国内への輸入	課税貨物	課				法4②、30①	880
		免税貨物		免			関定法14〜17、輸徴法13	881
		非課税貨物			非		別表第二の二	882
輸出取引・国外取引	外航船舶・航空機・コンテナー	船舶運行事業者等に対して行うもの	外国航路専用の船舶・航空機・コンテナー	譲渡・貸付け		免		法7①、令17①②	883
				修理その他の役務の提供		免			884
		外国航路専用でない船舶・航空機・コンテナーに係る譲渡・貸付け・役務の提供	課					885
		船舶運行事業者等以外に対して行う譲渡・貸付け・役務の提供	課					886
	船舶運行事業者等に対して行う外航船舶等の移動等に係る役務の提供等	入港料		免			令17②、基通7-2-11	887
		水先料		免				888
		曳船料		免				889
		網取放料		免				890
		港湾施設利用料	外貿埠頭貸付料		免			891
			水域施設利用料		免			892
			けい留施設利用料		免			893
			廃油回収料		免			894
			廃棄物処理料		免			895
			清掃料		免			896
			給油補助料		免			897
		空港使用料		免				898
		航行援助施設利用料		免				899
		空港ハンドリング料	機体への給水、給油の補助料		免			900
			機体からの排水、汚水処理料		免			901
			機内清掃料		免			902
			機体の誘導、車輪止めの取外し、プッシュバックサービス料		免			903
			外国貨物である手荷物関係のサービス		免			904
		国際線航空機の到着から出発までの間に行う点検、整備		免				905
		出国待合室、コンコース、固定橋、旅客搭乗橋、タラップの貸付け	課					906
		パイロットの訓練	課					907
	外国籍の漁船がする岸壁港等の施設の利用		課					908

形態別課否判定表

取引・対価等			課	免	非	不	参考法令等	索引NO.
輸出取引・国外取引								
土木工事・修繕・運送・保管・印刷・広告・仲介・興行・宿泊・飲食・技術援助・情報の提供・便益・出演・著述等のサービスの提供	「電気通信利用役務の提供」はNo.1847以降参照						法4①③,7,令6②,基通5-5-1,5-7-13,5-7-15	909
	国外事業者が行う芸能、スポーツ等の役務の提供はNo.2082以降参照							910
	契約による提供場所が国内（対非居住者は索引No.919以降参照）		課					911
	契約による提供場所が国外					不		912
	提供場所が特定できる場合	国内で提供（対非居住者は索引No.919以降参照）	課					913
		国外で提供				不		914
	提供場所が明らかでない場合	提供を行う者の提供に係る事務所が国内 居住者に対して	課					915
		非居住者に対して					919以降参照	916
		提供を行う者の提供に係る事務所が国外				不		917
	外国法人の日本支店に対して国内で役務の提供		課				基通7-2-17	918
非居住者に対して国内で行うサービスの提供	「電気通信利用役務の提供」はNo.1847以降参照						令17②,基通7-2-16	919
	国外事業者が行う芸能、スポーツ等の役務の提供はNo.2082以降参照							920
	国内において直接便益を享受しないもの			免				921
	貨物の運送・保管、不動産管理・修理、建物建築、電車・バス・タクシー等の旅客輸送、飲食、宿泊、理容・美容、医療・療養、観劇、通信、語学教育等のサービスの提供		課					922
	外国人旅行者が国内滞在中に受ける医療・療養		課					923
広告請負	「電気通信利用役務の提供」はNo.1847以降参照						法4①③,7,令6②,基通5-7-15,7-2-17	924
	国内における広告宣伝	依頼者が国内企業	課					925
		依頼者が外国企業 国内に依頼者の事務所等あり	課					926
		国内に依頼者の事務所等なし		免				927
	国外における広告宣伝					不		928
	企画・立案・管理・広告掲載等が国内外を通じて行われるもの	請負事務所が国外にある				不		929
		請負事務所が国内にある 依頼者が国内企業	課					930
		依頼者が外国企業 国内に依頼者の事務所等あり	課					931
		国内に依頼者の事務所等なし		免				932
情報の提供・設計	「電気通信利用役務の提供」はNo.1847以降参照							933
	提供を行う事務所等が国外にある					不		934
	提供を行う事務所等が国内にある	非居住者に対する提供 海外情報		免				935
		国内情報		免				936
		居住者に対する提供 海外情報	課					937
		国内情報	課					938
		国内に支店等を有する外国企業に対する提供 海外情報	課					939
		国内情報	課					940
ソフトウエア開発の受託	国内で製作	非居住者からの業務委託		免			令17②	941
		居住者からの業務委託	課				法2①,4①	942
	国外で製作					不	法4①③	943
制作したソフトウエアの販売	「電気通信利用役務の提供」はNo.1847以降参照							944
	著作権の譲渡、貸付けに該当しない（買手のみが利用） DVD等で販売	国内で販売	課				法2①,4①③	945
		国外で販売				不		946
		国内から国外へ納品		免			法7①	947
	製作したソフトウエアの著作権等の譲渡、貸付け（コピー権の付与等） 売手の住所が国内	買手が居住者	課				令6①,令17②,基通5-1-3,5-4-1,5-7-6	948
		買手が非居住者		免				949
	売手の住所が国外					不		950
ソフトウエアの保守業務	「電気通信利用役務の提供」はNo.1847以降参照						法4①③	951
	国外において行う保守業務					不		952
	国内において行う保守業務		課					953
通訳の派遣	国内における通訳		課				法4①③	954
	国外における通訳					不		955
	海外旅行のための通訳で国内から同行するもの					不		956
	国内・国外をとおして行う通訳	派遣事務所が国内	課				令6②	957
		派遣事務所が国外				不		958

取引・対価等				課	免	非	不	参考法令等	索引NO.
添乗員の派遣	海外でのみ添乗サービスを行う場合						不	法4③	959
	出国から帰国まで一貫して添乗サービスを行う場合	派遣事務所が国内		課				令6②,17②,基通5-7-15	960
		派遣事務所が国外					不		961
俳優、音楽家等のギャラ	国内で行うコンサート等に出演	外国人アーティスト						国外事業者が行う芸能、スポーツ等の役務の提供はNo.2082以降参照	962
		日本人アーティスト		課					963
	国外で行うコンサート等に出演	外国人アーティスト					不		964
		日本人アーティスト					不	法4①③	965
移籍料	国内サッカークラブが外国サッカークラブに支払う選手移籍料						不	法4①③	966
	国内サッカークラブが外国サッカークラブから受ける選手移籍料				免				967
外国企業(非居住者)の国内代理店	代理店としての業務の提供手数料				免			令6②,17②	968
	代理店業務として国内で行う課税商品の販売	国内代理店において					不	基通4-1-3,5-1-11,10-1-12	969
		外国企業において		課					970
	代理店業務として国内で行う課税仕入れ	国内代理店において					不		971
		外国企業において		課					972
	代理店業務として行う保税地域からの課税貨物の引取り(国内代理店の名で輸入申告)	国内代理店において		課				法4②	973
		外国企業において					不		974
外国企業(非居住者)が販売した商品のアフターケアの請負	国外に出張して行う修理等						不	法4①③	975
	国内で行う修理等	販売先に請求する場合		課					976
		販売元の外国企業に請求する場合			免			令17②	977
国外で行うイベントの企画・立案(国内で企画していても)							不	基通5-7-15	978
国内外にわたって行う運輸・通信等					免			令6②,基通5-7-13	979
国内で行う海外航空券の譲渡						非		別表第二4	980
国外において行う工事・修繕(国内の事務所等で契約していても)							不	法4①③	981
国外へ輸送して現地で据付工事を行い引き渡す機械製作請負	国内制作費用			課(課税売上対応仕入れ)				基通11-2-11	982
	機械の輸出			非課税資産の輸出等の特例				法31②	983
	国外での引渡し						不	法4①③	984
海外プラント工事に関する技術指導・助言・監督等	工事資材の大部分が国内で調達されている			課				令6②	985
	工事資材の大部分が国外で調達されている						不		986
パック旅行	海外パック旅行	国内旅費・パスポート申請手数料		課					987
		国際旅費(輸出免税にならない)					不	基通7-2-6	988
		国外旅費・国外宿泊費・国外ガイド					不		989
	国内パック旅行	包括的な旅行の請負である場合		課				法2①,4①	990
		手配旅行である場合	預り金、仮払金処理した部分				不		991
			手数料部分	課					992
	他社主催のパック旅行(代売契約)	海外パック旅行	パック旅行の仕入れ				不		993
			パック旅行の売上げ				不		994
			差益部分	課				基通10-1-12	995
		国内パック旅行	パック旅行の仕入れ				不		996
			パック旅行の売上げ				不		997
			差益部分	課					998
外国為替等	国際郵便為替・国際郵便振替					非			999
	外国為替取引					非			1000
	対外支払手段の発行					非			1001
	対外支払手段の売買又は債券の売買					非		別表第二5,令13,基通6-5-3	1002
	対外支払手段の売買又は債券の売買(円で支払う居住者間の売買)					非			1003
	居住者が行う非居住者からの証券の取得に係る媒介			課					1004
	居住者が行う非居住者に対する証券の譲渡に係る媒介、取次ぎ、代理			課					1005
	国内送金・為替・振込手数料			課				法2①,4①	1006
	国外への送金・為替・振込手数料					非			1007
	外貨両替手数料					非		法31,別表第二5	1008

輸出取引・国外取引

取引・対価等				課	免	非	不	参考法令等	索引NO.
非居住者円預金	取扱手数料			非課税資産の輸出等の特例					1009
	残高証明手数料				免			法31, 別表第二5	1010
	口座維持管理手数料				免				1011
居住者外貨預金	取扱手数料					非			1012
	残高証明手数料			課					1013
	口座維持管理手数料			課					1014
預金利息等	国内事務所における預貯金等	国外の銀行から受ける預金利息		非課税資産の輸出等の特例				法31, 別表第二3, 令51, 基通6-3-1	1015
		外国債券の利息							1016
		海外CD・CPの利息・割引料							1017
		非居住者から受ける貸付金の利息・割賦手数料							1018
		外国銀行の国内支店から受ける預金利息				非			1019
	国外の事務所における預貯金その他の利息						不	令6③	1020
輸出売上げについての値引き・返品・割戻し(リベート)・売上割引	輸出免税等に係るもの			免税売上げからマイナス				令48①, 基通11-5-5	1021
	輸出証明がないため課税売上げとしたもの			売上返還額控除				法7②, 38①	1022
	非課税資産の輸出に係るもの	株式等の有価証券・支払手段・抵当証券・金銭債権の輸出に係るもの		非課税売上げからマイナス				令48①, 51①	1023
		その他の非課税資産の輸出に係るもの		免税売上げからマイナス					1024
輸出する資産の国内課税仕入れ				課(課税売上対応)				法30②	1025
国外で譲渡する資産に係る国内課税仕入れ				課(課税売上対応)				基通11-2-11	1026
外航船舶等への貨物の積込み	外国籍の船舶・航空機	外国籍の船舶等を日本人が船体だけを裸傭船し、日本人の船長、乗員を使用している場合	指定物品の積込み		免			措法85①, 措令45	1027
			指定物品以外の積込み	課					1028
		実質的に日本国籍の船舶等と同様に使用されていると認められるもの	指定物品の積込み		免				1029
			指定物品以外の積込み	課					1030
		上記以外	指定物品の積込み		免			法7①	1031
			指定物品以外の積込み		免				1032
	日本国籍の船舶・航空機		指定物品の積込み		免			措法85①, 措令45	1033
			指定物品以外の積込み	課					1034
外国公館等への販売	外国公館等免税店舗の指定を受けていない場合	課税商品		課					1035
		非課税商品				非			1036
	外国公館等免税店舗の指定を受けている場合	外国公館等用免税購入表を受け取って保存	課税商品		免			措法86, 措令45の4	1037
			非課税商品			非			1038
		外国公館等用免税購入表がない	課税商品	課					1039
			非課税商品			非			1040
輸出物品販売場	事業用物品の販売			課				法8, 基通8-1-1	1041
	金、白金の地金			課				令18	1042
	生活用物品の販売	食料品、飲料品、たばこ、薬品類、化粧品類、フィルム、電池その他の消耗品の販売	1回の販売合計金額5千円未満の場合	課					1043
			1回の販売合計金額5千円以上50万円以下の場合		免				1044
			1回の販売合計金額50万円超の物品	課				法8, 令18①, 基通8-1-2	1045
		その他(一般物品)	1回の販売合計金額5千円未満の場合	課					1046
			1回の販売合計金額5千円以上の物品		免				1047

（左欄縦書き：輸出取引・国外取引）

（右欄縦書き：形態別課否判定表）

取引・対価等				課税区分				参考法令等	索引NO.
				課	免	非	不		
輸出取引・国外取引	委託型輸出物品販売場	事業用物品の販売		課				法8, 基通8-1-1	1048
		金、白金の地金		課				令18	1049
		生活用物品の販売	食料品、飲料品、たばこ、薬品類、化粧品類、フィルム、電池その他の消耗品の販売	免税カウンターで手続きをする1回の販売合計金額5千円未満の場合	課				法8, 令18①, 基通8-1-2	1050
				免税カウンターで手続きをする1回の販売合計金額5千円以上50万円以下の場合		免				1051
				免税カウンターで手続きをする1回の販売合計金額50万円超の物品	課					1052
			その他（一般物品）	免税カウンターで手続きをする1回の販売合計金額5千円未満の場合	課					1053
				免税カウンターで手続きをする1回の販売合計金額5千円以上の物品		免				1054
輸入取引	保税地域からの外国貨物の引取り	事業者が有償で譲り受けた課税貨物の引取り		課	仕入税額控除の対象			法4②, 30①, 基通5-6-2	1055
		事業者が無償で譲り受けた課税貨物の引取り		課					1056
		事業者以外の者が引取り（有償・無償）		課					1057
		保税地域からの非課税貨物（有価証券等・郵便切手類・印紙・証紙・物品切手等・身体障害者用物品・教科用図書）の引取り				非		法6②, 別表第二の二	1058
		免税貨物の引取り			免			関定法14～17, 輸徴法13	1059
	書籍の輸入	関税課税価格が1万円以下の物品の引取り			免			関定法14	1060
		関税の課税価格が1万円以下の書籍			免				1061
		関税の課税価格が1万円超の書籍	記録文書その他の書籍（本、定期刊行物、新聞等）		免				1062
			絵本、絵画集、写真集	課					1063
	外国法人からソフトウエアを借入れ	書類または磁気テープ等として輸入		課				法4②	1064
		「電気通信利用役務の提供」はNo.1847以降参照							1065
		「電気通信利用役務の提供」でない場合はNo.1847～1856参照							1066
	無体財産権の輸入	無体財産権を伴う貨物の輸入		課				基通5-6-3	1067
		無体財産権の使用に伴う対価の額を輸入する	対価の支払いが貨物の輸入の条件になっている	課					1068
		貨物の価格に含めるか	条件となっていない				不		1069
	輸出した商品が品違い等の理由により返品された場合の輸入で関税が免税となるもの				免				1070
	展示用に輸出した商品を国内に引き取るための輸入で関税が免税となるもの				免			関定法14	1071
	国外から国内への転居にあたり国内に持ち込む家財で関税が免税となるもの				免				1072
	保税地域にある外国貨物が災害等により亡失又は滅失した場合						不	基通5-6-4	1073
	輸出入の許可に係る保税地域内における倉庫保管料・荷役料・運送料・通関手続費用等の役務の提供	外国貨物	輸出許可を受けた輸出商品		免			法2①, 基通7-2-12～13	1074
			輸入許可を受ける前の輸入商品		免				1075
		内国貨物	輸入許可を受ける前の輸出商品		免				1076
			輸入許可を受けた後の輸入商品		免				1077
	輸出入の許可に係る保税地域内における青果物に係るくんじょう等の役務の提供	外国貨物			免				1078
		内国貨物			免				1079
	輸出入の許可に係る保税地域以外の保税地域又は保税地域外における役務の提供	外国貨物			免			令17②	1080
		内国貨物		課					1081
	保税地域内において借受ける倉庫等の賃借料			課				法2①, 4①	1082

取引・対価等				課	免	非	不	参考法令等	索引NO.
輸入取引	輸入する資産のリース	貸付けを行う者が輸入の許可を受け国内で引渡し		課				法4,基通5-7-10,5-7-12	1083
		ユーザーが保税地域内において外国貨物のまま引渡しを受けて通関	リース資産の輸入	課					1084
			リース料（ファイナンスリース）		免				1085
		ユーザーが国外で引渡しを受けて国内で使用	リース資産の輸入	課					1086
			支払いリース料				不		1087
	国外の者に対する技術使用料						不	法4①	1088
	国外の者を国内に招致して受ける技術指導			課				法4①	1089
	輸入品について海外から受ける値引き・割戻し（リベート）等						不	基通12-1-5	1090
	税関からの消費税の還付			仕入れ税額からマイナス				法32④	1091
不動産賃貸取引	土地および土地の上に存する権利の貸付け	更地の貸付け	賃借人が更地のまま使用			非		別表第二1	1092
			賃借人が施設を建設して使用			非		別表第二1	1093
		建物・構築物等の貸付けに伴う敷地部分	敷地部分の対価を区分していても全体を建物等の貸付けの対価として判定　住宅			非		基通6-1-5	1094
			住宅以外	課				基通6-1-5	1095
		1ヶ月未満の更地の貸付け	契約上の貸付期間が1ヶ月未満	課				令8,基通6-1-4	1096
			契約上の貸付期間が1ヶ月以上で、1ヶ月未満に解約			非			1097
			契約上の貸付期間が1ヶ月未満で、結果的には1ヶ月以上の貸付け	課					1098
			毎週日曜日だけの貸付け（年間52日間の契約であっても1日の貸付けの集合体）	課					1099
		土地の貸付けに係る仲介料		課				基通6-1-6	1100
		道路高架下の貸付け	フェンス等の施設の設置あり	課				令8,基通6-1-4	1101
			施設の設置なし			非			1102
		貸ビルを建築中にビルの借手から受け取る地代（建物の賃貸が開始しているものとして取り扱う）		課				法2①,4①	1103
		電柱使用料	土地の使用許可に基づくもの			非		別表第二1	1104
			電柱への広告貼付使用料	課				法2①,4①	1105
		駐車場賃貸	一時貸し・時間貸し駐車場	課				基通6-1-4	1106
			月極駐車場等　入出庫の管理がある駐車場	課				法2①,4①	1107
			月極駐車場等　砂利敷、アスファルト敷、コンクリート敷等施設の設置がある場合	課					1108
			月極駐車場等　掘り込みガレージ等の場合	課					1109
			月極駐車場等　地面の整備などが一切ない場合			非			1110
			賃貸戸建住宅の駐車場部分			非		基通6-1-5,6-13-3	1111
			同一敷地内にありマンション賃貸に付随して必ず割当て　住宅家賃とガレージ代を区分していない			非			1112
			住宅家賃とガレージ代を区分している	課					1113
			マンション居住者のうち希望者へ賃貸する場合（砂利敷等がある）	課					1114
		貸し農園	更地を貸付け			非		別表第二1	1115
			区画フェンス・作業小屋・温室等を設置して貸付け	課				基通6-1-5	1116
		土地の賃貸借形態による土石、砂利等の採取で、採石法、砂利採取法等の認可を受けるべきもの		課				基通6-1-2	1117
		墓地の永代使用料				非		別表第二1	1118
		公有水面使用料・道路占用料・河川占用料				非		基通6-1-7	1119
		借地権の更新料・更改料・名義書換料				非		基通6-1-3	1120
	建物・施設等の貸付け	旅館業法の旅館業に該当するもの	ホテル・旅館・簡易宿泊所等、宿泊料を受けて宿泊をさせる営業	課				令16の2,基通6-13-4	1121
			宿泊期間が1ヶ月以上の宿泊	課					1122
			ウイークリーマンションの貸付け	課					1123
			マンスリーマンションの貸付け	課					1124

形態別課否判定表

取引・対価等						課税区分				参考法令等	索引NO.
						課	免	非	不		
不動産賃貸取引	建物・施設等の貸付け	旅館業法に該当しない住宅の貸付け	家賃・共益費・礼金・更新料	貸付期間1ヶ月未満	居住用として貸付け	課				別表第二13	1125
					用途を定めないで貸付け	課					1126
					事務所用として貸付け	課				法2①, 4①	1127
				貸付期間1ヶ月以上	居住用として貸付け			非		別表第二13	1128
					用途を定めないで貸付け			非			1129
					事務所用として貸付け	課				法2①, 4①	1130
			敷金・保証金	返還する部分					不		1131
				返還しない部分(返還しないことが確定した日)	居住用として貸付け			非		別表第二13	1132
					用途を定めないで貸付け			非			1133
					事務所用として貸付け	課					1134
			個別のメーター管理を行い預り金処理する電気料・水道料	預かった家主					不	法2①, 4①	1135
				支払った賃借人		課					1136
			店舗併用住宅の貸付け	居住用部分				非		別表第二13	1137
				店舗用部分		課				法2①, 4①	1138
			賃貸住宅の修繕のため賃借人に仮住宅を提供	無償で提供					不		1139
				元の住宅賃貸と仮住まいの期間をあわせて1ヶ月以上の契約	元の住宅賃貸			非		令16の2	1140
					仮住まい（1ヶ月未満であっても）			非			1141
				元の住宅賃貸と仮住まいの期間をあわせて1ヶ月未満の契約	元の住宅賃貸	課					1142
					仮住まい	課					1143
				子会社等(自己以外)が提供	無償で提供				不	法2①, 4①	1144
					子会社が契約する提供期間 1ヶ月以上			非		令16の2	1145
					子会社が契約する提供期間 1ヶ月未満	課					1146
			庭・塀等で通常住宅に付随して貸し付けられると認められるもの	住宅と一体として貸付け				非		別表第二13, 基通6-13-1	1147
				家賃とは別に使用料を収受		課					1148
			家具・じゅうたん・照明器具・冷暖房設備等の附属設備	住宅と一体として貸付け				非			1149
				家賃とは別に使用料を収受		課					1150
			マンション等のプール・アスレチック施設	居住者以外でも利用料を支払う等して利用できる（利用料が家賃に含まれる場合を含む）		課				別表第二13, 基通6-13-2	1151
				居住者しか利用できない	利用料が家賃に含まれている			非			1152
					利用料を家賃と別に収受	課					1153
			マンション等の倉庫	同一敷地内にありマンション賃貸に付随して必ず割当て	利用料が家賃に含まれている			非		別表第二13, 基通6-13-1	1154
					利用料を家賃と別に収受	課					1155
				入居者の選択により利用させる		課					1156
			ハウスキーピング、フロントサービス、コンシェルジュサービス	入居者の選択にかかわらず家賃に含まれている				非		別表第二13, 基通6-13-6	1157
				入居者の選択にかかわらず家賃と区分して収受		課					1158
				入居者の選択により利用させる		課					1159
			警備料	入居者の選択にかかわらず家賃に含まれている				非			1160
				入居者の選択にかかわらず家賃と区分して収受		課					1161
				入居者の選択により利用させる		課					1162
			社宅	家主からの社宅の借上げ料				非		別表第二13, 基通6-13-7	1163
				従業員が会社に支払う社宅家賃				非			1164

取引・対価等					課	免	非	不	参考法令等	索引NO.
不動産賃貸取引	建物・施設等の貸付け	住宅の転貸（旅館業法に該当しない住宅の貸付け）	貸付期間1ヶ月以上	居住用として貸付け			非		別表第二13	1165
				用途を定めないで貸付け			非			1166
				事務所用として貸付け	課				法2①,4①	1167
			用途を定めていないが入居者が居住の用に供しないことを確認している		課				基通6-13-11	1168
		住宅の貸付け以外	住宅以外の建物・施設の貸付け	リゾートマンション・貸別荘	課					1169
				時間貸し・日貸しの会議室等	課				法2①,4①	1170
				その他住宅以外の用途に貸付け	課					1171
			有料老人ホーム、ケア付住宅	住宅家賃相当部分			非		別表第二7,13,基通6-13-6	1172
				介護保険の支給に係る介護サービス			非			1173
				その他食事等のサービス部分	課					1174
			食事付の貸間、食事付の寄宿舎等	住宅家賃相当部分			非		別表第二13,基通6-13-6	1175
				その他食事等のサービス部分	課					1176
			テニスコート・野球場の貸付け		課				基通6-1-5	1177
		住宅の貸付けとして契約した後、居住用以外の用途に契約変更した場合	変更前				非		基通6-13-8	1178
			変更後		課					1179
		住宅の貸付けとして契約し、無断で他の用途に使用した場合					非			1180
	賃貸借契約の解除	権利の譲渡	土地の貸付けに係るもの				非		別表第二1	1181
			住宅の貸付けに係るもの		課				法2①,4①	1182
			土地、住宅の貸付け以外		課					1183
			地主、家主への譲渡					不		1184
		権利金等の償却費						不		1185
		契約による明渡し日より退去が遅れたことによる賃貸料(違約割増しを含む)	土地の貸付けに係るもの				非		基通5-2-5,5-5-2	1186
			住宅の貸付けに係るもの				非			1187
			住宅以外の施設の貸付けに係るもの		課					1188
		違約金等	賃貸借契約を中途解約することを理由に徴収する解約金					不		1189
			賃貸借契約の中途解約を理由に返還しない保証金					不		1190
		立退料	営業上の損失・移転等に要する実費補償としての立退料					不		1191
			建物取壊し費用負担分としての立退料					不		1192
			借地権価額相当額としての立退料					不		1193
			建物価額相当額としての立退料					不		1194
		退去時に徴収する原状回復費用	住宅の貸付け		課					1195
			事務所等住宅以外の貸付け		課					1196
		賃借人からの賃貸建物の建築に充てるための建設協力金の受入れ	返還する部分					不	基通5-2-1,5-2-7	1197
			返還しない部分		課					1198
		建設協力金 建築協力金の返済と賃貸料の相殺	相殺前の賃貸料の額	住宅の貸付け			非			1199
				住宅以外の貸付け	課					1200
			相殺による建設協力金の減少					不		1201
		中途解約による建設協力金の返還請求権の放棄						不		1202
		借家権の転貸承諾料（住宅用以外）			課					1203
		借家権の譲渡収入			課					1204
		土地・建物の使用貸借						不	法2①	1205

形態別課否判定表

取引・対価等			課	免	非	不	参考法令等	索引NO.
不動産販売取引等	土地の譲渡	更地の譲渡			非		別表第二1	1206
		田・畑の譲渡			非		別表第二1	1207
		借地権・地上権・地役権・永小作権・耕作権等の譲渡			非		基通6-1-2	1208
		鉱業権・土石採取権・温泉利用権の譲渡	課				基通6-1-2	1209
		砂利の採取業者に対する採石のための土地の譲渡			非			1210
		温泉の源泉地の譲渡　温泉の湧き出る可能性が高い土地を時価より高額で譲渡			非		別表第二1	1211
		温泉が湧き出ている土地を譲渡　土地の時価相当額			非			1212
		土地の時価相当額を超える部分	課				法2①、4①	1213
		ゴルフ場開発　ゴルフ場施設敷地の譲渡			非		別表第二1	1214
		クラブハウス等の建物の譲渡	課				法2①、4①	1215
		コースの排水等施設の譲渡	課				法2①、4①	1216
		フェアウエイ、グリーン、バンカー、築山、立木等の造成費用であるコース勘定の譲渡			非		別表第二1,基通6-1-1	1217
		地面を掘削して地下に作られた掘り込みガレージの譲渡	課				法2①、4①	1218
		土地と一体として譲渡する庭木、石垣等			非		基通6-1-1	1219
		独立して取引の対象となる立木等	課				基通6-1-1	1220
	換地	土地区画整理法、土地改良法等に基づく換地処分				不	法2①、4①	1221
		換地処分に伴い授受される精算金			非		別表第二1	1222
		建物等の施設の譲渡	課					1223
		免税事業者であった課税期間に購入した建物等の譲渡	課				法2①、4①	1224
	翌期から免税事業者となる場合の建物等の購入	棚卸資産である場合　購入	課					1225
		期末　控除対象仕入税額の調整あり					法36③、令54	1226
		棚卸資産でない場合　購入	課				法2①、4①	1227
		期末　控除対象仕入税額の調整なし					法36③、令54	1228
	建売住宅等、土地建物の一括譲渡	土地部分			非		令45③、基通10-1-5、措通28の4-31〜28の4-33、62の3(2)-3〜62の3(2)-5、63(2)-3〜63(2)-5	1229
		建物部分	課					1230
	固定資産税・都市計画税の未経過期間精算金	土地部分			非			1231
		建物部分	課					1232
	移転登記が遅れたこと等により、登記上の所有権者が支払う固定資産税等	固定資産税等の税の納付				不	基通10-1-6	1233
		本来の所有権者から収受する固定資産税相当額				不		1234
	賃貸中の建物の譲渡	収受する対価	課					1235
		買主に承継される預り保証金相当額	課					1236
	賃貸中の土地の譲渡	収受する対価			非		法28①、基通10-1-1	1237
		買主に承継される預り保証金相当額			非			1238
	賃貸中の土地建物一括譲渡（土地建物の価額が契約に明らか）	建物対価	課					1239
		土地対価			非			1240
		承継される預り保証金相当額を土地建物価額で按分　建物部分	課					1241
		土地部分			非			1242
	賃貸中の土地建物一括譲渡（土地建物の価額が契約に明らかでない）	収受する対価と承継される預り保証金相当額との合計額を土地建物の時価で按分　建物部分	課				令45③	1243
		土地部分			非			1244
	譲渡契約の解除	買手が不動産譲渡契約を解除する場合に返還されない着手金（手付け流し）				不	基通5-2-5	1245
		売手が不動産譲渡契約を解除する場合に支払う違約金（手付け倍返し）				不		1246
	譲渡代金の不払い等、債務不履行による建売住宅の買戻し	土地部分			非		別表第二1	1247
		建物部分	課				法2①、4①	1248
		代金支払遅延損害金			非		別表第二3	1249
		販売から買戻しまでの期間に係る使用料収入	課				法2①、4①	1250
		入居後の期間についてだけ受ける使用料収入			非		別表第二13	1251

取引・対価等			課	免	非	不	参考法令等	索引NO.
不動産販売取引等	土地に設定された抵当権の譲渡	他の債権者に譲渡	課				基通6-1-2	1252
		他の貸金業者に譲渡	課					1253
	建築の請負	建設請負金 住宅	課				法2①, 4①	1254
		建設請負金 住宅以外	課					1255
		契約金、中間金の受領 中間金等の受入れ時				不		1256
		契約金、中間金の受領 目的物の完成引渡し時	課					1257
		大工、左官の報酬 請負契約等に基づく役務の提供	課				法2①, 4①, 基通1-1-1, 11-1-2	1258
		大工、左官の報酬 雇用契約等に基づく役務の提供				不		1259
		施主から受ける災害復旧負担金	課				法2①, 4①	1260
		施主から受ける無事故報奨金・早期竣工報奨金				不		1261
		工事迷惑料・日陰補償料等の近隣対策費				不		1262
		地盤改良工事	課					1263
	譲渡側は、一定要件のもとに工事進行基準の適用ができる						法16, 17	1264
不動産管理等	不動産仲介料（土地・建物にかかわらず）		課				基通6-1-6	1265
	マンションの管理請負		課					1266
	事務所ビルの管理請負		課					1267
	庭木の伐採・庭園管理		課					1268
	住宅・住宅以外の家賃集金管理手数料		課					1269
	販売した建物のメンテナンス		課					1270
	エレベーターのメンテナンス		課					1271
	修繕積立金の積立て					不		1272
	マンション管理組合	マンション管理組合が収受する管理費				不	法2①, 4①	1273
		マンション管理組合が管理会社に支払う管理手数料	課					1274
		マンション管理組合が収受する修繕積立金				不		1275
		マンション管理組合が建設会社に支払う大規模修繕費	課					1276
		組合員である区分所有者に対する駐車場の貸付け				不		1277
		区分所有者以外への駐車場の貸付け	課					1278
	空室保証	空室に係る賃貸料を保証することによりマンションオーナーから受ける空室保証金	課					1279
		空室が生じたことにより支払う空室保証費				不		1280
有価証券取引等	課税売上割合の計算上の取扱い↓							1281
	公社債券、投資信託・貸付信託の受益証券の譲渡	（5%算入）			非		別表第二2, 令9, 48②⑤, 基通6-2-1	1282
	金銭債権の譲渡	資産の譲渡等の対価として取得した売掛債権の譲渡 （算入しない）			非			1283
		貸付金・預金・売掛金等（上記以外）の金銭債権の譲渡 （5%算入）			非			1284
	債券の償還等	償還益 （差益算入）			非		令48④⑥	1285
		償還損 （差損算入）			非			1286
		取得費の回収部分				不	法2①, 4①	1287
		法令139の2①に規定する償還有価証券の調整差損益 （差損益算入）			非		基通6-3-2の2, 9-1-19の2	1288
	抵当証券の譲渡	（5%算入）			非		別表第二2	1289
	抵当証券のモーゲージ証書買戻し（解約）手数料					不	法2①, 4①	1290
	船荷証券・貨物証券の譲渡	荷揚地が国内の港 貨物が課税貨物である場合		免			法31①, 令51, 基通5-7-11, 6-2-2, 9-1-4	1291
		荷揚地が国内の港 貨物が非課税貨物である場合	非課税資産の輸出等の特例					1292
		荷揚地が国外の港 国外で契約締結				不		1293
		荷揚地が国外の港 国内で契約締結				不		1294

取引・対価等				課	免	非	不	参考法令等	索引NO.
有価証券取引等	振替機関等が取り扱うものの譲渡	国内振替機関のみが取り扱うもの	国内債・国内起債の外国債の譲渡 (5%算入)			非		別表第二2, 令6①,9,48⑤,基通6-2-1	1295
			国内株式の譲渡 (5%算入)			非			1296
		国内振替機関及び外国の機関が取り扱うもの	売買の決済の振替業務が国内振替機関 (5%算入)			非			1297
			上記以外				不		1298
		外国の機関のみが取り扱うもの					不		1299
		国内振替機関の委託売買手数料・国内取次手数料		課					1300
	振替機関等が取り扱うもの以外の譲渡	券面の発行がないもの	権利に係る法人の本店所在地が国内 (5%算入)			非			1301
			権利に係る法人の本店所在地が国外				不		1302
		券面の発行があるもの	有価証券の所在地が国内 (5%算入)			非			1303
			有価証券の所在地が国外				不		1304
	土地類似株式の譲渡（土地類似株式でない場合と同様の判定）								1305
	合同会社・合資会社・合名会社の出資持分の譲渡	持分に係る法人の本店所在地が国内 (全額算入)				非		別表第二2, 令6①,9①,基通6-2-1	1306
		持分に係る法人の本店所在地が国外					不		1307
	自己株式の有償譲渡	発行会社へ	市場取引 (5%算入)			非		基通5-2-9	1308
			相対取引				不		1309
	現先取引	買現先（売戻条件付買入）	(差益・差損を算入)			非		令48②③	1310
		売現先（買戻条件付売却）	（算入しない）			非			1311
	先物取引	有価証券の現物取引	現物の引渡しを行う場合 (5%算入)			非		別表第二2	1312
		先物取引	差金決済の場合				不		1313
		商品先物取引	現物の引渡しを行う場合	課				基通9-1-24	1314
			差金決済の場合				不		1315
	スワップ取引	金利スワップ（金利の交換）				非			1316
		アセットスワップ（資産に係る金利や通貨の交換）				非			1317
		通貨スワップ（通貨の交換）				非			1318
		金利通貨スワップ（金利と通貨の交換） (算入しない)				非		令48②	1319
		スワップ取引の手数料（スワップフィー）				非			1320
		スワップ取引の乗り換え手数料				非			1321
	為替予約の期日変更手数料	（算入しない）				非			1322
	有価証券の信用取引	(5%算入)				非		別表第二2, 令48⑤,基通6-2-1	1323
	新株予約権証券の譲渡	(5%算入)				非			1324
	転換社債の株式への転換	転換社債償還元本					不	法2①,4①	1325
		償還益 (全額算入)				非		令10③六	1326
		株式の取得					不	法2①,4①	1327
	金銭出資	株式会社の設立・新株発行における金銭の出資					不		1328
		合同会社・有限会社・合資会社・合名会社に対する金銭による出資					不	令2①,基通11-4-1	1329
		出資金の払戻し					不		1330
	現物出資	課税資産の現物出資		課					1331
		非課税資産（土地等）の現物出資				非			1332
		適格現物出資であっても売上げは時価							1333
	事後設立	設立時の金銭出資					不		1334
		設立した会社への資産の譲渡	課税資産	課				基通5-1-6	1335
			非課税資産			非			1336
	株式交換・株式移転					非		別表第二2	1337
	有価証券・登録国債等を貸し付ける場合の貸株取扱手数料・品貸料					非		基通6-3-1	1338
	有価証券評価損						不	法2①,4①	1339
	有価証券売買手数料			課					1340
	有価証券保管料			課				基通11-2-15	1341
	有価証券引渡手数料			課					1342

取引・対価等			課税区分				参考法令等	索引 NO.
			課	免	非	不		
有価証券取引等	有価証券名義書換手数料	非居住者に対するもの		免			令17②七	1343
		居住者に対するもの	課					1344
	有価証券各種申請事務代行手数料	非居住者に対するもの		免				1345
		居住者に対するもの	課					1346
	債券先物取引売買手数料	非居住者に対するもの		免				1347
		居住者に対するもの	課					1348
医療関係	公的医療等	健康保険法・国民健康保険法・高齢者の医療の確保に関する法律に基づく医療・療養・看護等			非		別表第二6,令14,基通6-6-1～3	1349
		身体障害者福祉法の規定に基づく医療			非			1350
		労働者災害補償保険法の規定に基づく医療・療養			非			1351
		学校保険法・母子保健法等の規定に基づく養育医療等			非			1352
		国民健康保険料を滞納した者の資格証明書による医療等			非			1353
		その他公的な医療保険制度による医療等			非			1354
		公的医療保険制度による医療等のうち被保険者の一部負担金			非			1355
		公的医療保険制度による医薬品、ギプス・松葉杖等の治療器具の譲渡			非			1356
		薬局が医師の処方せんに基づいて行う医薬品の譲渡			非			1357
		老人保健法の規定による健康相談・健康診査・機能訓練・訪問指導等	課					1358
		大規模病院の初診料	保険適用に係る患者負担分			非			1359
			初診に係る特別料金	課					1360
		予防接種等の健康被害救済給付に係る医療			非			1361
		患者申出療養に基づく保険外併用療養費の支給に係る療養			非		基通6-6-1～2	1362
	公的医療以外	保険外診療等、保険診療外の鍼灸施術	課					1363
		健康保険法等の規定に基づかない医薬品・医療器具の販売等	課				基通6-6-2	1364
		薬局が医師の処方せんに基づかないで行う医薬品の譲渡	課					1365
		健康診断・人間ドック・予防接種・その他の自由診療等	課					1366
		美容整形・審美歯科の診療等	課				別表第二6,令14,基通6-6-1～3	1367
	入院	入院差額ベッド代	保険適用に係る患者負担分			非			1368
			保険外室料分	課					1369
		入院時食事療養費	保険適用に係る患者負担分			非			1370
			保険外自己選択負担分	課					1371
	自動車事故の被害者が受ける医療・療養	自賠責保険の支払を受けるもの			非		基通6-6-1	1372
		医療機関が必要と認めたおむつ代、松葉杖の貸借料等			非			1373
		自由診療で医療機関が必要と認めたもの			非			1374
		希望による特別病室・差額ベッド代	課					1375
	自動車事故の加害者が受傷した場合の自由診療		課					1376
	診断書発行手数料		課					1377
	往診のための交通費		課				法2①,4①	1378
	病院・薬局等が行う薬品会社等からの医薬品の購入		課					1379
	病院・薬局等が行う医療機器販売会社等からの医療用機械の購入		課					1380
	病院・薬局等が医薬品会社等から受けるリベート	医薬品等の仕入れの割戻しである場合	仕入税額からマイナス				法32①	1381
		上記以外	課					1382
	不要となった医療用機械等の売却		課				法2①,4①	1383
	X線の廃液売却収入		課					1384
	公立の中小学校等における開業医への診察業務嘱託報酬					不	法2①,30①	1385

取引・対価等				課	免	非	不	参考法令等	索引NO.
助産等	妊娠検査	妊娠している場合				非		別表第二8, 基通6-8-1～3	1386
		妊娠していない場合				非			1387
	妊娠していることが判明したときから出産後までの検診・入院	大規模病院等の初診料	保険適用に係る患者負担分			非			1388
			初診に係る特別料金			非			1389
		通常の検診	産前			非			1390
			産後の母体回復検診 2ヶ月以内			非			1391
			産後の母体回復検診 2ヶ月超	課					1392
		産婦人科医が必要と認めた入院	産前			非			1393
			産後			非			1394
		他の疾病による入院のうち産婦人科医が共同して管理する入院（産後1ヶ月超は保険適用）				非			1395
		差額ベッド代				非			1396
		特別メニューの給食費				非			1397
	新生児に係る検診・入院	大規模病院等の初診料	保険適用に係る患者負担分			非			1398
			初診に係る特別料金			非			1399
		出生から引き続いての入院とその間の検診（1ヶ月超は保険適用）				非			1400
		出生後いったん退院した後の入院・検診	保険適用			非			1401
			保険適用以外	課					1402
	分娩の介助					非			1403
	母親学級、母親教室等の健康教育			課					1404
	出産後の授乳のための乳房マッサージ					非			1405
	人工妊娠中絶（保険診療に係るものを除く）			課					1406
介護サービス	介護保険法に基づく居宅介護サービス費の支給に係る居宅サービス					非		別表第二7, 令14の2, 基通6-7-1～3	1407
	介護保険法に基づく施設介護サービス費の支給に係る施設サービス					非			1408
	NPO法人が行う上記の介護保険サービス					非			1409
	要介護者の選定による	特別な浴槽水等の提供		課				基通6-7-1	1410
		送迎		課					1411
		特別な居室の提供、特別な療養室等の提供		課					1412
		特別な食事の提供		課					1413
		介護その他の日常生活上の便宜に要する費用		課					1414
	介護保険給付の対象となる福祉用具の譲渡又は貸付け	身体障害者用物品に該当				非		基通6-7-3	1415
		身体障害者用物品に該当しない		課					1416
	介護保険給付の対象となる住宅改修工事等			課					1417
	介護サービス事業者からの介護サービスの業務委託			課				基通6-7-4	1418
	指定美容室への理美容料金、選択料金の支払いと利用者からの預かり（立替払い処理）						不	基通10-1-16	1419
社会福祉事業	第一種社会福祉事業					非		別表第二7, 令14の3, 基通6-7-5	1420
	第二種社会福祉事業					非			1421
	社会福祉事業に類する事業					非			1422
	更生保護事業					非			1423
	障害者支援施設、授産施設を経営する事業等における職業訓練等の過程で製作等される物品の販売等（生産活動）			課				別表第二7, 基通6-7-6	1424
	都道府県知事等から証明を受けた認可外保育園を運営する事業					非		基通6-7-7の2	1425
	児童福祉法の指定発達支援医療機関が行う治療等					非		令14の3	1426
	独立行政法人国立重度知的障害者総合施設のぞみの園が設置する施設において行う介護又は訓練等					非			1427
	子ども・子育て支援法に基づく施設型給付費、特例施設型給付費、地域型保育給付費又は特例地域型保育給付費の支給に係る事業として行われる資産の譲渡等					非			1428
	社会福祉事業の委託	地方公共団体等から委託を受けて社会福祉法人等が行う地方公共団体等が設置した社会福祉施設の経営				非		基通6-7-9	1429
		社会福祉法人等から他の事業者への福祉施設に係る業務委託		課					1430

形態別課否判定表

取引・対価等			課	免	非	不	参考法令等	索引NO.
社会福祉事業		児童福祉法に基づき里親として児童を養育する又は保護受託者として児童を保護する行為				不	法2①,4①	1431
		知的障害者福祉法に基づき職親として知的障がい者を預かって指導訓練する行為				不		1432
		老人福祉法に基づき養護受託者として老人を養護する行為				不		1433
		補助金収入				不		1434
		社会福祉施設等が行う固定資産の譲渡（土地以外）	課					1435
		社会福祉施設等が行う駐車場業務	課					1436
学校関係	国・地方公共団体・学校法人が設立 幼稚園 小学校 中学校 高等学校 大学 大学院 盲学校 聾学校 養護学校 義務教育学校	授業料・入学金・入園料・入学検定料			非		法2①,4①,別表第二11,令14の5～16,規4,基通6-11-1～6,6-12-3	1437
		施設設備等納付金			非			1438
		授業として行う実習のための実習費・教材費			非			1439
		入学寄附金				不		1440
		実質的に入学金、施設拡充費である寄附金			非			1441
		入学辞退者の入学金			非			1442
		転学部・転学科に係る検定料			非			1443
		在学証明書発行手数料			非			1444
		卒業・卒業見込証明書発行手数料			非			1445
		成績証明書発行手数料			非			1446
		健康診断書発行手数料			非			1447
		推薦手数料			非			1448
		在園児を対象とする延長保育料			非			1449
		授業で使用する教科書以外の参考書等の譲渡	課					1450
		補助教材の譲渡	課					1451
	個人・宗教法人が設立 幼稚園 盲学校 聾学校 養護学校	制服・文房具等の譲渡	課					1452
		給食費	課					1453
		公開模擬試験料	課					1454
		スクールバス利用料	課					1455
		文献複写料	課					1456
		アルバム制作費預り金				不		1457
		部活動後援会費				不		1458
		学校債の発行				不		1459
	専修学校（本文記載の要件あり）	学校債の償還				不	法2①,4①,別表第二11,令14の5～16,規4,基通6-11-1～6,6-12-3	1460
		補助金収入・奨学費支出				不		1461
		企業等から受ける受託研究費	課					1462
	各種学校（本文記載の要件あり）	学生寮の家賃			非		別表第二13	1463
		学生用駐車場の賃料	課				法2①,4①	1464
		セミナー施設の使用料	課				法2①,基通6-13-4	1465
		セミナー受講者への宿泊施設の貸付け	課					1466
	上記の学校等における入学延期手数料	入学延期手数料の受入れ				不	法2①,別表第二11,基通5-2-5	1467
		入学金に充当			非			1468
		入学辞退者に返還しない入学延期手数料				不		1469
		自動車教習所・予備校・塾・英会話教室・おけいこ教室・カルチャースクール等の授業料等	課				法2①,4①	1470
	学生生徒診察業務嘱託報酬	医療法人が医師を派遣して受け取る報酬	課					1471
	開業医	地方公共団体との嘱託契約による公立中小学校等における診察業務				不		1472
		私立学校等における診察業務	課					1473
	教科用図書（教科書）の譲渡	検定済み教科書の譲渡			非		別表第二12,基通6-12-1～3	1474
		文部科学省が著作名義を有する教科書			非			1475
		学習塾、予備校等に対する検定済み教科書の譲渡			非			1476
		学校教育法の経過措置により、高等学校等で使用することができる教科用図書	課					1477
		教科書の取次	課					1478
		教科書の配送	課					1479
		学校に対する問題集、参考書等の譲渡	課					1480

取引・対価等			課税区分				参考法令等	索引NO.
			課	免	非	不		
学校関係	児童福祉法に基づいて設置される保育園の保育料・入園料				非		基通6-7-5	1481
	認可外保育園の保育料・入園料	認可外保育施設指導監督基準を満たす証明書の交付を受けた保育園			非		令14の3, 基通6-7-7の2	1482
		その他	課				法2①, 4①	1483
	学童保育所の保育料	放課後児童健全育成事業に該当する場合			非		別表第二7, 基通6-7-5	1484
		放課後児童健全育成事業に該当しない場合	課					1485
宗教法人関係	寄附金等	実質的に資産の譲渡等の対価と認められないもの				不		1486
		実質的に課税資産の譲渡等の対価と認められるもの	課					1487
		お布施・お賽銭・献金等				不		1488
		お守り・お札・おみくじ等の販売				不		1489
	物品の販売	線香・ろうそく・供花等の販売	参詣にあたって、神前・仏前に献げるために下賜するもの			不	基通5-1-2, 5-2-14	1490
			上記以外	課				1491
		絵はがき・写真帳・暦の販売	課					1492
		新聞・雑誌・講話集・法話集・経典の出版・発行・販売	課					1493
	神前・仏前結婚の挙式、葬儀、法要等	挙式・葬儀を行う行為で本来の宗教活動の一部と認められるもの				不		1494
		葬儀・法要等に伴う戒名料・お布施・玉串料等				不		1495
		挙式・葬儀のための衣装その他の物品の貸付け	課					1496
		会館・会場等の使用料	課					1497
		挙式後の披露宴における飲食物の提供	課					1498
	葬儀社が受け取る葬儀費用	葬儀社が受け取る祭壇等の費用	課					1499
		葬儀費用の中に含めて請求する火葬料、埋葬料	課				別表第二5, 9, 基通10-1-16	1500
		葬儀費用と区分して領収し預り金経理した火葬料、埋葬料（立替金）				不		1501
	永代使用料	永代使用料を受領して行う墳墓地の貸付け			非		別表第二1, 基通6-1-1	1502
		永代使用料を受領して行う霊園墓地における地中納骨施設の貸付け			非			1503
		永代使用料を受領して行う遺骨の安置	課					1504
	火葬料、埋葬料				非			1505
	納骨料		課				別表第二9	1506
	埋蔵料、収蔵料		課					1507
	埋葬許可手数料（行政手数料）				非		別表第二5	1508
	墓地・霊園の管理料		課					1509
	宿泊施設（宿坊等）の提供（1泊1,000円以下、又は1泊2食1,500円以下）					不	法2①, 4①	1510
	冠婚葬祭互助会積立金の積立て					不		1511
	常設の美術館・博物館・資料館・宝物館等における所蔵品の観覧		課					1512
	拝観料（入場料を除く）					不		1513
	幼稚園経営に係る私学助成金					不		1514
	駐車場賃貸・土地賃貸・建物賃貸等		不動産賃貸参照					1515
個人事業者	事業として行う物品の販売・貸付け・役務の提供						法2①, 4①	1516
	個人事業者・サラリーマン等が副業として行う不動産の貸付け		不動産賃貸業として判定				基通5-1-7	1517
	サラリーマン等の事業を行わない個人（消費者）がする資産の譲渡、貸付け、役務の提供（不動産賃貸等、反復継続するものを除く）					不	法2①, 4①	1518
	事業付随行為	医師が行う健康セミナー、医学に関する執筆等	課				基通5-1-7	1519
		弁護士が行う法律セミナー、法律に関する執筆等	課					1520
		弁護士等が受ける破産管財人報酬	課					1521
		税理士が行う税金セミナー、税に関する執筆等	課					1522
		その他事業に関する専門的な知識に基づく講演、執筆等	課					1523
		事業と関連のない講演、執筆等 反復継続して行う場合	課				基通5-1-1	1524
		反復継続しない場合				不		1525
		作家・プロ野球選手等のコマーシャル出演等 国内事業者が行う場合	課				法2①, 4①	1526
		国外事業者が行う場合	「国外事業者が行う芸能、スポーツ等の役務の提供」はNo.2082以降参照					1527

取引・対価等	課	免	非	不	参考法令等	索引NO.
個人事業者 事業付随行為　茶道・花道・踊り・着付け等の月謝・免許の付与等による収入	課				法2①、4①	1528
その他事業に付随して行う資産の譲渡・貸付け・役務の提供	事業取引として判定				基通5-1-7	1529
サラリーマン等が行う講演・執筆等　大学教授が行う講演、執筆等　反復継続して行う場合	課					1530
反復継続しない場合				不		1531
趣味で行っている手芸や陶芸等の教授　反復継続して行う場合	課					1532
反復継続しない場合				不	基通5-1-1	1533
サラリーマン・主婦等が行う執筆・講演・コマーシャル出演　反復継続して行う場合	課					1534
反復継続しない場合				不		1535
事業資金の使用　事業の余裕資金を用いて行う株式の売買				不	基通5-1-1、5-1-7	1536
ゴルフ会員権の売買　ゴルフ会員権業者	課					1537
ゴルフ会員権業者以外				不		1538
預貯金の利息			非			1539
金銭の貸付けの利息　取引先・使用人に対する貸付け			非		基通5-1-7	1540
その他の貸付け				不		1541
事業資金の調達　事業資金の調達のために行う家事用資産の譲渡				不		1542
事業資産の仕入代金等の支払いのため家事用資産を引き渡して代物弁済				不	基通5-1-8	1543
事業用借入金等の返済のため家事用資産を引き渡して代物弁済				不		1544
固定資産　売却・賃貸　事業用土地建物の売却　土地の売却			非		別表第二1	1545
建物の売却	課				基通5-1-7	1546
土地建物の賃貸（継続する賃貸は事業用に該当）　土地の賃貸			非		別表第二1	1547
建物の賃貸　住宅として			非		別表第二13	1548
住宅以外（敷地部分の対価を含めて）	課				法2①、4①	1549
家事・事業併用土地建物の売却（使用率等により按分）　事業用部分　土地の対価部分			非			1550
建物の対価部分	課				基通10-1-19	1551
家事用部分				不		1552
事業用でない固定資産の売却				不	基通5-1-1	1553
昼は事業用、夜は家事用として使用している課税資産の売却	課				法2①	1554
購入・賃借　事業用土地の購入・賃借			非		別表第二1	1555
事業用建物の購入　賃貸用住宅　税抜1,000万円未満	課					1556
税抜1,000万円以上	居住用賃貸建物				法30⑩、令25の5①②	1557
住宅以外	課					1558
事業用建物の賃借　賃貸用住宅の賃貸			非		別表第二13	1559
店舗など住宅以外の賃借	課				法2①、4①	1560
家事・事業併用土地付き建物の購入　事業用部分　土地の対価			非			1561
建物の対価（住宅以外）	課					1562
家事用部分（使用率等により按分）				不	基通11-1-4	1563
家事・事業併用建物の賃借　事業用部分（住宅以外）	課					1564
家事用部分（使用率等により按分）				不		1565
事業用でない固定資産の購入・賃借				不	基通11-1-1	1566
昼は事業用、夜は家事用として使用する課税資産の購入	課				法2①	1567
立木の伐採譲渡　山林の育成、管理等を伐採、譲渡のために必要な程度行っていた場合	課				基通5-1-1	1568
山林の育成、管理をせず、たまたま譲渡した場合				不	法2①、4①	1569
家事・事業併用水道光熱費等（使用率等により按分）　事業用部分	課				基通11-1-5	1570
家事用部分				不		1571
家事用資産を事業用に転用した場合の転用時の未償却残高				不	法2①十二	1572
生計一親族との取引　事業用資産を譲渡・賃貸　課税資産の場合	課					1573
非課税資産（土地等）の場合			非			1574
事業用資産を購入・賃借　課税資産の場合	課				基通5-1-10	1575
非課税資産（土地等）の場合			非			1576
役務提供取引　給与に該当する場合				不		1577
給与に該当しない場合	課					1578

取引・対価等				課	免	非	不	参考法令等	索引NO.
個人事業者	みなし譲渡	事業用資産を自己の事業のために消費又は使用					不	法2①,4①	1579
		事業用資産の廃棄・盗難・滅失					不		1580
		棚卸資産を家事のために消費又は使用	課税資産	課(みなし譲渡)					1581
			非課税資産			(みなし譲渡)非			1582
		事業用固定資産を家事用に転用	課税資産	課(みなし譲渡)				法4⑤,基通5-3-1~2	1583
			非課税資産			(みなし譲渡)非			1584
		店舗併用住宅の店舗部分を自宅居住用に転用		課(みなし譲渡)					1585
		事業用の車両等を日曜日に家事のために使用					不		1586
		農作物	農家が生産したコメや野菜を家事消費	販売用と家事用とを土地、種子その他の仕入のすべてを区分している場合			不	法4⑤,基通5-3-1~2,5-2-12	1587
				上記以外	課(みなし譲渡)				1588
			サラリーマンが所有する農地で生産した米や野菜を専ら自家消費する場合				不		1589
			サラリーマンが借り受けた家庭菜園で生産した米や野菜を専ら自家消費する場合				不		1590
		自宅の建築	事業用として行う材料の仕入	課					1591
			事業用として仕入れた材料の消費	課(みなし譲渡)					1592
			事業用とは区分して購入した材料費				不	法2①十二	1593
			自らが費やした労務				不		1594
			現場別に支払う外注費で自宅にかかるもの				不		1595
		廃業	廃業時の除却				不	法2①,4①	1596
			廃業時に有する事業用資産 他の業務への転用				不		1597
			廃棄する予定の資産				不		1598
			家事用に転用する可能性のある資産	課税資産	課(みなし譲渡)				法4⑤	1599
				非課税資産			(みなし譲渡)非		1600
		事業用資産の無償譲受け					不	法2①	1601
	相続による事業の承継	事業用資産の承継	棚卸資産	簡易課税の適用がない課税事業者が免税事業者の棚卸資産を承継	控除対象仕入税額の調整あり			法36③	1602
				上記以外				不	法2①	1603
			棚卸資産以外				不		1604
		相続により課税事業者となった場合(一般課税)の自己が有する棚卸資産		控除対象仕入税額の調整あり				法36①	1605
		未分割財産の譲渡	事業用資産の譲渡	課税資産	課				民899	1606
				非課税資産			非		1607
			事業用資産以外の資産の譲渡				不		1608
		未分割財産から生じる法定果実の受入れ	相続がなかった場合に被相続人において課税売上げとなるもの	課					1609
			相続がなかった場合に被相続人において免税売上げとなるもの		免				1610
			相続がなかった場合に被相続人において非課税売上げとなるもの			非		法2①	1611
			相続がなかった場合に被相続人において資産の譲渡等に該当しないもの				不		1612
		物納	事業用資産の物納	課税資産	課					1613
				非課税資産			非		1614
			事業用資産以外の資産の物納				不		1615
	法人成り	現物出資	課税資産	課					1616
			非課税資産			非		令45	1617
		設立後の譲渡	課税資産	課					1618
			非課税資産			非			1619
		無償引継					不		1620
国、地方公共団体	との取引	国・地方公共団体から受ける補助金・助成金・奨励金等					不		1621
		事務代行手数料		課					1622
		業務委託手数料		課					1623
		委託研究費		課				法2①,4①	1624
		印刷物等の販売		課					1625
		国、地方公共団体に対する現金の寄附					不		1626
		国、地方公共団体に対する現物の寄附					不		1627

形態別課否判定表

取引・対価等	課	免	非	不	参考法令等	索引NO.
人格のない社団等						
理事長、会長等の名義で行う資産の譲渡等／課税資産／理事長等において				不	法13	1628
課税資産／人格のない社団等において	課					1629
非課税資産／理事長等において				不		1630
非課税資産／人格のない社団等において			非			1631
免税取引／理事長等において				不		1632
免税取引／人格のない社団等において		免				1633
理事長、会長等の名義で行う課税仕入れ／理事長等において				不		1634
人格のない社団等において	課（仕入税額控除の特例あり）				法60④	1635
組合等						
民法上の任意組合・有限責任事業組合（LLP）／組合への出資（金銭）				不		1636
組合の出資持分の譲渡			非			1637
任意組合から受ける配賦金の分配				不		1638
任意組合が行う課税売上げ／各構成員において	課				基通1-3-1	1639
任意組合が行う課税売上げ／任意組合において				不		1640
任意組合が行う課税仕入れ／各構成員において	課					1641
任意組合が行う課税仕入れ／任意組合において				不		1642
匿名組合／匿名組合への出資				不		1643
匿名組合の出資持分の譲渡			非			1644
匿名組合から受ける利益の分配				不	別表第二2, 令9①, 基通1-3-2, 6-2-1	1645
匿名組合が行う課税売上げ／出資者において				不		1646
匿名組合が行う課税売上げ／営業者において	課					1647
匿名組合が行う課税仕入れ／出資者において				不		1648
匿名組合が行う課税仕入れ／営業者において	課					1649
ジョイントベンチャー（共同事業）／ジョイントベンチャーへの出資				不		1650
ジョイントベンチャーから受ける配賦金の分配				不		1651
ジョイントベンチャーが行う課税売上げ／各構成員において	課				基通1-3-1	1652
ジョイントベンチャーが行う課税売上げ／ジョイントベンチャーにおいて				不		1653
ジョイントベンチャーが行う課税仕入れ／各構成員において	課					1654
ジョイントベンチャーが行う課税仕入れ／ジョイントベンチャーにおいて				不		1655
法人のみなし譲渡						
法人が自社役員に対して行う資産の贈与等／資産の贈与／国外にある資産				不		1656
資産の贈与／国内にある課税資産	課（みなし譲渡）					1657
資産の贈与／国内にある非課税資産			（みなし譲渡）非			1658
資産の贈与／周年記念品等				不	法4⑤, 基通5-3-3～5, 5-4-5	1659
無償による資産の貸付け				不		1660
無償による役務の提供				不		1661
法人が自社役員以外の者に対して行う資産の贈与・無償貸付け・無償の役務の提供				不		1662
法人が自社内で資産を消費（法人自家消費）				不	基通5-2-12	1663
資産の廃棄・盗難・滅失				不	基通5-2-13	1664
資産の無償譲受け				不		1665
みなし譲渡の対象となる贈与に充てるための仕入れ／課税資産	課				法2①	1666
みなし譲渡の対象となる贈与に充てるための仕入れ／非課税資産			非			1667
みなし譲渡の対象とならない贈与に充てるための仕入れ／課税資産	課					1668
みなし譲渡の対象とならない贈与に充てるための仕入れ／非課税資産			非		基通11-2-16	1669
無償で貸し付ける資産の仕入れ／課税資産	課					1670
無償で貸し付ける資産の仕入れ／非課税資産			非			1671
法人の低額譲渡						
国外にある資産				不	法4①③	1672
自社役員への低額譲渡／課税資産／実際に受け取った対価部分	課					1673
課税資産／時価と取引額との差額（益金計上額）	課					1674
課税資産／役員報酬計上額				不	法28①, 基通10-1-2	1675
非課税資産／実際に受け取った対価部分			非			1676
非課税資産／時価と取引額との差額（益金計上額）			非			1677
非課税資産／役員報酬計上額				不		1678
自社役員以外への低額譲渡／課税資産／実際に受け取った対価部分	課				法28①	1679
課税資産／時価と取引額との差額（益金計上額）				不	法2①, 4①	1680
課税資産／寄附金計上額				不	法2①	1681
非課税資産／実際に受け取った対価部分			非		令48①	1682
非課税資産／時価と取引額との差額（益金計上額）				不	法2①, 4①	1683
非課税資産／寄附金計上額				不	法2①	1684

分類	取引・対価等	課	免	非	不	参考法令等	索引NO.
法人の低額譲受け	国外にある資産				不	法4①③	1685
	課税資産の仕入れ／実際に支払った対価部分	課				法30①	1686
	課税資産の仕入れ／時価と取引額との差額（資産計上額）				不		1687
	課税資産の仕入れ／受贈益計上額				不		1688
	非課税資産の仕入れ／実際に支払った対価部分			非		法2①	1689
	非課税資産の仕入れ／時価と取引額との差額（資産計上額）				不		1690
	非課税資産の仕入れ／受贈益計上額				不		1691
合併・分割による資産の移転	棚卸資産／簡易課税の適用がない課税事業者が免税事業者の棚卸資産を承継	控除対象仕入税額の調整あり				法36③	1692
	棚卸資産／上記以外				不		1693
	棚卸資産以外				不		1694
	合併・分割により課税事業者となった場合の自己が有する棚卸資産（一般課税）	控除対象仕入税額の調整あり				法36①	1695
法人の清算	清算中の法人が行う資産の譲渡／課税資産	課					1696
	清算中の法人が行う資産の譲渡／非課税資産			非			1697
	残余財産の現物による分配／課税資産				不		1698
	残余財産の現物による分配／非課税資産				不	法2①,4①,6①	1699
	残余財産の現金による分配				不		1700
	特定の株主に対して現金による分配に代えて行う現物の分配／課税資産	課					1701
	特定の株主に対して現金による分配に代えて行う現物の分配／非課税資産			非			1702
譲渡担保	買戻条件付譲渡の場合の原則（有価証券の現先取引は索引No.1310～1311参照）／課税資産	課					1703
	／非課税資産			非			1704
	法人税又は所得税において譲渡がなかったものとされる場合／譲渡時／課税資産				不		1705
	譲渡時／非課税資産				不	基通5-2-11,所基通33-2,法基通2-1-18	1706
	契約に従って買い戻した時／課税資産				不		1707
	契約に従って買い戻した時／非課税資産				不		1708
	譲渡をなかったものとする要件を満たさなくなった時／課税資産	課					1709
	／非課税資産			非			1710
	債務の弁済に充てられた時／課税資産	課					1711
	／非課税資産			非			1712
保証債務の履行	他の者の債務の保証を履行するために行う資産の譲渡／課税資産	課					1713
	／非課税資産			非			1714
	債務者に代わって行う代位弁済				不	基通5-2-2	1715
	代位弁済した金額の回収				不		1716
	代位弁済した金額の回収に伴う完済日までの金利			非			1717
	代位弁済した債務に係る求償権の行使不能となった事実				不		1718
強制換価	強制換価手続により換価された場合の資産の譲渡／課税資産	課				基通5-2-2	1719
	／非課税資産			非			1720
代物弁済	相手方に引き渡す資産が非課税資産（土地等）			非		法2①,令45②,基通5-1-4,5-2-1	1721
	相手方に引き渡す資産が課税資産	課					1722
負担付贈与	相手方に引き渡す資産が非課税資産（土地等）			非		法2①,令2①,45②,基通5-1-5,5-2-1	1723
	相手方に引き渡す資産が課税資産	課					1724
信販取引	加盟店から信販会社への売掛債権の譲渡（課税売上割合の計算には算入しない）			非			1725
	債権譲渡額から差し引かれる加盟店手数料			非		別表第二2,3,令9①,10③,基通6-3-1,6-3-6	1726
	債権譲渡額から差し引かれる信販手数料			非			1727
	信販会社が消費者等から受領する賦払金				不		1728
	信販会社が消費者等から受領する割賦購入あっせん手数料			非			1729
	信販会社が消費者等から受領する割賦購入手数料			非			1730
テイク・オア・ペイ契約	「電気通信利用役務の提供」はNo.1847以降参照						1731
	買手が商品等を引き取らないで約定した金額を支払う場合				不	法2①,4①	1732
	買手が商品等を引き取って約定した金額を支払う場合／課税資産	課					1733
	／非課税資産			非		法6①	1734
物品切手等	物品切手等の範囲：商品券、ビール券、食事券、お米券、旅行券、航空券、図書カード、文具券、映画・遊園地の前売入場券、クオカード等のプリペイドカードなど（電子決済に該当するものを除きます）					令11,基通6-4-3～4	1735
	物品切手等の発行				不	基通6-4-5	1736
	物品切手等の譲渡			非		別表第二4	1737
	物品切手等の贈与				不	法2①,4①	1738
	物品切手等を対価に課税資産を譲渡	課					1739
	物品切手等を対価に非課税資産を譲渡			非		法6①	1740

取引・対価等			課	免	非	不	参考法令等	索引NO.
物品切手等	物品切手等の決済	物品切手等の決済による入金				不	法2①,4①	1741
		発行者・卸売業者等が物品切手等を現金で回収				不		1742
	プリペイドカードの譲渡				非		基通6-4-4	1743
	額面より高いプレミアム付で行う物品切手等の譲渡				非		別表第二4	1744
	物品切手等の取扱手数料		課				基通6-4-6	1745
株主優待券	株主優待券・社員割引券の発行					不	法2①,4①	1746
	株主割引優待券・社員割引券による割引サービス					不		1747
	株主割引優待券・社員割引券の譲渡		課				基通6-4-4	1748
	株主優待券で物品等の引換券であるものの譲渡				非			1749
家電リサイクル法による家電リサイクル処理	廃家電の排出者	家電を処理する場合に支払うリサイクル料	課					1750
		家電の処理に伴う収集・運搬等の手数料	課				法2①,4①	1751
	リサイクル品を引き取る小売業者	排出者から預かるリサイクル料				不		1752
		家電の処理に伴う収集・運搬等の手数料	課					1753
	リサイクル品を引き取る製造業者	家電の処理のために受けるリサイクル料	課					1754
ガスボンベの無償貸付け	預り保証金	預り金差入れ時				不		1755
		ガスボンベが返還されないため没収する時	課				法2①,4①,基通5-2-5	1756
		ガスボンベが破損したため没収する時				不		1757
	定めた期間内に返還されない場合の長期停滞料		課					1758
軽油の販売	軽油引取税の特別徴収義務者である元売業者	軽油引取税部分				不		1759
		軽油本体部分	課					1760
	軽油引取税の特別徴収義務者でないガソリンスタンド業者等	元売業者と委託販売契約を締結している場合 軽油引取税部分				不	基通10-1-11	1761
		元売業者と委託販売契約を締結している場合 軽油本体部分	課					1762
		元売業者と委託販売契約を締結していない場合 軽油引取税部分（区分経理していても）	課					1763
		軽油本体部分	課					1764
車検の代行	自動車修理業者	法定点検基本料	課				法2①,4①	1765
		完成検査料	課					1766
		車検代行料	課					1767
		バッテリーその他の売上げ	課					1768
		自動車重量税（立替）				不	基通10-1-4	1769
		自賠責保険料（立替）				不	基通10-1-16	1770
		自賠責保険料取扱手数料（保険会社より）	課					1771
	車両オーナー	法定点検基本料	課					1772
		完成検査料	課				法2①,4①	1773
		車検代行料	課					1774
		バッテリーその他の売上げ	課					1775
		自動車重量税				不		1776
		自賠責保険料			非		別表第二3	1777
自己発行ポイント	ポイント会員入会金（返還なし）		課					1778
	ポイント会員入会預り金					不	法2①,4①	1779
	ポイントを付与する課税資産の販売		課					1780
	ポイントを付与する非課税資産の販売				非		法6①	1781
	ポイントの付与					不	法2①,4①	1782
	課税資産をポイント値引き販売	値引処理	課（値引き後）					1783
		両建処理	課（値引き前）					1784
						不（ポイント相当額）		1785
	買手は、売手が発行するレシートで判断することができる							1786
共通ポイント	共通ポイントプログラム入会手数料（返還なし）		課					1787
	共通ポイントプログラム入会保証金（返還あり）					不		1788
	ポイントを付与する課税資産の販売	商品の販売	課					1789
		運営会社に支払うポイント相当額 規約上、課税扱い	課				法2①,4①	1790
		規約上、不課税扱い				不		1791
	課税資産をポイント値引き販売	顧客から受ける対価	課					1792
		運営会社から受けるポイント相当額	課					1793
	買手は、売手が発行するレシートで判断することができる							1794

形態別課否判定表

取引・対価等	課	免	非	不	参考法令等	索引NO.
会報・機関紙の発行　対価を得て行う会報等の発行	課					1795
会費等の名目で対価を徴収	課					1796
通常の業務　有償配布	課					1797
運営の一環として発行　無償配布　会費等によって費用を調達している				不	基通5-2-3, 5-5-3, 11-2-4	1798
組合員等以外には書店等で販売				不		1799
会報等の配布と会費等との対価関係の判定が困難な場合　課税とする場合（配布先に通知）	課					1800
不課税とする場合（配布先に通知）				不		1801
交換業務パチンコ景品　古物営業の許可を受けている場合又は買取り販売の契約をしている場合　消費者からパチンコの景品を買取り	課				法2①,4①	1802
パチンコ業者に景品を販売	課					1803
景品売買の委託を受けている場合　消費者からパチンコの景品を買取り				不	基通4-1-3, 10-1-12	1804
パチンコ業者に景品を販売				不		1805
受託手数料の受取り	課					1806
消費者が行うパチンコ景品の売却（消費者において）				不	法2①,4①	1807
旅館・ホテル　宿泊費	課				法2①,4①	1808
入湯税				不	基通10-1-11	1809
電話料金　立替金処理している場合				不	基通10-1-16	1810
利用料にプレミアムをつけて請求する場合　電話会社への支払額相当額	課					1811
プレミアム部分	課				法2①,4①	1812
電話会社への支払い	課					1813
国際電話料金　立替金処理している場合				不	基通10-1-16	1814
国際電話であることを利用明細書に明示　電話会社への支払額相当額		免				1815
プレミアム部分		免				1816
明示していない　電話会社への支払額相当額	課				法2①,7①	1817
プレミアム部分	課					1818
電話会社への支払い（仕入れ）		免				1819
質屋・質店　質入れ　質草である物品の受入れ				不	法2①,4①	1820
質草である物品の返還				不		1821
質入による金銭の貸付け			非		別表第二3	1822
流質(代物弁済)　利子を未収計上している（元本と利子の合計額）	課				法2①,4①,30①	1823
利子を未収計上していない（元本の額）	課					1824
事故　交通事故　保険金の授受				不		1825
交通事故の示談金				不		1826
物損事故　被害者が修繕を行う場合　被害者が支払う修繕費用	課					1827
加害者が被害者に支払う賠償金				不		1828
被害者が受領する保険金				不		1829
保険会社が修繕業者に保険金を直接支払った場合　修繕費用（被害者において）	課				法2①,基通5-2-4, 11-2-8	1830
保険金（被害者において）				不		1831
加害者が修繕を行う場合　加害者が支払う修繕費用	課					1832
被害者が受領する保険金				不		1833
加害者から被害者への修繕後の引渡し				不		1834
保険会社が修繕業者に保険金を直接支払った場合　修繕費用（加害者において）	課					1835
保険金（加害者において）				不		1836
身体障害者用物品　身体障害者用物品として内閣総理大臣又はその大臣が告示したもの　譲渡　国内売上げ　身体障がい者への譲渡			非		別表第二10,法6,31,令14の4,基通6-10-1	1837
身体障がい者以外への譲渡			非			1838
輸出売上げ　輸出証明あり	非課税資産の輸出等の特例					1839
輸出証明なし			非			1840
貸付け・製作請負・修理			非			1841
身障者用自動車の修理　補助手段等の修理			非		基通6-10-4	1842
他の部分の修理	課					1843
身体障害者用物品の製作材料、部品の購入	課				基通6-10-2	1844
身体障害者用物品への改造のための外注費			非		基通6-10-3	1845
身体障がい者が使用する物品で内閣総理大臣等が告示したもの以外のもの	課				基通6-10-1	1846

【国境を越えた役務の提供】

- 国外事業者とは、外国法人（国外に本店がある法人）及び所得税法上の非居住者である個人事業者をいいます。
- 国内事業者とは、国外事業者以外の事業者をいいます。

① 「電気通信利用役務の提供」の判定

役務の提供の内容			判定	参考法令等	索引NO.	☞
	ネットバンキング		「電気通信利用役務の提供」ではない	法2①, 基通5-8-3	1847	「国内事業者が行う提供」は65頁へ、「事業者向け」は65～66頁へ、「消費者向け」は66～68頁へ
	電話、FAX、電報、データ伝送、インターネット回線の利用など、他者間の情報の伝達を単に媒介するもの（いわゆる通信）				1848	
	ソフトウエアの制作の請負で、成果物の受領や制作過程の指示をインターネット等を介して行うもの				1849	
	資産の管理・運用等のサービスの提供で運用、資金の移動等の指示、状況、結果報告等について、インターネット等を介し連絡が行われるもの				1850	
	情報の収集、分析等を行ってその結果報告等について、インターネット等を介して連絡が行われるもの				1851	
	法務専門家等が行う訴訟遂行等で、訴訟の状況報告、それに伴う指示等について、インターネット等を介して行われるもの				1852	
	著作権の所有者が、著作物の複製、上映、放送等を行う事業者に対して、著作権等の譲渡・貸付けを行う場合に、その著作物の受け渡しがインターネット等を介して行われるもの				1853	
「電気通信利用役務の提供」の判定	他者が著作権を有するソフトウエアについて、インターネットを介してエンドユーザーに販売するためにその権利を当該他者から取得				1854	
	電子書籍の配信につき、契約の代行等を行って手数料等を受領する代理店業務				1855	
	インターネット上のショッピングサイト・オークションサイトにおける物品の通信販売				1856	
	インターネットを介した広告の配信、掲載	国内事業者が提供	「国内事業者が行う提供」	法2①, 基通1-6-1, 5-8-3～4	1857	
		国外事業者が提供	「事業者向け」		1858	
	インターネット上でゲームやソフトウエアの販売場所を提供	国内事業者が提供	「国内事業者が行う提供」		1859	
		国外事業者が提供	「事業者向け」		1860	
	宿泊施設、飲食店等を経営する事業者へのインターネットを介して行う宿泊予約、飲食店予約サイトの提供	国内事業者が提供	「国内事業者が行う提供」		1861	
		国外事業者が提供	「事業者向け」		1862	
	インターネットを介して行う経営コンサルティング	国内事業者が提供	「国内事業者が行う提供」		1863	
		国外事業者が提供	「事業者向け」		1864	
	インターネットを介して行う事業上の技術指導	国内事業者が提供	「国内事業者が行う提供」		1865	
		国外事業者が提供	「事業者向け」		1866	
	インターネットを介して行う英会話教室	国内事業者が提供	「国内事業者が行う提供」		1867	
		国外事業者が提供　販売先を事業者に限定	「事業者向け」		1868	
		国外事業者が提供　取引条件等から事業者に提供が明らか			1869	
		国外事業者が提供　その他	「消費者向け」		1870	
	インターネット等を介して行う電子書籍・電子新聞・音楽・映像の配信	国内事業者が提供	「国内事業者が行う提供」		1871	
		国外事業者が提供　販売先を事業者に限定	「事業者向け」		1872	
		国外事業者が提供　取引条件等から事業者に提供が明らか			1873	
		国外事業者が提供　その他	「消費者向け」		1874	

電気通信利用役務の提供

役務の提供の内容			判定	参考法令等	索引NO.	☞
「電気通信利用役務の提供」の判定	インターネット等を介して行う業界専門新聞、業界専門雑誌の配信	国内事業者が提供	「国内事業者が行う提供」		1875	「国内事業者が行う提供」は65頁へ、「事業者向け」は65〜66頁へ、「消費者向け」は66〜68頁へ
		国外事業者が提供 販売先を事業者に限定	「事業者向け」		1876	
		取引条件等から事業者に提供が明らか			1877	
		その他	「消費者向け」		1878	
	インターネット等を介して行うソフトウエア、ゲームなどのアプリケーションの配信	国内事業者が提供	「国内事業者が行う提供」		1879	
		国外事業者が提供 販売先を事業者に限定	「事業者向け」		1880	
		取引条件等から事業者に提供が明らか			1881	
		その他	「消費者向け」		1882	
	クラウド上のソフトウエアやデータベースを利用させるサービス	国内事業者が提供	「国内事業者が行う提供」		1883	
		国外事業者が提供 販売先を事業者に限定	「事業者向け」		1884	
		取引条件等から事業者に提供が明らか			1885	
		その他	「消費者向け」		1886	
	クラウド上で顧客の電子データの保存を行う場所を提供するサービス	国内事業者が提供	「国内事業者が行う提供」		1887	
		国外事業者が提供 販売先を事業者に限定	「事業者向け」		1888	
		取引条件等から事業者に提供が明らか			1889	
		その他	「消費者向け」		1890	
	パソコンやスマートフォン等で利用できるゲームソフトなどをインターネット上の販売場所に掲載して販売	国内事業者が提供	「国内事業者が行う提供」		1891	
		国外事業者が提供 販売先を事業者に限定	「事業者向け」		1892	
		取引条件等から事業者に提供が明らか			1893	
		その他	「消費者向け」		1894	
	他者から借り受けたソフトウエアをエンドユーザーに配信	国内事業者が提供	「国内事業者が行う提供」	法2①, 基通1-6-1, 5-8-3〜4	1895	
		国外事業者が提供 販売先を事業者に限定	「事業者向け」		1896	
		取引条件等から事業者に提供が明らか			1897	
		その他	「消費者向け」		1898	
	他者から購入したソフトウエアをエンドユーザーに配信	国内事業者が提供	「国内事業者が行う提供」		1899	
		国外事業者が提供 販売先を事業者に限定	「事業者向け」		1900	
		取引条件等から事業者に提供が明らか			1901	
		その他	「消費者向け」		1902	
	他の依頼によらず自身が収集・分析した情報をインターネットを通じて利用させるもの	国内事業者が提供	「国内事業者が行う提供」		1903	
		国外事業者が提供 販売先を事業者に限定	「事業者向け」		1904	
		取引条件等から事業者に提供が明らか			1905	
		その他	「消費者向け」		1906	
	他の依頼によらず自身が収集・分析した情報をインターネット上の閲覧に供するもの	国内事業者が提供	「国内事業者が行う提供」		1907	
		国外事業者が提供 販売先を事業者に限定	「事業者向け」		1908	
		取引条件等から事業者に提供が明らか			1909	
		その他	「消費者向け」		1910	
	クラウド上の資産運用等のソフトウエアの利用料	国内事業者が提供	「国内事業者が行う提供」		1911	
		国外事業者が提供 販売先を事業者に限定	「事業者向け」		1912	
		取引条件等から事業者に提供が明らか			1913	
		その他	「消費者向け」		1914	
	通信回線等を通じて行う保守業務	国内事業者が提供	「国内事業者が行う提供」		1915	
		国外事業者が提供 提供販売先を事業者に限定	「事業者向け」		1916	
		取引条件等から事業者に提供が明らか			1917	
		その他	「消費者向け」		1918	

② 「電気通信利用役務の提供」の課否判定

取引・対価等			課	免	非	不	参考法令等	索引NO.
国内事業者が行う「電気通信利用役務の提供」／法人に対する提供／提供を受ける者が外国法人（本店所在地が国外）	本店に対して行う					不		1919
	国外の支店等に対して行う					不		1920
	国内の支店等に対して行う					不		1921
	国外に出張中の者に対して行う					不		1922
	国内に出張中の者に対して行う					不		1923
提供を受ける者が内国法人（本店所在地が国内）	本店に対して行うもの		課					1924
	国外の支店等に対して行う		課					1925
	国内の支店等に対して行う		課					1926
	国外に出張中の者に対して行う		課					1927
	国内に出張中の者に対して行う		課					1928
個人事業者に対する提供／提供を受ける者の住所が国外	国内に居所（現在まで引き続いて1年以上居住する場所）あり		課					1929
	国内に居所なし	国外の営業所等に対して行う				不	法4③, 基通1-6-1, 5-7-15の2, 11-2-12～13	1930
		国内の営業所等に対して行う※1				不		1931
		国外に出張中の者に対して行う				不		1932
		国内に出張中の者に対して行う				不		1933
提供を受ける者の住所が国内	国外に居所あり		課					1934
	国外の支店等に対して行う		課					1935
	国内の支店等に対して行う		課					1936
	国外に出張中の者に対して行う		課					1937
	国内に出張中の者に対して行う		課					1938
消費者（事業者以外）に対する提供／提供を受ける者の住所が国外	国内に居所あり	国外に滞在中の提供	課					1939
		国内滞在中の提供	課					1940
	国外に居所なし	国外に滞在中の提供				不		1941
		国内滞在中の提供				不		1942
提供を受ける者の住所が国内	国外に居所あり	国外に滞在中の提供	課					1943
		国内滞在中の提供	課					1944
	国外に居所なし	国外に滞在中の提供	課					1945
		国内滞在中の提供	課					1946
顧客がインターネットを通じて申し出た住所地及び顧客が決済で利用するクレジットカードの発行国情報が国外						不	基通5-7-15の2	1947
顧客がインターネットを通じて申し出た住所地及び顧客が決済で利用するクレジットカードの発行国情報が国内			課					1948
国外事業者が行う「電気通信利用役務の提供」／「事業者向け電気通信利用役務の提供」に対する提供／外国法人（本店所在地が国外）に対する提供	本店に対して行う					不		1949
	国外の支店等に対して行う					不		1950
	国内の支店等に対して行う※1（69頁）					不	法2①, 4③, 基通1-6-1, 5-7-15の2, 5-8-4	1951
	国外に出張中の者に対して行う					不		1952
	国内に出張中の者に対して行う					不		1953
国内に住所及び居所がない個人事業者に対する提供	国外の支店等に対して行う					不		1954
	国内の支店等に対して行う※1（69頁）					不		1955
	国外に出張中の者に対して行う					不		1956
	国内に出張中の者に対して行う					不		1957
内国法人（本店所在地が国内）に対する提供／提供を受ける法人が免税事業者			リバースチャージ 売手：納税義務なし、表示義務あり 買手：納税義務なし				法2①, 4③, 5①, 9①, 62	1958
提供を受ける法人が簡易課税制度適用	本店に対して行う							1959
	国外の支店等に対して行う※2（69頁）							1960
	国内の支店等に対して行う		リバースチャージ 売手：納税義務なし、表示義務あり 買手：特定課税仕入れなしとみなす				法2①, 4③, 5①, 28②, 45①一, 62, 27改附則42, 44②, 基通1-6-1, 5-7-15の2, 5-8-1～2, 5-8-4, 10-2-1, 11-2-12, 11-4-6	1961
	国外に出張中の者に対して行う							1962
	国内に出張中の者に対して行う							1963
提供を受ける法人が一般課税で課税売上割合が95%以上	本店に対して行う							1964
	国外の支店等に対して行う※2（69頁）							1965
	国内の支店等に対して行う							1966
	国外に出張中の者に対して行う							1967
	国内に出張中の者に対して行う							1968
提供を受ける法人が一般課税で課税売上割合が95%未満	本店に対して行う							1969
	国外の支店等に対して行う※2（69頁）		リバースチャージ 売手：納税義務なし、表示義務あり 買手：納税義務あり、仕入税額控除あり					1970
	国内の支店等に対して行う							1971
	国外に出張中の者に対して行う							1972
	国内に出張中の者に対して行う							1973

取引・対価等	課税区分	参考法令等	索引NO.
【国外事業者が行う「電気通信利用役務の提供」】【「事業者向け電気通信利用役務の提供」】国内に住所又は居所がある個人事業者に対する提供　提供を受ける個人事業者が免税事業者	リバースチャージ 売手：納税義務なし、表示義務あり 買手：納税義務なし	法2①,4③,5①,9①,62	1974
提供を受ける事業者が簡易課税制度適用　国外の営業所等に対して行う※2（69頁）			1975
提供を受ける事業者が簡易課税制度適用　国内の営業所等に対して行う			1976
提供を受ける事業者が簡易課税制度適用　国外に出張中の者に対して行う	リバースチャージ 売手：納税義務なし、表示義務あり 買手：特定課税仕入れなしとみなす	法2①,4③,5①,28②,45①一,62,27改附則42,44②,基通1-6-1,5-7-15の2,5-8-1～2,5-8-4,10-2-1,11-2-12,11-4-6	1977
提供を受ける事業者が簡易課税制度適用　国内に出張中の者に対して行う			1978
提供を受ける事業者が一般課税で課税売上割合が95％以上　国外の営業所等に対して行う※2（69頁）			1979
提供を受ける事業者が一般課税で課税売上割合が95％以上　国内の営業所等に対して行う			1980
提供を受ける事業者が一般課税で課税売上割合が95％以上　国外に出張中の者に対して行う			1981
提供を受ける事業者が一般課税で課税売上割合が95％以上　国内に出張中の者に対して行う			1982
提供を受ける事業者が一般課税で課税売上割合が95％未満　国外の営業所等に対して行う※2（69頁）	リバースチャージ 売手：納税義務なし、表示義務あり 買手：納税義務あり、仕入税額控除あり		1983
提供を受ける事業者が一般課税で課税売上割合が95％未満　国内の営業所等に対して行う			1984
提供を受ける事業者が一般課税で課税売上割合が95％未満　国外に出張中の者に対して行う			1985
提供を受ける事業者が一般課税で課税売上割合が95％未満　国内に出張中の者に対して行う			1986
「事業者向け電気通信利用役務の提供」を行う国外事業者が免税事業者であっても上記の判定に影響しない			1987
国外事業者が行う「事業者向け電気通信利用役務の提供」に係る値引き、割戻し　内国法人等に対する提供　売手	売上返還税額控除なし	基通14-1-8の2	1988
買手　特定課税仕入れをした課税期間に一般課税で課税売上割合95％未満　返還時に一般課税で課税売上割合95％未満	売上返還税額控除あり、仕入税額マイナスあり	法32①,38の2①	1989
返還時に一般課税で課税売上割合95％以上			1990
返還時に簡易課税適用	売上返還税額控除あり	法37,38の2①,27改附則44②,基通14-1-13	1991
返還時に免税事業者	処理なし		1992
特定課税仕入れにつきなしとみなされた　返還時に一般課税で課税売上割合95％未満	処理なし	27改附則42,44②,基通14-1-12	1993
返還時に一般課税で課税売上割合95％以上			1994
返還時に簡易課税適用			1995
返還時に免税事業者			1996

取引・対価等	課	免	非	不	参考法令等	索引NO.
【「消費者向け電気通信利用役務の提供」】登録をしていない国外事業者が行う「消費者向け電気通信利用役務の提供」　外国法人（本店所在地が国外）に対する提供　本店に対して行う				不	法2①,4③,基通1-6-1,5-7-15の2,5-8-4	1997
国外の支店等に対して行う				不		1998
国内の支店等に対して行う				不		1999
国外に出張中の者に対して行う				不		2000
国内に出張中の者に対して行う				不		2001
国内に住所及び居所がない個人事業者に対する提供　国外の支店等に対して行う				不		2002
国内の支店等に対して行う				不		2003
国外に出張中の者に対して行う				不		2004
国内に出張中の者に対して行う				不		2005
内国法人（本店所在地が国内）に対する提供　提供を受ける法人が簡易課税制度適用　本店に対して行う	課				法2①,4③,27改附則38①,基通1-6-1,5-7-15の2,5-8-4,11-1-3,11-2-12　仕入側に仕入税額控除なし	2006
国外の支店等に対して行う	課					2007
国内の支店等に対して行う	課					2008
国外に出張中の者に対して行う	課					2009
国内に出張中の者に対して行う	課					2010
提供を受ける法人が一般課税で課税売上割合が95％以上　本店に対して行う	課					2011
国外の支店等に対して行う	課					2012
国内の支店等に対して行う	課					2013
国外に出張中の者に対して行う	課					2014
国内に出張中の者に対して行う	課					2015
提供を受ける法人が一般課税で課税売上割合が95％未満　本店に対して行う	課					2016
国外の支店等に対して行う	課					2017
国内の支店等に対して行う	課					2018
国外に出張中の者に対して行う	課					2019
国内に出張中の者に対して行う	課					2020

取引・対価等				課税区分 課	免	非	不	参考法令等	索引NO.
国外事業者が行う「電気通信利用役務の提供」	「消費者向け電気通信利用役務の提供」登録をしていない国外事業者が行う	国内に住所又は居所がある個人事業者に対する提供	提供を受ける事業者が簡易課税制度適用	国外の営業所等に対して行う	課				法2①,4③,27改附則38①,基通1-6-1,5-7-15の2,5-8-4,11-1-3,11-2-12	2021
				国内の営業所等に対して行う	課					2022
				国外に出張中の者に対して行う	課					2023
				国内に出張中の者に対して行う	課					2024
			提供を受ける事業者が一般課税で課税売上割合が95％以上	国外の営業所等に対して行う	課					2025
				国内の営業所等に対して行う	課					2026
				国外に出張中の者に対して行う	課			仕入側に仕入税額控除なし		2027
				国内に出張中の者に対して行う	課					2028
			提供を受ける事業者が一般課税で課税売上割合が95％未満	国外の営業所等に対して行う	課					2029
				国内の営業所等に対して行う	課					2030
				国外に出張中の者に対して行う	課					2031
				国内に出張中の者に対して行う	課					2032
		消費者に対する提供		国内に住所又は居所がある消費者に対する提供	課					2033
				国内に住所及び居所がない消費者に対する提供				不		2034
		顧客がインターネットを通じて申し出た住所地及び顧客が決済で利用するクレジットカードの発行国情報が国外						不	基通5-7-15の2	2035
		顧客がインターネットを通じて申し出た住所地及び顧客が決済で利用するクレジットカードの発行国情報が国内			課					2036
	上記に係る値引き、割戻し	売手	割戻し	譲渡等をした課税期間に免税事業者	処理なし				法38①	2037
				譲渡等をした課税期間に課税事業者	売上返還税額控除あり					2038
				返還時に免税事業者	処理なし					2039
		買手			仕入税額マイナスなし				27改附則42	2040
	「消費者向け電気通信利用役務の提供」インボイス発行事業者である国外事業者がインボイスを発行して行う	外国法人（本店所在地が国外）に対する提供		本店に対して行う				不		2041
				国外の支店等に対して行う				不		2042
				国内の支店等に対して行う				不		2043
				国外に出張中の者に対して行う				不		2044
				国内に出張中の者に対して行う				不		2045
		国内に住所及び居所がない個人事業者に対する提供		国外の支店等に対して行う				不		2046
				国内の支店等に対して行う				不		2047
				国外に出張中の者に対して行う				不		2048
				国内に出張中の者に対して行う				不		2049
		内国法人（本店所在地が国内）に対する提供	提供を受ける法人が簡易課税制度適用	本店に対して行う	課				法2①,4③,27改附則38①②,39,基通1-6-1,5-7-15の2,5-8-4,11-1-3,11-2-12	2050
				国外の支店等に対して行う	課					2051
				国内の支店等に対して行う	課					2052
				国外に出張中の者に対して行う	課					2053
				国内に出張中の者に対して行う	課					2054
			提供を受ける法人が一般課税で課税売上割合が95％以上	本店に対して行う	課					2055
				国外の支店等に対して行う	課					2056
				国内の支店等に対して行う	課					2057
				国外に出張中の者に対して行う	課					2058
				国内に出張中の者に対して行う	課			仕入側に仕入税額控除あり		2059
			提供を受ける法人が一般課税で課税売上割合が95％未満	本店に対して行う	課					2060
				国外の支店等に対して行う	課					2061
				国内の支店等に対して行う	課					2062
				国外に出張中の者に対して行う	課					2063
				国内に出張中の者に対して行う	課					2064

電気通信利用役務の提供

取引・対価等				課税区分 課	免	非	不	参考法令等	索引NO.
国外事業者が行う「電気通信利用役務の提供」	「消費者向け電気通信利用役務の提供」	インボイス発行事業者である国外事業者がインボイスを発行して行う	国内に住所又は居所がある個人に対する提供						
			提供を受ける事業者が簡易課税制度適用	国外の営業所等に対して行う※2	課				2065
				国内の営業所等に対して行う	課				2066
				国外に出張中の者に対して行う	課				2067
				国内に出張中の者に対して行う	課				2068
			提供を受ける事業者が一般課税で課税売上割合が95%以上	国外の営業所等に対して行う※2	課			法2①, 4③, 27改 附則38①②, 39, 基通1-6-1, 5-7-15 の 2,5-8-4, 11-1-3, 11-2-12	2069
				国内の営業所等に対して行う	課				2070
				国外に出張中の者に対して行う	課				2071
				国内に出張中の者に対して行う	課	仕入側に仕入税額控除あり				2072
			提供を受ける事業者が一般課税で課税売上割合が95%未満	国外の営業所等に対して行う※2	課				2073
				国内の営業所等に対して行う	課				2074
				国外に出張中の者に対して行う	課				2075
				国内に出張中の者に対して行う	課				2076
		上記に係る値引き、割戻し	売手	返還時に課税事業者	売上返還税額控除あり			法38①	2077
				返還時に免税事業者	処理なし				2078
			買手	仕入れをした課税期間に免税事業者	処理なし				2079
				仕入れ時、返還時ともに課税事業者	仕入税額マイナスあり			法32①	2080
				仕入れ時に課税事業者で返還時に免税事業者	処理なし				2081

③「特定役務の提供」の判定

役務の提供の内容		判定	参考法令等	索引NO.	☞
「特定役務の提供」の判定 国外事業者が行うもの	国外事業者が行う芸能、スポーツ等の役務の提供で不特定かつ多数の者に対して行うもの	「特定役務の提供」ではない	法2①, 令2の2, 基通5-8-6	2082	「特定役務の提供」は69頁へ
	国外事業者が日本の会場を借りて、直接、日本の観客にチケットを販売して開催するコンサート			2083	
	非居住者である監督、コーチ等が行う国内のスポーツチームに対する競技指導などの役務の提供			2084	
	国外の音楽家に国内で演奏させるために、国外事業者が行う仲介		基通5-8-7	2085	
	国外事業者であるスポーツ選手に来日して競技をさせるため滞在中のホテルに直接支払った宿泊料		基通10-2-3	2086	
	芸能人の実演の録音、録画、放送又は有線放送につき著作隣接権の対価として支払われるもので、契約その他において明確に区分されているもの		基通10-2-4	2087	
	国外の研究者が日本の大学で行う講演		法2①, 令2の2	2088	
	芸能人として行う映画の撮影、テレビへの出演	「特定役務の提供」に該当	法2①, 令2の2, 基通5-8-5	2089	
	俳優、音楽家として行う演劇、演奏			2090	
	歌手がコンサートに出演			2091	
	スポーツ選手がスポーツ競技大会等への出場			2092	
	プロスポーツ選手が、映画やCM等の撮影を国内で行って、その演技、出演料等を受領するもの			2093	
	アマチュア、ノンプロ等と称される者が、スポーツ競技等の役務の提供を行うことにより報酬・賞金等を受領するもの			2094	
	芸能人やスポーツ選手が特定の企業のコマーシャルに出演する行為			2095	
	コンサート等を開催する事業者に対して、所属する音楽家等を出演させる行為			2096	
	国外事業者であるスポーツ選手に来日して競技をさせるためその国外事業者に支払う往復の旅費、宿泊費等			2097	
	国内サッカークラブが外国サッカークラブに支払う選手移籍料	「特定役務の提供」ではない		2098	
	国内サッカークラブが外国サッカークラブから受ける選手移籍料			2099	
	国外事業者が行う芸能、スポーツ等の役務の提供のキャンセル料			2100	
国内事業者が行う芸能、スポーツ等の役務の提供				2101	

④ 「特定役務の提供」の課否判定

取引・対価等				課税区分（課/免/非/不）	参考法令等	索引NO.
「特定役務の提供」に該当するもの	国外において行う「特定役務の提供」			不	法2①	2102
	「特定役務の提供」を行う「特定役務の提供」	「特定役務の提供」を受ける者が免税事業者		リバースチャージ 売手：納税義務なし、表示義務あり 買手：納税義務なし	法2①, 9①, 令2の2	2103
		「特定役務の提供」を受ける者が国外事業者	提供を受ける事業者が簡易課税制度適用	リバースチャージ 売手：納税義務なし、表示義務あり 買手：特定課税仕入れなしとみなす	法2①, 5①, 28②, 45①, 27改附則42, 44②, 令2の2	2104
			提供を受ける事業者が一般課税で課税売上割合が95%以上			2105
			提供を受ける事業者が一般課税で課税売上割合が95%未満	リバースチャージ 売手：納税義務なし、表示義務あり 買手：納税義務あり、仕入税額控除あり	法2①, 5①, 28②, 45①, 令2の2	2106
	国内において行う「特定役務の提供」	「特定役務の提供」を受ける者が国内事業者	提供を受ける事業者が簡易課税制度適用	リバースチャージ 売手：納税義務なし、表示義務あり 買手：特定課税仕入れなしとみなす	法2①, 5①, 28②, 45①, 27改附則42, 44②, 令2の2, 基通11-4-6	2107
			「特定役務の提供」を受ける事業者が一般課税で課税売上割合が95%以上		法2①, 5①, 28②, 45①, 27改附則42, 44②, 令2の2	2108
			提供を受ける事業者が一般課税で課税売上割合が95%未満	リバースチャージ 売手：納税義務なし、表示義務あり 買手：納税義務あり、仕入税額控除あり	法2①, 5①, 28②, 45①, 令2の2	2109
	「特定役務の提供」を行う国外事業者が免税事業者であっても上記の判定に影響しない					2110
	「特定役務の提供」に係る値引き、割戻し	売手		売上返還税額控除なし	基通14-1-8の2	2111
		買手	特定課税仕入れをした課税期間に一般課税で課税売上割合95%未満	返還時に一般課税で課税売上割合95%未満	売上返還税額控除あり	法32①, 38の2①	2112
				返還時に一般課税で課税売上割合95%以上	仕入税額マイナスあり		2113
				返還時に簡易課税適用	売上返還税額控除あり	法37, 38の2①, 27改附則44②, 基通14-1-13	2114
				返還時に免税事業者	処理なし		2115
			特定課税仕入れにつきなしとみなされたもの	返還時に一般課税で課税売上割合95%未満	処理なし	27改附則42, 44②, 基通14-1-12	2116
				返還時に一般課税で課税売上割合95%以上			2117
				返還時に簡易課税適用			2118
				返還時に免税事業者			2119
	「特定役務の提供」のキャンセル料	キャンセルのための事務手数料		不	法2①, 令2の2	2120
		キャンセル料		不		2121
		事務手数料とキャンセル料の区分がない場合		不		2122

※1　平成29年1月1日以後は、国外事業者が恒久的施設において受ける「事業者向け電気通信利用役務の提供」のうち国内において行う資産の譲渡等に要するものは、国内取引となり、リバースチャージの対象となります。ただし、その提供を受ける国外事業者が、一般課税で申告する課税事業者（課税売上割合95%未満）でない場合は、その特定仕入れは、なかったものとみなされます。

※2　平成29年1月1日以後は、国内事業者が国外事業所等において受ける「事業者向け電気通信利用役務の提供」のうち、国外において行う資産の譲渡等にのみ要するものは、国外取引となり、リバースチャージの対象となりません。

消費税のしくみ

消費税のしくみ

項　目	説　　　　明

1. 納税義務者

区分	国内取引	輸入取引
納税義務者	法人・個人事業者	すべての者

　　国内取引については、小規模事業者の納税義務を免除する事業者免税点制度があります。

　　インボイス発行事業者の登録を受けた事業者には、事業者免税点制度は適用されません。

2. 国内取引

　　消費税は、各取引において生じた税を最終消費にまで転嫁するため、前段階税額控除方式をとっています。

　　前段階税額控除方式とは、生産・流通・販売などの取引のすべての段階においてその売上げに対して課税を行うとともに、前段階で生じた税の累積を排除するため、売上げに係る税額から仕入れに係る税額を控除して納付税額を計算するものです。

　　売上げに係る税額から仕入れに係る税額を控除することを仕入税額控除といいます。

　　仕入税額控除は、簡易課税制度又は2割特例による場合を除き、原則として、帳簿及び請求書（インボイス）等の保存が要件とされています。

● 納付税額の計算

　　納付すべき消費税の計算方法を図式にすると次のようになります。

売上げに係る消費税額	−	仕入れに係る消費税額
		保税地域からの引取りに係る消費税額
		売上対価の返還等に係る消費税額
		貸倒れに係る消費税額

= 差引納付する消費税額（マイナスの場合は還付）

● 税負担の転嫁
※税率10%によります。

生産者 A	販売 10,000円	卸売業者 B	販売 20,000円	小売業者 C	販売 40,000円	消費者 D

売上げの税	1,000円	売上げの税	2,000円	売上げの税	4,000円	負担した額
仕入れの税	0円	仕入れの税	1,000円	仕入れの税	2,000円	
差引納付	1,000円	差引納付	1,000円	差引納付	2,000円	4,000円

　　生産者A・卸売業者B・小売業者Cはいずれも税負担を行うことなく、売上げに係る消費税額から仕入れに係る消費税額を控除して納付税額を計算します。

　　消費者Dが負担する税額4,000円（購入額40,000円×10%）は、A・B・Cが納付した税額の合計額4,000円（1,000円＋1,000円＋2,000円）と一致します。

　　消費税等相当額を価格に上乗せすることができなければ、消費税の負担が事業者の利益を圧縮することになります。

消費税のしくみ

3. 国内取引についての不課税・非課税・免税・課税

項目	内容
不課税取引 (課税対象外)	① **資産の譲渡等以外の取引** 　　消費税の課税物件である「消費」は、それを提供する事業者の立場から「資産の譲渡等（事業として対価を得て行う資産の譲渡及び貸付け並びに役務の提供）」と定義されました。「資産の譲渡等」以外の取引は課税の対象外（不課税）です。 ② **国外取引** 　　消費税は、国内の「消費」に税の負担を求めるものです。「資産の譲渡等」であっても国外で行われたものは課税の対象外（不課税）です。 ③ **課税の対象は国内で行われた資産の譲渡等** 　　国内で行われた資産の譲渡等が消費税の課税の対象となります。 　　国内で行われた資産の譲渡等は、以下のとおり、非課税・免税・課税の3つに区分され、税額計算の基礎となります。
非課税取引	国内において行われた「資産の譲渡等」は、「非課税資産の譲渡等」と「課税資産の譲渡等」とに分かれます。 ① **資本取引・金融取引等、消費の概念になじまないもの** 　　「消費」という概念と「資産の譲渡等」の定義とには、若干のズレがあり、「資産の譲渡等」には、土地や有価証券の譲渡等、本来「消費」とは考えにくいものが含まれてしまいます。そこで、「消費」という概念になじまないものは、非課税とされています。 ② **医療・福祉・教育等、政策的配慮に基づくもの** 　　「消費」概念に合致し、「資産の譲渡等」に該当するものであっても、医療や教育など、税負担を求めることについて国民の理解を得にくいと判断されたものは、政策的配慮から非課税とされています。
免税取引	**輸出取引及び輸出類似取引** 　　輸出品に課税すると、日本の消費税を外国の消費者に負担させることになります。そこで、国内において行う「課税資産の譲渡等」のうち輸出取引等については、売上げには消費税を課さず、輸出する資産の仕入れや輸出取引等に係る費用は仕入税額控除の対象とします。 　　このような取扱いを一般に0％課税といいます。
課税取引	**国内において行った「課税資産の譲渡等」のうち、免税取引に該当しないもの** 　　不課税取引、非課税取引、免税取引のいずれにも該当しないものが課税取引となります。課税取引は、売上げについては課税標準を構成し、仕入れについては課税仕入れ等として仕入税額控除の対象となります。
4. 輸入取引	保税地域から引き取られる外国貨物については、国内取引と区別して課税要件が定められています。保税地域から課税貨物を引き取る者が、その引取りの際、消費税を納付します。 　　①消費者が行う課税貨物の引取りに係る消費税は、納税義務者と負担者が一致することとなり、消費税の課税関係は完結します。 　　②事業者が事業上の仕入れとして行う課税貨物の引取りに係る消費税は、仕入税額控除をとおして消費者の負担に転嫁されます。

■課否判定フローチャート

次のステップに従って、不課税、非課税、免税、課税の順に判定します。

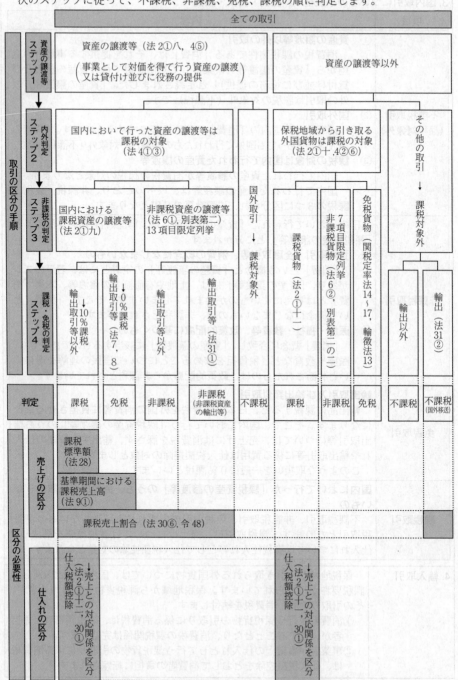

※電気通信利用役務の提供については 220 ページを参照して下さい。

消費税の基礎実務

■納税義務者

項　目	説　明
1. 納税義務者 （法2①四、3、5）	国内取引に係る消費税の納税義務者は、事業者（法人及び個人事業者）です。 　輸入に係る消費税は、事業者であるか否かにかかわらず保税地域から外国貨物を引き取る者が納税義務者となります。

区分		国内取引	輸入取引
事業者	法人、人格のない社団等 個人事業者	納税義務あり	納税義務あり
	消費者	納税義務なし	

項　目	説　明
● 輸入取引 ● 電気通信利用 　役務の提供	☞205ページ ☞220ページ
2. 実質帰属主義 （法13、基通4-1-1） ● 親族間の事業 （基通4-1-2）	消費税法の規定は、形式上の名義等にとらわれることなく、実質的に資産の譲渡等に係る対価を享受する者がその資産の譲渡等を行ったものとして、適用されます。 　生計を一にしている親子間、親族間で行われる事業についての納税義務者は、経営方針の決定につき、支配的影響力を有する者となります。
3. 公共法人・公益法人等 （法60⑥）	国・地方公共団体・公共法人・公益法人・外国法人であっても、国内において資産の譲渡等を行う限り、消費税の納税義務者となります。 （国、地方公共団体の一般会計については、控除対象仕入税額を課税標準額と同額とみなすため結果的に納税は行われません。）
4. 人格のない社団等 （法2①七、基通1-2-1～3）	人格のない社団等とは、代表者又は管理者の定めのある法人でない社団又は財団をいいます。 　代表者又は管理者の定めとは、定款等に定められている場合のほか、事実上の管理者等も含まれるため、法人でない社団又は財団が資産の譲渡等を行う場合には、必ず代表者又は管理者の定めがあるものに該当します。

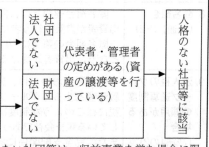

項　目	説　明
● 人格のない社団等の納税義務（法3）	法人税法においては、人格のない社団等は、収益事業を営む場合に限って納税義務が生じますが、消費税法では、資産の譲渡等を行う場合には、それが収益事業に該当するか否かにかかわりなく課税の対象となります。

納税義務者

5. 従業員団体
（基通1-2-4～5)

事業者の役員・従業員等で組織する従業員団体が行う事業については、次の区分によります。

区分		納税義務者
①事業経費の相当部分をその事業者が負担 かつ ②次のいずれかに該当する場合 • 従業員団体の役員が、その事業者の役員・使用人等のあて職となっていること • 従業員団体の行う事業の運営にその事業者が参画していること • 施設の大部分をその事業者が提供していること	⇒	その事業の全部についてその事業者が納税義務者となる
事業者が行った部分と従業員団体が行った部分とが適正に区分されている場合	⇒	その区分ごとに納税義務者となる

6. 共同事業
（基通1-3-1、通則法9)

ジョイントベンチャーによって建設工事を施工する場合等、共同事業を行う場合の資産の譲渡等及び課税仕入れ等は、各構成員が持分の割合又は利益の分配割合に対応する部分についてそれぞれが行ったものとして、納税義務者となります。

この場合、各構成員は、共同事業に係る消費税について、連帯して納付の義務を負うこととなります。

7. 有限責任事業組合（LLP)

有限責任事業組合とは、民法上の組合契約の特例として定められた「有限責任事業組合契約に関する法律」に規定する事業体をいいます。海外では類似の事業体がLimited Liability Partnershipと称されることからLLPと略称されています。

①構成員全員が有限責任、②内部自治の徹底、③構成員課税がLLPの特徴です。構成員課税とは、LLP段階では課税せず構成員に直接課税（パススルー）する仕組みであり、消費税も、原則として上記6.共同事業の場合と同様の取扱いとなります。

（措法67の13①)

法人税においては、LLPの事業から生じた損失は、原則として出資の金額を超えて構成員の損金の額に算入することはできません。しかし、消費税においては、現在のところ、仕入税額控除を制限する規定は設けられていません。

8. 匿名組合
（基通1-3-2)

匿名組合契約とは、営業で得られた利益の分配を受けることを条件に出資者が営業を行う者に対して出資する契約をいいます。

匿名組合の事業については、その匿名組合契約の営業者が納税義務者となり、出資者が受ける利益の配当は、不課税です。

9. 法人税のグループ通算制度の適用がある場合
（法法4の2)

法人税においては、100%の支配関係がある場合には、親会社を納税義務者とする「グループ通算制度」が設けられています。しかし、消費税にはこのような制度はなく、法人税についてグループ通算制度を選択している親子会社であっても、それぞれが独立した納税義務者となります。また、完全支配関係にある親子会社間において行った取引であっても、他者と行った取引であることにかわりはありません。

10. グループ法人

法人税におけるグループ法人であっても、法人単位で納税義務者となります。

■事業者免税点制度
(1) 納税義務の免除

項　　目	説　　　明
1. 免税事業者 （法9①、9の2 　①）	その課税期間の納税義務が免除される事業者を免税事業者といいます。免税事業者となるのは、次に該当する場合です。

免税事業者
次のいずれにも該当する事業者 • インボイス発行事業者の登録をしていない • 課税事業者の選択をしていない • 基準期間における課税売上高が1,000万円以下 • 特定期間における課税売上高が1,000万円以下 • 納税義務の免除の特例（新設法人や合併など）により課税事業者となるものでない

2. 基準期間
（法2①十四）

区分	法人	個人事業者
通常	その事業年度（判定する事業年度）の前々事業年度	その年（判定する年）の前々年
前々事業年度が1年未満	その事業年度開始の日の2年前の日の前日から1年を経過する日までの間に開始した各事業年度を合わせた期間	

● 6ヶ月決算
　法人の場合

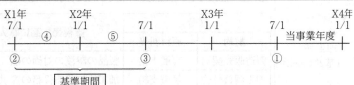

　　その事業年度開始の日（① X3.7.1）の2年前の日の前日（② X1.7.1）から1年を経過する日（③ X2.6.30）までの間に開始した各事業年度（④⑤）
　　→基準期間は、④＋⑤＝X1年7月1日から X2年6月30日までの期間となる。

**3. 基準期間にお
ける課税売上
高**
（法9②、令19、
基通1-4-4〜5）

　　基準期間における課税売上高とは、基準期間中に国内において行った課税資産の譲渡等の対価の額の合計額から、売上げに係る対価の返還等の金額の合計額を控除した残額をいいます。
　　法人の基準期間が1年に満たない場合には、12ヶ月相当額に換算します。この場合、月数は、暦に従って計算し、1ヶ月に満たない端数は1ヶ月とします。

区分	基準期間における課税売上高
基準期間において **課税事業者であった場合**	税抜き課税売上高＋免税売上高 （税抜き対価の返還等の金額※を控除）
基準期間において **免税事業者であった場合**	税込み課税売上高＋免税売上高 （税込み対価の返還等の金額を控除）
基準期間が **1年でない法人**	上記により計算した金額×12／基準期間の月数 （月数は暦により、1ヶ月未満は1ヶ月とする）

※その対価の返還等に係る課税資産の譲渡等を行った課税期間において
　免税事業者であった場合には、税込みとします。

納税義務の免除

| | 留意点 | ・複数の事業、複数の支店等がある場合でも、事業者単位で計算する
・所得区分の違いや事業内容の変化にかかわりなく事業者単位で計算する
・課税期間の特例を選択していても年又は事業年度単位で基準期間となる
・基準期間が課税事業者の場合は税抜き処理する
・基準期間が免税事業者の場合は税抜き処理しない
・免税事業者であった課税期間の課税売上げについては、課税事業者となった基準期間に返還を受けた対価の返還等を受けても税抜き処理しない
・輸出売上高を含む
・対価の返還等の金額を控除する
・貸倒れの金額は控除しない
・貸倒回収の金額は加算しない
・みなし譲渡を含む
・低額譲渡は売上高とみなされた金額を算入する
・非課税資産の輸出取引等は課税売上高に加算しない
・国外へ移送した資産の本船甲板渡し価格は売上高に加算しない
・月数は暦に従って計算し、一月未満は、一月として計算する
・個人事業者は基準期間の中途で開業していても年換算しない |

● 原材料の支給を受ける加工等
（基通1-4-3）

区分		課税売上高に算入する金額
契約	原材料等	
製造販売契約	有償支給	製品の譲渡の対価の額
加工請負契約	無償支給	加工等に係る役務の提供の対価の額

4. 個人事業者の特定期間
（法9の2④一）

　個人事業者において、特定期間とは、その年の前年1月1日から6月30日までの期間をいいます。

　個人事業者の特定期間は、暦の上の日を指して規定されています。たとえば、前年の中途において開業した場合であっても、1月1日から6月30日までの期間が特定期間となり、その期間において現実に発生した課税売上高又は支払った給与等の額を集計して特定期間における課税売上高を算出することになります。

個人事業者の特定期間	その年の前年1月1日から6月30日までの期間

5. 法人の特定期間
（法9の2④二）

　法人の特定期間は、原則として、その事業年度の前事業年度開始の日以後6ヶ月間（以下「六月の期間」といいます。）です。

特定期間
前事業年度の開始の日以後6ヶ月間（前事業年度の上半期6ヶ月間）

　設立第1期が7ヶ月以下（短期事業年度）である場合には、第2期の特定期間は存在しません（特定期間における課税売上高による判定の適用除外）。

● 六月の期間の特例

　六月の期間の末日が前事業年度の終了応当日でない場合、六月の期間の末日は、その前事業年度の末日にあわせて調整します。

（法9の2⑤、 令20の6①）	六月の期間の末日が前事業年度 の終了応当日でない場合	特定期間
	前事業年度の末日が月末	前事業年度開始の日から6ヶ月を経過 する日の前月末日までの期間
	前事業年度の末日が月末でない	前事業年度開始の日から6ヶ月を経過 する日の直前の終了応当日までの期間

※前事業年度の終了応当日とは、その前事業年度終了の日に応当するその前事業年度に属する各月の日をいいます。

※六月の期間の末日において予定している事業年度によるため、その後に決算期を変更した場合でも変更前の事業年度終了の日によってこの特例を適用します。

● 短期事業年度（法9の2④二）
　特定期間における課税売上高を計算するための期間として2ヶ月を確保するという趣旨から、前事業年度が短期事業年度である場合には、その前事業年度に特定期間を設定することはできません。

● 適用除外（法9の2④三、令20の5）
　六月の期間の特例があることから、通常、前事業年度が7ヶ月以下であるときは短期事業年度となり、特定期間における課税売上高による判定は、適用除外となります。

前事業年度が　**短期事業年度**　に該当し、

前々事業年度が　**基準期間等に該当する場合**　}適用除外

短期事業年度
①その事業年度の前事業年度で7ヶ月以下であるもの ②その事業年度の前事業年度で特定期間となるべき六月の期間の末日（「六月の期間の特例」適用後）の翌日からその前事業年度終了の日までの期間が2ヶ月未満であるもの

※短期事業年度は、六月の期間の後、当事業年度が開始するまでに売上高を集計する期間として2ヶ月が確保されないため、特定期間になりません。

基準期間等に該当する場合
①前々事業年度がその事業年度の基準期間に含まれる場合 ②前々事業年度開始の日以後六月の期間の末日（「六月の期間の特例」適用後）の翌日から前事業年度終了の日までの期間が2ヶ月未満である場合 ③前々事業年度が6ヶ月以下で前事業年度が2ヶ月未満である場合

※基準期間と特定期間が重複することはありません。また、②③は、前々事業年度の上半期6ヶ月間を特定期間とした場合に、六月の期間の後、当事業年度が開始するまでに売上高を集計する期間として2ヶ月が確保されないものです。

● 前々事業年度の上半期6ヶ月間（法9の2④三、⑤、令20の6②）
　前事業年度が短期事業年度である場合において、前々事業年度が基準期間等でないときは、前事業年度の上半期6ヶ月間を特定期間とします。

　6ヶ月決算法人は、これに該当します。

　1年決算法人は、連続して決算期を変更した場合や設立2期目に決算期を変更した場合にこれに該当する可能性があります。

　この場合、六月の期間の末日は、前事業年度の場合と同じように調整します。

納税義務の免除

六月の期間の末日が前々事業年度の終了応当日でない場合	特定期間
前々事業年度が6ヶ月以下	前々事業年度
前々事業年度の末日が月末	前々事業年度開始の日から6ヶ月を経過する日の前月末までの期間
前々事業年度の末日が月末でない	前々事業年度開始の日から6ヶ月を経過する日の直前の終了応当日までの期間

※六月の期間の末日において予定している事業年度によるため、その後に決算期を変更した場合でも変更前の事業年度終了の日によってこの特例を適用します。

6. 特定期間の具体例

ケース①通常の場合

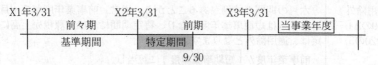

　最も一般的なケース。当事業年度の特定期間は、前事業年度開始の日から6ヶ月間（X2年4月1日～9月30日）となる。

ケース②3月末決算法人を10月末決算法人に変更した場合

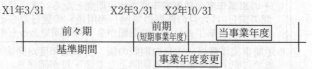

　前事業年度は7ヶ月以下の短期事業年度であり、前々事業年度は当事業年度の基準期間である。したがって、当事業年度において特定期間は存在しない。
　このように、一年決算法人においては、前事業年度が7ヶ月以下である場合には、特別なケース（ケース⑤参照）を除き、特定期間は存在しない。

ケース③3月末決算法人を六月の期間の末日の前に11月20日決算法人に変更した場合

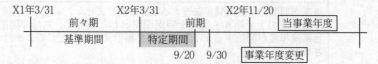

　六月の期間の末日はX2年9月30日であるが、この日の前に事業年度を変更した場合には、「六月の期間の特例」により、六月の期間の末日は変更後の事業年度にあわせてX2年9月20日に調整される。その後、事業年度終了の日までに2ヶ月の期間が確保されるため、前事業年度は短期事業年度ではない。したがって、当事業年度の特定期間は、X2年4月1日からX2年9月20日までの期間となる。
　このように、前事業年度が7ヶ月を超える場合には、次のケース④に該当する場合を除き、前事業年度は短期事業年度とならない。

ケース④ 3月末決算法人を六月の期間の末日の後に11月20日決算法人に変更した場合

　六月の期間の末日は X2年9月30日である。この日の後に事業年度を変更しても「六月の期間の特例」は適用がなく、その後、事業年度終了の日までに2ヶ月の期間が確保されないため、前事業年度は短期事業年度となる。7ヶ月を超える前事業年度が短期事業年度となるのは、このような特殊なケースである。

　なお、前々事業年度は当事業年度の基準期間であるため、当事業年度において特定期間は存在しない。

ケース⑤ 連続して事業年度を変更した場合

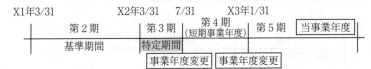

　前々事業年度（第3期）が1年未満であるため、第2期が当事業年度（第5期）の基準期間となる。

　当事業年度の前事業年度が短期事業年度であるため、「六月の期間の特例」により、前々事業年度が特定期間となる。

　このように、1年決算法人においては、連続して事業年度を変更した場合や設立2期目に事業年度を変更した場合に前々事業年度が特定期間となる可能性が生じる。

　なお、このケースにおいて特定期間は4ヶ月であるが、その間の売上高を6ヶ月相当額に換算する旨の規定はない。

ケース⑥ 6ヶ月決算法人である場合

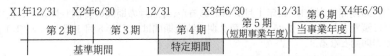

　X2年1月1日から12月31日までの期間（第2期と第3期を合わせた期間）が当事業年度（第6期）の基準期間となる。

　当事業年度の前事業年度が短期事業年度であるため、前々事業年度（第4期）が特定期間となる。

　このように、6ヶ月決算法人においては、前々事業年度が特定期間となり、その前1年間が基準期間となる。

ケース⑦ 3月末決算法人を9月1日に設立した場合

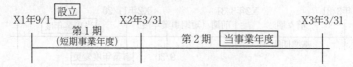

　前事業年度（第1期）は7ヶ月以下の短期事業年度である。当事業年度は第2期であるため前々期がないことから、特定期間は存在しない。

> 　資本金の額が1,000万円未満で設立された法人は、第1期が7ヶ月以下である場合には、第1期及び第2期において免税事業者となる（特定新規設立法人に該当する場合及び合併・分割等による納税義務の免除の特例がある場合を除く。また、第2期の期首までに1,000万円以上に増資した場合は、第2期は課税事業者となる）。

ケース⑧ 3月末決算法人を8月10日に設立した場合

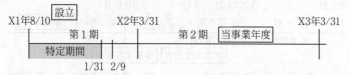

　六月の期間の末日はX2年2月9日であるが、「六月の期間の特例」により、X2年1月31日に調整される。したがって、第2期の特定期間は、X1年8月10日からX2年1月31日までの期間となる。

ケース⑨ 3月20日決算法人を8月1日に設立した場合

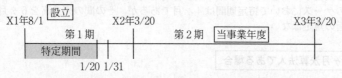

　六月の期間の末日はX2年1月31日であるが、「六月の期間の特例」により、X2年1月20日に調整される。したがって、第2期の特定期間は、X1年8月1日からX2年1月20日までの期間となる。

ケース⑩ 六月の期間の末日の前に事業年度を変更した場合

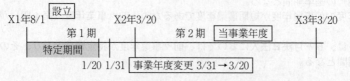

　六月の期間の末日はX2年1月31日であるが、「六月の期間の特例」により、X2年1月20日に調整される。その後、事業年度終了の日までに2ヶ月の期間が確保されるため、第1期は短期事業年度ではない。したがって、第2期の特定期間は、X1年8月1日からX2年1月20日までの期間となる。

ケース⑪六月の期間の末日の後に事業年度を変更した場合

六月の期間の末日はX2年1月31日である。この日の後に事業年度を変更しても「六月の期間の特例」は適用がなく、その後、事業年度終了の日までに2ヶ月の期間が確保されないため、前事業年度は短期事業年度となる。また、当事業年度は第2期であるため前々期がないことから、当事業年度において特定期間は存在しない。

7. 特定期間における課税売上高 （法9の2②③）	特定期間における課税売上高は、次のいずれかです。 ①特定期間中に生じた課税売上高 ②特定期間中に支払った給与等の金額
●特定期間中に生じた課税売上高 （法9の2②）	特定期間における課税売上高は、原則として、特定期間中に国内において行った課税資産の譲渡等の対価の額の合計額から、特定期間中に行った売上げに係る対価の返還等の金額の合計額を控除して算出します。 　これは、基準期間における課税売上高と同様の計算です。ただし、年換算に準じる取扱いはないので、特定期間が6ヶ月未満となった場合であっても、6ヶ月相当額に換算する必要はありません。
●特定期間中に支払った給与等の金額 （法9の2③、規11の2、基通1-5-23）	また、特定期間中に支払った給与等の金額の合計額をもって、特定期間における課税売上高とすることができます。 　給与等の金額とは、所得税法施行規則100条1項1号に規定する支払明細書に記載すべき給与等の金額をいい、具体的には、所得税の課税対象とされる給与、賞与等が該当します。所得税が非課税とされる通勤手当、旅費等は給与等に該当せず、未払額は含めません。

基準期間	特定期間		判定
基準期間における課税売上高が1,000万円以下	課税売上高が1,000万円以下	給与等の金額の合計額が1,000万円以下	免税事業者
		給与等の金額の合計額が1,000万円超	免税又は課税いずれの判断も可能
	課税売上高が1,000万円超	給与等の金額の合計額が1,000万円以下	
		給与等の金額の合計額が1,000万円超	課税事業者

　国外事業者は、令和6年10月1日以後に開始する課税期間から、特定期間における課税売上高について、給与支払額による判定ができません。

合併・分割があった場合	☞233ページ

(2) 高額特定資産を取得した場合等の特例（3年縛り）

項　　目	説　　　　　　　　　　　明
1. 概要	高額特定資産の仕入れ等を行い一般課税により申告した場合に、事業者免税点制度及び簡易課税制度の適用を制限する特例が設けられています。
2. 高額特定資産の仕入れ等を行った場合 （法12の4①、37③三）	（要件）　　　　　　　　　〈3年縛り〉

〈要件〉 高額特定資産の課税仕入れ等を行い、一般課税で申告した場合 → **〈3年縛り〉** その仕入れ等の日の属する課税期間の初日以後3年を経過する日の属する課税期間までの各課税期間

↓

- 免税事業者とならない
- 簡易課税を適用できない

　簡易課税制度選択届出書は、その仕入れ等の日の属する課税期間の初日以後3年を経過する課税期間の初日以後、提出することができます。

X1年 4/1	X2年 4/1	X3年 4/1	X4年 3/31
課税事業者			
一般課税		仕入から3年目の課税期間	

高額特定資産の仕入れ等　　　　　一般課税による申告 →

　高額特定資産の仕入れ等の課税期間から3年間は、一般課税で申告することになります。

● 高額特定資産
（令25の5①一）
　「高額特定資産」とは、一取引単位につき、支払対価の額が税抜1,000万円以上の棚卸資産又は調整対象固定資産です。
　輸入した棚卸資産又は調整対象固定資産は、輸入に係る消費税の課税標準額が1,000万円以上の場合に高額特定資産となります。

● 自己建設高額特定資産である場合
（法12の4①、令25の5①二、②）
　他の者との契約に基づき、又はその事業者の棚卸資産若しくは調整対象固定資産として、自ら建設等をした高額特定資産を自己建設高額特定資産といいます。
　自己建設高額特定資産である場合には、その建設等に要した「仕入れ等に係る支払対価の額※」が累計で1,000万円以上となった日の翌課税期間から、その自己建設高額特定資産の建設等が完了した日の属する課税期間の初日以後3年を経過する日の属する課税期間までの各課税期間が特例の対象となります。

　※「仕入れ等に係る支払対価の額」とは、その建設等のために要した原材料費及び経費に係る課税仕入れに係る税抜対価の額、特定課税仕入れに係る支払対価の額及び保税地域から引き取る課税貨物の課税標準額の合計額をいいます。ただし、免税事業者であった課税期間及び簡易課税制度を適用した課税期間の課税仕入れ等を除きます。

X1年 4/1	X2年 4/1	X3年 4/1	X4年 4/1	X5年 3/31
課税事業者				
一般課税	建設等の完了	))	建設完了から 3年目の課税期間	

自己建設高額特定資産費用の累計額税抜き1,000万円到達　　　　一般課税による申告 →

● 金又は白金の地金等の
　その課税期間において取得（令和6年4月1日以後の課税仕入れ等に限ります。）した金又は白金の地金等の額の合計額が200万円以上である

仕入れ （法12の4③、 令25の5④）	場合には、高額特定資産の課税仕入れ等を行った場合と同様に３年縛りの対象となります。
3. 棚卸資産の調整措置の適用を受けた場合 （法12の4②、37③四）	高額特定資産又は調整対象自己建設高額資産である棚卸資産について課税事業者となった場合の期首棚卸資産の調整措置（94ページ参照）の適用を受けた場合には、その調整措置の適用を受けた課税期間の初日以後３年を経過する日の属する課税期間までの各課税期間においては、事業者免税点制度は適用されません。 　また、その調整措置の適用を受けた課税期間の初日から３年を経過する日の属する課税期間の初日の前日までの期間は、簡易課税制度選択届出書を提出することができません。 　したがって、調整措置の適用を受けた課税期間から３年間は、一般課税で申告することになります。 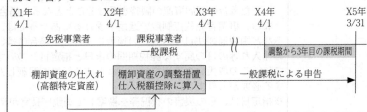
● 調整対象自己建設高額資産である場合 （法12の4②、消令25の5③）	他の者との契約に基づき、又は事業者の棚卸資産として自ら建設等をした棚卸資産で、その建設等のために要した原材料費及び経費の課税仕入れに係る税抜対価の額、特定課税仕入れに係る支払対価の額及び保税地域から引き取る課税貨物の課税標準である金額の累計額が1,000万円以上となったものを「調整対象自己建設高額資産」といいます。 　※この累計額には、免税事業者であった課税期間及び簡易課税制度の適用を受けた課税期間の課税仕入れ等が含まれます。この点が、自己建設高額特定資産との違いです。 　調整対象自己建設高額資産について棚卸資産の調整措置の適用を受けた場合には、その調整対象自己建設高額資産の建設等が完了した日の属する課税期間の初日以後３年を経過する日の属する課税期間までの各課税期間が特例の対象となります。 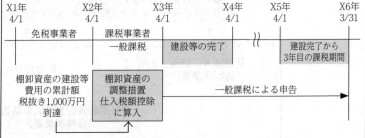
● 適用時期	この特例は、令和２年４月１日以後に棚卸資産に係る仕入税額の調整の適用を受けた場合に適用されます。

高額特定資産を取得した場合等の特例（3年縛り）・基準期間がない法人（新設法人・特定新規設立法人・3年縛り）

項　目	説　明
4. 居住用賃貸建物である場合 （基通1-5-30）	高額特定資産又は調整対象自己建設高額資産が居住用賃貸建物に該当し、仕入税額控除の対象から除外された場合でも、この特例の対象となり、3年を経過する日の属する課税期間までの各課税期間においては、一般課税で申告することになります。
5. 特定非常災害の特例 （措法86の5⑤⑦、措規37の3の2②、基通20-1-3）	高額特定資産を取得した場合の特例は、次の場合には、被災日の属する課税期間以後で、その高額特定資産の仕入れ等により納税義務が免除されないこととなる課税期間については、適用されません。 ① 高額特定資産の仕入れ等を行った事業者が、特定非常災害の被災事業者となった場合 ② 特定非常災害の被災者が、指定日以後2年を経過する日の属する課税期間の末日までに高額特定資産の仕入れ等を行った場合 ③ 特定非常災害の被災者が、②の課税期間の末日までに高額特定資産につき課税事業者となった場合又は免税事業者の事業を承継した場合の棚卸資産の調整を受けることとなった場合 　なお、事業者免税点制度の適用を受けるにあたっては、支店が被災するなど国税通則法11条の規定の適用を受けない場合には、高額特定資産の仕入れ等の日の属する課税期間の末日と指定日とのいずれか遅い日までに、この取扱いの適用を受けようとする旨等を記載した届出書を提出する必要があります。 ※指定日は、その災害の状況等を勘案して国税庁長官が定めます。

(3)　基準期間がない法人（新設法人・特定新規設立法人・3年縛り）

項　目	説　明
1. 新設法人と特定新規設立法人 （法12の2①、12の3①、令25①）	個人事業の法人成りやグループ内の法人の設立により消費税の納税義務を免れる例があることから、基準期間がない法人について、納税義務の免除の特例が設けられています。 　設立当初の基準期間がない法人については、期首の資本金の額によって「新設法人」と「新規設立法人」に区分して、納税義務の免除の特例が設けられています。 　「新設法人」及び「新規設立法人」は、いずれも、その事業年度の基準期間がなく、専ら非課税となる社会福祉事業を行う法人でないものです。 ●その事業年度の基準期間がない ●専ら非課税となる社会福祉事業を行う法人でない 期首の資本金1,000万円以上　　期首の資本金1,000万円未満 新設法人に該当（課税事業者）　　新規設立法人 特定新規設立法人に該当（課税事業者） 特定新規設立法人に該当しない
（法57②）	新設法人 又は 特定新規設立法人 に該当することとなった場合には、インボイス発行事業者の登録を受けている場合を除いて、所轄税務署長への届出書の提出が必要です。

（第10-(2)号様式） （第10-(3)号様式）	新設法人…消費税の新設法人に該当する旨の届出書 特定新規設立法人…消費税の特定新規設立法人に該当する旨の届出書 なお、法人税法148条の規定による「法人設立届出書」に新設法人又は特定新規設立法人に該当する旨を記載すれば提出は不要です。
2. 新設法人の特例 （法12の2①、 　基通1-5-15、 　1-5-16） （基通1-5-19） ● 外国法人	基準期間がなく、その事業年度開始日における資本金の額又は出資の金額が1,000万円以上である法人を 新設法人 といいます。新設法人は、基準期間がない課税期間において、納税義務が免除されません。 　資本金の額…会社法における資本金の額 　出資の金額…法人の種類を問わず、受け入れる出資の金額 ※簡易課税制度を適用することができます。 　外国法人は、令和6年10月1日以後に開始する課税期間から、基準期間があっても、国内における事業の開始時の資本金の額又は出資の金額が1,000万円以上である場合には、新設法人となり、納税義務は免除されません。
3. 特定新規設立法人 ● 特定新規設立法人の判定 （法12の3①、 　令25の2①、 　基通1-5-15の2）	新規設立法人のうち、特定新規設立法人 に該当するものは、基準期間がない課税期間において、納税義務が免除されません。 **次の1. 及び2. に該当する場合は、特定新規設立法人に該当します。** **1.新設開始日において特定要件に該当する** 　新設開始日とは、基準期間がない事業年度開始の日をいいます。 　特定要件に該当するとは、他の者により新規設立法人が支配される場合です。具体的には、新設開始日において、次の(1)(2)(3)のいずれかに該当する場合をいいます。 (1) **株式保有割合が50%超である場合** ① 株主の1人がその新規設立法人の発行済株式（自己株式を除く。以下同じ。）の総数又は出資の総額の50%を超えて保有する場合 ② 株主の1人(A)及び次に掲げる者がその新規設立法人の発行済株式の総数又は出資の総額の50%を超えて保有する場合 　イ　Aの親族等 　ロ　A及びその親族等が完全に支配している法人 　ハ　ロの法人が完全に支配している法人 　ニ　ハの法人が完全に支配している法人 (2) **議決権保有割合が50%超である場合** 　株主の1人(A)及び上記(1)②に掲げる者がその新規設立法人の次に掲げる議決権のいずれかにつき、その総数の50%を超えて保有する場合 　イ　事業の全部若しくは重要な部分の譲渡、解散、継続、合併、分割、株式交換、株式移転又は現物出資に関する決議に係る議決権 　ロ　役員の選任及び解任に関する決議に係る議決権 　ハ　役員の報酬、賞与その他の職務執行の対価として法人が供与する財産上の利益に関する事項についての決議に係る議決権 　ニ　剰余金の配当又は利益の配当に関する決議に係る議決権 (3) **社員数の50%超である場合** 　その新規設立法人が合名会社、合資会社、合同会社である場合には、社員の1人(A)及び上記(1)②に掲げる者が、その新規設立法人の社員の総数（業務を執行する役員を定めた場合には業務を執行する社員）の半数を超える場合

基準期間がない法人（新設法人・特定新規設立法人・3年縛り）

基準期間がない法人（新設法人・特定新規設立法人・3年縛り）

（令25の4①）

2. 判定対象者の基準期間相当期間における課税売上高が5億円を超える

(1) 判定対象者とは、次の者をいいます。

① 特定要件の判定の基礎となった者（特定要件の判定の基礎となる発行済株式等・議決権を有する者又は新規設立法人の株主等である者に限る。）…(B)

（令25の3）

② Bの特殊関係法人

【特殊関係法人】

(i) B（新規設立法人の株主等に限り、個人の場合には親族等を含む。以下(ii)(iii)において同じ。）が完全に支配している法人

(ii) B及び(i)に掲げる法人が完全に支配している法人

(iii) B及び(i)(ii)に掲げる法人が完全に支配している法人

次の法人（非支配特殊関係法人）を除く

イ）B（新規設立法人の株主等に限る。）と生計を一にしない親族等（別生計親族等）が完全に支配している法人

ロ）別生計親族等及びイ）に掲げる法人が完全に支配している法人

ハ）別生計親族等及びイ）ロ）に掲げる法人が完全に支配している法人

（令25の4②）

(2) 基準期間相当期間とは、次の期間をいいます。

① 判定対象者が個人である場合

イ 新設開始日の属する年の前々年

ロ 新設開始日の属する年の前年（新設開始日が1月1日から2月28日までである場合を除く。）

ハ 新設開始日の属する年の1月1日から6月30日までの期間（新設開始日が1月1日から7月31日までである場合を除く）

② 判定対象者が法人である場合

イ 新設開始日の2年前の応当日から1年の間に終了した各事業年度を合わせた期間

ロ 新設開始日の1年前の応当日から1年の間に終了した各事業年度（その終了する日の翌日から新設開始日の前日までの期間が2月未満であるものを除く。）を合わせた期間

ハ 新設開始日の1年前の応当日から1年の間に事業年度開始の日以後六月の期間（その六月の期間の末日の翌日から当該新設開始日の前日までの期間が2月未満であるものを除く。）の末日が到来する場合のその六月の期間（特定期間に係る六月の期間の特例を準用します。）

（令25の4①）

(3) 基準期間相当期間における課税売上高

判定対象者の基準期間相当期間における課税売上高は、基準期間相当期間の国内における課税資産の譲渡等の対価の額の合計額から、売上対価の返還等の金額を控除した残額です。

判定対象者が法人である場合には、2.(2)イ又はロの期間の課税売上高は、12ヶ月相当額に換算します。

判定：特定新規設立法人に該当する …基準期間がない課税期間は課税事業者

● 親族等 （令25の2②）	親族等とは、次に掲げる者をいいます。 ① 親族（配偶者、6親等以内の血族及び3親等以内の姻族） ② 婚姻の届出をしていないが事実上婚姻関係と同様の事情にある者 ③ 個人である使用人 ④ その者から受ける金銭その他の資産によって生計を維持しているもの ⑤ ②から④までに掲げる者と生計を一にするこれらの者の親族
● 完全に支配している場合 （令25の2③）	法人を「完全に支配している」とは、次のいずれかに該当する場合をいいます。 ① その法人の発行済株式又は出資の全部を有する場合 ② その法人の上記1.(2)の議決権のいずれかにつき、その全部を有する場合 ③ その法人の株主等（合名会社、合資会社、合同会社の社員に限る）の全部を占める場合
● 議決権行使に同意するもの （令25の2④）	個人又は法人との間でその個人又は法人の意思と同一の内容の議決権を行使することに同意している者がある場合には、その者が有する議決権はその個人又は法人が有するものとみなし、かつ、その個人又は法人はその議決権に係る法人の株主等であるものとみなして、上記の判断を行います。
● 解散した法人の取扱い （法12の3②）	新規設立法人がその新設開始日において特定要件に該当し、かつ、当該他の者と特殊な関係にある法人であったもので、その新規設立法人の設立の日前1年以内又はその新設開始日前1年以内に解散したもののうち、その解散した日において当該特殊な関係にある法人に該当していたものがある場合には、その解散法人は特殊な関係にある法人とみなして判定します。
● 情報提供の義務 （法12の3④）	他の者は、特定要件に該当する新規設立法人から基準期間相当期間における課税売上高が5億円を超えるかどうかの判定に関し必要な事項について情報の提供を求められた場合には、これに応じなければならないものとされています。
● 外国法人	外国法人は、令和6年10月1日以後に開始する課税期間から、基準期間があっても、国内における事業を開始する時に特定新規設立法人の判定を行います。 　また、その事業者の国外分を含む収入金額が50億円超である者が直接又は間接に支配する法人を設立した場合のその法人は、特定新規設立法人に該当することとなります。
4. 調整対象固定資産の仕入れ等があった場合 （法12の2②、12の3③、37②③）	基準期間がない課税期間において、新設法人又は特定新規設立法人が、その基準期間がない課税期間に調整対象固定資産の課税仕入れ等を行い、一般課税により申告をした場合には、その調整対象固定資産の課税仕入れ等をした課税期間から3年間は、事業者免税点制度の適用がなく、簡易課税制度を適用することもできません。 ・これにより、調整対象固定資産に係る控除対象仕入税額の調整の適用を受けることになります。（調整対象固定資産についての仕入税額控除に係る調整は、163ページ参照。）

基準期間がない法人・課税事業者の選択（選択・不適用・2年縛り・3年縛り）

資本金1,000万円以上の 新設法人 である	
売上高が5億円を超える者に支配される 特定新規設立法人 である	

基準期間がない事業年度に含まれる各課税期間中に調整対象固定資産の仕入れ等をした		左の期間を経過した後に調整対象固定資産の仕入れ等をした
仕入れ等をした課税期間に一般課税を適用した	仕入れ等をした課税期間に簡易課税を適用した	

第3期より特定期間における課税売上高及び基準期間における課税売上高で判定

仕入れ等をした課税期間を含む3年間
- 引き続き課税事業者となる
- 簡易課税制度を選択することができない
  （簡易課税制度選択届出書は、調整対象固定資産の仕入れ等をした課税期間の初日から3年を経過する日の属する課税期間の初日以後提出可能。）

項目	説明
●適用の対象 （基通1-5-21の2）	新設法人又は特定新規設立法人に該当すれば、基準期間における課税売上高又は特定期間における課税売上高が1,000万円を超えることにより課税事業者となる場合であってもこの取扱いの対象です。
●売却した場合 （基通1-5-22）	調整対象固定資産を廃棄、売却等により処分した場合でも、この取扱いが適用されます。
●特定非常災害の特例 （措法86の5④⑥、措規37の3の2①、基通20-1-3）	この取扱いは、特定非常災害の被災事業者となった場合には、被災日の属する課税期間以後の課税期間においては、適用されません（特定非常災害の特例）。 なお、事業者免税点制度の適用を受けるにあたっては、国税通則法11条の規定の適用を受けない場合には、基準期間がない事業年度のうち最後の事業年度終了の日と指定日とのいずれか遅い日までに、特定非常災害の特例の適用を受けようとする旨等を記載した届出書を提出する必要があります。
●課税事業者の選択	課税事業者を選択した場合にも同様の規定が設けられています（91ページ参照）。
5.簡易課税の適用 （基通1-5-19）	新設法人又は特定新規設立法人であっても、上記「4. 調整対象固定資産の仕入れ等があった場合」又は82ページの「(2) 高額特定資産を取得した場合等の特例（3年縛り）」の適用がある場合を除いて、簡易課税を選択することができます。

(4) 課税事業者の選択（選択・不適用・2年縛り・3年縛り）

項目	説明
1.選択届出書 （法9④、規11①）	課税事業者を選択する場合は、課税事業者選択届出書を納税地の所轄税務署長に提出します。

届出書	消費税課税事業者選択届出書
提出先	所轄税務署長
提出ができる者	すべての事業者

	記載事項	①事業の内容 ②適用開始年月日 ③基準期間における課税売上高
	提出単位	事業者ごと
	効力の発生時期	①通常の場合 …提出した課税期間の翌課税期間の初日 ②事業を開始した課税期間等に提出した場合 …提出した課税期間又はその翌課税期間の初日
	効力の存続	不適用の届出書又は事業廃止の届出書を提出するまで届出の効力が存続する

● インボイス
発行事業者
の登録をす
る場合
（平28年改法
附則44④）

　令和11年9月30日の属する課税期間までは、インボイス発行事業者の登録申請書の提出により課税事業者となるので、課税事業者選択届出書の提出は不要です。
☞167ページ

2. 届出書の効力
（法9④）

　課税事業者選択届出書を提出した課税期間の翌課税期間から課税事業者となります。
　この場合、その届出書に、たとえば2年後等、翌課税期間以外の課税期間を適用開始の課税期間として記載し、指定することはできません。

3. 提出課税期間からの適用
（法9④、令20、基通1-4-14）

　課税事業者選択届出書を提出した課税期間が次の開業等の課税期間である場合には、その課税期間と翌課税期間とのいずれかを記載して、適用開始時期を指定することができます。

提出した課税期間		適用開始時期
①国内において課税資産の譲渡等に係る事業を開始した課税期間 ②吸収合併があった課税期間 ③吸収分割があった課税期間 ②③の要件　吸収合併又は吸収分割により課税事業者を選択していた法人の事業を承継	いずれか選択可能	・提出した課税期間 ・提出の翌課税期間

● 事業開始の
課税期間
（基通1-4-7
～8）
● 法人の場合

　上記①の「国内において課税資産の譲渡等に係る事業を開始した課税期間」とは、課税売上げが最初に発生した課税期間ではなく、その準備行為も含めて、実質的に課税資産の譲渡等に係る事業を開始した次の課税期間をいいます。

国内において課税資産の譲渡等に係る事業を開始した課税期間
設立の日の属する課税期間
非課税となる社会福祉事業等のみを行っていた法人が新たに国内において課税資産の譲渡等に係る事業を開始した課税期間
国外取引のみを行っていた法人が新たに国内において課税資産の譲渡等に係る事業を開始した課税期間

課税事業者の選択（選択・不適用・2年縛り・3年縛り）

<table>
<tr><td rowspan="20">課税事業者の選択（選択・不適用・2年縛り・3年縛り）</td><td colspan="2"></td><td>設立登記を行ったのみで事業活動を行っていない法人が、実質的に事業活動を開始した課税期間</td></tr>
</table>

		設立登記を行ったのみで事業活動を行っていない法人が、実質的に事業活動を開始した課税期間
		前課税期間の末日まで2年以上課税売上げ、課税仕入れ、課税貨物の引取りがなかった事業者が、課税資産の譲渡等に係る事業を再び開始した課税期間
● 相続があった場合	☞247ページ	
4. 基準期間における課税売上高が1,000万円超となった場合（基通1-4-11）	課税事業者選択届出書を提出した場合には、課税事業者選択不適用届出書又は事業廃止届出書を提出しない限り、その効力が存続します。 したがって、課税事業者を選択した後に、基準期間における課税売上高が1,000万円を超え、再び1,000万円以下となった場合でも、課税事業者選択は有効です。	
5. 合併・分割があった場合（基通1-4-13〜13の2）	被合併法人、分割法人が提出した課税事業者選択届出書の効力は合併法人、分割承継法人には及びません。 合併法人、分割承継法人が課税事業者を選択する場合には新たに届出が必要です。	
6. 末日が休日の場合	国税に係る手続きについて、その期限が定められているものについては、その期限の日が土曜日、日曜日等の休日である場合には、その期限は翌日に延長されます（通則法10）。 しかし、この届出書については、提出期限ではなく、効力の発生時期として定められているため、課税期間の末日が休日であっても、提出期限は延長されません。 課税期間の末日が休日である場合には、その前日までに提出する必要があります。 不適用届出書も同じです。	
7. 郵送は消印有効（通則法22）	課税事業者選択届出書を郵便又は信書便で提出した場合、その郵便物又は信書便物の通信日付印の日が提出日となります。 従来、納税申告書及びその添付書類以外は到達主義によるものとされていましたが、平成18年度税制改正により、国税通則法が改正され、平成18年4月1日以後は発信主義によるものとされました。 不適用届出書も同じです。	
8. 取下げ	課税事業者選択届出書は、その提出ができる日までは、その取下げが可能であると解されています。	
9. 不適用届出書（法9⑤⑥⑧、規11②）	届出書	消費税課税事業者選択不適用届出書・事業廃止届
	提出する場合	課税事業者の選択をやめる場合・事業廃止の場合
	提出先	所轄税務署長
	提出できる日	①調整対象固定資産の課税仕入れ等がない場合 課税事業者を選択した課税期間の初日から2年を経過する日の属する課税期間の初日以後 ②課税事業者選択後2年を経過する日までの間に開始した各課税期間中に調整対象固定資産の課税仕入れ等をした場合 調整対象固定資産の仕入れ等をした課税期間の初日

		から3年を経過する日の属する課税期間の初日以後 ③廃業する場合 　廃業する課税期間
	提出単位	事業者ごと
	不適用となる 課税期間	提出日の属する課税期間の翌課税期間以後

● 事業廃止届
（基通1-4-15）
　事業廃止届出書の提出をした場合には、課税事業者選択不適用届出書の提出があったものとされます。
　また、課税事業者選択不適用届出書、簡易課税制度選択不適用届出書、課税期間特例選択不適用届出書、任意の中間申告書を提出することの取りやめの届出書のいずれかに事業を廃止する旨を記載して提出した場合には、他の不適用届出書も提出したことになります。

● 不適用となる
　課税期間
　（法9⑧）
　課税事業者選択不適用届出書を提出した課税期間の翌課税期間以後は、基準期間及び特定期間における課税売上高によって、課税事業者・免税事業者の判断を行います。

10. 2年間継続適用（調整対象固定資産の仕入れ等がない場合）（法9⑥）
　課税事業者選択不適用届出書は、課税事業者を選択した課税期間の初日から2年を経過する日の属する課税期間の初日以後でなければ提出することができません。
　したがって、通常の場合、課税事業者を選択した後2年間は、継続適用が強制されます。

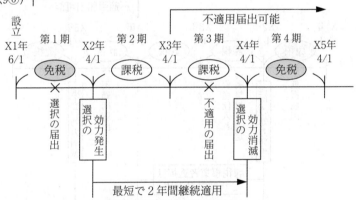

①第1期中に選択の届出書を提出し、第2期より課税事業者となる。
②第2期の初日から2年を経過する日は、第3期の末日となり、不適用の届出書は第3期の初日以降に提出が可能。
③第3期中に不適用の届出書を提出すると第4期より免税事業者となる。
④課税事業者である期間は、最短で2期、3期の2期間（2年間）となる。

11. 3年間継続適用（調整対象固定資産の仕入れ等をした場合：3年縛り）
　平成22年度改正により、2年間の継続適用に加え、3年間の継続適用の規定が設けられました。
　課税事業者を選択し、2年間の継続適用期間中に調整対象固定資産の課税仕入れ等を行い、一般課税により申告をした場合には、調整対象固定資産の課税仕入れ等をした課税期間から3年間は、免税事業者になることも、簡易課税制度を適用することもできません（3年縛り）。

課税事業者の選択（選択・不適用・２年縛り・３年縛り）

（法9⑦、12の2
⑦、37②③）

課税事業者を選択した		
課税事業者となった課税期間の初日から２年を経過する日までの間に開始した各課税期間中に調整対象固定資産の仕入れ等をした		左の期間を経過した後に調整対象固定資産の仕入れ等をした
仕入れ等をした課税期間に一般課税を適用した	仕入れ等をした課税期間に簡易課税を適用した	

３年継続適用なし

仕入れ等をした課税期間を含む３年間
- 引き続き課税事業者となる
- 簡易課税制度を選択することができない

（課税事業者選択不適用届出書、簡易課税制度選択届出書は、調整対象固定資産の仕入れ等をした課税期間の初日から３年を経過する日の属する課税期間の初日以後提出可能。）

　これは、課税事業者を選択して調整対象固定資産の課税仕入れ等をした場合には、必ず、調整対象固定資産についての仕入税額控除に係る調整を行わせるという目的から設けられました。

　（調整対象固定資産についての仕入税額控除に係る調整は、163ページ参照。）

● 事業年度が１年である場合

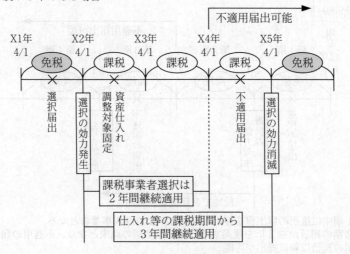

課税事業者の選択（選択・不適用・2年縛り・3年縛り）

● 1年でない事業年度がある場合

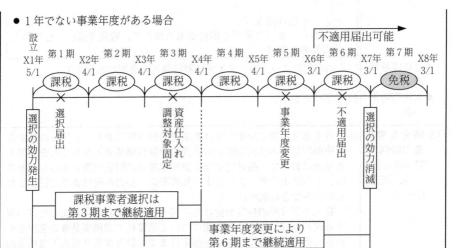

● 売却した場合
（基通1-4-15
の2） | 調整対象固定資産を廃棄、売却等により処分した場合でも、この取扱いが適用されます。
● 新設法人の
場合等 | 新設法人及び特定新規設立法人についても同様の規定が設けられています（87ページ参照）。

12. 届出特例 （法9⑨、令20 の2、基通1- 4-17）	やむを得ない事情により、課税事業者選択届出書又は課税事業者選択不適用届出書を提出できなかった場合には、そのやむを得ない事情がやんだ日から2月以内は、その提出があったものとみなす特例の申請を行うことができます。

※税務署長の承認により、X1年3月31日に提出したものとみなされる（みなし承認なし）。

● やむを得ない
事情の範囲
（基通1-4-16） | やむを得ない事情とは、災害の発生等をいい、制度の不知や提出失念等は該当しません。

やむを得ない事情の範囲
① 震災、風水害、雪害、凍害、落雷、雪崩、がけ崩れ、地滑り、火山の噴火等の天災又は火災その他の人的災害で自己の責任によらないものに基因する災害が発生したことにより、届出書の提出ができない状態になったと認められる場合
② ①の災害に準ずるような状況又はその事業者の責めに帰することができない状態にあることにより、届出書の提出ができない状態になったと認められる場合
③ その課税期間の末日前おおむね1ヶ月以内に相続があったことにより、その相続に係る相続人が新たに届出書を提出できる個人事業者となった場合 （この場合には、その課税期間の末日にやむを得ない事情がやんだも

課税事業者の選択・免税事業者が課税事業者となった場合等（棚卸資産の調整措置他）

のとして取り扱う。）

④ ①から③までに準ずる事情がある場合で、税務署長がやむを得ないと認めた場合

● 2年間継続適用	この特例によっても、2年間の継続適用の必要があります。	
● 災害等特例一覧	☞258ページ	
13. 特定非常災害の特例 （措法86の5①～③、基通20-1-5）	① 特定非常災害の指定を受けた災害の被災事業者が、被災日の属する課税期間以後の課税期間から消費税の課税事業者となることを選択する場合において、指定日までに課税事業者選択届出書を提出したときは、その適用を受けようとする課税期間の初日の前日までに提出したものとみなされます。 ② 特定非常災害の指定を受けた災害の被災事業者が、被災した日の属する課税期間以後の課税期間について消費税の課税事業者の選択をやめようとする場合において、指定日までに課税事業者選択不適用届出書を提出したときは、その適用をやめようとする課税期間の初日の前日までに提出したものとみなされます。 　この場合、課税事業者を選択した場合の2年間の継続適用及び調整対象固定資産の仕入れ等をした場合の3年間の継続適用の要件は適用されません。 　したがって、指定日までに課税事業者選択届出書を提出した被災事業者は、継続適用の制限等に関係なく、課税事業者を選択した後、直ちに課税事業者選択不適用届出書を提出することができます。 ※指定日は、その災害の状況等を勘案して国税庁長官が定めます。 ※この特例に申請手続きはありません。特定非常災害の被災事業者は課税事業者選択又は課税事業者選択不適用の届出によって特例の適用を受けることができます。届出書には、特定非常災害の被災事業者である旨を記載します。	

(5) 免税事業者が課税事業者となった場合等（棚卸資産の調整措置他）

項　目	説　明
1. 課税事業者となった場合の期首棚卸資産 （法36①、令54①、平30改令附則17） ● 密輸品等 （法30⑫） ● 居住用賃貸建物（消法30⑩） ● 適用要件 （法36②、令54③）	免税事業者が、新たに課税事業者となった場合には、免税事業者であった期間中に仕入れた棚卸資産に係る消費税額を課税事業者となった課税期間の課税仕入れ等の税額に含めて、控除対象仕入税額の計算を行います。 　課税期間の途中でインボイス発行事業者の登録により課税事業者となった場合にも適用があります。 　棚卸資産が密輸品又は免税購入された物品（令和6年4月1日以後）と知りながら仕入れたものである場合には、適用がありません。 　棚卸資産が居住用賃貸建物である場合には、適用がありません。 　棚卸資産に係る消費税額の調整は、品名、数量、取得に要した費用の額の明細を記録した書類を保存することが適用の要件です。 　ただし、書類の保存がない場合においても、災害その他やむを得ない事情により書類の保存をすることができなかったことを証明したときは、

免税事業者が課税事業者となった場合等（棚卸資産の調整措置他）

	控除の適用があります。
● 保存期間 （令54③⑤）	書類の保存期間は、その書類を作成した日の属する課税期間の末日の翌日から２ヶ月を経過した日から７年間です。 （終わりの２年間はマイクロフィルムによる保存が可能）
● 仕入返還があった場合	免税事業者であったときに行った課税仕入れについて、課税事業者となった課税期間において仕入返還等を受けても、その税額を控除対象仕入税額からマイナスする必要はありません。 　ただし、課税事業者となった場合に期首在庫として保有していたため、その税額を課税仕入れ等の税額に加算した棚卸資産について値引き等を受けた場合は調整が必要です。

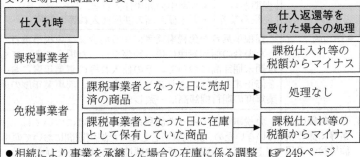

● 相続により事業を承継した場合の在庫に係る調整　☞249ページ
● 合併等により事業を承継した場合の在庫に係る調整　☞241ページ

2. 免税事業者となる場合の期末棚卸資産 （法36⑤） ● 適用要件	課税事業者が、翌課税期間から免税事業者となる場合においては、その課税期間中に仕入れた期末棚卸資産に係る消費税額は、その課税期間の課税仕入れ等の税額から除いて、控除対象仕入税額の計算を行います。 　期末棚卸資産についての調整には、書類保存の適用要件はありません。

3. 棚卸資産に係る消費税額 （法2①十五、36、令4,54①、基通12-7-1、税制抜本改革法附則10、16）	調整の対象となる棚卸資産に係る消費税額は、その棚卸資産の取得に要した費用の額に$\frac{7.8}{110}$を乗じて計算します。 　旧税率や軽減税率が適用されたものについてはその税率で計算します。

棚卸資産の取得に要した費用の額	
国内課税仕入れに係る棚卸資産	課税仕入れに該当する次の合計額 ①支払対価の額 ②購入付随費用の額 ③販売用とするための直接費用の額
保税地域からの引取りに係る課税貨物	次の合計額 ①引取りに係る課税標準額 ②引取りに係る消費税等の税額 ③課税仕入れに該当する引取り付随費用の額 ④課税仕入れに該当する販売用とするための直接費用の額
製作等した棚卸資産	課税仕入れに該当する次の合計額 ①製作のための原材料費 ②製作のための経費の額 ③販売用とするための直接費用の額

免税事業者が課税事業者となった場合等（棚卸資産の調整措置他）

- ●棚卸資産とは
  商品、製品、半製品、仕掛品、原材料、貯蔵品及びこれに準ずるものをいいます。
- ●評価方法
  棚卸資産の評価は個別法が原則ですが、個別法にかえて、所得税又は法人税において適用している先入先出法等の評価方法によることができます。ただし、低価法は適用できません。
- ●個別法によらない場合
  個別法によらない場合は、次の範囲で調整の対象となります。

区分	調整の対象となる範囲	
当期から課税事業者	・免税事業者であった期間中の課税仕入れ等 ・期末棚卸高の課税仕入れ等の部分	いずれか小さい方
翌期から免税事業者	・当期中の課税仕入れ等 ・期末棚卸高の課税仕入れ等の部分	いずれか小さい方

- ●棚卸高
  課税事業者が免税事業者になる場合又は免税事業者が課税事業者になった場合の棚卸資産に係る調整を行った場合であっても、期首棚卸高又は期末棚卸高について、その仕入れ等の事業年度において計上した金額を修正する必要はありません。会計上、前事業年度の期末棚卸高と当事業年度の期首棚卸高は一致します。

4. 売上対価の返還等に係る税額控除の適用

免税事業者であった課税期間の売上げについては、消費税が課税されていないため、課税事業者となった課税期間において値引き等を行っても、売上対価の返還等に係る税額控除の対象となりません。

免税事業者・課税事業者の区分		処理	
売上げ時	値引き時	売上げ時	値引き時
免税事業者	課税事業者	処理なし	処理なし
	免税事業者		
課税事業者	課税事業者	課税標準額に算入	売上げ値引き等の控除
	免税事業者		処理なし

5. 貸倒れに係る税額控除の適用

売上げの課税期間又はその後に免税事業者となる課税期間がある場合には、貸倒れに係る税額控除及び回収の場合の調整は、次によります。

免税事業者・課税事業者の区分			処理		
売上げ時	貸倒れ時	回収時	売上げ時	貸倒れ時	回収時
免税	課税	課税	処理なし	処理なし	処理なし
	免税	課税			
	課税	免税			
課税	課税	課税	課税標準額に算入	貸倒れに係る税額控除	課税標準額に対する消費税額に加算
	免税	課税		処理なし	
	課税	免税		貸倒れに係る税額控除	処理なし

■国内取引の課税の対象

項　目	説　　　明
1. 課税対象 （法2①八、4 ①⑤）	国内において、事業者が行った「資産の譲渡等」は、消費税の課税の対象となります。「資産の譲渡等」とは、事業として対価を得て行われる資産の譲渡及び貸付け並びに役務の提供をいうことから、次の4要件を満たすものが国内取引の課税の対象となります。 　また、国内において行ったみなし譲渡は、課税の対象となります。

区分	国内取引の課税の対象となる要件
原則	次のすべてに該当するもの ①国内取引であること ②事業者が事業として行うものであること ③対価を得て行われるものであること ④資産の譲渡及び貸付け並びに役務の提供であること
国内における みなし譲渡	次のいずれかに該当するもの ①法人の自社役員に対する資産の贈与 ②個人事業者の事業用資産の家事消費

項　目	説　　　明
●非居住者が 行う取引 （基通5-1-11） ●輸入取引 ●みなし譲渡	非居住者（外国為替及び外国貿易法6条1項6号に規定する非居住者）が行うものであっても、事業として対価を得て行われる資産の譲渡及び貸付け並びに役務の提供は、資産の譲渡等に該当します。 ☞205ページ ☞124、244ページ
2. 国内取引か国 外取引か ●国内とは （法2①一） ●資産の譲渡・ 貸付け （法4③、基通 5-7-12）	取引の内外判定は、資産の譲渡、貸付け、役務の提供について定められています。 　資産の譲渡、貸付け、役務の提供を伴わない取引は資産の譲渡等に該当せず、資産の譲渡等以外の取引は課税の対象ではないため、内外判定の必要はありません。 　国内とは、消費税法の施行地（日本の課税権が及ぶ地域）をいいます。法律は、日本の領土全体（北海道、本州、四国、九州及び附属の島）にわたり効力を有し、領海上も国内となります。ただし、当分の間、北方四島は除かれます。日本の課税権が及ぶ地域は、国際法に従って判断することになります。 　資産の譲渡又は貸付けを行った場合には、譲渡又は貸付けの時に所在していた場所によって判定します。

判定場所	判定
譲渡又は貸付けの時に資産が所在していた場所	国内…国内取引 国外…国外取引

※貸付けた資産の所在場所が移動した場合でも貸付資産を引き渡した場所で判定します。ただし、契約において特定されている貸付資産の使用場所を合意変更した場合は変更前後に分けて判定します。
※輸出として行う資産の譲渡は、資産の譲渡を行う時には資産が国内にあり、相手方への引渡しのために商品を国外に運び出す取引であることから、国内取引となります。

項　目	説　　　明
（特殊な資産） （令6①、基通 5-7-2～3）	次の資産については特別の判定場所が定められています。

資産の種類	次の場所が国内であれば国内取引
船舶・航空機（登録又は船籍票の交付を受けたもの）	船舶・航空機の登録をした機関又は船籍票の交付をした機関の所在地
登録を受けていない船舶・航空機	その譲渡又は貸付けを行う者のその譲渡又は貸付けに係る事務所等の所在地

国内取引の課税の対象

鉱業権・租鉱権・採石権等・樹木採取権	鉱区・租鉱区・採石場・樹木採取区の所在地
特許権、実用新案権、意匠権、商標権、回路配置利用権又は育成者権	権利の登録をした機関の所在地 （2以上の国において登録をしている場合には、これらの権利の譲渡又は貸付けを行う者の住所地）
公共施設等運営権	公共施設等の所在地
著作権・出版権・著作隣接権・特別の技術による生産方式（ノウハウ）等	著作権等の譲渡又は貸付けを行う者の住所地
営業権・漁業権・入漁権	その権利に係る事業を行う者の住所地
振替機関等が取り扱う有価証券等	振替機関等の所在地
振替機関が取り扱わない有価証券等（券面なし）	その権利又は持分に係る法人の本店等の所在地
振替機関が取り扱わない有価証券等（券面あり）	有価証券が所在していた場所
登録国債等	登録国債等の登録をした機関の所在地
出資持分	その持分に係る法人の本店又は主たる事務所の所在地
金銭債権	債権者の譲渡に係る事務所等の所在地
ゴルフ場利用株式等・預託金方式のゴルフ会員権等	ゴルフ場その他の施設の所在地
上記の資産以外の資産でその所在していた場所が明らかでないもの	その資産の譲渡又は貸付けを行う者のその譲渡又は貸付けに係る事務所等の所在地＊

＊買手の事務所等の所在地は、内外判定に影響しません。

● 役務の提供
（法4③）

役務（サービス）の提供は、それが行われた場所によって判定します。

判定場所	判定
役務の提供が行われた場所	国内…国内取引 国外…国外取引

（特殊な場合）
（令6②、基通
5-7-13～15）

次の場合には特別の判定場所が定められています。

役務の内容	次の場所が国内であれば国内取引
輸送	出発地・発送地・到着地のいずれか
通信・郵便	発信地・受信地・差出地・配達地のいずれか
保険	保険会社の保険の契約の締結に係る事務所等の所在地
専門的な科学技術に関する知識を必要とする建物・生産設備等の建設又は製造に関する調査、企画、立案、助言、監督又は検査に係る役務の提供	当該生産設備等の建設又は製造に必要な資材の大部分が調達される場所

その他の役務の提供で国の内外にわたって行われるもの及び役務の提供が行われた場所が明らかでないもの	役務の提供を行う者の役務の提供に係る事務所等の所在地＊

☞ 電気通信利用役務の提供については、220ページを参照してください。

＊「電気通信利用役務の提供」以外は、買い手の事務所等の所在地は、内外判定に影響しません。

● 金融取引
（令6③）

利子を対価とする金銭の貸付け・預貯金の預け入れ等についてはその貸付け等を行う者の事務所等の所在地で判定します。

判定場所	判定
貸付け等を行う者のその貸付け等に係る事務所等の所在地	国内…国内取引 国外…国外取引

3. 事業者が事業として
（法2①四）

　法人の種類にかかわらず、法人が行う行為はすべて「事業として」に該当します。個人事業者については242ページを参照してください。

4. 対価を得て

　消費税の課税の対象は、「対価を得て行われる」取引に限られます。「対価を得て行われる」とは、資産の譲渡及び貸付け並びに役務の提供に対して反対給付を受けることをいい、金銭以外の物・権利・その他経済的な利益を得た場合も対価を得たこととなります。

　したがって、たとえば次のようなものは、譲渡又は提供とその反対給付という関係がないため、課税の対象となりません。

「対価を得て行われる取引」に該当しないものの具体例

- 贈与、使用貸借等の無償による取引（基通5-1-2、5-4-5）
- 金銭出資、利益の配当、剰余金の分配（基通5-2-8）
- 保険金、共済金、損害賠償金、立退料の授受（基通5-2-4～5、5-2-7）
- 寄附金、祝金、見舞金等の授受（基通5-2-14）
- 国等からの補助金、奨励金、助成金等の受入れ（基通5-2-15）
- 保証金、権利金等のうち返還されるものの受入れ（基通5-4-3）
- 収用に伴う収益補償金、移転補償金、経費補償金（基通5-2-10）
- 資産の廃棄、盗難、滅失、減耗（基通5-2-13）
- 税金の納付、罰金、科料の支払い

● 損害賠償金
（基通5-2-5）

　心身又は資産につき加えられた損害の発生に伴って受ける損害賠償金は、資産の譲渡等の対価に該当しません。ただし、例えば次のような、その実質が資産の譲渡等の対価に該当すると認められるものは、その名目にかかわらず資産の譲渡等の対価となります。

① 損害を受けた資産等が加害者等に引き渡される場合の損害賠償金（そのまま又は軽微な修理を加えることにより使用できる場合）

② 無体財産権の侵害につき加害者から収受する損害賠償金

③ 不動産等の明渡し遅滞により加害者から収受する損害賠償金（契約解除を原因に遺失利益を賠償する損害賠償金は貸付けの対価ではありません。）

● キャンセル料
（基通5-5-2）

キャンセル料は事務手数料を除き、課税対象外です。
事務手数料部分が区分されていない場合は全体が不課税になります。

国内取引の課税の対象

5. 資産の譲渡
（基通5-1-3、
5-2-1～2、5-
2-7）
● 立退料

● 競売

● 公共施設・
共同施設の
負担金等
（基通5-5-6、
11-2-6）

　資産とは、棚卸資産・固定資産等の有形固定資産のほか、権利その他の無形固定資産等、取引の対象となる一切の資産をいいます。
　また、資産の譲渡とは、資産につき同一性を保持しつつ、他人に移転させることをいい、権利の消滅や価値の減少は該当しません。
　建物等の賃借人が契約の解除に伴い賃貸人から立退料を収受することによる賃貸借の権利の消滅は、資産の譲渡に該当しません。
　資産の譲渡は、譲渡するに至った原因を問いません。保証債務を履行する場合や強制換価手続による場合等も資産の譲渡に該当します。

区分	判定
負担金等とその施設等につき提供される利益等とに明白な対価関係があるもの	資産の譲渡等
明白な対価関係がないもの	不課税
対価関係が不明　公共施設等を有する国、地方公共団体又は同業者団体等が判断して構成員に通知する	

　専用側線利用権、電気ガス供給施設利用権、水道施設利用権、電気通信施設利用権等の権利の設定に係る負担金は、資産の譲渡等の対価に該当します。

● 共同行事等
（基通5-5-7、
11-2-7）

　同業者団体等の構成員が共同して行う宣伝、販売促進、会議等（共同行事）に要した費用を賄うためにその共同行事の主宰者が参加者から収受する負担金、賦課金等は、その主宰者の資産の譲渡等の対価となります。ただし、費用の全額について、参加者ごとの負担割合が予め定められている場合は、資産の譲渡等の対価とせず、仮勘定で処理することができます。
　この場合、各参加者がその負担割合に応じてその費用をその費途ごとに支払ったことになります。

● 入会金・諸
会費
（基通5-5-3～
4、11-2-4）

　同業者団体、組合等が収受する入会金・会費・組合費等の課否判定は次によります。

区分		判定
組合等が行う役務の提供等と明確な対価関係がある場合	会費名目の次の料金 ・出版物の購読料 ・映画、観劇等の入場料 ・研修、セミナー受講料 ・施設の利用料	資産の譲渡等
対価性がない場合	同業者団体・組合としての通常の業務運営のために経常的に要する費用を賄い団体・組合の存立を図る通常会費及び入会金	不課税
対価性の有無の判定が困難である場合	同業者団体等が判断して構成員に通知する	

● ゴルフクラ
ブ等の入会
金・年会費
（基通5-5-5、
11-2-5）

　ゴルフクラブ・レジャー施設等の利用や会員割引等を目的とする入会金・年会費等のうち、脱退等に際し返還しないものは資産の譲渡等の対価に該当します。

● 対価補償金

　事業者が土地収用法等に基づき所有権その他の権利を収用され、その

(令2②、基通5-2-10)	権利の消滅に係る補償金（対価補償金）を取得した場合には、対価を得て資産の譲渡を行ったものとなります。
● 譲渡担保 (基通5-2-11、所基通33-2、法基通2-1-18)	譲渡担保契約により債務の弁済の担保として資産の譲渡を行った場合、買戻条件付譲渡により資産の譲渡を行った場合には、原則として、資産の譲渡があったものとされます。ただし、次の要件を満たす場合には、法人税又は所得税の取扱いに準じて、その譲渡はなかったものとされます。

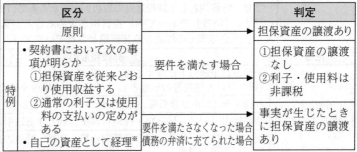

区分		判定
原則		担保資産の譲渡あり
特例	・契約書において次の事項が明らか ①担保資産を従来どおり使用収益する ②通常の利子又は使用料の支払いの定めがある ・自己の資産として経理※	要件を満たす場合 → ①担保資産の譲渡なし ②利子・使用料は非課税 要件を満たさなくなった場合 債務の弁済に充てられた場合 → 事実が生じたときに担保資産の譲渡あり

※個人事業者は、債権担保を目的とした形式的譲渡である旨の申立書（債権者・債務者の連署）の提出が必要です。

● 保険金、共済金等 (基通5-2-4)	保険金等は保険事故の発生に伴い受けるものであり、資産の移転がないため資産の譲渡等の対価に該当しません。
● 利益の配当等 (基通5-2-8)	利益の配当、剰余金の分配は、株主又は出資者たる地位に基づき支払いを受けるものであり資産の譲渡等の対価に該当しません。
● 差金決済 (基通9-1-24)	商品先物取引において、差金決済により現物の受渡しを行わない場合は、資産の譲渡がないため、課税の対象となりません。
● グループ法人	法人税においては、グループ法人間で行う一定の資産の譲渡損益について課税の繰延べが行われますが、その場合でも、消費税においては、事実に基づいて資産の譲渡を認識します。
6. 資産の貸付け (法2②)	資産の貸付けとは、賃貸借、消費貸借等により、資産を他の者に貸付け、又は使用させる行為をいい、資産に係る権利の設定その他他の者に資産を使用させる一切の行為を含みます。
7. 役務の提供 (基通5-5-1)	役務の提供とは、土木工事、修繕、運送、保管、印刷、広告、仲介、興行、宿泊、飲食、技術援助、情報の提供、便益、出演、著述その他のサービスを提供することをいい、弁護士、公認会計士、税理士、作家、スポーツ選手、映画監督、棋士等によるその専門的知識、技能等に基づく役務の提供も含まれます。

■非課税

左欄：**非課税**

項　目	説　明
国内取引の非課税 （法6①、別表第二、令8〜16の2）	「消費」に税の負担を求める消費税ですが、課税の対象は、「消費」を提供する事業者の側から「資産の譲渡等」と定義されました。「消費」という概念と「資産の譲渡等」の定義との間には若干のズレがあり、土地の譲渡や有価証券の譲渡等は、「消費」という概念になじまないけれど「資産の譲渡等」の範囲に含まれることになります。このようなものについては、非課税として課税除外の取扱いが定められています（次表の①）。 　また、「消費」であっても、税負担を求めることが難しい取引については、社会政策上の配慮から非課税とされています（次表の②）。

区分	非課税取引
①「消費」という概念になじまないもの	土地及び土地の上に存する権利の譲渡・貸付け（貸し付ける建物等の敷地として利用される場合を除く）
	有価証券（ゴルフ会員権、船荷証券等を除く）の譲渡、支払手段の譲渡
	金融取引（利子・保証料・保険料等を対価とする取引）
	日本郵便株式会社等が行う郵便切手類・印紙・証紙の譲渡 物品切手等の譲渡
	行政手数料・国際郵便為替・外国為替
②社会政策的配慮に基づくもの	社会保険医療
	介護サービス・社会福祉事業
	医師等による助産
	火葬・埋葬
	身体障害者用物品の譲渡・貸付け・修理等の役務の提供
	学校における授業料・検定料・入学金
	教科用図書の譲渡
	住宅の貸付け

輸入貨物の非課税　☞206ページ

1. 土地の譲渡及び貸付け （別表第二1）	土地及び土地の上に存する権利（以下、「土地」といいます。）の譲渡は、非課税とされています。 　また、土地の貸付けも原則として非課税です。

● 土地の範囲（基通6-1-1〜2）

区分	土地に含まれるもの	土地に含まれないもの
土地	・宅地と一体として譲渡する庭木、石垣、庭園、庭園の付属設備等 ・水域・河川敷	・建物及びその付属設備、立木等、独立して取引の対象となる土地の定着物
土地の上に存する権利	・地上権、土地の賃借権、地役権、永小作権、耕作権等の土地の使用収益に関する権利	・鉱業権、土石採取権、温泉利用権等 ・土地を目的物とした抵当権

● 1ヶ月未満の貸付け（令8、基通6-1-4）　土地の貸付けの契約期間が1ヶ月未満である場合には非課税になりません。何らかの事情で結果的に貸付期間が1ヶ月以上となった場合であっても、契約に定めた貸付期間が1ヶ月未満のときは課税されます。

● 土地建物の貸付けと一括譲渡 （令8、基通6-1-5）	建物、構築物等の貸付けを行う場合、土地はその敷地として使用され、建物等からその敷地を切り離して別に賃貸することはできません。したがって、その敷地部分の対価の額を明らかに区分している場合であっても、その賃貸料の全額が建物等の貸付けの対価となります。 　これに対して、譲渡の場合は、建物等とその敷地とを別々に譲渡することができるため、土地建物を一括で譲渡した場合でも、必ず、土地部分については非課税となります。

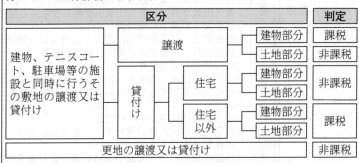

区分				判定
建物、テニスコート、駐車場等の施設と同時に行うその敷地の譲渡又は貸付け	譲渡		建物部分	課税
			土地部分	非課税
	貸付け	住宅	建物部分	非課税
			土地部分	
		住宅以外	建物部分	課税
			土地部分	
更地の譲渡又は貸付け				非課税

2. 有価証券等の譲渡 （別表第二2）	株券等の有価証券の発行は、出資金等の払込みによる株主等の持分を証するために行われるものであり、資産の譲渡等にはあたらないことから、消費税の課税の対象とはなりません。 　他方、すでに発行されている有価証券の譲渡は、資産の譲渡等にあたり、課税の対象となります。しかし、有価証券等の譲渡は、単に資本の移転ないしは振替であり、物又はサービスを消費する行為とは性格が異なることから、非課税とされています。 　また、有価証券等の貸付けは、金融取引等の非課税です。 　有償又は無償による株式消却及び出資金の返還は、課税対象となりません（不課税）。自己株式は次のとおりです。

自己株式	買取り	市場取引	非課税
		相対取引	不課税
	売却（再発行）		

● 船荷証券等 （基通6-2-2）	船荷証券、倉庫証券、複合運送証券等の譲渡は、その証券に表象されている貨物の譲渡であり、有価証券ではなく本体貨物の譲渡として、非課税の範囲から除かれています。
● 有価証券等の内外判定 （令6①九、9①一）	会社法では株券の不発行が原則となっており、上場会社の株券はペーパーレスの株式等振替制度によっています。したがって有価証券等の内外判定は、原則として振替機関の所在地によることとされています。 　振替機関が取り扱うものでない場合は、券面の発行があるものはその有価証券が所在していた場所により、券面の発行がないものはその権利又は持分に係る法人の本店所在地により、内外判定を行います。
● 外国株式	外国株式も上記の判定によります。振替機関が取り扱うものでなく、券面の発行のない外国法人の株式の譲渡は、国外取引となります。
● 課税売上割合の計算	☞153ページ

非課税

- ●有価証券等
  の範囲
  （別表第二2）

有価証券及び有価証券に類するもの ｝これらをあわせて
支払手段及び支払手段に類するもの ｝「有価証券等」といいます。
電子決済手段の譲渡も非課税です。

- ●有価証券及
  び有価証券
  に類するも
  の
  （令9①、基通
  6-2-1）

区分	非課税となる有価証券及び有価証券に類するもの
金融商品取引法第2条1項に規定する有価証券	①国債証券・地方債証券・特別の法律により法人の発行する債券 ②社債券・資産流動化法に規定する特定社債券 ③特別の法律により設立された法人の発行する出資証券 ④優先出資証券又は優先出資引受権を表示する証券 ⑤株券又は新株予約権証券 ⑥投資信託・外国投資信託の受益証券又は投資証券・新投資口予約権証券・投資法人債券・外国投資証券 ⑦貸付信託の受益証券 ⑧資産流動化法に規定する特定目的信託の受益証券 ⑨信託法に規定する受益証券発行信託の受益証券 ⑩コマーシャル・ペーパー（CP） ⑪抵当証券法に規定する抵当証券 ⑫外国又は外国の者の発行する証券又は証書で①～⑤又は⑦～⑪の性質を有するもの ⑬外国の者の発行する証券又は証書で銀行業を営む者等の貸付け債権を信託する信託の受益権等 ⑭オプションを表示する証券又は証書 ⑮預託証券 ⑯外国法人が発行する譲渡性預金証書（CD） ⑰学校法人等を債務者とする金銭債権を表示する証券又は証書
有価証券に類するもの	⑱上記①～⑩及び⑫（抵当証券の性質を有するものを除く）に掲げる有価証券に表示されるべき権利で有価証券が発行されていないもの（電子決済に該当するものを除きます） ⑲合名会社、合資会社又は合同会社の社員の持分、協同組合等の組合員又は会員の持分その他法人の出資者の持分 ⑳株主又は投資主となる権利、優先出資者となる権利、特定社員又は優先出資社員となる権利その他法人の出資者となる権利 ㉑貸付金、預金、売掛金その他の金銭債権（電子決済に該当するものを除きます）

- ●支払手段
  （令9③、④、
  基通6-2-3）

支払手段とは、次のものをいいます。
①銀行券、政府紙幣及び硬貨
②小切手（旅行小切手を含む）、為替手形、郵便為替及び信用状
③約束手形
④上記に類するもので、支払いのために使用することができるもの
⑤電子マネー

｛これらの支払手段であっても、収集品及び販売用のものは、支払手段ではなく通常の商品として売買されることから、課税されます。｝

- ●暗号資産
  （令9④、48②
  一、平29改
  令附則1）

ビットコイン（Bitcoin）に代表されるインターネット上に存在する暗号資産（仮想通貨）の譲渡は非課税です。支払手段の譲渡に該当し、課税売上割合の計算から除かれます。

- ●ゴルフ会員
  権等の取扱
  い（令9②）

株式、出資若しくは預託の形態によるゴルフ会員権等は、ゴルフ場その他の施設を一般の利用者より有利な条件で利用する権利を表彰したものであり、有価証券ではなく無形固定資産にあたることから、非課税とはなりません。

区分				判定
発行	出資又は預託金部分	…	出資金又は預託金の払込み	不課税
	入会金部分（返還されないもの）	…	会員としての権利の設定	課税
譲渡	預り金部分を含めて			課税
脱退	出資金又は預託金の返還	…	拠出金の払戻し又は金銭債権の回収	不課税
	返還されない部分	…	権利の消滅	

3. 利子・保証料・保険料等を対価とする役務の提供
（別表第二3、令10、規3）

　利子を対価とする金銭等の貸付け、信用の保証としての役務の提供、合同運用信託等の信託報酬を対価とする役務の提供、保険料を対価とする役務の提供は、非課税です。

●非課税の範囲
（令10、規3、基通6-3-1）

非課税となる金融取引の対価
(1)　国債、地方債、社債、新株予約権付社債、投資法人債券、貸付金、預金、貯金の利子
(2)　信用の保証料
(3)　合同運用信託、公社債投資信託、公社債等運用投資信託の信託報酬
(4)　保険料（事務費用部分を除く。）
(5)　集団投資信託、法人課税信託、退職年金信託、特定公益信託等の収益の分配金
(6)　相互掛金又は定期積金の給付補填金、無尽契約の掛金差益
(7)　抵当証券（これに類する外国の証券を含む。）の利息
(8)　割引債（利付債を含む。）の償還差益
(9)　手形の割引料
(10)　金銭債権の買取り又は立替払いに係る差益
(11)　割賦購入あっせんの手数料（契約においてその額が明示されているものに限る。）
(12)　割賦販売等に準ずる方法により資産の譲渡等を行う場合の利子又は保証料相当額（その額が契約において明示されている部分に限る。）
(13)　有価証券（ゴルフ場利用株式等を除く。）の賃貸料
(14)　物上保証料
(15)　共済掛金
(16)　動産又は不動産の貸付けを行う信託で、貸付期間の終了時に未償却残額で譲渡する旨の特約が付けられたものの利子又は保険料相当額（契約において明示されている部分に限る。）
(17)　いわゆるファイナンス・リースに係るリース料のうち、利子又は保険料相当額（契約において利子又は保険料の額として明示されている部分に限る。）

●償還有価証券に係る償還差益
（基通6-3-2の2、9-1-19の2）

　法人税において、法人税法施行令139条の2第1項により、所得の金額の計算上、益金の額に算入される償還有価証券の調整差益は、原則として、償還した日の非課税売上げとなりますが、法人税の取扱いにあわせて、調整差益を益金の額に算入した日の非課税売上げとすることも認められます。

非課税	

● 保険代理店報酬 （基通6-3-2）	保険料を対価とする役務の提供は非課税となりますが、保険代理店が収受する代理店手数料又は保険会社等の委託を受けて行う損害調査又は鑑定等の役務の提供に係る手数料は課税取引の対価となります。
● 売上割引・仕入割引 （基通6-3-4）	決済期日前に掛金の決済を行った場合に支払われる売上割引・仕入割引は決済期日までの利息に相当しますが、非課税ではなく売上対価の返還等又は仕入対価の返還等とします。
4. 郵便切手類・印紙・証紙・物品切手等の譲渡 （別表第二4、令11）	● 郵便切手類・印紙・証紙の譲渡 　郵便切手類・印紙・証紙は、郵便料金や租税、行政手数料の支払い等に用いられるものです。消費税では商品の販売やサービスの提供自体に課税することから、現金と切手類との交換には課税する必要がないと考えられ、日本郵便株式会社等が行う郵便切手類・印紙・証紙の譲渡は、非課税となります。譲渡を行う者を限定して非課税としているのは、収集品としての郵便切手類の譲渡を非課税の範囲から除外するためです。 　印紙・証紙は、税金の納付や行政手数料の支払いに用いるものであり、その譲渡は非課税、税金の納付は不課税、法令に規定する行政サービスは非課税とされています。

区分	譲渡を行う者		判定
郵便切手類印紙の譲渡	日本郵便株式会社 簡易郵便局 郵便切手類販売所 印紙売りさばき所		非課税
	上記以外	自己の商品として譲渡	課税
		購入の代行（立替金処理）	非課税
証紙の譲渡	地方公共団体・売りさばき人		非課税
	上記以外	自己の商品として譲渡	課税
		購入の代行（立替金処理）	非課税

● 郵便切手類の範囲 （基通6-4-2）	①郵便切手　②郵便葉書　③郵便書簡　④特定封筒 （封筒、梱包用品等は課税）
● インボイスの保存不要 （規15の4一）	郵便切手を購入し、郵便ポストに投函して郵便サービスを受ける場合の仕入税額控除については、インボイスの保存は不要です。 　返信用封筒に貼付して返信を受ける郵便切手についても、インボイスの保存は不要です。
● 仕入税額控除の時期 （基通11-3-7、11-4-3）	郵便切手類の譲渡は非課税ですが、郵便集配に係る役務の提供は課税取引です。その対価を支払うために郵便物に貼付する郵便切手類は、消費税を含んだ金額で譲渡されています。 　郵便切手類に係る仕入税額控除の時期は、原則として、購入時ではなくその使用時です。 　しかし、自社で使用する郵便切手類については、課税仕入れの前段階としてその購入があり、購入と使用が繰り返し行われますから、購入の時期と使用の時期を厳格に区分しても、納税事務が煩雑となるだけです。 　そこで、継続して購入の日の属する課税期間の課税仕入れとしている場合にはこれを認めることとされています。

区分		仕入税額控除の時期
・日本郵便株式会社等から購入した郵便切手類	原則	郵便物の発送をした日の属する課税期間
	特例	郵便切手類を購入した日の属する課税期間（自ら引換給付を受けること・継続適用が条件）

● 物品切手等の範囲
（基通6-4-4～6、9-1-22）

　物品切手等は、商品代金等の支払いに用いるものであり、その譲渡は、譲渡する者が誰であるかにかかわらず非課税です。物品切手等と交換に商品の譲渡やサービスの提供が行われたときに課税されます。

　物品切手等とは、次のいずれにも該当する物品の給付請求権を表象する証書（電子決済に該当するものを除きます）をいいます。

　　①その証書と引換えに一定の物品の給付・貸付け又は特定の役務の提供を約束するものであること

　　②給付請求権利者が当該証書と引換えに一定の物品の給付・貸付け又は特定の役務の提供を受けたことによって、その対価の全部又は一部の支払債務を負担しないものであること

● 物品切手等の具体例

　商品券・旅行券・ビール券・お米券・映画観劇券等・図書カード・クオカードなどのプリペイドカード

※記名式かどうか、作成者と給付義務者が同一であるかどうかを問いません。

● 物品切手等の発行と売却

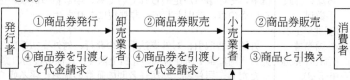

区分	説明	判定
①物品切手等の発行	物品切手等の発行は、現金等価物の交付による金銭の預りであり、資産の譲渡等に該当しない	不課税
②物品切手等の譲渡	商品販売の前段階として現金と商品券とを両替え	非課税
③物品と交換	物品譲渡の対価を商品券で支払い	課税
④物品切手等の回収	物品切手等を発行した者等が物品切手等を回収し、代金を決済	不課税
⑤物品切手等の取扱手数料	他の者からの委託により物品切手等を譲渡した場合に受ける取扱手数料は役務の提供の対価である	課税

5. 行政サービス・外国為替
（別表第二5、令12、13）

　国・地方公共団体・公証人・公益法人等が行う登記・登録等の役務の提供でその手数料の徴収が法令に基づくもの、業務に係る役務の提供は、非課税となります。

　行政サービスに係る手数料は、民間と競合しないものであること、免許・登録等の手数料は通常の生活においてその支払いが事実上強制されており、支払者に回避・選択の余地がないこと、本来、税金によってまかなわれるべき行政サービスの費用分担の性格を有すること等の理由から、非課税とされています。

非課税

- 非課税となる行政手数料
  （令12、基通6-5-1）

事務の主体	法令に基づく次の事務手数料等
・国 ・地方公共団体 ・別表第三に掲げる法人 ・法令に基づき国・地方公共団体の委託又は指定を受けた者 （別表第三には、一般財団法人及び一般社団法人が含まれます）	①登記、登録、特許、免許、許可、認可、承認、認定、確認及び指定 ②検査、検定、試験、審査及び講習 ③証明 ④公文書等の交付、更新、訂正、閲覧及び謄写 ⑤裁判その他の紛争の処理 ⑥旅券の発給 ⑦裁定、裁決、判定及び決定 ⑧審査請求その他これに類するものの処理 ⑨法令に手数料等の徴収の根拠となる規定はないが、法令によりその登録等が義務付けられ又は業務・行為を行うための要件となっているもの
・国 ・地方公共団体	法令に基づく他の者の料金・賦課金等の滞納処分で法令に基づき徴収する手数料等
・裁判所執行官 ・公証人	裁判所法、公証人法に基づく手数料

- 非課税とならない行政手数料
  （基通6-5-2）

　　法令にその事務が定められていないものは、非課税になりません。また、法令にその事務が定められていても、手数料の徴収の根拠となる規定がないものは、原則として、非課税になりません。

- 外国為替
  （令13、基通6-5-3）

　　外国為替取引、対外支払手段の発行、対外支払手段の売買又は債権の売買（円による居住者間の売買を除く）に係る役務の提供は非課税です。
　　ただし、居住者、非居住者間の証券の譲渡に係る媒介、取次ぎ又は代理は非課税となる外国為替業務に係る役務の提供から除かれます。

6. 社会保険医療等
（別表第二6、令14、基通6-6-1）

　　健康保険法等に基づく医療・療養等として行われる物品の譲渡・貸付け・役務の提供は、非課税となります。
　　医療は、国民の生命・健康の維持に直接関わるものであり、医療を必要とする社会的弱者の立場を考慮し、税の逆進性を緩和するため非課税とされています。

7. 介護サービス・社会福祉事業

- 介護サービス
  （令14の2、基通6-7-1）

　　介護サービスは、40歳以上の全国民が加入することを前提とした保険制度による相互扶助の仕組みから生ずる現物給付であり、公的医療に準ずるものであることから非課税とされています。

介護サービスの非課税

(1)介護保険法の規定に基づく次の資産の譲渡等
- 居宅介護サービス費の支給に係る居宅サービス
- 施設介護サービス費の支給に係る施設サービス
- 特例居宅介護サービス費の支給に係る訪問介護等
- 地域密着型介護サービス費の支給に係る地域密着型サービス
- 特例地域密着型介護サービス費の支給に係る定期巡回・随時対応型訪問介護看護等
- 特例施設介護サービス費の支給に係る施設サービス等
- 介護予防サービス費の支給に係る介護予防訪問入浴介護等
- 特例介護予防サービス費の支給に係る介護予防訪問入浴介護等
- 地域密着型介護予防サービス費の支給に係る介護予防認知症対応型通所介護等

- 特例地域密着型介護予防サービス費の支給に係る介護予防認知症対応型通所介護等
- 居宅介護サービス計画費の支給に係る居宅介護支援等
- 特例居宅介護サービス計画費の支給に係る居宅介護支援等
- 市町村特別給付として要介護者又は居宅要支援者に対して行う食事の提供
- 地域支援事業として居宅要支援被保険者等に対して行う介護予防等

(2)生活保護法又は中国残留邦人等自立支援法等に基づく介護扶助又は介護支援給付のための介護

※要介護者の選定による交通費を対価とする資産の譲渡等、特別な浴槽水等の提供、送迎、特別な居室の提供、特別な療養室等の提供、特別な食事の提供又は介護その他の日常生活上の便宜に要する費用を対価とする資産の譲渡等を除く。

● 社会福祉事業
（別表第二7、
令14の3、
基通6-7-5）

社会福祉事業は、老人・児童・身体障がい者・生計困難者等に対して行われる事業であり、税負担を求めることにつき国民の理解を得にくいものであること等を考慮して、非課税とされています。

社会福祉事業の非課税

(1)第一種社会福祉事業
- 生活保護法、児童福祉法、老人福祉法、障害者総合支援法、売春防止法に規定する救護施設、支援施設等を経営する事業
- 授産施設を経営する事業
- 生計困難者に対して無利子又は低利で資金を融通する事業

(2)第二種社会福祉事業
- 生計困難者に対して、その住居で衣食その他日常の生活必需品若しくはこれに要する金銭を与え、又は生活に関する相談に応ずる事業
- 生活困窮者自立支援法、児童福祉法、母子父子寡婦福祉法、老人福祉法、障害者総合支援法、身体障害者福祉法、知的障害者福祉法に規定する支援事業等
- 幼保連携型認定子ども園を経営する事業
- 養子縁組あっせん法に規定するあっせん事業
- 生計困難者のために、無料又は低額な料金で、簡易住宅を貸し付け、又は宿泊所その他の施設を利用させる事業
- 生計困難者のために、無料又は低額な料金で診療を行う事業
- 生計困難者に対して、無料又は低額な費用で介護保険法に規定する介護老人保健施設を利用させる事業
- 隣保事業
- 福祉サービス利用援助事業
- (1)及び(2)の事業に関する連絡又は助成を行う事業

(3)更生保護事業法に規定する更生保護事業

(4)社会福祉事業に類するもの（都道府県知事等から要件を満たしている旨の証明書の交付を受けている認可外保育施設において乳児又は幼児を保育する業務として行われる資産の譲渡等など）

※生産活動としての作業に基づき行われる資産の譲渡等を除く。

---

8. 助産
（別表第二8、
基通6-8-1）

医師・助産師等による助産に係る資産の譲渡等は非課税となります。
　助産について、異常分娩の場合は医療に係る給付の非課税が適用されますが、正常分娩の介助及び妊娠から産前産後の通常の入院・検診等はこれに該当しません。しかし、これらの助産は、母子の生命・健康を守るうえで欠かせないものであるため、医療等に準じて非課税とされています。

非課税

9. 火葬埋葬 （別表第二9、 基通6-9-1～ 2、墓地埋葬 法2①～③）	埋葬料、火葬料を対価とする役務の提供は、非課税です。 　墓地埋葬法によれば、「埋葬」とは、死体（妊娠四箇月以上の死胎を含む。）を土中に葬ること、「火葬」とは、死体を葬るためにこれを焼くことです。火葬した焼骨を墳墓や納骨堂に納める行為は「埋葬」「火葬」に当たらず、納骨料等は非課税になりません。 　改葬の際に埋葬、火葬が行われた場合は、その埋葬、火葬については非課税の範囲に含まれます。 　改葬とは、「埋葬した死体を他の墳墓に移し、又は埋蔵し、若しくは収蔵した焼骨を、他の墳墓又は納骨堂に移すこと」をいいます。
10. 身体障害者 用物品の譲 渡等 （別表第二10、 令14の4、基 通6-10-1～ 4）	身体障害者用物品の譲渡、貸付け、製作の請負等は、非課税となります。 　身体障害者用物品とは、身体障がい者が使用するための特殊な性状・構造・機能を有する物品として指定され、告示されたものをいいます。 　身体障害者用物品は、身体機能を補うために装着されるものや通常の生活を営む上で必要となるものであること、特殊な性状・構造・機能を施すための費用負担はその者の趣向や選択によるものではないこと、身体障がい者が一般に社会的弱者と位置付けられていること等の理由から非課税とされています。

	内容	判定
譲渡・貸付け・製作の請負	義肢・盲人安全つえ・義眼・点字器・人工喉頭・車いすその他の物品で、告示されたもの	非課税
	身体障害者用物品として告示されたもの以外 （身体障がい者が購入する場合であっても）	課税
	身体障害者用物品を構成する部分品	課税
	身体障害者用物品以外の物品を身体障害者用物品に改造する行為	非課税
修理	身体障害者用物品に係る修理で告示されたもの	非課税
	身体障害者用物品の修理として告示されたもの以外	課税

11. 授業料等を 対価とする 教育 （別表第二11、 令14の5、15、 16、規4、基通 6-11-1）	学校教育法等に規定する学校における教育に関する役務の提供は、非課税となります。 　学校教育制度は国の基幹制度であり、EU諸国の付加価値税においてもこれに課税しないための措置が講じられています。 　非課税となるものは、学校教育法に規定する学校等が行うものに限られています。教育サービスの対価の基本となる授業料・入学金をはじめ、国等が行う試験や証明に係る手数料の非課税とのバランスをとる意味で検定料、証明料等が定められています。 　※保育所を経営する事業は、社会福祉事業として非課税になります。

授業料等が非課税となる学校等	要件等
①学校教育法に規定する学校	小学校、中学校、高等学校、大学、高等専門学校、盲学校、聾学校、養護学校、幼稚園、義務教育学校
②学校教育法に規定する専修学校	高等課程、専門課程、一般課程
③学校教育法に規定する各種学校（外国学校法人を含む）	・修業年限が1年以上であること。 ・その1年間の授業時間数（普通科、専攻科等の区別ごとの授業時間数）が680時間以上であること
④国立研究開発法人水産研究・教育機構法に規定する国立研究開発法人水産研究・教育機構の施設、独立行政法人海技教育機構法大学校法に規定する独立行政法人航空大学校及び高度専門医療に関する研究等を行う国立研究開発法人に関する法律に規定する国立研究開発法人国立国際医療研究センターの施設	・施設、教員数が同時に授業を受ける生徒数に比し十分であること。 ・その授業が年2回（④については4回）を超えない一定の時期に開始され、かつ、その終期が明確に定められていること。 ・学年、学期ごとに成績評価が行われ、その結果が成績考査に関する表簿等に登載されていること。 ・技術等の習得の成績の評価が行われ、その評価に基づいて卒業証書、修了証書が授与されていること。
⑤職業能力開発促進法に規定する職業能力開発総合大学校、職業能力開発大学校、職業能力開発短期大学校及び職業能力開発校（職業能力開発大学校、職業能力開発短期大学校及び職業能力開発校にあっては、国若しくは地方公共団体又は職業訓練法人が設置するものに限る。）	
⑥厚生労働省令に規定する国立看護大学校	

12. 教科用図書の譲渡 （別表第二12）	学校教育法に規定する教科用図書の譲渡は、非課税です。学校等以外の者が行っても非課税になります。
13. 住宅の貸付け （別表第二13、令16の2） ●用途が明らかにされていない場合 （基通6-13-10） ●状況による判定 （基通6-13-7、6-13-11）	居住用家屋又は家屋のうち居住用部分の貸付けは、非課税です。 　住宅の貸付けであるかどうかは、原則として、その貸付けに係る契約によって判定します。契約において貸付けに係る用途が明らかにされていない場合には、賃借人や住宅等の状況から人の居住の用に供することが明らかな貸付けについては、非課税となります。 　住宅の貸付けに係る契約において、住宅を居住用又は事業用どちらでも使用することができることとされている場合は、「契約において貸付けに係る用途が明らかにされていない場合」に該当します。 　次の場合には、状況からみて人の居住の用に供されていると判断されます（②及び③は、AからBへの貸付け、BからCへの貸付けの両方が住宅の貸付けとなります。）。 ①住宅の賃借人が個人であって、その住宅が人の居住の用に供されていないことを賃貸人が把握していない場合 ②転貸（住宅の賃貸人A→賃借人B→入居者C）であって、BとCとの契約において人の居住の用に供することが明らかにされている場合 ③転貸（住宅の賃貸人A→賃借人B→入居者C）であって、BとCとの契約において貸付けに係る用途が明らかにされていないが、Cが個人であって、その住宅が人の居住の用に供されていないことをAが把握

非課税

● 用途を変更
した場合
（基通6-13-8）

していない場合

住宅として貸付けを開始した場合でも、その後住宅以外の使用目的に契約内容を変更したときは、変更後は課税されます。

住宅として借り受けた建物を賃借人が契約変更を行わずに事業の用に供したとしても、その建物の借受けは、課税仕入れになりません。

● 1ヶ月未満
の貸付け
（令16の2）

住宅の貸付けであっても、貸付期間が1ヶ月未満である場合には、非課税となりません。

● 旅館業に該
当する場合
（令16の2、基
通6-13-4）

旅館業法2条1項の旅館業に該当するリゾートマンション、貸別荘は、1ヶ月以上の貸付けであっても課税されます。

住宅宿泊事業法に規定する住宅宿泊事業（いわゆる民泊）も非課税になりません。

● 共益費、敷金、
権利金
（基通6-13-9、
10-1-14）

共益費は、家賃の一部として判断します。

敷金・権利金のうち、返還しないものは、その返還しないことが確定した時に、家賃と同様に課否判定を行います。

● マンション
管理組合

マンション管理組合が、その構成員である区分所有者との間で行う取引は課税対象外となります。

区分		取扱い
管理費等の収受		不課税
駐車場の貸付け	組合員である区分所有者への貸付け	不課税
	組合員以外への貸付け	課税

● ケア付住宅
（基通6-13-6）
● 駐車場の貸
付け
（基通6-1-5
（注1）、6-13-
3）

住宅の貸付けと課税となる役務の提供とが一の契約で行われる場合には、その対価の額を合理的に区分して課税売上げ又は非課税売上げとします。

駐車場又は駐輪場として土地を利用させた場合において、施設の設置があるときは、駐車場施設の貸付けとなります。

戸建て住宅に駐車場スペースがあっても不可分一体となっている貸付けは、住宅の貸付けとして非課税になります。

マンション賃貸に伴う駐車場の貸付けについては、賃借人が希望するか否かにかかわらずそのマンションの敷地内にあるガレージが必ず割り当てられ、住宅部分とガレージ部分との賃料の区分がされていないような場合には、家賃の全体が非課税となります。

■資産の譲渡等の時期

(1) 資産の譲渡等の時期の原則

項　目	説　明
1. 納税義務の成立 （通則法15② 七、基通9-6-2）	国内取引についての消費税の納税義務は、資産の譲渡等を行った時に成立します。 　資産の譲渡等の時期は、原則として、引渡基準によります。 　なお、所得税又は法人税における総収入金額又は益金の計上時期に準じることができるものとされています。ただし、「収益認識に関する会計基準」に対応する法人税の取扱いとは異なる場合があります。
2. 前受金・仮受金 （基通9-1-27）	前受金・仮受金の収受は、金銭の預りであり、現実にその目的物の譲渡等を行った時が資産の譲渡等の時期です。

3. 棚卸資産 （基通9-1-1～2）

棚卸資産の譲渡の日	
棚卸資産の種類、性質、契約内容等に応じた合理的な引渡しの日 （それぞれ継続適用）	（引渡しの日） ・商品を出荷した日 ・相手方が検収した日 ・相手方において使用収益が可能となった日 ・検針等により販売数量を確認した日

● 土地等の場合 （基通9-1-2）

　棚卸資産が山林などの特殊な土地で引渡しの日が不明である場合には次のいずれか早い日にその引渡しがあったものとすることができます。
①代金の相当部分（おおむね50％以上）を収受するに至った日
②所有権移転登記の申請（その登記の申請に必要な書類の相手方への交付を含む。）をした日

● 委託販売 （基通9-1-3）

委託販売による委託者の譲渡の日	
原則	受託者が譲渡した日
特例	売上計算書到達日 要件　①継続適用 　　　②売上げの都度、週・月の単位で作成

4. 請負契約 （基通9-1-5）

　請負による資産の譲渡等の時期は、次によります。
　　　①目的物の全部を完成して相手方に引き渡した日
　　　②役務の提供の全部を完了した日

● 工事進行基準

☞118ページ

● 建設工事等 （基通9-1-6～8）

建設工事等の資産の譲渡等の日		
原則	種類・性質・契約の内容等に応じて引渡日として合理的な日 （それぞれ継続適用）	作業結了日
		相手方への搬入日
		相手方の検収完了日
		相手方の使用収益可能日
値増金	契約による値増金	建設工事等の引渡しの日
	相手方との協議により確定する値増金	収入すべき金額が確定した日

資産の譲渡等の時期の原則

部分完成	複数建設の一括契約等で、引渡量に従い工事代金を収入する旨の特約又は慣習がある場合	その部分引渡しの日
	完成部分を引渡し、その都度工事代金を収入する旨の特約又は慣習がある場合	

＊値増金とは、請負った建設工事等に係る工事代金につき、資材の値上り等に応じて工事代金を増額することが定められている場合の増額部分の金額をいいます。

● 機械据付工事
（基通9-1-9）

機械設備の販売に伴って据付工事等を行う場合は次によります。

据付工事等の場合の譲渡等の日		
原則	機械設備及び据付工事の全体	その機械設備の引渡しの日
特例（契約等により合理的に区分）	機械設備の販売	
	据付工事	工事完了の日

● 不動産売買等の仲介手数料
（基通9-1-10）

不動産売買等の仲介に係る資産の譲渡等の日		
原則	売買契約に係る効力発生の日	
特例	取引完了前に対価を収受する場合	収受の日
	対価後払いの場合	取引完了の日

● 技術の提供
（基通9-1-11）

設計、作業の指揮監督、技術指導その他の技術に係る役務の提供を行った場合の資産の譲渡等の時期は、次によります。

技術の提供を行った場合の資産の譲渡等の日		
原則	役務の全部の提供を完了した日	
特例	期間計算の場合 ①報酬の額が、技術者等の数・滞在期間等により算定される ②一定の期間ごとにその金額を確定させて支払いを受ける	報酬の額が確定した日
	部分完了の場合 ①報酬の額が作業の段階ごとに区分されている ②それぞれの段階の作業が完了する都度その金額を確定させて支払いを受ける	報酬の額が確定した日（全部完了まで又は1年超の相当の期間支払われない場合は、そのいずれか早い日）
	支度金・着手金等（後日精算するものを除く）	収受した日

● 運送収入
（基通9-1-12）

運送収入に係る資産の譲渡等の日は次によります。
- 原則…運送を完了した日
- 特例…継続適用を要件に合理的と認められる次の日
  - 乗車券・搭乗券等を発売した日
  - 船舶、航空機等が積地を出発した日
  - 一航海を完了した日（一航海4ヶ月以内の場合）
  - 共同事業については、運賃の配分額確定日

5. 固定資産の譲渡 (基通9-1-13〜16、9-1-21)	固定資産の譲渡の日		
	原則	引渡しの日	
	土地、建物等	通常	引渡しの日又は契約の効力発生の日 ※納税額の軽減を図る目的のみで契約日を選択することはできないとされた判決があります。
		農地	農地法上の許可があった日 (農地法上の許可が譲渡契約の効力発生の要件となっているもの)
		山林等特殊な土地で引渡日が不明のもの	次のいずれか早い日 ・代金のおおむね50%以上を収受した日 ・所有権移転登記の申請日 ・登記の申請に必要な書類を交付した日
	工業所有権等 (特許権、実用新案権等)	譲渡又は実施権の設定	譲渡又は実施権の設定に関する契約の効力発生日 〔実施権設定の対価は、使用料等に充当される場合でも前受金等として繰延べることはできない〕
			契約の効力が登録により生ずる場合は登録日
		使用料	原則…使用料の額が確定した日
			特例…契約による支払日(継続適用)
	ノウハウの頭金等(生産技術に関する事実上の権利)	通常の場合	ノウハウの開示を完了した日
		分割して開示し、その都度、支払いを受ける場合	分割開示の日
		開示のための日数等により算定され、期間ごとに金額が確定する場合	金額が確定した日
6. 有価証券の譲渡 (基通9-1-17〜18)	有価証券等の譲渡の日		
	証券・証書が発行されているもの	原則	引渡しの日
		特例	法人税において契約の日としている場合は契約の日
	株券の発行がない株式	原則	証券の代用をする書面等の引渡しの日
		特例	代用書面等がない場合は契約等による譲渡の日
	登録国債等		名義変更に必要な書類の引渡しの日
	有限会社・協同組合の社員持分		契約による譲渡の日
	株式の信用取引等		売付けに係る取引の決済日

資産の譲渡等の時期の原則

7. 貸付金の利子等
（基通9-1-19、19の2）

貸付利子・償還差益の計上時期			
貸付利子	金融業・保険業		利子の計算期間の経過に応じた発生基準による
	金融業保険業以外	原則	
		特例	支払日基準によることができる 要件 ①支払期日が1年以内の期間ごとに到来 ②継続適用
償還差益	国債等の償還が行われた日		
	法人税における調整差益計上日		

8. 賃貸借の使用料等
（基通9-1-20、9-1-23）

賃貸借契約に基づく使用料等の計上時期			
保証金・敷金	返還されるもの		課税対象外（不課税）
	返還されないもの		返還しないこととなった日
使用料	契約について係争がない場合		前払いに係る額を除き、契約又は慣習によりその支払いを受けるべき日
	契約について係争がある場合	契約の存否そのものの争い 原則	前払いに係る額を除き、契約又は慣習によりその支払いを受けるべき日
		特例	判決・和解等によりその支払いを受けることとなる日
		使用料等の額の増減に関する争い	係争がない場合と同じ（供託された金額等その金額を見積もる）

9. リース取引
（基通5-1-9）

ファイナンスリースは、所有権移転ファイナンスリース、所有権移転外ファイナンスリースの別を問わず、すべて賃貸借取引ではなく売買取引として取り扱われます。また、所得税又は法人税において金融取引とされるリース取引は、消費税においてもリース資産の譲渡とその後の貸付けではなく、利子を対価とする金銭の貸付けとされます。☞次ページ

● 仕入税額控除　リース取引に係る仕入税額控除の時期　☞139ページ

10. 商品先物取引
（基通9-1-24）

商品先物取引 ┤ 反対売買による差金決済…不課税
現物の引渡し…引渡しの日に課税売上げ又は課税仕入れ

11. 強制換価手続き
（基通9-1-26）

事業者が所有する資産が強制換価手続により換価された場合であっても、資産の譲渡等に該当し、換価により買受代金が納入された時が売上げの時となります。

12. 設立中の法人
（基通9-6-1）

法人が設立期間中に行った資産の譲渡等及び課税仕入れは、設立後最初の課税期間に計上することができます。ただし、設立期間がその設立に通常要する期間を超えて長期にわたる場合等は、その法人に帰属させることはできません。

区分		法人設立中の売上げ及び仕入れの帰属
通常の場合		その法人の設立後最初の課税期間
特殊な場合	設立期間が長期	その法人とは切り離して別の人格のない社団等として行ったものとする
	個人事業の法人成り	個人の事業に帰属

(2) 延払基準（リース譲渡の特例）

項　目	説　　　　　明
1. 税法上の「リース取引」 （令32の2①、法法64の2③、所法67の2③）	消費税法における「リース取引」とは、所有権が移転しない土地の賃貸借等を除き、資産の賃貸借で次に掲げる要件に該当するものをいい、会計上の所有権移転外ファイナンス・リース取引がこれに当たります。 ①賃貸借期間の中途においてその契約の解除をすることができないものであること、又は、これに準ずるものであること（ノンキャンセラブル） ②賃借人がその賃貸借に係る資産からもたらされる経済的な利益を実質的に享受することができ、かつ、その目的となる資産（以下「リース資産」といいます。）の使用に伴って生ずる費用を実質的に負担すべきこととされているものであること（フルペイアウト）
2. セール・アンド・リースバック （基通5-1-9）	法人税法上、金融取引とされるいわゆるセール・アンド・リースバックは、資産の譲渡代金の支払いの時に金銭の貸付けがあったことになります。
3. 資産の譲渡等の時期の原則	リース取引については、リース資産の賃貸人から賃借人への引渡し（以下「リース譲渡」といいます。）をした時に、そのリース資産の売買があったものとされ、リース譲渡をした日が資産の譲渡等の時期となります。
4. 資産の譲渡等の時期の特例 （法16①、令32の2、所令188、法令124、基通5-1-9）	リース譲渡について所得税又は法人税において延払基準の方法により経理したときは、消費税においても、課税を繰り延べる資産の譲渡等の時期の特例が認められます。 　資産の譲渡等の時期の特例を適用すると、リース譲渡をした日の属する課税期間に支払期日が到来しない部分については、そのリース譲渡を行った課税期間において資産の譲渡等がなかったものとみなされ、支払期日が到来する課税期間に資産の譲渡等を行ったものとみなされます。 　なお、延払基準により資産の譲渡等を認識する場合であっても、適用する税率は、引渡基準と同じリース譲渡を行った日の税率となります。
5. 適用要件 （法16①、基通9-3-1）	延払基準は、個々の契約ごとに、任意で選択することができます。 **適用要件** ①法人税又は所得税で延払基準を適用していること ②確定申告書の延払基準の適用欄に○をしていること
6. 任意の不適用 （令32③）	いったん、延払基準を適用したリース取引についても、その後の課税期間において、その適用をやめることができます。
7. 強制不適用 （令32①、令33、基通9-3-4）	所得税・法人税において延払基準を適用しなかった場合には、消費税においても適用することはできません。 　課税事業者が免税事業者になる場合、免税事業者が課税事業者になる場合には延払基準は強制不適用となります。 　契約の変更により、その契約の内容がリース取引に該当しなくなった場合には、延払基準は、強制不適用となります。
8. 利息相当額 （基通6-3-1）	リース契約書において明示された利息相当額は、非課税です。会計処理のための「リース会計基準に関する計算書【ご参考資料】」等は、契約における利息相当額の明示ではありません。
9. 契約解除 （令45②一、基通9-3-6の3）	契約を解除し、リース資産を取戻した場合には、時価で課税仕入れをしたことになります。 | レッサー	取戻し時の時価で課税仕入れ計上 延払基準…同額の課税売上げ計上 引渡基準…課税仕入れとの相殺後の残債は売上対価の返還
レッシー	リース未払金の額を対価の額とする課税売上げ（代物弁済）	

工事進行基準

(3) 工事進行基準

項　目	説　明
1. 工事と長期大規模工事 （法17①②、所法66、所令192①②、法法64、法令129①②）	工事期間が複数の事業年度にまたがる工事の請負については、その工事の進行の程度に応じて売上計上を行う工事進行基準によることができます。

工事進行基準の対象となる工事	
長期大規模工事	①着工から引渡しまでの契約期間が1年以上 ②請負対価の額が10億円以上 ③契約上、請負金額の$\frac{1}{2}$以上の支払期日が、引渡し後1年以後と定められていないこと
工事	上記以外の工事・製造で、着工した事業年度中にその目的物の引渡しが行われないもの

2. 工事進行基準による売上げ

● 着工の課税期間（法17①②）

$$売上計上額 = \frac{その課税期間末の}{請負対価の額} \times \frac{実際工事原価}{その課税期間末の見積工事原価}$$

● 完成引渡しの直前まで（法17①②）

$$売上計上額 = その課税期間末の請負対価の額 \times \frac{実際工事原価総額}{その課税期間末の見積工事原価} - 前期以前の売上計上額$$

● 完成引渡しの課税期間（法17③）

$$売上計上額 = 確定請負対価の額 - 前期以前の売上計上額$$

＊いったん、工事進行基準を適用し、その後にその適用をやめた場合には、上記の算式により完成引渡しの課税期間の売上高を計算します。

3. 計上時期（法17①②）

　課税期間の短縮特例の適用がある場合、工事進行基準による売上げの計上は、事業年度終了の課税期間に行います。

4. 適用要件（法17①②、基通9-4-1～2）

　工事進行基準は、個々の契約ごとに、事業者の任意で選択することができます。

適用要件
①法人税又は所得税で工事進行基準を適用していること ②確定申告書の工事進行基準の適用欄に○をしていること

区分	所得税・法人税	消費税
長期大規模工事	強制適用→工事進行基準	選択→工事進行基準／引渡基準
長期大規模工事以外の工事	選択→工事進行基準	選択→工事進行基準／引渡基準
	引渡基準	引渡基準

5. 工事についての不適用 （法17②）	工事について、所得税・法人税において工事進行基準を適用しなかった場合には、消費税においても適用することはできません。
6. 長期大規模工事についての不適用	長期大規模工事については、法人税・所得税の所得金額の計算上、工事進行基準により経理することが強制されています。 　したがって、長期大規模工事については、工事進行基準が適用できなくなることはありません。
7. 免税事業者となる場合	翌課税期間から免税事業者となる場合や、前課税期間が免税事業者であった場合についても、引き続き工事進行基準を適用することができます。
8. 未成工事支出金の取扱い （基通11-3-5）	請負工事のための課税仕入れは、原則としてその売上げの計上時期にかかわらず、実際に仕入れを行った課税期間に控除します。 　ただし、未成工事支出金として資産計上したものは、継続適用を要件に工事が完成した課税期間にまとめて控除することができます。

未成工事支出金の控除時期

区分	工事完成基準			工事進行基準	
	法人税	消費税		法人税	消費税
		原則	特例 （継続適用）		
工事中の処理	未成工事支出金として資産計上	発生額を控除	完成時まで控除しない	発生額を原価計上	発生額を控除
完成時の処理	未成工事支出金を原価に振替		完成時にまとめて控除		

■課税標準

項　目	説　　　　明
国内取引の課税標準 （法28）	国内取引に係る消費税の課税標準は、課税資産の譲渡等の対価の額です。 国内取引に係る消費税の課税標準 ＝ 課税資産の譲渡等の対価の額 ＝ 税抜き課税売上高 ＝ その課税期間の課税売上高の税込合計額 $\times \dfrac{100}{110}$　（千円未満切捨）
● 取引価額 （基通10-1-1） ● 輸入取引の課税標準	売却した課税資産の価額（時価）ではなく、当事者間で授受することとした対価の額となります。 ☞207ページ

(1) 課税資産の譲渡等に係る対価の額

項　目	説　明
1. 対価の額 （法28①、令45①、基通10-1-3）	対価の額とは、対価として収受し、又は収受すべき一切の金銭又は金銭以外の物若しくは権利その他経済的な利益の額をいいます。 物品や権利、通常より低い利率での金銭の借入れ等 受け取った金銭の額又は取得した物、権利等の取得時の時価 ☞電気通信利用役務の提供については、220ページを参照してください。
2. 軽減対象課税資産の譲渡等がある場合	上記の $\frac{100}{110}$ の割合は、標準税率です。 軽減税率が適用される取引又は税率に関する経過措置の適用により旧税率が適用される取引がある場合には、税率が異なるごとに区分して、それぞれの税率を適用してそれぞれの課税標準額を計算します。
3. 対価に含まれる税金の取扱い	資産の譲渡等を行う場合、その取引額には様々な税金の額が含まれている場合があります。これらの税金の額を消費税の課税標準となる対価の額に含めるかどうかは次によります。 （対価の額に含める〇、含めない×）

項目	
課税資産の譲渡等につき課税されるべき消費税額及びその消費税額を課税標準として課されるべき地方消費税額に相当する額（法28①）	×
個別消費税 軽油引取税・ゴルフ場利用税・入湯税（基通10-1-11）　明確に区分している*	×
明確に区分していない	〇
上記以外の個別消費税（基通10-1-11）酒税・たばこ税・揮発油税・石油石炭税・石油ガス税等	〇
印紙税・登録免許税・自動車重量税・自動車取得税・行政手数料等（基通10-1-4）　課税資産の譲渡等を行った者（売り手側）が本来納付すべきもの	〇
買い手側が本来納付すべきもので明確に区分されているもの	×
固定資産税・自動車税等（基通10-1-6）　譲渡に際して精算される譲渡時の未経過分に相当する金額（区分経理をしている場合を含む）	〇
名義変更をしなかったこと等により本来の納税義務者に代わって納付したことにより受け取る固定資産税等	×
源泉所得税（基通10-1-13、直法6-1通）　報酬等に対する源泉徴収税額控除前の金額が対価の額（原則として、消費税等込みの金額を対象に源泉徴収。ただし、消費税等の金額が明確に区分されている場合は、消費税等抜きの金額を対象に源泉徴収できる。）	〇

*軽油引取税は、特別徴収義務者である元売業者又は元売業者と委託販売契約を締結している事業において区分することができます。

項　目	説　明
4. 課税資産と非課税資産の一括譲渡（令45③）	課税資産と非課税資産とを一括譲渡した場合、両者を合理的に区分した対価の額が契約書に記載されている場合には、その区分によりそれぞれの売上高とします。合理的な区分が行われていない場合には、それぞれの資産の時価の比により区分します。

● 土地・建物の一括譲渡 (基通10-1-5)	土地建物を一括譲渡した場合の対価の区分		
	契約書に合理的な金額の記載があるとき	記載されているそれぞれの金額により区分	
		建物に係る消費税等の額が記載されている場合は、その消費税率から割返して建物の対価の額を区分 〈税率10%である場合〉 ①建物価額＝$\left(\begin{array}{c}\text{契約書に記載され}\\ \text{た消費税等の金額}\end{array}\right)$÷10%×110% ②土地価額＝取引総額−建物価額	
	契約書に合理的な金額の記載がないとき	次のうち通常の取引価額と認められるもの	近隣売買実例等を参考に区分
			相続税評価額、固定資産評価額を基礎に区分
			鑑定評価を基礎に区分
			「建物の標準的な建築価額表」による区分
			土地・建物の原価を基礎に区分
			その他時価として適当と認められる区分

*土地重課制度の計算の特例が適用される場合には、その特例計算に従って契約に明示された区分によらなければなりません（基通11-4-2）。なお、土地重課制度は、令和8年3月31日までの間にした土地の譲渡については適用が停止されています。

5. 外貨建取引 (基通10-1-7)	所得税・法人税の課税所得金額の計算上、売上金額その他の収入金額として計上すべき金額によります。具体的には、為替予約がある場合を除き、原則として、売上げを計上する日の電信売買相場の仲値によることになります。 • 法人税…法人税法61の8、61の9、法人税基本通達13の2-1-1から13の2-2-18まで • 所得税…所得税法57の3、所得税基本通達57の3-1から57の3-7まで • 外貨建債権債務に係る為替換算差損益、為替差損益は不課税となり対価の額に含まれません。

6. 委託販売・業務代行等 (基通10-1-12)	委託販売を行った場合の委託者、受託者の売上高は次によります。 ① 標準税率が適用される課税資産の譲渡等

区分		売上げに計上する対価の額
委託者	原則	受託者が販売先から収受する委託商品の譲渡対価の額
	特例	総売上高−委託販売手数料 (その課税期間中のすべての委託販売に適用している場合)
受託者	原則	委託者から受け取る委託販売手数料 (所得税又は法人税の所得金額の計算上、下記特例により経理していても手数料を売上げとすることができる)
	特例	売上げ：販売先から収受する委託商品の譲渡対価の額 仕入れ：委託者に支払う金額

② 非課税資産又は軽減税率が適用される場合
　非課税資産の譲渡等又は軽減税率適用資産の譲渡については、委託者・受託者のいずれも上記①の特例を適用することはできません。

<table>
<tr><td rowspan="12">課税資産の譲渡等に係る対価の額</td><td rowspan="5">7. 物品切手等を
対価として受
け入れた場合
（基通10-1-9
〜10）</td><td colspan="2">対価として物品切手等を受け入れた場合、次によります。</td></tr>
<tr><td>受入資産</td><td>対価の額</td></tr>
</table>

受入資産	対価の額
自己が発行した物品切手等	発行により受領した金額
他者が発行した物品切手等	発行者等から受領する金額
定期金に関する権利信託の受益権	相続税法又は財産評価基本通達に従って評価した価額
生命保険契約に関する権利	解約返戻金の額（解約時に支払われる前納保険料、剰余金の分配等の金額を含む）
資産を利用する権利	その資産の利用につき通常支払うべき使用料等に相当する額 （利用の対価として支出する金額があるときは控除）

8. 下取り（基通10-1-17）

資産の譲渡に際して下取り価額の値引きをした場合、値引きではなく、その下取り資産の譲渡となります。

区分	売り手	買い手
下取りによる値引き額	仕入れの額	売上げの額
下取り額を控除する前の譲渡価額	売上げの額	仕入れの額

9. 対価が確定していない場合（基通10-1-20）

課税期間の末日までに対価が確定していない場合は、課税期間の末日の現状によりその金額を見積もります。確定額との差額は確定した課税期間の資産の譲渡等の対価に加算・減算します。

譲渡の事実がある場合には、対価の額が確定していないことを理由に翌期以降の売上げとすることはできません。

10. その他の対価の取扱い

● **共益費**（基通10-1-14）

光熱費等の実費に相当する共益費は、建物等の資産の貸付けに係る対価（家賃）に含まれます。

● **値引き等**

☞181ページ

● **立替金**

資産の譲渡等の対価と明確に区分して行う立替えや預りは、課税の対象になりません。

● **荷主から受取る運送保険料等**

荷主に代わって付保する場合は、立替金・仮払金として経理し、売上げと区分して領収するものは資産の譲渡等の対価の額に含まれません。

区分経理していない場合や運送会社が加入するべき損害賠償保険の保険料相当額を売上げに上乗せして請求している場合には、その総額が資産の譲渡等の対価となります。

● **別途収受する配送料等**（基通10-1-16）

原則として、対価の額に含めます。ただし、対価と明確に区分して収受し、預り金・仮受金等としている場合は対価の額に含めないことができます。

● **パック旅行**（基通7-2-6）

原則としては旅行代金の全額が対価の額です。運賃・宿泊費等を預り金とする旅行の手配は、手配に係る手数料の額が対価の額です。

11. 特殊な課税資産の譲渡等　代物弁済や負担付き贈与等の特殊な取引に係る対価の額は次によります。

区分	説明	対価の額		
代物弁済による資産の譲渡 （令45②一）	債務者が債権者の承諾を得て、約定されていた弁済の手段に代えて行う他の給付※1	消滅する債務の額		
		差額の授受がある場合	受取差額 …対価の額に加算	
			支払差額 …対価の額から控除	
負担付き贈与による資産の譲渡 （令45②二）	受贈者に一定の給付をする義務を負担させる贈与※2	負担の価額		
現物出資 （令45②三）	事後設立は含まない※3	取得する株式（出資）の取得の時における価額		
資産の交換 （令45②四、基通10-1-8）	交換に至った事情に照らし、正常な取引条件により、相互に等価であるとして交換した場合は、通常の取引価額と異なる価額であっても等価交換であると認められる※4	交換により取得する資産の取得時の価額（時価）		
		交換差金	受取交換差金 …対価の額に加算	
			支払交換差金 …対価の額から控除	

※1　食事等の現物を給付する現物給与は、現金による給与の支払いに代えて行われるものでない限り代物弁済にはあたりません。（基通5-1-4）

※2　他の事業者に対して広告宣伝用の資産を贈与する行為は、負担付き贈与にはあたりません。（基通5-1-5）

※3　金銭出資により設立した法人に資産を譲渡する事後設立は、金銭以外の資産の出資（現物出資）にあたりません。したがって、この場合の資産の譲渡の対価の額は、現実に対価として収受し、又は収受すべき金額となります。（基通5-1-6）

※4　資産を交換した場合、資産の譲渡と取得が同時に発生します。したがって、その交換による資産の取得が課税仕入れに該当するときは、仕入税額控除の対象となります。

(2) みなし譲渡及び低額譲渡

項　目	説　　　　明
1. みなし譲渡 （法4⑤、28①）	消費税では、対価の支払いがない取引については課税の対象となりませんが、次の場合には特例により、みなし譲渡として課税されます。

区　分	みなし譲渡に該当するもの
法　人	自社役員に対する資産の贈与
個人事業者	事業用資産の家事消費

※自己の事業の用のために消費又は使用した場合や、盗難、災害等により資産が滅失した場合は、みなし譲渡になりません。

●自社役員
（基通5-3-3）　　自社役員とは、法人税法2条15号に規定する役員をいいます。相談役で実質的にその法人の経営に従事している者は役員に含まれます。

●記念品
（基通5-3-5、
所基通36-21
～22）　　給与として課税されない記念品等の贈与についてはみなし譲渡となりません。

●個人事業の
廃止　　個人事業者が廃業の時に所有する事業資産は、みなし譲渡の対象となります。

2. 低額譲渡	法人の自社役員に対する低額譲渡は、時価を対価の額とします。

区分	低額譲渡に該当するもの
棚卸資産	仕入金額に満たない金額による譲渡 販売価額の50%相当額未満の金額による譲渡
棚卸資産以外	販売価額の50%相当額未満の金額による譲渡

※個人事業者には、低額譲渡の取扱いはありません。

（基通5-3-5）　※みなし譲渡と低額譲渡は、資産の贈与又は譲渡をした場合に限られ、貸付けや役務の提供については適用がありません。

（基通10-1-2）　※役員、使用人の全部につき一律に定められた値引きをしている場合は低額譲渡に該当しません。

3. 課税標準額
（法28①③、
基通10-1-
2、10-1-18)

取引内容		みなし譲渡	低額譲渡
		個人事業者の家事消費 法人の自社役員への贈与	法人の自社役員への譲渡
売上げに算入 すべき金額	棚卸資産	次のうちいずれか大きい金額 •仕入金額 •販売価額×50%	譲渡時の時価
	棚卸資産以外	譲渡時の時価	

(3) ポイント制度の課税関係

項　目	説　　　明
1. ポイント制度	ポイント制度は、次の2つに大別することができます。
	自己発行ポイント：発行から利用までその事業者が独自に運営するもの 共通ポイント：他者が運営する共通ポイントプログラムに加入するもの
2. 自己発行ポイントの付与	法人税においては、収益認識に関する会計基準を適用して、ポイントを顧客に付与する重要な権利と認識して負債に計上した場合には、その負債に計上した金額は、資産の販売等の代金を構成せず、将来の資産の販売等の代金の前受けとなります。 　しかし、消費税においては、将来使用するポイント、つまり未だその権利の行使をしないポイントの付与については、課税関係は生じません。商品の販売について、ポイントを付与したか否かにかかわらず、その商品の販売について受け取る対価の額を資産の譲渡等の対価の額として売上高に計上します。
3. 自己発行ポイントの使用	自己発行ポイントの使用については、次の2つの処理が考えられます。 値引処理：ポイントの使用を値引きとして、使用後の支払金額を対価とする処理 両建処理：ポイントの使用前の金額を対価として、ポイント使用額を課税対象外とする処理
●値引処理 ●両建処理 ●即時使用 ●買手の判断	値引処理となるか、あるいは両建処理となるかは、売手がいずれの処理を採用するかによって決定することになります。 　値引処理は、自己発行ポイントの使用による代金の値引きを資産の譲渡等の値下げ販売とする処理です。ポイントの使用による値下げ後の金額がその資産の譲渡等の対価の額となります。 　両建処理は、顧客がポイントを使用することによって得られる利益を消費税の課税対象外の収入とする処理です。 　即時使用ポイントである場合も、売手が、値引処理又は両建処理のいずれかを選択することになります。 　買手は、交付されたレシートの表記から課税仕入れに係る支払対価の額を判断することができます。
4. 共通ポイント	共通ポイントの運営方法には様々なものがありますが、基本のしくみはおおむね次のとおりです。 ①加盟店Aの商品販売につき、運営会社Xは顧客に対してポイントを付与し、加盟店Aはポイント相当額を運営会社Xに支払う。 ②顧客がポイントを使用した加盟店Bの商品販売につき、運営会社Xは加盟店Bに対して使用されたポイント相当額を支払う。

ポイント制度の課税関係

5. 共通ポイントの付与	上記**4.**①の取引で、加盟店Aが行う商品販売に際して、顧客にポイントを付与するのは運営会社Xです。加盟店Aは、そのポイントの付与にかかわらず、その商品の販売について受け取る対価の額を資産の譲渡等の対価の額として売上高に計上します。 また、加盟店Aから運営会社Xへのポイント相当額の支払いについては、国税庁が令和2年1月14日に公表した「共通ポイント制度を利用する事業者（加盟店A）及びポイント会員の一般的な処理例」において、加盟店とポイント運営会社（B社）との取引に対価性がない場合は不課税とされています。ただし、ポイント制度の規約等の内容によっては、課税取引に該当するケースも考えられるとされています。
6. 共通ポイントの使用 ● 買手の判断	上記**4.**②の取引では、商品の販売に際して顧客がポイントを使用しています。加盟店Bが顧客から受け取る金額はそのポイント相当額を控除した額ですが、控除されたポイント相当額は、運営会社Xから支払われます。したがって、顧客から受け取る金額と運営会社Xから受け取るポイント相当額を合わせた金額をその資産の譲渡等の対価の額として商品の売上高に計上します。 ポイントを使用する顧客（買手）においては、実際に支払うポイント控除後の金額を課税仕入れの対価とする考え方が多数意見でしたが、国税庁の上記の処理例では、ポイント控除前の金額を課税仕入れの対価の額とし、ポイント使用により顧客が受ける利益は、消費税の課税対象外の収入とされています。ただし、規約等の内容によっては、ポイント控除後の金額を課税仕入れの対価とすべき場合もあると考えられます。 買手は、交付されたレシートの表記から課税仕入れに係る支払対価の額を判断することができます。
7. **異なる税率の一括販売に係る値引き処理** （軽減通達15、軽減個別QA問93）	軽減対象資産の譲渡等と標準税率が適用される課税資産の譲渡等についてポイントを使用する場合において、値引処理をするときは、それぞれの値引き後の対価の額は、それぞれの資産の値引き前の対価の額等により按分するなど合理的に算出することとなります。 この場合、顧客へ交付する領収書等において、適用税率ごとの値引額又は値引額控除後の対価の額が確認できるときは、適用税率ごとに合理的に区分されているものに該当します。資産の譲渡等にあたっての値引き（値下げ）はあくまでも値決めの問題であり、事業者の判断に委ねられているからです。 値引額又は値引き後の対価の額が領収書等の書類により確認できることを要件に、標準税率が適用される課税資産の譲渡等の対価の額から優先して値引きをすることができます。 インボイス制度において、税込1万円未満の対価の返還等については、返還インボイスの交付の義務は免除されますが、適用税率ごとの値引額又は値引き後の対価の額を明らかにするために返還インボイスを交付することができます。

■税率

項　目	説　明				
税率 （法29、平28. 11.18改法1、 平28.11.18 改地法1）	課税資産の譲渡等の時期	消費税 の税率	地方消費税の税率		合計 税率
				消費税 に換算	
	創設時～平成 9 年 3 月31日	3%	なし		3%
	平成 9 年 4 月 1 日～ 　　　　平成26年 3 月31日	4%	消費税×$\frac{25}{100}$	1 %	5%
	平成26年 4 月 1 日～ 　　　　令和元年 9 月30日	6.3%	消費税×$\frac{17}{63}$	1.7%	8%
	令和元年10月 1 日以後　標準税率	7.8%	消費税×$\frac{22}{78}$	2.2%	10%
	令和元年10月 1 日以後　軽減税率	6.24%		1.76%	8%

　　適用する税率は、課税資産の譲渡等を行った日、課税仕入れを行った日、保税地域から課税貨物を引き取った日が、それぞれいつであるかにより判断します。

　　したがって、原則として、113～116ページまでに示した資産の譲渡等の時期において施行されている税率を適用することとなります。

　　ただし、新税率の施行後もなお旧税率を適用する経過措置が設けられています（☞132ページ）。

■軽減税率（軽減税率と標準税率の具体例は、287ページ参照）

1. 軽減税率の対象 （平28改法附則34）	①飲食料品の譲渡 　　飲食料品とは、「食品表示法に規定する食品」及び所定の要件を満たす「一体資産」です。 ※医薬品等及び酒類（アルコール分 1 度以上の飲料）は食品ではありません。 ※飲食料品の譲渡には、外食及びケータリングは含みません。 ②飲食料品の保税地域からの引取り ③新聞の定期購読契約に基づく譲渡
2. 食品の範囲 ● 高級食材 ● 栄養ドリンク ● 送料	食品表示法に規定する食品とは、人の飲用又は食用に供されるものとして販売されるものです。購入する者の用途は関係ありません。 　高級食材も軽減税率の対象です。 　栄養ドリンクや健康食品も医薬品等に該当しなければ、軽減税率の対象です。 　別料金を徴収しない無料配送の飲食料品の譲渡にも、軽減税率が適用されますが、別料金の送料や配達料には、標準税率が適用されます。
3. 一体資産 （平28改令附則2一、軽減通達4）	一体資産は、標準税率適用対象資産と軽減税率適用対象資産とを組み合わせた資産であり、単一税率制度にはなかった新しい概念です。

<table>
<tr><td rowspan="2">一体資産</td><td>次の①及び②に該当するもの
①食品と食品以外の資産があらかじめ一の資産を形成又は構成
②その一の資産に係る価格のみを提示</td></tr>
<tr><td>例：おもちゃ付き菓子（いわゆる食玩）、ジュースとビールを詰め合わせた中元用商品、カステラとカーネーションを組み合わせた母の日用ギフト商品、食品と食品以外の資産が入った福袋等</td></tr>
</table>

軽減税率		※食品と食品以外の組み合わせを顧客が選択できる場合 　→「食品と食品以外の資産があらかじめ一の資産を形成し、又は構成 　　している」ものではないため、一体資産に該当しない。 ※構成する個々の商品の価格を内訳として提示している場合 　→「その一の資産に係る価格のみが提示されている」ものではないた 　　め一体資産に該当しない。
	● 一括譲渡	食品と食品以外の資産をセット販売する場合において、その商品が一体資産に該当しないときは、それは食品と食品以外の一括譲渡であり、食品の譲渡には軽減税率、食品以外の資産には標準税率を適用します。
	● 包装材料等	飲食料品の譲渡に当たり、保冷剤やラッピングなどの包装材料等につき別途対価を定めている場合には、その包装材料等の譲渡は、飲食料品の譲渡ではありません。 　飲食料品の譲渡に際して「通常必要なものとして使用される包装材料等」について別料金を設定せず、その分、飲食料品の販売価格を値上げした場合、全体が軽減税率の適用対象となります。
	● 食器等 （平28改法附則34①一、軽減通達3）	陶磁器やガラス食器等の容器のように、その後、食器や装飾品等として利用できるものを包装材料等として食品とあらかじめ組み合わせて一の商品として価格を提示し販売している場合には、その商品は「一体資産」に該当します。
	4. 一体資産の税率 （平28改法附則34①一、平28改令附則2一）	「一体資産」の譲渡には、原則としてその対価全体に標準税率を適用します。 　ただし、次のいずれの要件も満たす場合は、その一体資産は飲食料品に含まれ、その対価全体に軽減税率が適用されます。 　① 　一体資産の譲渡の対価の額（税抜価額）が1万円以下 　② 　一体資産の価額のうちに食品に係る部分の価額の占める割合として合理的な方法により計算した割合が$\frac{2}{3}$以上
	● 1万円以下 ● 合理的な割合 （軽減通達5）	①を税込みで判定する場合、10,800円以下が軽減税率の対象です。 　②の「合理的な方法により計算した割合」とは、商品や販売実態等に応じて、事業者が合理的に計算した次のような割合です。 　・売価のうち合理的に計算した食品の売価の占める割合 　・原価のうち合理的に計算した食品の原価の占める割合 　　※原価が日々変動するなど算定が困難なときは、前課税期間の原価の実績等により合理的に計算することができます。 　　※売価又は原価と何ら関係のない重量・表面積・容積等といった基準のみにより計算した割合は、「価額の占める割合」ではないため、認められません。
	● 小売業者等 （軽減個別QA 問96）	小売業や卸売業が一体資産を仕入れて販売する場合において、販売する対価の額（税抜）が1万円以下であるときは、その課税仕入れのときに仕入先が適用した税率をそのまま適用することができます。
	5. 飲食料品の委託販売	☞121ページ
	6. 外食（食事の提供） （平28改法附則34①一）	飲食店業等を営む者が、テーブル、椅子、カウンターその他の飲食に用いられる設備（飲食設備）のある場所において行う飲食料品を飲食させる役務の提供は、軽減税率の対象から除外されています。

● 飲食設備 （平28改法附 則34①一イ、 軽減通達8）	飲食設備とは、飲食料品の飲食に用いられる設備であれば、その規模や目的を問わず、飲食のための専用の設備である必要もありません。次のような設備も、「飲食設備」に該当します。 　・テーブルのみ、椅子のみ、カウンターのみの設備 　・飲食目的以外の施設等に設置されたテーブル等で飲食に用いられる設備
● イートイン コーナー	ショッピングセンターのフードコート、コンビニのイートインコーナーも飲食設備です。
● 立ち食い	立ち食いそばやセルフサービスも食事の提供であり、軽減税率は適用されません。
● 判定時期 （軽減制度 QA 問11）	飲食料品の譲渡（持帰り）か店内飲食（外食）かは、提供等の時点で、顧客に意思確認して判断します。 　提供等の時点で持帰りか店内飲食か適正に判断すれば、その後、顧客がちがう行動をしても、適用する税率を変更する必要はありません。

7. ケータリング
（平28改法附則34①一ロ、軽減通達12、軽減個別QA問75）

課税資産の譲渡等の相手方が指定した場所において行う加熱、調理又は給仕等の役務を伴う飲食料品の提供（いわゆる「ケータリング、出張料理」）は、軽減税率の対象ではありません。

そばの出前やピザの宅配は、単に飲食料品を届けるだけで給仕等の役務の提供を行わないため、軽減税率の対象です。

● 有料老人ホームの給食、学校給食
（平28改法附則34①一ロ、平28改令附則3②、軽減制度 QA 問10）

有料老人ホームや小中学校などで提供される給食等は、軽減税率の対象です。軽減税率の対象となる給食の範囲は、次のとおりです。

施設	軽減税率の対象（注1、2）
有料老人ホーム（老人福祉法29①）	有料老人ホームの設置者又は運営者が、入居者（注3）に対して行う飲食料品の提供
サービス付き高齢者向け住宅（高齢者の居住の安定確保に関する法律6①）	サービス付き高齢者向け住宅の設置者又は運営者が入居者に対して行う飲食料品の提供
義務教育諸学校（学校給食法3②）の施設（注4）	義務教育諸学校の設置者が、その児童又は生徒の全て（注5）に対して学校給食として行う飲食料品の提供
夜間課程を置く高等学校（夜間課程を置く高等学校における学校給食に関する法律2）の施設	高等学校の設置者が、夜間課程で教育を受ける全ての生徒（注5）に対して夜間学校給食として行う飲食料品の提供
特別支援学校の幼稚部又は高等部（特別支援学校の幼稚部及び高等部における学校給食に関する法律2）の施設	特別支援学校の設置者が、その幼児又は生徒の全て（注5）に対して学校給食として行う飲食料品の提供
幼稚園（学校教育法1）の施設	幼稚園の設置者が、その幼児の全て（注5）に対して学校給食に準じて行う飲食料品の提供
特別支援学校の寄宿舎（学校教育法78）	寄宿舎の設置者が、寄宿する幼児、児童又は生徒に対して行う飲食料品の提供

軽減税率

(注1) 次の基準が設けられています。
　　　［一食当たりの基準額］
　　　　飲食料品の提供の対価の額（税抜）が一食につき640円以下
　　　［一日当たりの上限額］
　　　　同一の日に同一の者に対する飲食料品の提供の対価の額（税抜）の
　　　累計額が1,920円に達するまで
　　　　一日当たりの上限額の算定は、原則として、その日の一番初めに提
　　　供される食事の対価の額から累計しますが、各施設の設置者等が、算
　　　定対象となる飲食料品の提供をあらかじめ書面により明らかにしてい
　　　る場合には、当該明らかにしている飲食料品の提供の対価の額の累計
　　　額によって判定することもできます。

(注2) 有料老人ホーム等で提供される食事のうち介護保険サービスの
　　　一環として提供されるものは、原則として消費税の非課税対象となり
　　　ます。自己選定による特別な食事に当たる部分については非課税対象
　　　から除かれ、標準税率が適用されます。

(注3) 有料老人ホームとは、老人を入居させ、入浴、排せつ若しくは
　　　食事の介護、食事の提供又はその他の日常生活上必要な便宜の供与を
　　　行う施設を広く指すことから（老人福祉法29①）、その施設の入居者
　　　の中には老人以外の者も含まれ得ます。そのため、軽減税率の対象と
　　　なる給食等の提供を受けることができる有料老人ホームの入居者の範
　　　囲について、サービス付き高齢者向け住宅の入居要件を参考として、
　　　次の基準が設けられています（改正規附則6）。
　　　　①　60歳以上の者
　　　　②　要介護認定又は要支援認定を受けている60歳未満の者
　　　　③　①又は②に該当する者と同居している配偶者（事実上婚姻関
　　　　　係にある者を含みます。）

(注4) 義務教育諸学校とは、小学校、中学校、義務教育学校、中等教
　　　育学校の前期課程又は特別支援学校の小学部若しくは中学部をいいま
　　　す（学校給食法3②）。

(注5) アレルギーなどの個別事情により全ての児童又は生徒に対して
　　　提供することができなかったとしても軽減税率の適用対象となります。

●病院の給食
（別表第二6、
令14、軽減個
別QA問82）

　健康保険法等の規定に基づく入院時食事療養費に係る病院食の提供は、
非課税です。
　患者の選択による特別メニューの料金は、非課税となりません。病室
等で役務を伴う飲食料品の提供であり、標準税率が適用されます。

8. 飲食料品の輸
入
（軽減個別QA
問46、47）

　課税貨物が「飲食料品」に該当するかどうかは、輸入の際に、判断さ
れます。人の飲用又は食用に供されるものとして保税地域から引き取っ
た課税貨物は、その後、国内において飼料用として販売した場合であっ
ても、輸入が軽減税率の適用対象であることに変わりはありません。そ
の国内における飼料用の販売には標準税率が適用されます。

9. 一体貨物
（平28改令附
則2二）

　食品と食品以外の資産が一の資産を形成し、又は構成している外国貨
物であって、関税定率法別表の適用上の所属の一の区分に属する物品に
該当するものを「一体貨物」といい、その適用税率は、一体資産と同様
に判断します。

10. 新聞の譲渡 （平28改法附則 34①二、軽減 個別QA問98、 102）	「定期購読契約が締結された新聞（一定の題号を用い、政治、経済、社会、文化等に関する一般社会的事実を掲載する1週に2回以上発行する新聞に限る）の譲渡」は軽減税率の対象です。同じ新聞でも、駅やコンビニで販売される場合には標準税率です。 　　新聞の電子版の配信は、新聞に記載された情報をインターネットを通じて行う役務の提供です。電子書籍と同様に「電気通信利用役務の提供」であり、「新聞の譲渡」ではありません。
11. 軽減税率対 **象品目の譲** **渡がない事** **業者**	軽減税率対象品目の譲渡を行わない事業者であっても、次のような軽減税率適用の課税仕入れがあるものと考えられます。 　新聞図書費…定期購読契約の新聞の購入（電子版は標準税率） 　会議費　　…会議用の弁当や菓子、飲料の購入 　接待交際費…中元等の贈答用又はお土産用の飲食料品の購入 　広告宣伝費…景品として配布する飲食料品の購入 　福利厚生費…残業のための弁当や菓子、飲料の購入 　　これらの勘定科目については、税率ごとに補助科目を設定するなどの工夫が有用です。製造原価についても、このような課税仕入れに留意する必要があります。

軽減税率

■税率に関する経過措置

税率に関する経過措置

項　目	説　　　明
1. 旧税率を適用する経過措置	・消費税率の引上げにあたって、新税率の施行日以後においても、なお旧税率を適用する経過措置が設けられています。 ・経過措置は、要件を満たした場合には、必ず適用されます。任意に選択できるものではありません。 ・軽減税率が適用される取引については、経過措置の適用はありません。
2. 指定日と施行日 （税制抜本改革法附則2、5③、15、16）	経過措置は、次の「指定日」と「施行日」を基準に整理されています。指定日は経過措置を適用する場合に基準となる日であり、施行日はその税率の適用が開始される日です。

	標準税率	指定日	施行日
税率8％への引上げ		H25.10.1	H26.4.1
税率10％への引上げ		H31.4.1	R1.10.1

```
H25.10.1      H26.4.1                      H31.4.1      R1.10.1
├───────────┼──────────────────────────┼───────────┤
  指定日        施行日                      31年指定日   一部施行日
              （8％施行日）                          （10％施行日）
```

項　目	説　　　明
3. 指定日を基準とする経過措置	次の経過措置は、指定日の前日までに契約を締結しているなど、指定日を基準に一定の要件を設けて適用するものです。

指定日を基準とする経過措置

・工事の請負等に関する経過措置
・資産の貸付けに関する経過措置
・指定役務の提供に関する経過措置
・予約販売に係る書籍等に関する経過措置
・通信販売に関する経過措置
・有料老人ホームの入居に係る一時金に関する経過措置

項　目	説　　　明
4. 施行日をまたぐ取引等に係る経過措置	次の経過措置は、施行日の前後にまたがって取引が行われる場合や施行日前に行われた課税資産の譲渡等又は課税仕入れ等を基礎に施行日以後に計算や調整等を行う場合について設けられたものです。

施行日をまたぐ取引等に係る経過措置

・旅客運賃等に関する経過措置
・電気料金等に関する経過措置
・特定新聞に関する経過措置
・長期割賦販売等に係る資産の譲渡等の時期の特例に関する経過措置
・リース延払基準の方法により経理した場合の長期割賦販売等に係る資産の譲渡等の時期の特例に関する経過措置
・個人事業者の延払条件付譲渡に係る資産の譲渡等の時期の特例に関する経過措置
・リース延払基準に係る資産の譲渡等の時期の特例に関する経過措置
・工事進行基準に係る資産の譲渡等の時期の特例に関する経過措置
・現金主義に係る資産の譲渡等の時期の特例に関する経過措置
・棚卸資産に係る控除対象仕入税額の調整に関する経過措置
・仕入れに係る対価の返還等に関する経過措置
・売上対価の返還等に関する経過措置
・貸倒れの税額控除に関する経過措置
・国等の特例に関する経過措置

■課税標準額に対する消費税額

項　目	説　　　　　明
1. 原則 （法45①）	課税標準額に対する消費税額は、課税標準額に税率を乗じて計算します。 **【課税標準額】** その課税期間の税込課税売上高の合計額 $\times \dfrac{100}{110}$（千円未満切捨て）　×税率 $\dfrac{100}{110}$ は、標準税率の場合です。軽減税率又は旧税率が適用される課税売上げがある場合は、税率ごとに区分して計算します。
2. 積上げ計算の特例 （法45⑤、令62）	インボイスに記載する消費税額等は、税率ごとに、切上げ、切捨て、四捨五入など、インボイス発行事業者の任意で行うことができますが、切捨てとした場合、少額の課税売上げを大量に行う事業では、その切り捨てた端数が積み重なって、大きな負担となる可能性があります。

（例）本体価格99円、消費税等 9 円（99円×10％＝9.9円→ 9 円）、税込価格108円で1,000万回売上げた場合

課税売上高	1,080,000,000円	
課税標準額	1,080,000,000円×$\dfrac{100}{110}$ ＝ 981,818,181円 →	981,818,000円
消費税額等	981,818,000円×10％ ＝ 98,181,800円 →	98,181,800円
仮受消費税等の額	9 円×1,000万回	90,000,000円
差額		8,181,800円

端数処理をした後の消費税額 9 円を基礎に売上税額を計算すれば、上記のような差額は生じません。

そこで、仕入税額に割戻し計算を適用しないことを条件に、課税売上げにつき「交付したインボイスの写しの保存」をしている場合には、保存しているインボイスの写しに記載されている消費税額等の合計額に100分の78を乗じて計算する「積上げ計算」の特例が設けられています。

$$交付したインボイスに記載した消費税額等の合計額 \times \frac{78}{100} = \boxed{\substack{売上\\税額}}$$

● 顧客が受け取らない場合	簡易インボイスであるレシートを交付しようとしたものの顧客が受け取らなかったため、物理的な「交付」ができなかったような場合や交付を求められたとき以外レシートを出力していない場合であっても、交付するべき簡易インボイスの写しを保存しておけば、「交付したインボイスの写しの保存」があるものとして、売上税額の積上げ計算ができます。
● 消費税額等の記載がない場合	売上税額に係る「積上げ計算」の特例は、保存するインボイス又は簡易インボイスの写しに記載された消費税額等を基礎とするものです。簡易インボイスに「適用税率」を記載して、「消費税額等」の記載を省略している場合は、積上げ計算を行うことはできません。
3. 計算方法の組み合わせ （基通11-1-9、15-2-1の2）	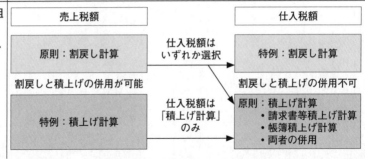

課税標準額に対する消費税額

● 兼業の場合
（基通15-2-1
の2）

売上税額を「積上げ計算」とした場合は、仕入税額を「割戻し計算」とすることはできません。

売上税額の計算は、割戻し計算と積上げ計算を併用することが認められます。他方、仕入税額については、割戻し計算と積上げ計算を併用できません。例えば、小売業と卸売業を営む事業者は、小売業の売上税額は積上げ計算、卸売業の売上税額は割戻し計算とすることができますが、この場合の仕入税額は、その課税期間のすべてについて積上げ計算としなければなりません。なお、売上税額の積上げ計算は、2割特例又は簡易課税制度の適用の妨げにはなりません。

● 積上げ計算
ができない
場合

売上税額・仕入税額の両方について積上げ計算とするシステムとオペレーションが整わない場合は、インボイスに記載する消費税額の計算方法を見直すことも必要です。インボイスに記載する消費税額の端数処理を四捨五入又は切上げとすれば、売上税額が膨らむことを回避することができ、仕入税額には、事務負担が少なく端数処理が有利な割戻し計算とすることができます。

インボイスに記載する消費税額等の計算方法（レジでの端数処理）	納付すべき税額の有利な計算方法	
	売上税額	仕入税額
切捨て	積上げ計算	積上げ計算
四捨五入・切上げ	割戻し計算	割戻し計算

■仕入税額控除

項　目	説　　　　明
1. 概要 （法30〜36）	消費税の課税の対象は資産の譲渡等であり、税率を直接適用する消費税の課税標準は、その課税期間における課税売上高とされています。仕入れの対価に含まれた消費税額は売上げの税額から控除し、税の累積を廃除します。 　控除するその課税期間中の仕入れに係る消費税額を「仕入れに係る消費税額」（控除対象仕入税額）といい、その手続きを「仕入れに係る消費税額の控除」（仕入税額控除）といいます。 　控除対象仕入税額は、その課税期間中の課税仕入れ等の税額に調整を加えて求めます。

課税標準額に対する消費税額 － 控除対象仕入税額

＝ 納付税額

※「課税売上げと対応」の部分は、個別対応方式又は一括比例配分方式によって算出します。ただし、課税仕入れ等の税額の全額を控除対象仕入税額とする全額控除の取扱いがあります。

（加算）
- 非課税資産の輸出等に係る課税仕入れ等の消費税額
- 当期から課税事業者となった場合の期首在庫に係る消費税額
- 課税売上割合が著しく増加した場合の調整税額
- 非課税業務用資産を課税業務用に転用した場合の調整税額
- 居住用賃貸建物を課税賃貸用に供した場合の調整税額
- 居住用賃貸建物を譲渡した場合の調整税額

調整後の控除対象仕入税額

課税仕入れ等の税額

$$国内課税仕入れに係る支払対価の額 \times \frac{7.8}{110} 又は \frac{6.24}{108}$$

＋

引取りの消費税額

課税売上げと対応

控除対象仕入税額

（控除）
- 翌期から免税事業者になる場合の期末在庫に係る消費税額
- 仕入れ値引き等に係る消費税額
- 還付を受けた消費税額
- 課税売上割合が著しく減少した場合の調整税額
- 課税業務用資産を非課税業務用に転用した場合の調整税額

｝ 非課税売上げと対応

☞電気通信利用役務の提供については、220ページを参照してください。

2. 課税仕入れ （法2①十二、 30①⑩⑪⑫）	消費税法における仕入れとは、売上原価を構成する会計上の仕入れとは異なり、棚卸資産に限らず、固定資産や消耗品等の資産の購入、資産の借受け、業務の外部委託等、事業遂行のために行うすべての資産等の調達をいいます。 　課税仕入れとは、事業者が、事業として対価を支払って他の者から資

仕入税額控除

産を譲り受け、若しくは借り受け、又は役務の提供を受けることをいい、仕入れ先が事業として行った場合に課税資産の譲渡等に該当することとなるものをいいます。

ただし、給与等及び免税取引に該当するものは除かれます。

また、仕入税額控除は、原則として、帳簿及び請求書等の保存が適用の要件とされています。☞175ページ

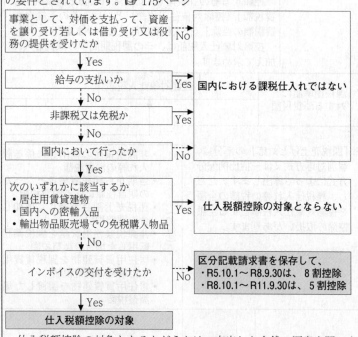

● 支出した金銭の源泉
（基通11-2-8）

仕入税額控除の対象となるかどうかは、支出した金銭の源泉を問いません。保険金、補助金、損害賠償金等を支払いに充てた場合であっても、その資産の譲受け等が課税仕入れに該当するときは、仕入税額控除の対象となります。

● 滅失した資産
（基通11-2-9）

事故等による滅失、盗難、棚卸減耗等、結果的に資産の譲渡等を行うことができなかった課税仕入れや贈与するための資産の課税仕入れについても、仕入税額控除の対象となります。

3. 給与等の取扱い
（法2①十二、基通11-1-2）

給与等の支払いは、課税仕入れになりません。

給与等とは、雇用契約又はこれに準ずる契約に基づく役務の提供の対価であり、対価の受け入れ側で給与所得となるものです。給与の算定が出来高によっていても不課税です。また、過去の労務の提供を給付原因とする退職金、年金等も課税仕入れとならない給与等に該当します。

● 請負による報酬

請負による報酬は、独立した事業者への支払いであるため課税仕入れとなります。

支払った役務の提供の対価が出来高払いの給与であるか、請負による報酬であるかの区分については、雇用契約又はこれに準ずる契約に基づくかどうかによって判定します。

雇用契約等に基づく給与であるかどうかが明らかでない場合の判定は242ページを参照してください。

●外交員等の 報酬 (基通11-2-3)	外交員・集金人等に支払う報酬・料金のうち、所得税において給与所得とされる部分については、課税仕入れとなりません。	
●通勤手当 (基通11-6-5)	通勤手当、定期券等の支給のうち、通勤に通常必要であると認められる部分の金額は、給与等を支払う事業者の課税仕入れに該当し、インボイスの保存なしで仕入税額控除の対象となります。 　所得税法上、非課税となる通勤手当には、月額15万円の上限が設けられています。消費税ではこの上限にかかわりなく、通勤に通常必要であるかどうかで判断します。	
●出張旅費・ 日当等 (基通11-6-4)	出張旅費、宿泊費、日当、就職・退職・転勤のための引越し費用のうち、通常必要であると認められる部分の金額として、支給を受ける者が給与所得として所得税を課税されないものは、課税仕入れに該当し、インボイスの保存なしで仕入税額控除の対象となります。(所得税においても、金額の上限は定められていません。)	

区分	所得税で給与課税されないもの	消費税の課税仕入れとなるもの
通勤手当	通常必要と認められる金額 ただし、月額15万円が限度	通常必要と認められる金額 (限度額なし)
出張旅費	通常必要と認められる金額 (限度額なし)	

●報償金・表彰 金・賞金等 (基通11-2-2、 所基通23〜 35共-1)	次の報償金等は、その支払いを受ける者の譲渡所得、雑所得に係る収入となるものであり、その支払者においても給与等ではなく課税仕入れとなります。

課税仕入れに該当する報償金等
①特許権等を承継したことにより支給するもの ②特許権等の実施権の対価として支給するもの ③事務等の合理化、製品の品質改良等の考案等に対して支給するもの 　(通常の職務の範囲内の行為である場合を除く)

	なお、課税仕入れに該当した場合は、区分記載請求書等を保存することによって、8割控除又は5割控除の対象となります。
●現物給与 (基通11-2-1)	取得した課税資産を使用人等に現物支給した場合でも、その資産の取得は課税仕入れとなります。
●給与負担金 (基通5-5-10)	出向社員の給与等が出向元から支給される場合に出向先が出向元へ支払う給与負担金は、経営指導料等、他の名目によって支出している場合でも給与として取扱います。
●労働者派遣 料 (基通5-5-11)	他の事業者から労働者の派遣を受けた場合に支払う派遣料は、課税仕入れに係る対価に該当します。
4. 寄附金・慶弔 費 (基通11-2-17)	①金銭による寄附、香典、祝儀等の現金を相手方に供与する慶弔費の支出は対価性がないことから課税仕入れになりません。 ②寄附用や贈答用の課税資産の購入は、課税仕入れに該当します。
5. 費途不明金 (基通11-2-23)	たとえば交際費、機密費等の名義をもって支出した金額でその費途が明らかでないものは、仕入税額控除の対象となりません。
6. 為替差損益 (基通11-4-4)	外貨建の課税仕入れについて、為替相場の変動による為替差損益が生じたとしても、その課税仕入れに係る支払対価の額は、課税仕入れを行

仕入税額控除・仕入税額控除の時期

	った時において支払対価の額として計上した額となります。
7. 対価の額が確定していない場合 (基通11-4-5)	課税仕入れを行った課税期間の末日までにその支払対価の額が確定しない場合は、次によります。 　①見積インボイスの交付を受けて見積額による仕入税額控除を行う。 　②電気・ガス・水道水の供給のようなインボイス発行事業者から継続して行う課税仕入れや、機械等の保守点検、弁護士の顧問契約等、継続的取引でインボイスの交付を受ける蓋然性の高い課税仕入れは、課税期間の末日の現況により適正に見積もった金額で、仕入税額控除を行う。 ※いずれも、確定した後に、確定額が記載されたインボイスの交付を受ける必要があります。 ※確定額が見積額と異なるときは、その税額の差額を、その確定した日の属する課税期間における控除対象仕入税額に加算又は減算します。
8. 免税購入品の仕入れ (法30⑫)	令和6年4月1日以後に国内において事業者が行う課税仕入れについて、その事業者が、その課税仕入れに係る資産が輸出物品販売場制度により消費税が免除された物品であることを知っていた場合には、仕入税額控除の対象となりません。
9. 輸入にかかる消費税 (法30①)	事業者が保税地域から課税貨物を引き取った場合には、その引取りの際課せられた消費税は、仕入税額控除の対象となります。 ☞208ページ

(1) 仕入税額控除の時期

項目	説明
1. 国内課税仕入れの税額控除の時期 (法30、基通11-3-1)	仕入税額控除は、取引のたびに税が累積することを回避するため、前段階で課税された税を控除する手続きです。したがって、期間利益を算出するための費用収益の期間的対応という考え方はありません。売上げがその課税期間に実現したかどうかにかかわらず、その課税期間中に行った全ての課税仕入れ等を控除対象仕入税額の計算の基礎とします（即時一括控除）。 　国内において課税仕入れを行った日は、売却した者が課税売上げを計上すべき日であり、原則として、法人税又は所得税における益金の額又は総収入金額の認識基準と同じになります。
● 原則 (基通11-3-1)	<table><tr><th>項目</th><th>課税仕入れを行った日</th></tr><tr><td>資産の購入</td><td>資産の引渡しを受けた日</td></tr><tr><td>資産の借受け</td><td>資産を借り受けた日</td></tr><tr><td>役務の提供</td><td>役務の提供を受けた日</td></tr></table>
● 資産の割賦購入 (基通11-3-2)	資産の購入の対価を分割で支払った場合においても、課税仕入れの時期は、その資産の引渡しを受けた日となります。

2. 短期前払費用 （基通11-3-8）	法人税又は所得税において、支払った日から1年以内に役務の提供を受ける前払費用については、支出した年度の損金又は必要経費の額に算入することが認められており、法人税又は所得税においてその適用を受けている場合には、消費税においてもその支出した日の属する課税期間の課税仕入れとします。

区分		仕入税額控除の時期
短期前払費用	原則	役務の提供を受けた日の属する課税期間
	特例	支出した日の属する課税期間 （法人税又は所得税について、短期前払費用の損金算入の適用を受けている場合）

3. 未成工事支出金	☞119ページ

4. 郵便切手類	☞106ページ

5. リース取引 （所法67の2①、法法64の2①、法令131の2③、基通5-1-9、11-3-2）	リース取引については、法人税又は所得税に準じて、資産の譲渡、資産の貸付け、金銭の貸付けのいずれに該当するかを判断します。 したがって、資産の譲渡に該当するものについてはそのリース資産の引渡時にリース総額を課税仕入れとし、資産の貸付けに該当するものについてはリース料の支払時期に課税仕入れがあったものとなります。金銭の貸付けに該当するもの及びリース資産が課税資産でないものについてはリース料は課税仕入れの対価となりません。

区分		判断
ファイナンス・リース取引	所有権移転リース取引	リース資産の売買又は金銭の貸付けに該当
	所有権移転外リース取引	
オペレーティング・リース取引		リース資産の貸付けに該当

ただし、所有権移転外リース取引については、会計上賃貸借取引としての処理を選択できることから、仕入税額控除の時期には次のような取扱いがあります（契約上明らかにされた利息の金額は、課税仕入れの支払対価から除かれます。）。

会計処理		仕入税額控除の時期
売買処理		一括控除 ：リース資産の引渡時にリース総額を課税仕入れとする
賃貸借処理	いずれか選択	一括控除：リース資産の引渡時にリース総額を課税仕入れとする
		分割控除：リース料の支払時期に支払額を課税仕入れとする

● 留意点

- 売買取引として会計処理した場合は、一括控除による（分割控除は認められない）。
- 賃貸借取引として会計処理した場合は、一括控除又は分割控除の選択が可能。
- 初年度に分割控除を選択した場合は、リース期間終了まで分割控除を適用する（その後の課税期間にリース料の残額の合計額について一括して控除することはできない）。

仕入税額控除の時期

- 一括控除から分割控除へ又は分割控除から一括控除へ変更して修正申告又は更正の請求をすることはできない。
- リース期間の初年度において簡易課税制度を適用していた者がその後一般課税に移行した場合でも、賃貸借処理をしていれば、その課税期間に支払うべきリース料について仕入税額控除することができる。
- リース期間の初年度に免税事業者であった者がその後課税事業者となった場合でも、賃貸借処理をしていれば、その課税期間に支払うべきリース料について仕入税額控除することができる。

● 税率　　　　分割控除であっても、適用する税率は、一括控除と同じリース資産の引渡時の税率となります。

● 保存する請求書等　　　インボイス制度の開始前に行われたリース譲渡については、売手にインボイス交付の義務はありません。したがって、インボイス制度開始後に分割控除を行う場合であっても、リース譲渡の時に受領した区分記載請求書等を保存することになります。

あらためて、インボイスの交付を求める必要はありません。

● 残価保証額の取扱い（基通9-3-6の4）　　　残価保証額とは、リース期間終了の時にリース資産の処分価額が契約に定めた保証額に満たない場合に、賃借人がその賃貸人に支払うこととされているその差額をいいます。

残価保証額は、リース開始時には消費税の処理の対象とならず、その収受すべき金額が確定した日の属する課税期間における資産の譲渡等の対価の額となります。

● 解約等があった場合　　　ファイナンス・リース取引について解約があった場合に賃借人が一括して支払う残存リース料は、リース開始時に計上したリース未払金の支払いであり、課税対象外の取引です。

ただし、賃借人が分割控除している場合の残存リース料は、リース開始時に仕入税額控除の対象としていなかったものですから、解約した日の属する課税期間における仕入税額控除の対象となります。

なお、残存リース料の減額の取扱いは次のとおりです。

区分	取扱い
リース資産を返還することによる残存リース料の減額	金銭等で支払うべき残存リース料を金銭等に代えてリース資産で弁済する代物弁済に該当（賃借人において減額されるリース料を対価とする資産の譲渡）
賃貸人に保険金が支払われることによる残存リース料の減額	リース料の値引きに該当（賃借人において、減額分の仕入対価の返還）
リース資産の陳腐化のため合意廃棄することによる残存リース料の減額	

6. 輸入貨物の税額控除の時期	☞209ページ

(2) 控除対象仕入税額の計算

項　目	説　　　明
1. 課税仕入れ等の税額 （法30②）	国内において行った課税仕入れに係る消費税額、特定課税仕入れに係る消費税額及び保税地域からの引取りに係る課税貨物につき課された又は課されるべき消費税額をあわせて「課税仕入れ等の税額」といいます。 ・輸入の消費税　☞208ページ
2. 課税仕入れに係る消費税額 （法30①、令46①②） ●請求書等積上げ計算 （令46①）	国内において行った課税仕入れに係る消費税額（以下「仕入税額」といいます。）の計算は、原則として、積上げ計算によります。 　積上げ計算には、「請求書等積上げ計算」と「帳簿積上げ計算」の2種類があります。 　請求書等積上げ計算は、受領したインボイス、インボイスに代えて保存する仕入明細書等に記載された消費税額等を積み上げる方法です。 $$\boxed{\text{インボイス・仕入明細書に記載された消費税額等の合計額}} \times \frac{78}{100} = \boxed{\begin{array}{c}\text{仕入}\\\text{税額}\end{array}}$$
●帳簿積上げ計算 （令46②）	帳簿積上げ計算は、課税仕入れの都度算出した仮払消費税等を積み上げる方法です。 $$\boxed{\begin{array}{c}①\\ \text{仮払消費税額等を課税仕入れの都度}\\ \text{算出（1円未満切捨て又は四捨五入）}\end{array}} \Rightarrow \boxed{①\text{の合計額} \times \frac{78}{100}} \Rightarrow \boxed{\begin{array}{c}\text{仕入}\\\text{税額}\end{array}}$$ 　「請求書等積上げ計算」と「帳簿積上げ計算」とは併用ができます。 　しかし、積上げ計算と割戻し計算とを併用することはできません。
●割戻し計算の特例 （令46③）	売上税額の計算につき、「割戻し計算」としている場合は、課税仕入れに係る消費税額についても、適用税率ごとの課税仕入れの支払対価の額の合計額から消費税額を算出する「割戻し計算」によることができます。 $$\boxed{\begin{array}{c}\text{その課税期間中の課税仕入れに係る税込支払対価の額}\\ \text{の合計額}\end{array}} \times \frac{7.8}{110} = \boxed{\begin{array}{c}\text{仕入}\\\text{税額}\end{array}}$$ 　$\frac{7.8}{110}$は、標準税率の場合です。旧税率又は軽減税率が適用される課税仕入れがある場合は、税率ごとに区分して計算します。
●端数処理 （令46②）	帳簿積上げ計算は、課税仕入れに係る支払対価の額に110分の10（軽減税率は108分の8）を乗じて算出した金額を積み上げます。この金額に1円未満の端数が生じたときは、端数を切捨て又は四捨五入します。切上げとすることはできません。
●課税仕入れの都度	帳簿積上げ計算における仮払消費税額等の計上は、必ずしもインボイス単位で計算する必要はありません。受領した適格請求書ではない納品書又は請求書を単位として計上することや、継続的に買手の支払基準といった合理的な基準による単位により計上することができます。 ・納品書がインボイス　⇒　月次請求書による仮払消費税等の計上が可能 ・月次請求書がインボイス ⇒ 納品書による仮払消費税等の計上が可能
●税込経理の帳簿積上げ計算	税込経理方式を適用している場合であっても、財務会計システムに「課税仕入れに係る支払対価の額に10/110を乗じて算出した金額」を帳簿に記載してこれを集計する機能があれば、帳簿積上げ計算によることができます。

控除対象仕入税額の計算・2割特例

3. 控除額の計算 方法 （法30①②、 37①）	控除対象仕入税額の計算方法には、次の4つがあります。			
	区分	計算方法	要件等	
	全額控除	控除対象仕入税額 ＝課税仕入れ等の税額の全額	課税売上割合95%以上 かつ 課税売上高5億円以下	帳簿及び請求書等の保存
	個別対応 方式	課税仕入れ等を売上げとの対応関係により区分して計算	課税仕入れ等と売上げとの対応関係を区分	
	一括比例 配分方式	課税仕入れ等の税額の全額に課税売上割合を乗じて計算	2年間継続適用	
	簡易課税	売上げの税額にみなし仕入率を乗じて計算	• 事前の届出が必要 • 基準期間における課税売上高5千万円以下 • 2年間継続適用	
	令和8年9月30日までの日の属する課税期間においては、2割特例があります。			

(3) 2割特例

項　　目	説　　　　明			
1. 計算方法 ● 特別控除税額 （平28改法附則 51の2①②）	インボイス制度開始から令和8年9月30日までの日の属する課税期間において、免税事業者がインボイス発行事業者となる場合には、次の「特別控除税額」を控除対象仕入税額とし、売上税額の2割相当額を納付税額とすることができます。 特別控除税額の計算は、次のとおりです。			

$$\boxed{\begin{array}{c}\text{控除対象仕入税額}\\ \text{【特別控除額】}\end{array}} = \boxed{\begin{array}{c}\text{課税標準額に対する消費税額}\\ \triangle\text{対価の返還等に係る消費税額}\\ +\text{貸倒回収に係る消費税額}\end{array}} \times 80\%$$

適用税率	売上税額に対する 納付税額の割合	税抜売上高に対する 納付税額の割合	税込売上高に対する 納付税額の割合
標準税率 10%	20%	2.0%	約1.8%
軽減税率 8%		1.6%	約1.5%

2. 対象課税期間 （平28改法附則 51の2①⑤）	法　人　：制度開始から、令和8年9月30日の属する課税期間（事業年度）まで 個人事業者：令和5年（9月までは免税）、6年、7年、8年 　2割特例の対象となるのは、登録しなければ免税事業者であった課税期間です。課税期間を短縮する特例を適用する場合も対象から除かれます。したがって、次の課税期間は対象となりません。

2割特例の対象とならない課税期間
① 基準期間における課税売上高が1,000万円を超える課税期間
② 特定期間における課税売上高が1,000万円を超える課税期間
③ 次の特例により課税事業者となる課税期間 　イ　相続があった場合の特例（相続があった年については登録開始日の前日までに相続があった場合に限ります） 　ロ　合併又は分割があった場合の特例 　ハ　新設法人又は特定新規設立法人の特例 　ニ　調整対象固定資産又は高額特定資産を取得した場合等の特例 　ホ　法人課税信託の特例
④ 課税期間を短縮する特例の適用を受ける課税期間
⑤ 上記の他、課税事業者選択届出書の提出により令和5年10月1日前から引き続き課税事業者となる課税期間

● 恒久的施設がない国外事業者
● 相続があった場合

　令和6年10月1日以後に開始する課税期間から、その課税期間の初日において恒久的施設を有しない国外事業者は、2割特例の適用ができません。

　上記③イの相続があった場合の特例については、登録日後の予期しない相続により課税期間の途中から経過措置が不適用とならないように、「相続があった年については登録開始日の前日までに相続があった場合」に限るものとしています。

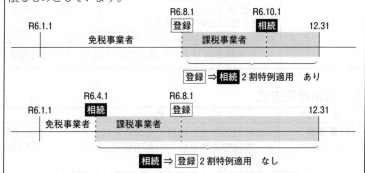

● 課税事業者選択不適用届出書の提出

　上記⑤については、令和5年10月1日の属する課税期間中に課税事業者選択不適用届出書を提出したときは、その課税事業者選択届出書は効力を失い、2割特例の対象となります。

3. 適用手続き
（平28改法附則51の2③）

　2割特例の適用について、選択届出書・不適用届出書の提出などの手続きはなく、2年間の継続適用といったルールもありません。確定申告書に適用する旨を付記します。

　簡易課税制度選択届出書を提出していても適用ができます。

　2割特例から簡易課税に接続する場合の届出特例は253ページを参照して下さい。

(4) 全額控除

項　目	説　明
1. 計算方法 （法30①）	控除対象仕入税額　＝　課税仕入れ等の税額の全額
2. 全額控除の要件（95%ルール）（法30②） ● 5億円基準 （法30②⑥、基通11-5-10）	**全額控除の要件** ①課税売上割合が95%以上　かつ　②課税売上高が5億円以下 　5億円以下の判定を行うその課税期間における課税売上高は、その課税期間中に国内において行った課税資産の譲渡等の対価の額（税抜き）の合計額から、その課税期間における売上げに係る対価の返還等の金額（税抜き）の合計額を控除して計算します。 　その課税期間が1年に満たない場合には、12ヶ月相当額に換算して、5億円を超えているかどうかを判定します。この場合、月数は、暦に従って計算し、1ヶ月に満たない端数は1ヶ月とします。 　これは、基準期間における課税売上高の計算方法と同じです。

その課税期間における課税売上高 （5億円基準の判定）	課税売上割合の分子の金額
税抜き課税売上高＋免税売上高（税抜き対価の返還等の金額※を控除）	
・非課税資産の輸出売上高は含めない ・国外移送した場合の本船甲板渡し価格は含めない ・12ヶ月相当額に換算する	・非課税資産の輸出売上高を含める ・国外移送した場合の本船甲板渡し価格を含める ・12ヶ月相当額に換算しない

※ その対価の返還等に係る課税資産の譲渡等を行った課税期間において免税事業者であった場合には、税込み対価の返還等の金額とします。

(5) 個別対応方式

項　目	説　明
1. 計算方法 （法30②一、③）	個別対応方式を適用する場合には、課税仕入れ及び輸入した課税貨物を①課税売上対応分、②非課税売上対応分、③共通対応分の3つに区分します。

区分	内容
①課税資産の譲渡等にのみ要するもの（課税売上対応分）	・課税売上げのためにのみ要する課税仕入れ等 ・輸出免税売上げのためにのみ要する課税仕入れ等 ・国外における売上げのためにのみ要する課税仕入れ等
②非課税資産の譲渡等にのみ要するもの（非課税売上対応分）	・非課税売上げのためにのみ要する課税仕入れ等
③課税資産の譲渡等と非課税資産の譲渡等に共通して要するもの（共通対応分）	・課税売上げと非課税売上げに共通して要する課税仕入れ等 ・課税売上対応分にも非課税売上対応分にも該当しない課税仕入れ等

　①の課税売上対応分についてはその税額のすべてを控除し、③の共通対応分についてはその税額に課税売上割合を乗じた金額を控除します。
　②非課税売上対応分の税額は、控除することはできません。

その課税期間中の課税仕入れ等の税額

①課税売上対応分 (すべて控除する)	③共通対応分	②非課税売上対応分 (すべて控除できない)

控除対象仕入税額 　　　　　　　　　　控除できない税額

課税売上割合又は
課税売上割合に準ずる割合で按分

● 計算式

$$
\boxed{\begin{array}{c}控除対象\\仕入税額\end{array}} = \boxed{\begin{array}{c}①の税額\\(課税売上対応分)\end{array}} + \boxed{\begin{array}{c}③の税額\\(共通対応分)\end{array}} \times \left\{\begin{array}{c}課税売上割合\\又は\\課税売上割合に準ずる割合\end{array}\right.
$$

個別対応方式

2. 用途区分 ● 区分の方法 （基通11-2-18）	個別対応方式を適用する場合は、その課税期間において行った個々の課税仕入れ等について、必ず、上記3つの区分をしなければなりません。例えば、課税仕入れ等の中から課税売上対応分だけを抽出し、それ以外のものをすべて共通対応分とするような区分は認められません。ただし、非課税売上対応分が存在しないため、3つに区分した結果、課税売上対応分と共通対応分しか生じていなかったということは考えられます。 　また、区分の方法について法令の規定はありません。一般に、個別対応方式における課税仕入れ等の区分を「区分経理」と呼ぶことがありますが、必ずしも帳簿上で区分されている必要はなく、別に一覧表等を作成して整理する方法等も認められます。いずれにしても、申告書の計数につながる適正な資料を保存する必要があります。
● 区分の時期 （基通11-2-20）	課税仕入れ等の区分は、課税仕入れを行った日又は課税貨物を引き取った日の状況により行います。例えば課税資産である棚卸資産の仕入れは、課税売上げを予定して行うものですから、結果的に販売せずサンプル品として進呈した場合や、被災救援物資として無償提供した場合でも、課税売上対応分となります。 　仕入れ等の日において区分が明らかでない場合は共通対応分になりますが、その日の属する課税期間の末日までにその区分が明らかにされたときは、その明らかにされた区分によることができます。
● 用途の変更	課税仕入れ等の用途は、後に変更された場合であっても仕入れ等の日の状況で判断します。用途を変更した場合には、仕入れ等の日における用途を説明することができる資料を保存しておくべきです。 　なお、調整対象固定資産については、その用途を変更した場合に控除対象仕入税額を調整する規定があります（164ページ参照）。
● 区分の基準	課税仕入れ等の区分は、売上げとの対応関係により判定します。 　例えば、土地の造成費用は、土地の取得に付随する課税仕入れですが、そのことを理由に非課税売上対応分に区分することにはなりません。その土地の利用の目的が土地の造成費用の用途になります。 　また、受領した保険金等を原資として行う建物の取得は、保険金収入に対応するものではありません。その建物の利用の目的がその建物の取得に係る課税仕入れ等の用途になります。

個別対応方式

3. 課税売上対応分 (基通11-2-10 ～11、11-2 -14)	課税売上対応分とは、課税資産の譲渡等を行うためにのみ必要な課税仕入れ又は課税貨物をいいます。実際に使用する時期や売上げが発生する時期を問わず、その課税仕入れ等を行った時において、課税売上げのためにだけ必要であると判断することができるものです。 具体的には、次のような資産の譲受け等が、課税売上対応分となります。

- そのまま他に譲渡される課税資産
- 課税資産の製造用にのみ消費又は使用される原材料、容器、包装紙、機械及び装置、工具、器具、備品等
- 課税資産に係る倉庫料、運送費、広告宣伝費、カタログ印刷費、支払手数料又は支払加工賃等
- 課税資産の譲渡等に係る販売促進等のために得意先等に配布される試供品、試作品等
- 輸出免税に係る資産の譲渡等（非課税資産の輸出取引等を含む）のための課税仕入れ等

● 商品券の印刷費

自己の店舗等において引換給付を行う課税商品に係る商品券は、商品券による課税売上げを予定して発行するものですから、その商品券の印刷費は課税売上対応分となります。

● 交際費

交際費は、通常、共通対応分に該当します。さらに詳細に区分する場合には、その交際費の支出の目的や相手方との取引の内容（課税取引であるか否か）に応じて判断します。

したがって、その交際費が、課税商品の販売のみを行う者に対する歳暮や中元である場合や、課税売上げとなる工事現場において行われる課税仕入れであると特定できる場合は、課税売上対応分に区分します。

● 国外売上げ
(基通11-2-11)

国外において行う資産の譲渡等は課税対象外ですが、そのための課税仕入れ等は、課税売上対応分となります。

課税資産の譲渡等とは、資産の譲渡等から国内取引について定められた非課税資産の譲渡等を除いたものです。したがって国外において行った資産の譲渡等は、土地の譲渡等も含め、そのすべてが課税資産の譲渡等に該当します。

区分			判定
資産の譲渡等	国内において行われる資産の譲渡等	消費税法別表第二に掲げる非課税（非課税売上げ）	非課税資産の譲渡等
		非課税以外のもの（課税売上げ、免税売上げ）	課税資産の譲渡等
	国外において行われる資産の譲渡等（国外に非課税はない）		

● 輸出品の課税仕入れ

資産を輸出販売するために要した課税仕入れ等は、すべて課税売上対応分となります。

● 非課税資産の輸出等
(法31、規16)

非課税資産を輸出販売した場合、国外で販売又は自己が使用するために資産を輸出した場合には、これらに要した課税仕入れ等はすべて課税売上対応分として取り扱います。☞216ページ

ただし、有価証券、支払手段、抵当証券、貸付金、預金、売掛金その他の金銭債権の輸出は、この取扱いから除かれます。

個別対応方式

輸出取引のために要する課税仕入れ等		区分
課税資産の輸出 非課税資産の輸出 国外での販売又は自己使用のための資産の輸出	のために要した課税仕入れ等 →	課税売上対応分
有価証券・支払手段・抵当証券 貸付金・預金・売掛金 その他の金銭債権	の輸出のために要した課税仕入れ等 →	非課税売上対応分

上記の取扱いを行うためには輸出許可書等の保存が必要です。

4. 非課税売上対応分
(基通11-2-15)

　非課税売上対応分とは、非課税資産の譲渡等を行うためにのみ必要な課税仕入れ又は課税貨物をいいます。実際に使用する時期や売上げが発生する時期を問わず、その課税仕入れ等を行った時において、非課税売上げのためにだけ必要であると判断することができるものです。

　具体的には、次のような費用等が、非課税売上対応分となります。

- 更地で販売する土地の造成費用
- 更地で販売する土地の取得又は譲渡に係る仲介手数料
- 賃貸用住宅の入居に係る広告宣伝費や仲介手数料
- 有価証券の売買手数料
- 従業員から使用料を徴収する社宅の建築費、修繕費、維持管理費用

● 株式の売買手数料

　株式の売買に伴う課税仕入れに係る支払対価には、委託売買手数料、投資顧問料、保護預り料があります。これらの支払対価は、いずれも、非課税売上対応分となります。

区分		判断
委託売買手数料	売却のため	非課税売上対応分 （株式の譲渡のための費用）
	購入のため	投資目的…非課税売上対応分 保有目的（資本提携など）…共通対応分
投資顧問料		非課税売上対応分（委託売買手数料と同様の費用）
株式の保護預り料		非課税売上対応分（後日の売却のための費用）

5. 共通対応分
(基通11-2-16～17)

　共通対応分とは、課税資産の譲渡等と非課税資産の譲渡等とに共通して要するものとされています（法30②）。

　ただし、課税売上対応分にも、非課税売上対応分にも該当しないものは、すべて共通対応分に区分されます。

- 課税売上げと非課税売上げに共通して要する費用
- 本社家賃・福利厚生費・水道光熱費・接待交際費等の一般管理費
- 土地建物一括譲渡に係る仲介手数料
- 不課税取引のために要する課税仕入れ等（株券・社債券の発行にあたっての印刷費・引受手数料等、損害賠償金を得るための弁護士費用等）
- 寄附や贈与する目的で購入する課税資産の購入費
- 株主総会のための課税仕入れ等
- 企業イメージの広告費

個別対応方式

	・社会貢献の費用 ・課税仕入れを行った課税期間の末日までに使用目的が決まっていないもの ・その他課税売上対応分又は非課税売上対応分に該当しないもの
●非課税売上げが受取利息だけの場合	非課税売上げが受取利息だけである場合、受取利息のために要する課税仕入れ等は通常生じないので、非課税売上対応分に区分されるものはないと思われます。 　この場合であっても、総務や経理部等、企業全体の業務を担う部署において生じた課税仕入れは、課税売上げのために要したと明確に判断できるものを除いて、共通対応分となります。
●病院における薬品の課税仕入れ	病院における薬品の仕入れは、原則として共通対応分となります。 　保険診療でも自由診療でも、同一の薬品を用いることが多いことから、仕入れた薬品を仕入れの段階で区分することができないからです。 　この場合、課税売上割合に準ずる割合としては、例えば、保険診療と自由診療との患者数の比率や使用薬価の比率（使用実績による薬価の比率）などが考えられます。
●合理的な区分 （基通11-2-19）	共通対応分に区分されるものであっても、原材料、包装材料、倉庫料、電力料等のように、生産実績その他の合理的な基準により、課税売上対応分と非課税売上対応分とに区分することが可能なものは、その合理的な区分によることができます。 　土地と建物を一括譲渡する場合の仲介手数料はその譲渡対価の比により、住宅の貸付けと住宅以外の貸付けの用に供する建物の建築費はそれぞれの建築単価が同程度であればその床面積の比により、合理的に区分することができます。 　また一部が共通対応分となる区分も、合理的であれば可能です。 　部門別計算を行っている場合の共通経費の配賦は、この合理的な基準による区分に該当しない場合もあるので注意が必要です。 　この合理的な区分は、事業者の任意で行うものですが、区分して申告した場合には、その区分が合理的である限り、その区分を撤回して更正の請求を行うことはできません。
●合理的な区分と課税売上割合に準ずる割合	合理的な区分は、一義的には共通対応分として区分された課税仕入れ等であっても、製品製造原価となる原材料、梱包材料、倉庫料、電力料等のように、課税資産の譲渡等又は非課税資産の譲渡等との対応関係が明確かつ直接的で、生産実績のように既に実現している事象の数値のみによって算定される割合で、その合理性が検証可能な基準により機械的に区分することが可能なものに限っては、その合理的な基準により区分することを認めるものです。 　たまたま土地を譲渡した場合のように、各事業者固有の特殊な実情に則した仕入控除税額の計算を行う必要がある場合には、事前に、下記6.の課税売上割合に準ずる割合の承認を受ける必要があります。
6. 課税売上割合に準ずる割合 （法30③、基通11-5-7）	個別対応方式による場合には、共通対応分の税額は、課税売上割合に代えて課税売上割合に準ずる割合によって計算することができます。 　課税売上割合に準ずる割合とは、その課税仕入れの性質に応ずる合理的な基準により算出した割合をいい、これによれば、共通対応分につき控除対象仕入税額を適正な金額に調整することができます。

● 適用要件
（法30③、令47）

　　課税売上割合に準ずる割合は、適用申請をして所轄税務署長の承認を受けた日の属する課税期間から適用し、不適用の届出書を提出した日の属する課税期間以後適用されなくなります。

　　ただし、課税売上割合に準ずる割合を適用しようとする課税期間の末日までに承認申請書を提出し、同日の翌日以後1月以内に税務署長の承認があった場合には、その承認申請書を提出した日の属する課税期間の末日に承認があったものとみなされます。

● 注意点

・税務署長の通知なしに承認したものとみなされる取扱い（みなし承認）はありません。

・継続適用は強制されませんので、一課税期間でやめることができます。

・課税売上割合に準ずる割合の適用の承認を受けている場合でも、全額控除をするかどうかの95％以上の判定は、課税売上割合によります。

● 承認後は強制適用

　　課税売上割合に準ずる割合の承認を受けると、課税売上割合を適用したほうが有利となる場合でも、不適用の届出書を提出しない限り、必ず課税売上割合に準ずる割合を適用しなければなりません。

● 適用範囲と算出方法
（基通11-5-7～8）

適用範囲		算出方法
事業の全部について同一の割合を適用可能		・使用人の数の割合 ・従事日数の割合 ・消費又は使用する資産の価額の割合 ・使用数量の割合 ・使用面積の割合 ・その他合理的な割合
事業の種類の異なるごと	それぞれ異なる課税売上割合に準ずる割合を適用可能（すべてについて承認が必要）	
販売費、一般管理費その他の費用の種類の異なるごと		
事業場の単位ごと		
その他一定の単位ごと		

● 従業員割合
（95％基本QA23）

　　従業員割合は、従業員数に比例して支出されると認められるものについて適用できます。承認を受ければ、不適用の届出をしない限り、本来の課税売上割合よりも低いこととなる場合であっても適用します。

$$従業員割合 = \frac{課税業務従業員数}{\begin{array}{c}課税業務従業員数\\(課税資産の譲渡等にのみ従事する従業員数)\end{array} + \begin{array}{c}非課税業務従業員数\\(非課税資産の譲渡等にのみ従事する従業員数)\end{array}}$$

(1)従業員数を課税資産の譲渡等と非課税資産の譲渡等に係る業務ごとに区分できることが前提です。

　※課税・非課税の双方の業務に従事する従業員がいる場合には、「課税業務従業員数」を、「総従業員数－非課税業務従業員数」という方法で把握することは認められません。

(2)従業員数は、原則として課税期間の末日の現況によります。

　※課税期間の末日における従業員数が課税期間における実態と異なるなど、事業の実態を反映しないものであるときは、課税期間中の各月末の平均数値等によることができます。

(3)課税・非課税の双方の業務に従事する従業員については、原則として、この割合の計算上、分母、分子のいずれにも含めません。

　　ただし、事務日報等により課税・非課税の双方の業務に従事する従業員全員の従事日数が記録されていて、この記録により従業員ごとの従事日数の割合が計算できる場合には、その割合により各業務にあん分することは認められます。

個別対応方式

※非課税資産の譲渡等にのみ従事する従業員が皆無の場合であっても、課税・非課税の双方の業務に従事する従業員全員について、上記のただし書に規定する状況にあるときは、その従事日数の割合により、従業員割合の適用が認められます。

(4)海外工事部門の従業員など、国外取引にのみ従事する従業員については、この割合の計算上、分母、分子のいずれにも含めません。

(5)法人の役員（非常勤役員を除きます。）も従業員に含めて取り扱います。アルバイト等についても、従業員と同等の勤務状況にある場合には、従業員に含めて取り扱います。

(6)本店・支店ごと又は事業部門ごとにそれぞれの従業員割合を適用することは認められます。

● 事業部門ごとの割合
（95%基本Q A24）

独立採算制の対象となっている事業部門や独立した会計単位となっている事業部門や支店については、事業部門ごと、支店ごとの割合を課税売上割合に準ずる割合とすることができます。

承認を受ければ、不適用の届出をしない限り、本来の課税売上割合よりも低いこととなる場合であっても適用します。

$$\text{事業部門ごとの割合} = \frac{\text{事業部門ごとの課税売上高}}{\text{事業部門ごとの課税売上高} + \text{事業部門ごとの非課税売上高}}$$

(1)事業部門ごとに、その事業部門に係る課税売上高と非課税売上高を基礎として、課税売上割合と同様の方法により割合を求めます。

(2)総務、経理部門等の事業を行う部門以外の部門については、この割合の適用は認められません。

(3)総務、経理部門等の共通対応分の消費税額全てを各事業部門の従業員数比率等適宜の比率により事業部門に振り分けた上で、事業部門ごとの課税売上割合に準ずる割合によりあん分する方法も認められます。

● 床面積割合
（95%基本Q A25）

床面積割合は、専用床面積に比例して支出されると認められるものについて適用できます。

承認を受ければ、不適用の届出をしない限り、本来の課税売上割合よりも低いこととなる場合であっても適用します。

$$\text{床面積割合} = \frac{\text{課税業務専用床面積}}{\text{課税業務専用床面積} + \text{非課税業務専用床面積}}$$

(1)床面積を課税資産の譲渡等と非課税資産の譲渡等に係る業務ごとに区分できることが前提です。

※課税・非課税の双方の業務で使用する床面積がある場合には、「課税業務専用床面積」を、「総床面積−非課税業務専用床面積」という方法で把握することは認められません。

(2)計算の基礎となる床面積は、原則として課税期間の末日の現況によります。

※課税期間の末日における床面積が課税期間における実態と異なるなど、事業の実態を反映しないものであるときは、課税期間中の各月末の平均数値等によることができます。

(3)課税・非課税の双方の業務で使用する専用床面積については、原則としてこの割合の計算上、分母、分子のいずれにも含めません。

●取引件数割合 (95％基本Q A26)	(4)本店・支店ごと又は事業部門ごとにそれぞれの床面積割合を適用することは認められます。 　　取引件数割合は、取引件数に比例して支出されると認められるものについて適用できます。 　　承認を受ければ、不適用の届出をしない限り、本来の課税売上割合よりも低いこととなる場合であっても適用します。

$$\text{取引件数割合} = \frac{\text{課税資産の譲渡等に係る取引件数}}{\text{課税資産の譲渡等に係る取引件数} + \text{非課税資産の譲渡等に係る取引件数}}$$

	(1)取引件数を課税資産の譲渡等と非課税資産の譲渡等に係る件数に区分できることが前提です。 (2)本店・支店ごと又は事業部門ごとにそれぞれの取引件数割合を適用することは認められます。
●たまたま土地を譲渡した場合	たまたま土地を譲渡したことにより、その課税期間の課税売上割合が低くなった場合には、前課税期間の課税売上割合等を課税売上割合に準ずる割合として用いることができます。

要件	課税売上割合に準ずる割合	備考
次の要件のすべてを満たしていること ①土地の譲渡が単発で発生 ②営業の実体に変動なし ③過去３年間の課税売上割合の最高と最低の差が５％以内	前期以前３年間の通算課税売上割合又は前課税期間の課税売上割合	土地を譲渡した課税期間についてのみ承認される

有価証券の譲渡について、これと同様の方法での承認を受けることはできません。

(6)　一括比例配分方式

項　　目	説　　　　明
1.**計算方法** (法30②二、 ④)	一括比例配分方式は、課税仕入れ等を区分しているか否かにかかわらず、その課税期間中の課税仕入れ等の税額のすべてを課税売上割合によって按分計算する方法です。

―――― その課税期間中の課税仕入れ等の税額 ――――

控除対象仕入税額 〔課税売上割合で按分〕→ 控除できない税額			
	①課税売上対応分	③共通対応分	②非課税売上対応分

●計算式	$$\text{控除対象仕入税額} = \text{課税仕入れ等の税額の合計額} \times \text{課税売上割合}$$ ※一括比例配分方式では、課税売上割合に準ずる割合の適用はありません。

一括比例配分方式・個別対応方式又は一括比例配分方式の選択

2. 2年間継続適用 （法30⑤、基通 11-2-21）	一括比例配分方式の適用を開始した課税期間の初日から2年を経過する日までの間に開始する課税期間においては、個別対応方式を適用することはできません（以下「2年間継続適用」といいます。）。

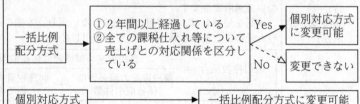

※2年を経過する日までの間に開始する課税期間であっても、要件を充足すれば、全額控除、簡易課税及び2割特例は適用することができます。

(7) 個別対応方式又は一括比例配分方式の選択

項　目	説　明	
1. 両方式の特色 （法30②③⑤、 33、34、35、基 通11-2-19）	両方式の特色は、おおむね次のとおりです。	

個別対応方式	一括比例配分方式
・継続適用の要件がない ・課税仕入れ等の用途を区分する必要がある ・非課税売上対応分の税額は一切控除できない ・共通対応分を合理的な基準で区分することができる ・課税売上割合に準ずる割合を活用することができる ・一括比例配分方式に比べて控除税額が多くなる場合が多い ・課税売上対応分、非課税売上対応分の調整対象固定資産について転用した場合の調整の適用がある ・共通対応分の調整対象固定資産について課税売上割合が著しく変動した場合の調整の適用がある	・2年間継続適用の要件がある ・課税仕入れ等の用途を区分する必要がない ・非課税売上対応分の税額についても課税売上割合を乗じた金額を控除することができる ・棚卸資産など、課税売上対応分の税額についても課税売上割合を適用して計算しなければならない ・課税売上割合に準ずる割合の適用がない ・すべての調整対象固定資産について課税売上割合が著しく変動した場合の調整の適用がある ・調整対象固定資産を転用した場合の調整の適用がない

2. 用途区分の必要性	一括比例配分方式は、課税売上割合によって控除額を計算しますが、個別対応方式では、共通対応分の課税仕入れ等を課税売上割合以外の合理的な基準により区分することも、課税売上割合に準ずる割合を適用することも可能です。 　課税売上割合は、仕入れのいかんにかかわらず実現した売上高によって計算します。課税売上割合が課税仕入れの発生の実態を反映しない低い数値となる場合に備えて、用途区分を行っておくことを検討するべきでしょう。
3. 適用関係 （基通15-2-7）	個別対応方式又は一括比例配分方式は、確定申告に記載することで選択します。事前の届出は不要です。したがって、課税仕入れ等の用途区

分をしていれば、両方式のうち控除額が大きい方を選択して申告することができます。

　ただし、一括比例配分方式は、上記(6)2.の２年間継続適用の取扱いがあります。

個別対応方式と一括比例配分方式の適用関係
①　一括比例配分方式の２年間継続適用の課税期間でない場合は、その課税期間に係る中間申告で一括比例配分方式を適用したときでも、確定申告については、個別対応方式を適用することができる。 ②　一括比例配分方式の２年間継続適用の課税期間であっても、中間申告においては、個別対応方式を適用することができる。 ③　既に提出している確定申告書において、個別対応方式又は一括比例配分方式のいずれかの計算方式により仕入控除税額を計算した場合には、その申告について修正申告書を提出するときにおいても、その確定申告書で選択した計算方式により仕入控除税額を計算することとなる。 ④　既に提出している確定申告書において、個別対応方式又は一括比例配分方式のいずれかの計算方式により仕入控除税額を計算した場合には、これを変更して更正の請求をすることはできない。 ⑤　確定申告において全額控除を適用した場合において、課税売上高が５億円を超えること又は課税売上割合が95％未満であることが判明し修正申告を行うときは、修正申告においていずれかの方式を選択する。

(8)　課税売上割合

項　目	説　　　　明
課税売上割合 (法30⑥、令48①)	課税売上割合とは、その課税期間中に国内において行った資産の譲渡等の対価の額の合計額のうちにその課税期間中に国内において行った課税資産の譲渡等の対価の額の合計額の占める割合をいい、具体的には、次のとおり計算します。 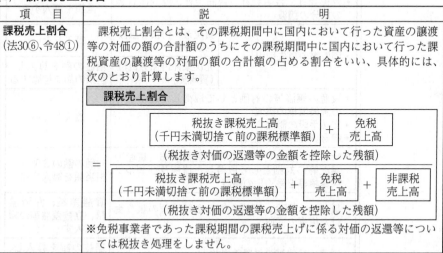 ※免税事業者であった課税期間の課税売上げに係る対価の返還等については税抜き処理をしません。
1. 事業全体で計算 (基通11-5-1)	課税売上割合は、その課税期間中のすべての資産の譲渡等をもとに計算します。事業所や支店、事業部単位等で行うことはできません。 　個別対応方式の場合には、148ページ **6. 課税売上割合に準ずる割合** を参照。

課税売上割合

2. 分母・分子の注意点
（法31、令51、基通11-5-4、関税法令59の2②）

区分	分母・分子の金額
・消費税額及び地方消費税額 ・国外において行う取引に係る譲渡対価の額 ・貸倒れの回収金額	含めない
・貸倒れとなった金額	控除しない
・低額譲渡・みなし譲渡の場合に対価の額とみなされた金額 ・輸出取引等に該当する課税資産の譲渡対価の額 ・輸出取引等に該当する非課税資産の譲渡対価の額 ・海外支店における販売や使用のために輸出した資産の価額※	含める

※国外へ移送した資産の価額は、輸送船等に積み込むまでに要したすべての費用の合計額（本船甲板渡し価額：FOB価額）となります。

3. 有価証券等の取扱い
（令48②〜⑥、規15の2）

有価証券等の取引に係る対価の額の取扱いは次によります。

区分		非課税売上高に算入する金額
・金融商品取引法2条1項に規定する有価証券等※（ゴルフ場利用株式等を除く）の譲渡 ・登録国債等（国債等の現先取引を除く）の譲渡 ・現先取引以外の海外CD、CPの譲渡		対価の額の5％相当額を算入する
・合資会社、合名会社、合同会社、協同組合等の持分の譲渡		全額を算入する
・国債等の現先取引	買戻条件付債券譲渡（売現先）	算入しない
	売戻条件付債券買付（買現先）	差益の額を算入し、差損の額を控除する
・資産の譲渡等の対価として取得した売掛金等の金銭債権の譲渡 ・支払手段の譲渡 ・暗号資産（仮想通貨）の譲渡		算入しない
・貸付金、預金、売掛金等の金銭債権（資産の譲渡等の対価として取得した債権及びゴルフ会員権等を除く）の譲渡		対価の額の5％相当額を算入する
・貸付金、預金、売掛金等の金銭債権の譲り受けた債権の回収		償還差益、弁済差額、立替差益等の額を算入する
・国債、社債等の償還差損益		差益の額を算入し、差損の額を控除する
・貸付金、預貯金、公社債等の利子 ・手形の受取割引料		全額を算入する

※有限会社は、会社法が施行された平成18年5月1日から「会社法の施行に伴う関係法律の整備等に関する法律」により特例有限会社（有限会社と名のる株式会社）となり、その持分は株式とみなされています。

4. 端数処理 （基通11-5-6）	課税売上割合を計算して割り切れない場合には、分数のまま又は端数を切り捨てて計算します。四捨五入や切上げはできません。
5. 売上高＜値引き等の額の場合 （令48①）	課税売上割合は、売上高から対価の返還等の金額を控除した残額によって計算することとされているので、その課税期間の売上高より対価の返還等の金額の方が大きい場合には、売上高を0として計算します。 ①分母が0　　②分子が0　　③分母分子が0 $$\frac{\times\times\times}{0}=100\% \qquad \frac{0}{\times\times\times}=0\% \qquad \frac{0}{0}=0\%$$ 課税売上割合は、資産の譲渡等の対価の額の合計額のうちに課税資産の譲渡等の対価の額の「占める割合」です。便宜上、上記のように分数式を示していますが、「除して得た割合」ではないので「0で割れない」といった数学的な問題を考慮する必要はありません。

(9) 仕入れに係る対価の返還等を受けた場合

項　目	説　　　　明
1. 値引き等があった場合 （法32①）	国内において行った課税仕入れについて、値引きや返品等により、対価の返還等が行われた場合には、控除対象仕入税額を減額します。

課税取引に係る返品・値引き・割戻し等による対価の返還
→ 売手側：課税売上げの修正 → 値引き等があった課税期間の売上げに係る消費税額から値引き等の消費税額を控除
→ 買手側：課税仕入れの修正 → 値引き等があった課税期間の仕入れに係る消費税額から値引き等の消費税額を控除

● 調整の時期 （法32①）	仕入れに係る対価の返還等に係る調整は、その対価の返還等を受けた日の属する課税期間において行います。
2. 対象 （法32①、基通12-1-1～4）	調整を要する対価の返還等は、次のものです。

項目	内容	
返品・値引き	仕入商品の返品、仕入金額の値引き	左の理由により対価の返還又は買掛金の減額
割戻し（リベート）	一定期間に一定額又は一定量を購入した場合に受ける代金の一部返戻	
仕入割引	買掛金等をその支払期日前に決済したことにより支払いを受けるもの	
販売奨励金	販売促進の目的で、数量等に応じて、仕入先から受ける奨励金	
事業分量配当金	協同組合等から受ける事業分量配当金のうち、販売分量等に応じて支払いを受けるもの	
船舶の早出料	貨物の積卸期間が短縮され、運送期間が短縮したために支払いを受ける運賃の割戻し	

● 輸入品の値引き等	保税地域から引き取った課税貨物につき、値引きや割戻しによる対価の返還等があっても調整計算は行いません。
● 免税事業者	免税事業者であった課税期間の課税仕入れは、税額控除の対象となら

仕入れに係る対価の返還等を受けた場合

であったときの仕入れ (基通12-1-8) ● 債務免除 (基通12-1-7)	なかったため、その対価の返還等があったとしても、調整計算は行いません。 　免税事業者が課税事業者となった場合の棚卸資産に係る調整の対象となったものについては、調整計算を行います。(94ページ参照) 　買掛金その他の債務について、債務免除を受けた場合、その債務が課税仕入れに係る債務であっても、仕入れに係る対価の返還等には該当しません。

3. 仕入返還の税率
(基通12-1-6)

　仕入返還の税率は、その返還をした課税仕入れに適用した税率です。
　標準税率の課税仕入れ、軽減税率の課税仕入れ又は課税取引でない仕入れなどにつき、一括して仕入れに係る割戻しを受けたときは、割戻金額をそれぞれの取引に係る部分に合理的に区分しなければなりません。

4. 控除対象仕入税額の計算
(基通12-1-12)

　仕入れに係る対価の返還等を受けた場合には、その返還等に係る税額を控除対象仕入税額から控除します。
　ただし、継続経理を要件として、返還等の額を税率ごとに直接控除した後の金額を課税仕入れ等の金額とすることができます。

● 全額控除の場合
(法32①一)

$$控除対象仕入税額 = 課税仕入れに係る消費税額 - 仕入対価の返還等の税額$$

● 個別対応方式の場合
(法32①二)

$$控除対象仕入税額 = ① + ②$$

$$① = 課税売上対応分の消費税額 - その仕入対価の返還等の税額$$

$$② = 共通対応分の消費税額 × \left(\begin{array}{c}課税売上割合\\又は\\課税売上割合に準ずる割合\end{array}\right) - その仕入対価の返還等の税額 × \left(\begin{array}{c}課税売上割合\\又は\\課税売上割合に準ずる割合\end{array}\right)$$

● 一括比例配分方式の場合
(法32①三)

$$控除対象仕入税額 = 課税仕入れに係る消費税額 × 課税売上割合 - その仕入対価の返還等の税額 × 課税売上割合$$

5. 控除しきれない場合
(法32②)

　仕入れに係る消費税額から、仕入対価の返還等の税額を控除して控除しきれない金額があるときは、その控除しきれない金額を課税標準額に対する消費税額に加算します。
　加算する金額は、申告書において「控除過大調整税額」として課税標準額に対する消費税額の次に表示します。

⑽　固定資産の取得

項　目	説　　　明
1. 仕入税額控除の時期 （基通11-3-3〜4）	固定資産は、長期にわたって利用されるため、会計においては、その購入時には資産に計上され、減価償却の手続きによって使用される会計期間に費用配分されます。 　しかし消費税では、その固定資産の取得が、課税仕入れに該当する場合には、金額の多寡や利用期間、対価の支払方法に関係なく引渡しを受けた課税期間において仕入税額控除の対象となります。 　減価償却の考え方はありません。
2. 居住用賃貸建物 （法30⑩）	住宅の貸付けの用に供しないことが明らかな建物以外の建物であって高額特定資産又は調整対象自己建設高額資産に該当するもの（居住用賃貸建物）の課税仕入れは、仕入税額控除の対象となりません。ただし、居住用賃貸建物のうち、住宅の貸付けの用に供しないことが明らかな部分については、合理的に区分して仕入税額控除制度の対象とすることができます。☞159ページ参照
3. 建設仮勘定 （基通11-3-6）	固定資産の建設に係る材料費等は購入時に控除するのが原則ですが、建設仮勘定に計上している場合は、完成引渡しの時点で控除することができます。

区分	課税仕入れの日	
設計事務所への設計料	設計完了日	すべて引渡しを受けた日とすることも可能
材料費	材料仕入日	
建設現場の電気料・水道料等	支払日	
工事代金の着手金・中間金・精算金※	建物引渡日	

※着手金・中間金は、引渡し前の課税期間に控除することはできません。

4. 取壊し予定の建物の取得、土地の造成費用（基通11-2-15、11-2-20）

　土地を取得する目的で取壊し予定の建物を取得した場合の建物の取得費用やその撤去費用、土地の造成を行った場合の造成費用は、法人税法上は土地の取得原価に算入されますが、消費税法上は、課税仕入れに該当します。

項目	消費税	法人税
土地を取得する目的で購入した取壊し予定の建物の取得費用	課税仕入れ（建物の購入対価）	土地の取得原価に算入
土地の造成費用	課税仕入れ（役務の提供の対価）	

●**売上げとの対応関係**（基通11-2-19）

　土地の造成費用等の売上げとの対応関係は、土地の使用目的によって判断します。

土地の使用目的		造成費用等の区分
自社で使用する建物を建築する	課税売上げ業務のみを行う事業場である場合	課税用
	非課税売上げ業務のみを行う事業場である場合	非課税用
	課税・非課税売上げの両方の業務を行う事業場である場合＊	共通用

固定資産の取得

社宅として使用する建物を建築する	社宅家賃を徴収する場合	非課税用
	無償で貸与する場合	共通用
賃貸用ビルを建築する	事務所ビル（住宅がない）	課税用
	マンション（住宅）	非課税用
	住宅と住宅以外の両方の賃貸をする場合＊	共通用
更地で譲渡する		非課税用
建物を建築して土地建物を一括売却する		共通用
使用目的が決まっていない		共通用

＊合理的な基準により、区分することもできます。

● 建物建築費と売上げとの対応関係

上記表によります。ただし、建物を建設して譲渡する場合には、それが土地とともに一括譲渡するものであっても建物建設に係る課税仕入れは課税売上対応分になります。（取り壊した旧建物の課税仕入れは共通対応分です。）

5. 土地建物一括売買の仲介手数料
（基通11-2-19）

土地建物を一括で売買した場合に支払う仲介手数料と売上げとの対応関係は、次によります。

区分		売上げとの対応関係
一括売却の仲介手数料		共通対応分 ただし、土地建物の価額の割合によって課税対応分・非課税対応分に区分することができる
一括購入の仲介手数料	転売目的で取得した土地建物	
	その他	建物の使用目的に応じて、上記3.の表により区分

6. 権利金等
（基通5-4-3）

借地権の設定・更新に伴って支払う権利金・更新料・名義書換料等は、土地の上に存する権利の設定又は土地の賃借に係る対価の支払いであるため、非課税です。

建物等を賃借するために支払う権利金等で返還されないものは、それに伴う土地の使用部分を合めて課税仕入れに該当します。返還される部分は不課税です。

● 損害賠償金として没収される場合

契約の中途解除などの理由により損害賠償金として没収される権利金は不課税です。

7. 立退料
（基通5-2-7）

建物の賃貸契約を解除するために家主と賃借人との間で授受する立退料は、賃借権の消滅による補償として支払うものであるため、不課税です。家主以外にする借家権の譲渡は課税されます。

8. 土地建物の一括購入
（基通11-4-2）

土地建物を一括購入した場合の土地の対価と建物の対価との区分は次によります。
①契約等による合理的な区分
②合理的に区分されていない場合 →（時価の比 / 所得税又は法人税の特例計算による区分）
☞121ページ

9. 下取り (基通10-1-17)	下取りは値引きではなく保有資産の譲渡となります。			
	区分			**売上げとの対応関係**
	保有車両等を下取りに出し、買い替えた場合	下取り価額 →課税売上げ		－
		下取り価額を控除する前の購入価額 →課税仕入れ		購入した車両等の使用目的による

10. 高額特定資産を取得した場合等の納税義務の免除の特例及び簡易課税制度の特例
☞82ページ

(11) 居住用賃貸建物の仕入税額控除の制限

項　目	説　明
1. 居住用賃貸建物の仕入税額控除の制限	住宅の家賃収入は非課税売上げであるため、住宅として貸付けを行う建物の取得に係る課税仕入れ等は非課税資産の譲渡等にのみ要するものであり、本来、仕入税額控除の適用を受けることができません。しかし、金地金などの売買を繰り返し行うことによって意図的に課税売上割合を引き上げ、仕入税額控除の適用を受ける還付スキームが問題視され、令和2年度税制改正において、居住用賃貸建物の取得に係る課税仕入れ等を仕入税額控除の適用から除外することとなりました。

仕入れ時	その後の調整	
居住用賃貸建物は仕入税額控除の対象外	第三年度の末日に有する場合	課税賃貸割合による調整
	第三年度の末日までに譲渡した場合	課税譲渡等割合による調整

● 適用時期 (令2改法附則44)	この改正は、令和2年10月1日以後に行う居住用賃貸建物に係る課税仕入れ等に適用されます。 　ただし、令和2年3月31日までに締結した契約に基づく居住用賃貸建物に係る課税仕入れ等には適用されません。
2. 居住用賃貸建物 (法30⑩)	居住用賃貸建物とは、非課税となる住宅の貸付けの用に供しないことが明らかな建物以外の建物で、高額特定資産又は調整対象自己建設高額資産に該当するものをいいます。また、附属設備を含みます。

高額特定資産等（高額特定資産又は調整対象自己建設高額資産）

居住用賃貸建物	住宅の貸付けの用に供しないことが明らかな建物

● 高額特定資産 (法12の4①、令25の5①)	高額特定資産とは、棚卸資産及び調整対象固定資産のうち、その税抜価額（輸入貨物については課税標準額）が1,000万円以上であるものをいいます。
● 調整対象自己建設高額資産	調整対象自己建設高額資産とは、自ら建設等をした棚卸資産で、その建設等に要した課税仕入れに係る税抜支払対価の額（輸入貨物については課税標準額）の累計額が1,000万円以上となったものをいいます。

<table>
<tr><td rowspan="10" style="writing-mode:vertical">居住用賃貸建物の仕入税額控除の制限</td><td>（法12の4②、
令25の5③）</td><td>この場合の累計額の計算には、免税事業者であった期間の課税仕入れ等を含みます。</td></tr>
<tr>
<td>3. 住宅の貸付けの用に供しないことが明らかな建物
（基通11-7-1）</td>
<td>「住宅の貸付けの用に供しないことが明らかな建物」とは、建物の構造及び設備の状況その他の状況により住宅の貸付けの用に供しないことが客観的に明らかなものをいい、例えば、次に掲げるようなものが該当します。
①建物の全てが店舗等の事業用施設である建物など、建物の設備等の状況により住宅の貸付けの用に供しないことが明らかな建物
②旅館又はホテルなど、旅館業法に規定する旅館業に係る施設の貸付けに供することが明らかな建物
③棚卸資産として取得した建物であって、所有している間、住宅の貸付けの用に供しないことが明らかなもの</td>
</tr>
<tr>
<td>● 判定時期
（基通11-7-2）</td>
<td>居住用賃貸建物に該当するかどうかは、課税仕入れを行った日の状況により判定します。
ただし、仕入れを行った日の属する課税期間の末日において、住宅の貸付けの用に供しないことが明らかにされたときは、居住用賃貸建物に該当しないものとすることができます。</td>
</tr>
<tr>
<td>● 自己建設資産の判定時期
（法12の4、令50の2②、基通11-7-2、11-7-4）</td>
<td>自己建設資産は、その建設等に要した費用の累計額が1,000万円以上となり、自己建設高額特定資産の仕入れを行った場合に該当することとなった日において、居住用賃貸建物に該当するかどうかを判定します。
その日の属する課税期間以後のその建物に係る課税仕入れ等の税額については、仕入税額控除の対象となりませんが、その課税期間の前課税期間以前に行われたその建物に係る課税仕入れ等の税額は、仕入税額控除の対象となります。</td>
</tr>
<tr>
<td>4. 住宅の貸付けの用に供しないことが明らかな部分
（令50の2①、基通11-7-3）</td>
<td>建物の一部が店舗用の構造等となっているなど、その構造及び設備等の状況により住宅の貸付けの用に供しないことが明らかな部分と居住用賃貸部分とに合理的に区分しているときは、その居住用賃貸部分に係る課税仕入れ等の税額についてのみ、仕入税額控除が制限されます。
「合理的に区分している」とは、使用面積割合や使用面積に対する建設原価の割合など、その建物の実態に応じた合理的な基準により区分していることをいいます。</td>
</tr>
<tr>
<td>5. 資本的支出
（基通11-7-5）</td>
<td>資本的支出も制限の対象です。ただし、例えば、次のように、建物に係る資本的支出自体が居住用賃貸建物の課税仕入れ等に該当しない場合は、制限の対象となりません。
①建物に係る資本的支出自体が高額特定資産の仕入れ等を行った場合に該当しない場合
②建物に係る資本的支出自体が住宅の貸付けの用に供しないことが明らかな建物に係る課税仕入れ等に該当する場合
※資本的支出とは、資産の修理、改良等のために支出した金額のうちその資産の価値を高め、又はその耐久性を増すこととなると認められる部分に対応する金額をいいます。</td>
</tr>
</table>

⑿ 課税賃貸用に供した場合又は譲渡した場合の調整

項　目	説　明
1.課税賃貸用に供した場合 （法35の2①③）	仕入税額控除の制限を受けた居住用賃貸建物を調整期間に課税賃貸用に供したときは、次により計算した金額を第三年度の課税期間の仕入れに係る消費税額に加算します（第三年度の課税期間の末日に保有する建物に限ります）。 $$\boxed{その居住用賃貸建物に係る課税仕入れ等の税額} \times \boxed{課税賃貸割合}$$
●第三年度の課税期間	第三年度の課税期間とは、居住用賃貸建物の仕入れ等の日（自己建設高額特定資産は建設等が完了した日）の属する課税期間の開始の日から3年を経過する日の属する課税期間をいいます。
●調整期間	調整期間とは、その居住用賃貸建物の仕入れ等の日から第三年度の課税期間の末日までの間をいいます。
●課税賃貸用	課税賃貸用とは、住宅の貸付け以外の貸付けの用をいいます。
●課税賃貸割合 （法35の2③、 令53の2① ③）	$$課税賃貸割合 = \cfrac{\substack{調整期間に行ったその居住用賃貸建物の\\課税賃貸用の貸付けの対価の額の合計額\\（対価の返還等の額を控除した残額）}}{\substack{貸付けの対価の額の合計額\\（対価の返還等の額を控除した残額）}}$$ ※貸付けの対価の額は、第三年度の課税期間の末日において有している部分の対価の額に限ります。 ※課税賃貸用の貸付けの対価の額及びその対価の返還等の額には、消費税及び地方消費税を含みません）。 【調整期間内に供した場合の具体例（調整期間後に譲渡した場合を含む）】 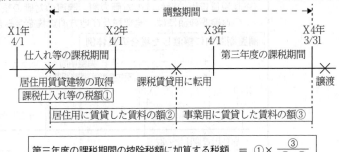
●貸付け以外の収入 （基通12-6-1）	その建物に関連する貸付け以外の収入があったとしても、その収入は課税賃貸割合の計算に含まれません。次の課税譲渡割合についても同様です。
●棚卸資産の調整を受けなかった場合 （令53の3、基通1-5-30）	居住用賃貸建物に該当するため、「課税事業者となった場合の棚卸資産に係る消費税額の調整」適用を受けなかった場合において、その居住用賃貸建物を課税賃貸用に供したときは、新たに課税事業者となった日を居住用賃貸建物の仕入れ等の日として、調整を行います。
●事業を承継した者 （法35の2①）	この調整は、居住用賃貸建物に係る事業を承継した相続人、合併法人及び分割承継法人にも適用があります（その相続人等が課税事業者である場合に限ります）。

課税賃貸用に供した場合又は譲渡した場合の調整

2. 譲渡した場合 （法35の2②、 令53の4①）	仕入税額控除の制限を受けた居住用賃貸建物を調整期間に譲渡したときは、次により計算した金額をその譲渡をした課税期間の仕入れに係る消費税額に加算します。

$$\boxed{\text{その居住用賃貸建物に係る課税仕入れ等の税額}} \times \boxed{\text{課税譲渡等割合}}$$

●譲渡の範囲 （法35の2②、 令53の4③）	譲渡には、次のものが含まれます。 ・個人事業者が事業用資産を家事消費した場合のみなし譲渡 ・法人がその役員に対して資産を贈与した場合のみなし譲渡 ・代物弁済による資産の譲渡 ・負担付き贈与による資産の譲渡 ・金銭以外の資産の出資 ・法人課税信託の委託者がする信託財産となる資産の移転 ・法人課税信託への出資があったとみなされるもの ・所有権等の収用による対価補償金の取得

●課税譲渡等割合
（法35の2②③、令53の2②③）

$$\text{課税譲渡等割合} = \frac{\begin{array}{c}\text{課税譲渡等調整期間に行ったその居住用賃貸建物の}\\\text{課税賃貸用の貸付けの対価の額の合計額＋譲渡の対価の額}\\\text{（対価の返還等の額を控除した残額）}\end{array}}{\begin{array}{c}\text{貸付けの対価の額の合計額＋譲渡の対価の額}\\\text{（対価の返還等の額を控除した残額）}\end{array}}$$

※課税譲渡等調整期間とは、その居住用賃貸建物の仕入れ等の日からその居住用賃貸建物を譲渡した日までの間をいいます。

※居住用賃貸建物の一部を譲渡した場合には、貸付けの対価の額は、その譲渡した部分の対価の額に限ります。

※課税賃貸用の貸付けの対価の額、譲渡の対価の額及びこれらの対価の返還等の額には、消費税及び地方消費税を含みません。

調整期間内に譲渡した場合の具体例

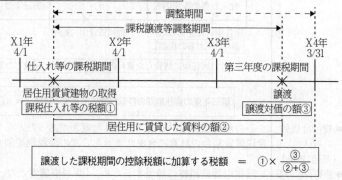

$$\text{譲渡した課税期間の控除税額に加算する税額} = ① \times \frac{③}{②+③}$$

課税賃貸用に供した場合又は譲渡した場合の調整・調整対象固定資産の調整

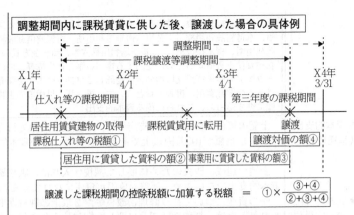

調整期間内に課税賃貸に供した後、譲渡した場合の具体例

譲渡した課税期間の控除税額に加算する税額 ＝ ①× (③+④)/(②+③+④)

●事業を承継した者 （法35の2②）	この調整は、居住用賃貸建物に係る事業を承継した相続人、合併法人及び分割承継法人にも適用があります（その相続人等が課税事業者である場合に限ります）。

(13) 調整対象固定資産の調整

項　目	説　明
固定資産取得後の調整 （法33〜35、37①）	固定資産等は長期にわたって使用されるため、仕入れの後に用途を変更する場合や、課税売上割合が著しく変動する場合には、仕入れ時の状況のみで計算を完結することは実情に合わないこととなります。したがって、固定資産の取得後おおむね3年間は、控除対象仕入税額の調整計算を行うこととされています。 仕入れ時又は調整時期に免税事業者である場合または、簡易課税制度の適用がある場合には調整の必要はありません。

<table>
<tr><td colspan="3">仕入時の区分</td><td>調整計算が
必要となる場合</td><td>調整時期</td></tr>
<tr><td rowspan="5">調整対象固定資産</td><td colspan="2">全額控除</td><td rowspan="2">課税売上割合が著しく変動した場合</td><td rowspan="2">第三年度</td></tr>
<tr><td colspan="2">一括比例配分方式</td></tr>
<tr><td rowspan="3">個別対応方式</td><td>共通対応分</td><td></td><td></td></tr>
<tr><td>課税売上対応分</td><td rowspan="2">転用した場合</td><td rowspan="2">転用した課税期間
（仕入れ等から3年以内）</td></tr>
<tr><td>非課税売上対応分</td></tr>
<tr><td colspan="3">免税事業者・簡易課税制度適用</td><td colspan="2">調整なし</td></tr>
</table>

1. 調整対象固定資産とは （令5、基通12-2-1〜3）	調整対象固定資産とは、次のものをいいます。

建物、附属設備、構築物、機械及び装置、船舶、航空機、車両及び運搬具、工具、器具及び備品、無形固定資産（鉱業権、漁業権、ダム使用権、水利権、特許権、実用新案権、意匠権、商標権、育成者権、公共施設等運営権、営業

調整対象固定資産の調整

	権、専用側線利用権、鉄道軌道連絡通行施設利用権、電気ガス供給施設利用権、水道施設利用権、工業用水道施設利用権、電気通信施設利用権、回路配置利用権、樹木採取権）、ゴルフ場利用株式等、預託金方式のゴルフ会員権、課税資産を賃借するために支出する権利金等、著作権等、他の者からのソフトウエアの購入費用又は他の者に委託してソフトウエアを開発した場合におけるその開発費用、書画・骨とう、牛、馬、豚、果樹等の生物、これらの資産に準ずるもの、これらに係る資本的支出
● 資本的支出 （基通12-2-5）	上記の資産に係る資本的支出で、一の資産について行う修理、改良等の税抜き金額が100万円以上である場合には、その資本的支出は調整対象固定資産となります。 土地の造成、改良のために要した課税仕入れは、課税資産についての資本的支出でないため、調整対象固定資産になりません。
● 資本的支出 の判定単位	一の資産について行う修理、改良等が2以上の課税期間にわたって行われるときは、課税期間ごとに要した課税仕入れに係る支払対価の額によって100万円以上の判定をします。
● 共有物 （基通12-2-4）	他の者と共同で購入した共有物は、自己の持分割合に応じて計算した金額によって100万円以上であるかどうかの判定をします。

2. 転用
（法34、35）

調整対象固定資産を転用した場合には、その転用をした課税期間において次の調整を行います。

転用	処理
課税業務用→ 非課税業務用	控除対象仕入税額から調整税額を控除※2
非課税業務用→ 課税業務用	控除対象仕入税額に調整税額を加算

転用の日		調整税額
仕入れの日から	1年以内	※1 調整対象税額の全額
	1年超 2年以内	調整対象税額×$\frac{2}{3}$
	2年超 3年以内	調整対象税額×$\frac{1}{3}$

※1 調整対象税額…その調整対象固定資産の仕入対価に係る税額
※2 控除しきれない金額は控除過大調整税額として、課税標準に対する消費税額に加算します。

● 転用のパターン
（基通12-4-1）

調整が必要となるのは、課税業務用から非課税業務用へ又は非課税業務用から課税業務用へ完全に転用した場合です。

転用のパターン			調整処理
課税業務用・非課税業務用 → 共通用			不要
共通用 → 課税業務用・非課税業務用			
棚卸資産 → 課税業務用・非課税業務用			
課税業務用・非課税業務用 → 棚卸資産			
課税業務用・非課税業務用 → 3年以内の売却			
課税業務用 → 非課税業務用			非課税業務用又は課税業務用とした課税期間に調整する
非課税業務用 → 課税業務用			
課税業務用 → 共通用 → 非課税業務用			
非課税業務用 → 共通用 → 課税業務用			

● 免税期間を
含む場合
（法37①、基通

仕入れ等の課税期間と転用の課税期間との間に免税事業者となった課税期間及び簡易課税制度の適用を受けた課税期間が含まれている場合にも適用があります。

12-4-2、12-5-2)	ただし仕入れ等の課税期間又は転用をした課税期間において免税事業者である場合又は簡易課税制度の適用がある場合には調整は行いません。

3. 課税売上割合の著しい変動
（法33①③）

課税売上割合が著しく変動した場合には、第三年度において次の調整を行います。

要件	区分	第三年度の処理
①取得時に比例配分法適用 ②第三年度の末日まで保有 ③課税売上割合が著しく変動	著しく増加	控除対象仕入税額に調整税額を加算
	著しく減少	控除対象仕入税額から調整税額を控除※

※控除しきれない金額は、控除過大調整税額として課税標準額に対する消費税額に加算します。

- **調整税額**
  （法33①）

  $$\left.\begin{array}{l} 調整対象基準税額 \\ 税込価額 \times \dfrac{7.8}{110} \times 仕入時の課税売上割合 \\ （仕入時の税率）\times 通算課税売上割合 \end{array}\right\} 差額 = \boxed{調整税額}$$

- **比例配分法**
  （法33②）

比例配分法	①個別対応方式において共通対応分として計算すること ②一括比例配分方式により計算すること ③全額控除により計算すること

- **第三年度の課税期間**
  （法33②）

  第三年度の課税期間とは、仕入れ等の課税期間の初日から3年を経過する日の属する課税期間をいいます。

  事業年度が1年の場合、基準期間に調整対象固定資産を取得していれば当課税期間が第三年度となります。

- **著しい変動**
  （令53①②）

  次のいずれにも該当する場合に、「著しい変動」となります。

  ① 変動差 $\left(\begin{array}{l}仕入れ時の課税売上割合と\\通算課税売上割合との差\end{array}\right) \geqq 5\%$

  ② 変動率 $\left(\dfrac{変動差}{仕入れ時の課税売上割合}\right) \geqq 50\%$

  いずれにも該当 → 著しい変動

- **通算課税売上割合**
  （令53③）

  $$通算課税売上割合 = \dfrac{通算課税期間中の課税売上高の合計額（対価の返還等は控除）}{通算課税期間中の総売上高の合計額（対価の返還等は控除）}$$

  $$通算課税期間 = \dfrac{仕入れ等の課税期間から第三年度の課税期間までの各課税期間}{}$$

  ※課税売上割合の平均ではありません。
  ※全て税抜きで計算します。
  ※分母・分子の金額の計算は有価証券その他について課税売上割合の計算と同様の注意が必要です。

- **免税期間を含む場合等**
  （法37①、基通12-3-1）

  仕入れ等を行った日の属する課税期間と第三年度の課税期間との間に、免税事業者となった課税期間及び簡易課税制度の適用を受けた課税期間が含まれている場合にも税額の調整が必要です。

  ただし、仕入れ等の課税期間又は第三年度の課税期間において免税事業者である場合又は簡易課税制度の適用がある場合には、調整計算は行いません。

調整対象固定資産の調整

調整対象固定資産の調整・カジノ業務に係る仕入税額控除の特例

| ● 準ずる割合を適用している場合（令53⑤⑥） | 通算課税期間中を通して課税売上割合に準ずる割合を適用している場合には、課税売上割合に準ずる割合の算出方法を基礎に通算計算をします。その他の場合は、課税売上割合と課税売上割合に準ずる割合とを平均します。 |

⑭ カジノ業務に係る仕入税額控除の特例

項　目	説　明
1. 仕入税額控除の不適用（措法86の6①）	カジノ事業者（特定複合観光施設区域整備法による認定設置運営事業者）において、同法によりカジノ業務に係るものとして経理されるべきカジノ業務収入は、資産の譲渡等の対価ではなく、課税対象外です。 　したがって、カジノ収入を得るための課税仕入れ等は共通対応分に区分することとなります。 　ただし、そのカジノ事業者のその課税期間におけるカジノ収入割合が5％を超える場合は、カジノ業務に係る課税仕入れ等は、仕入税額控除の適用から除外されます。 $$\text{カジノ収入割合} = \frac{\text{カジノ業務収入の合計額}}{\text{資産の譲渡等の対価の額の合計額}+\text{カジノ業務収入の合計額}}$$
2. 転用した場合の調整（措法86の6②③④）	調整対象固定資産を転用した場合には、その転用をした課税期間において次の調整を行います。 **転用 / 処理** 非カジノ業務用→カジノ業務用：カジノ収入割合が5％を超える課税期間の転用である場合は、控除対象仕入税額から調整税額を控除する カジノ業務用→非カジノ業務用：カジノ収入割合が5％を超える課税期間の仕入れ等である場合は、控除対象仕入税額に調整税額を加算する **転用の日 / 調整税額** 仕入等の日から 1年以内：調整対象税額の全額 1年超2年以内：調整対象税額×2/3 2年超3年以内：調整対象税額×1/3 ※調整対象税額とは、調整対象固定資産に係る課税仕入れ等の税額をいいます。

■インボイス発行事業者の登録

項　目	説　明
1. インボイス発行事業者の登録 （法57の2） ●登録拒否要件 （法57の2⑤）	インボイス発行事業者の登録は、課税事業者でなければできません。 　課税事業者から、登録申請書の提出を受けた税務署長は、登録拒否要件に該当しない限り、「適格請求書発行事業者登録簿」に登録し、その旨を通知します。 　次の登録拒否要件に該当する場合は、税務署長は登録を拒否することができます。 ①消費税法の規定に違反して罰金以上の刑に処せられ、その執行を終わり、又は執行を受けることがなくなった日から2年を経過しない場合 ②納税管理人を定めなければならないこととされている事業者が、国税通則法117条2項の規定による納税管理人の届出をしていない場合 ③特定国外事業者について、納税代理人がない、現に国税の滞納があり徴収が著しく困難であるなど、所定の状況にある場合
●e-Taxによる登録申請	e-Taxで申請する際に、「電子情報処理組織（e-Tax）による通知を希望します」に、チェック☑を入れると、登録通知がメッセージボックス内に格納され、1,900日間保管されます。この通知は、書面通知と同様の形式で印刷することができます。 　事前に登録したメールアドレスに、メッセージボックス内に格納された旨のメールが送信されます。
●登録通知書を紛失した場合	紙の登録通知書を紛失した場合の再交付の手続きはありません。個人事業者が登録通知書を紛失して自身の登録番号を確認する必要が生じた場合は、各国税局のインボイス登録センターに問い合わせてください。
2. 免税事業者が登録する場合の経過措置 （平30改令附則15、基通21-1-1）	免税事業者は、課税事業者を選択して登録することができます。 　令和11年9月30日までの日の属する課税期間においては、課税事業者選択届出書を提出せず、登録申請書の提出により、課税期間の途中においてもインボイス発行事業者となることができます。

区　分	登録申請書の提出期限等
翌課税期間の初日の登録	その初日から起算して15日前の日
課税期間の途中の登録	提出する日から15日を経過する日以後の日を登録希望日として記載する

　15日前の日までに提出した場合において、その課税期間の初日後又は登録希望日後に登録されたときは、同日に登録を受けたものとみなされます。
　「15日前の日」は、「2週前の日の前日」です。例えば、登録希望日が火曜日であれば、2週前の月曜日までに申請書を提出します。

【令和7年4月1日に登録を希望する場合】

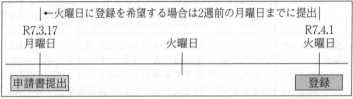

●2年縛り （平28改法附則44⑤）	登録日の属する課税期間が令和5年10月1日を含む課税期間である場合を除いて、登録日の属する課税期間の翌課税期間から登録日以後2年を経過する日の属する課税期間までの各課税期間においては、免税事業

イ ン ボ イ ス 発 行 事 業 者 の 登 録	● 課税対象 （平28改法附 則44④） ● 棚卸資産の 調整 （30年改令附 則17） ● 簡易課税制 度の選択に 係る経過措 置 ● 経過措置後	者となることはできません。 　課税期間の途中で登録を受けた場合には、登録日からその課税期間の末日までの期間における課税資産の譲渡等について、消費税の申告が必要となります。 　インボイス発行事業者の登録により課税期間の途中から課税事業者となった場合には、免税事業者であった期間中に仕入れた棚卸資産に係る消費税額は、その課税事業者となった課税期間の仕入税額控除の対象となります。 ☞253ページ 　経過措置期間後は、課税事業者選択届出書の提出が必要となり、課税期間の途中から登録することはできません。翌課税期間の初日から登録を受ける場合には、その翌課税期間の初日から起算して15日前の日までに登録申請書を提出（課税事業者選択届出書は、翌課税期間が開始する前に提出）しなければなりません。
	3. 新たに事業を 開始した場合 （令70の4、規 26の4、基通 1-4-7〜8、1 -7-6）	新たに事業を開始した日の属する課税期間の末日までに、その課税期間の初日から登録を受ける旨の申請書を提出した場合は、その課税期間の初日に登録を受けることができます。

新たに事業を開始した日又は課税期間
①国内において課税資産の譲渡等に係る事業を開始した日の属する課税期間
②法人の設立の日の属する課税期間
③法人が吸収合併により、登録を受けていた被合併法人の事業を承継した場合におけるその合併があった日の属する課税期間
④法人が吸収分割により登録を受けていた分割法人の事業を承継した場合におけるその吸収分割があった日の属する課税期間
⑤非課税資産の譲渡等のみを行っていた事業者又は国外取引のみを行っていた事業者が、新たに国内において課税資産の譲渡等に係る事業を開始した課税期間
⑥その課税期間開始の日の前日まで2年以上にわたって国内において行った課税資産の譲渡等又は課税仕入れ及び保税地域からの引取りがなかった事業者が、課税資産の譲渡等に係る事業を再び開始した課税期間
⑦設立の日の属する課税期間においては設立登記を行ったのみで事業活動を行っていない免税事業者である法人が、その翌課税期間等において実質的に事業活動を開始した場合の当該課税期間

	4. 相続があった 場合 （法57の3①） ● みなし登録 （法57の3② ③④、令70	インボイス発行事業者が死亡した場合は、その相続人は「適格請求書発行事業者の死亡届出書」を提出する必要があります。 　相続により事業を承継した相続人がインボイス発行事業者の登録を受ける場合は、相続人の名で登録申請書を提出する必要があります。 　相続によりインボイス発行事業者の事業を承継した相続人は、被相続人が死亡した日の翌日から、次の①又は②のいずれか早い日までの期間（みなし登録期間）において、インボイス発行事業者とみなされます。この

の6、基通1-7-4)	場合、被相続人の登録番号が相続人の登録番号とみなされます。

①相続人がインボイス発行事業者の登録を受けた日の前日
②被相続人が死亡した日の翌日から4月を経過する日

被相続人の死亡		相続人の登録	
	被相続人の登録番号で インボイスを発行	相続人の登録番号で インボイスを発行	

　この取扱いを受ける場合は、相続人は、登録申請書に、インボイス発行事業者の事業を承継した旨を記載しなければなりません。

　みなし課税期間中に申請した場合は、登録通知が遅れても、通知までの間は、みなし登録期間が延長されます。

5. 任意組合 （法57の6①、 令70の14① ②⑤）	民法上の組合や投資事業有限責任組合、有限責任事業組合等には、売上げ・仕入れが組合員に帰属するパススルー課税が適用されます。人格のない社団等と違って、消費税法上、法人とみなされることはなく、消費税の納税義務者とならず、インボイス発行事業者の登録を受けることもできません。 　ただし、その任意組合等の組合員全員がインボイス発行事業者である場合において、業務執行組合員がその任意組合等の契約書の写しを添付して「任意組合等の組合員の全てが適格請求書発行事業者である旨の届出書」を提出したときは、インボイスを交付することができます。この場合、交付するインボイスに記載する「インボイス発行事業者の氏名又は名称及び登録番号」は、原則として組合員全員のものを記載することとなりますが、次の事項（①及び②）を記載することも認められます。 　①その任意組合等のいずれかの組合員の「氏名又は名称及び登録番号」 　②その任意組合等の名称 　組合員の全員が登録しているという要件を満たさなくなった場合には、インボイスの交付はできません。変更届出書の提出が必要です。

6. インボイス発行事業者の公表 （法57の2④⑪、 令70の5②）	「適格請求書発行事業者登録簿」に登載された事項は、国税庁ホームページの公表サイトに公表されます。

公表される事項	
法人	**個人事業者**
①インボイス発行事業者の名称 ②登録番号 ③登録年月日 ④登録取消年月日、登録失効年月日 ⑤本店又は主たる事務所の所在地	①インボイス発行事業者の氏名 ②登録番号 ③登録年月日 ④登録取消年月日、登録失効年月日
	申出書の提出により次の事項も追加 ⑤主たる事務所の所在地等 ⑥主たる屋号

●個人事業者の旧姓又は通称	個人事業者は、申出により、「住民票に併記されている旧氏（旧姓）」又は「住民票に併記されている外国人の通称」を氏名として公表することや、氏名と旧姓（通称）を併記して公表することができます。申出は「適格請求書発行事業者の公表事項の公表（変更）申出書」を提出します。e-Taxによる提出が推奨されています。

<table>
<tr><td rowspan="5" style="writing-mode: vertical-rl;">インボイス発行事業者の登録</td><td>●屋号等</td><td>　個人事業者は、①氏名、②登録番号、③登録年月日に加えて、⑤主たる事務所の所在地や⑥主たる屋号を公表することができます。ただし、屋号は、旧姓や通称と違って、氏名に代えて使用することができません。氏名と屋号が併せて表示されることとなるため、プライバシー保護の観点を考慮して検討する必要があります。</td></tr>
<tr><td>●取消後の公表</td><td>　登録の取消や失効があった後７年間、インボイス発行事業者情報と取消・失効年月日が掲載され、７年経過後に公表サイトから削除されます。</td></tr>
<tr><td>●登録番号による検索</td><td>　登録番号による検索が可能です。「氏名又は名称」などは、表記可能な字体に置き換えを行っている場合や同姓同名の場合など、正しく検索できない可能性もあるため、個人事業者は「登録番号」以外では検索できません。法人は、名称等により法人番号を検索することができます。</td></tr>
<tr><td>●人格のない社団等
（法3）</td><td>　人格のない社団等は法人とみなされ、課税事業者である場合は登録することができます。公表サイトでは、本店又は主たる事務所の所在地は、申出があった場合に公表されます。</td></tr>
<tr><td></td><td></td></tr>
</table>

7. 公表サイトの活用	公表サイトは、仕入先が「インボイス発行事業者であることの確認」すなわち仕入先の登録状況の管理に活用します。受け取ったインボイスごとに登録番号が正しく記載されているかどうかを公表サイトで確認する作業は、事務負担が大きく、実施は困難です。
8. 登録の取消届 （法57の2⑩一） ●交付義務 （基通1-8-1）	インボイス発行事業者は、基準期間における課税売上高及び特定期間における課税売上高が1,000万円以下となっても、登録取消届出書（適格請求書発行事業者の登録の取消しを求める旨の届出書）を提出しない限り、免税事業者となることはできません。登録取消届出書は、免税事業者になりたい課税期間の初日から起算して15日前の日までに提出しなければなりません。15日前の日が休日等であっても、その翌日にはなりません。 　登録の取消し後においても、インボイス発行事業者であった課税期間において行った課税資産の譲渡等について、譲渡の相手方である事業者から求められたときは、インボイスを交付しなければなりません。
9. 職権による登録の取消し （法57の2⑥）	税務署長は、次の取消し事由に該当する場合には、インボイス発行事業者の登録を取り消すことができます。 **取消し事由** • １年以上所在不明であること • 事業を廃止したと認められること • 合併により消滅したと認められること • 消費税法の規定に違反して罰金以上の刑に処せられたこと • 登録申請書に虚偽の記載をして登録を受けたこと 　「所在不明」とは、たとえば、消費税の申告書の提出がないなどの場合において、文書の返戻や電話の不通をはじめとして、事業者と必要な連絡が取れないときなどが該当します。 　特定国外事業者には、上記の他に、正当な理由なく期限内申告書を提出しないことなどの取消し事由があります。

■インボイス交付の義務

項　目	説　　　　明
1. インボイス （適格請求書） （法57の4①⑥、 令70の10）	インボイス発行事業者は、課税事業者から求められたときは、原則として、インボイスを交付し、その写しを保存しなければなりません。その記載事項のデータ（電子インボイス）を提供し保存することもできます。 　インボイスとは、所定の記載事項を記載した書類をいいます（☞表紙裏参照）。
● 様式 （基通1-8-1）	インボイスに様式の定めはなく、手書きであってもかまいません。インボイスや適格請求書という名称を付ける必要もありません。請求書、納品書、領収書、レシート等、その名称を問わず、記載事項を満たしているものはインボイスに該当します。
● コード等の記 号による表示 （基通1-8-3）	インボイス発行事業者とその取引の相手方との間で、取引先コードや商品コード等その記号や番号等の内容が明らかである場合には、その記号や番号等による表示ができます。商品コードについては課税取引かどうか、軽減税率適用かどうかが判別できるものに限ります。
● 家事共用資 産の譲渡 （基通1-8-6）	個人事業者が、事業と家事の用途に共通して使用するものとして取得した資産を譲渡する場合には、その譲渡金額のうち事業用部分を合理的に区分して、対価の額の合計額及び消費税額等をインボイスに記載します。
2. 簡易インボイ ス（適格簡易 請求書） （法57の4②、 令70の11）	小売業等については、インボイスに代えて簡易インボイスを交付することができます。簡易インボイスでは、買手の名称及び適用税率又は消費税額等のいずれかの記載を省略することができます。 　簡易インボイスを交付することができる事業は、次の事業です。

簡易インボイスを交付することができる事業

イ　小売業	
ロ　飲食店業	不特定かつ多数の者に対するものに限らない
ハ　写真業	
ニ　旅行業	
ホ　タクシー業	
ヘ　駐車場業	不特定かつ多数の者に資産の譲渡等を行う事業に限る
ト　上記に準ずる事業	

項　目	説　　　　明
● 小売業者	インボイスの交付義務は、課税事業者から求められた場合に生じます。消費者に対してインボイスを交付する義務はありません。 　ただし、小売業等は、レシートに登録番号を印字して簡易インボイスを交付することができます。これにより、事業者が購入する場合への備え、あるいは顧客への適正納税のアピールをすることができます。
● 売上税額の 積上げ計算	少額の売上げを繰り返す小売業者には、売上税額について「積上げ計算」のニーズがあります。積上げ計算の特例を適用するためには、簡易インボイスであっても消費税額等を記載しておかなければなりません。
3. 返還インボイ ス（適格返還 請求書） （法57の4③⑥）	インボイス発行事業者が、税込1万円以上の売上げに係る対価の返還等を行った場合には、次の事項を記載した返還インボイスを交付しなければなりません。 　書類に代えて、その記載事項のデータを提供し保存することができます。

インボイス交付の義務

返還インボイス（適格返還請求書）の記載事項
①売手（インボイス発行事業者）の氏名又は名称 ②登録番号 ③対価の返還等を行う年月日 ④対価の返還等のもとになる取引の年月日 ⑤対価の返還等のもとになる取引の内容（軽減税率の対象にはその旨） ⑥対価の返還等の金額の合計額（税抜き又は税込みにより税率ごとに区分して合計） ⑦対価の返還等の金額に係る消費税額等又は適用税率

● 1万円未満の交付免除（法57の4③）

　対価の返還等の税込金額が1万円未満である場合には、返還インボイスの交付義務はありません。事業者の規模等の制限はなく、恒久的な取扱いです。

● 一括値引（基通1-8-5）

　軽減税率適用の売上げと標準税率適用の売上げについてその合計額から一括して値引きを行う場合において、適用税率ごとの金額が明らかでないときは、各税率の売上高の比により按分することになります。

　ただし、領収書等により適用税率ごとの金額が確認できるときは、それが価額の比により按分したものでなくても、適用税率ごとの合理的な区分となります。したがって、その値引きの金額が1万円未満であっても、返還インボイスを交付することにより、標準税率から優先的に返還等税額控除を適用することが可能となります。

● 登録前の課税売上げ（基通1-8-18、1-8-19）

　インボイス発行事業者の登録前に行った課税売上げについては、登録を受けた日以後に売上げに係る対価の返還等を行っても、返還インボイスの交付義務はありません。

　インボイス発行事業者であった課税期間において行った課税売上げについては、インボイス発行事業者でなくなった後に売上げに係る対価の返還等を行った場合であっても、返還インボイスの交付の義務があります。

4. 売手負担の振込手数料

　売手が負担する売掛金決済に要する振込手数料の取扱いは、次によります。

①売上値引とする場合

　売上対価の返還等の金額が1万円未満であるため、返還インボイスの交付は不要です。所定の事項（183ページ）を記載した帳簿の保存を要件に、返還等対価に係る税額控除の適用を受けることができます。

　軽減税率の適用対象に係る対価の返還等には、軽減税率が適用されます。

②支払手数料とする場合

　支払手数料など課税仕入れの対価とした場合、仕入税額控除を適用するために、買主から交付を受けたインボイスの保存が必要となります。

　ただし、会計上は費用としていても、消費税法上は、売上対価の返還等として取り扱うことができます。帳簿において支払手数料等に計上されていても、消費税申告の際に作成する帳票等により対価の返還等として取り扱うことが明らかであれば問題ありません。

　また、令和11年9月30日までは、中小事業者について、1万円未満の課税仕入れにつきインボイスの保存を不要とする経過措置（少額特例☞180ページ）があります。

5. インボイスと返還インボイス （基通1-8-20）	インボイスと返還インボイスは、一の書類により交付することができます。この場合は、継続適用を要件として、次の差額を記載することができます。

インボイスの記載事項	返還インボイスの記載事項	両者を兼ねた書類
対価の額の合計額	対価の返還等の金額の合計額	差額を記載することが可能
消費税額等	対価の返還等の金額に係る消費税額等	

6. 交付義務の免除
（法57の4①、令49①一、70の9②、規15の4）

次の課税資産の譲渡等については、売手のインボイス及び返還インボイスの交付義務が免除され、買手は、インボイスなしで、あるいはインボイスに代わる書類の保存をして仕入税額控除を適用します。

売手の交付義務の免除		買手の仕入税額控除
公共交通機関特例	3万円未満の公共交通機関（船舶、バス又は鉄道）による旅客の運送	インボイスの保存不要
郵便局特例	郵便切手類のみを対価とする郵便サービス（郵便ポストに差し出されたものに限る）	
自動販売機特例	3万円未満の自動販売機・自動サービス機による商品の販売等	
卸売市場特例	出荷者が卸売市場の卸売業務として委託する生鮮食料品等の譲渡	卸売業者が交付する書類を保存
農協特例	生産者が農協、漁協、森林組合等に委託して行う農林水産物の譲渡（無条件委託方式・共同計算方式に限る）	農協等が交付する書類を保存

● 3万円未満の判定（基通1-8-12）
● 自動販売機特例（基通1-8-14）

公共交通機関特例及び自動販売機特例において、3万円未満であるかどうかは、一回の取引の税込価額で判定します。一の商品ごとに判定することはできません。

自動販売機特例の対象は、飲食料品の自動販売機、コインロッカーやコインランドリー、ATM等、商品の販売等及び代金の収受が自動で行われる機械装置のみにより商品の販売等と代金の受領が完結するものです。セルフレジやインターネットバンキングは該当しません。

7. 委託販売

委託販売については、インボイスの代理交付又は媒介者交付特例によって対応することになります。

● 代理交付

委託者に代わり、受託者が、委託者の名でインボイスを代理交付することができます。この場合、受託者はインボイス発行事業者である必要はありません。

● 媒介者交付特例（令70の12①、基通1

委託者及び受託者の双方がインボイス発行事業者である場合には、受託者が、委託者の課税資産の譲渡等について、受託者の名及び登録番号を記載したインボイスを顧客に交付する媒介者交付特例によることができます。

インボイス交付の義務

-8-10、1-8-11)

委託者の対応	受託者の対応
・インボイス発行事業者である旨を取引前に受託者に通知する。 ・インボイス発行事業者でなくなった場合は、その旨を速やかに受託者に通知する。 ・受託者から交付されたインボイスの写しを保存する。	・交付したインボイスの写しを保存する。 ・交付したインボイスの写しを速やかに委託者に交付する（インボイスの記載事項を記載した精算書によることもできる）。

● 媒介者交付特例の適用範囲
（基通1-8-9）

媒介者交付特例は、委託販売のような販売行為ではなく、代金の精算や請求書等の交付を第三者に委託している場合も適用することができます。

8. 共有資産
（基通1-8-7）

インボイス発行事業者が登録していない者と資産を共有している場合は、その資産の譲渡や貸付けについては、所有者ごとに取引を合理的に区分し、自己の所有割合に応じた部分についてインボイスを交付します。

全員が登録している場合は、媒介者交付特例により、一人の名で全体のインボイスを交付することができます。

9. 偽インボイスの禁止
（法65四）

次の禁止行為を行った者は、1年以下の懲役又は50万円以下の罰金に処するものとされています。

区分	禁止行為
インボイス発行事業者以外	インボイス又は簡易インボイスであると誤認されるおそれのある表示をした書類（インボイス類似書類）の交付・データの提供
インボイス発行事業者	偽りの記載をしたインボイスの交付・データの提供

● インボイス類似書類

インボイス類似書類とは、登録番号（T＋13桁の数字）と類似した英数字や、自身のものではない登録番号を自らの「登録番号」として記載した書類などをいいます。

10. 修正インボイス
（法57の4④⑤、基通1-8-21）

インボイスの記載事項の単なる誤りが、偽りの記載と指摘されることはありません。記載事項に誤りがあった場合には、修正インボイスを交付しなければなりません。記載誤りの連絡等により修正インボイスの交付に代えることができます。

また、買手から誤りの指摘を受け、保存するインボイスの写しを訂正した場合は、売手・買手が修正後のインボイスを保存すれば、修正インボイスの交付を省略することができます。

11. 免税事業者の請求書

免税事業者が作成する請求書について、消費税額等の記載を禁止する法令はありません。

ただし、登録番号の記載のない請求書等に消費税額等の記載がある場合には、取引額として買手の納得を得にくいと考えられます。

■仕入税額控除の要件
(1) 帳簿及び請求書等の保存

項　目	説　明
1. 保存する期間 （法30⑦、令50）	所定の事項が記載された帳簿及び請求書等の保存が、仕入税額控除の要件です。 　次の日から7年間、納税地又はその取引に係る事務所等に保存します。 **帳　簿**　その閉鎖の日の属する課税期間の末日の翌日から2ヶ月を経過した日 **請求書等**　その受領した日の属する課税期間の末日の翌日から2ヶ月を経過した日
2. 帳簿の記載事項 （法30⑧）	インボイス制度において保存するべき帳簿とは、次の事項が記載されているものです。 **課税仕入れ** ①課税仕入れの相手方の氏名又は名称（注1、2、3） ②課税仕入れを行った年月日 ③課税仕入れに係る資産又は役務の内容（注4、5） ④課税仕入れに係る支払対価の額 **特定課税仕入れ** ①特定課税仕入れの相手方の氏名又は名称（注3） ②特定課税仕入れを行った年月日 ③特定課税仕入れの内容（注5） ④特定課税仕入れに係る支払対価の額 ⑤特定課税仕入れに係るものである旨 **保税地域からの引取りに係る課税貨物** ①課税貨物を保税地域から引き取った年月日 ②課税貨物の内容 ③課税貨物の引取りに係る消費税額及び地方消費税額
●古物商 （令49②、規15の3） ●卸売市場 （令49③、規26の5） ●コード等の表示 （基通11-6-1）	（注）1　古物営業を営む事業者等が行う所定の要件に該当する課税仕入れについては、記載を省略することができます。 （注）2　卸売市場においてせり売又は入札の方法により行われる課税仕入れその他の媒介者等を介して行われる課税仕入れについては、その媒介者等の氏名又は名称を記載することができます。 （注）3　取引先コード等の記号、番号等による表示ができます。 （注）4　その課税仕入れが軽減対象課税資産の譲渡等に係るものである場合には、資産の内容及び軽減対象課税資産の譲渡等に係るものである旨を記載します。 （注）5　その仕入れが課税仕入れかどうか、また、軽減対象課税資産の譲渡等に係るものであるかどうかの判別が明らかとなるときは、商品コード等の記号、番号等により表示することができます。
3. 保存するべき請求書等	インボイス制度において保存するべき請求書等は、次の書類です。 ①適格請求書（インボイス） ②適格簡易請求書（簡易インボイス） ③仕入明細書等の書類で、インボイスの記載事項が記載されており、インボイス発行事業者の確認を受けたもの ④卸売市場特例において卸売業者が交付する書類 ⑤農協特例において農協等が交付する書類 ⑥保税地域からの引取りに係る輸入許可書

仕入税額控除の要件（帳簿及び請求書等の保存）

	● 電子インボイス （令49⑦、規15の5、電帳法4③）	インボイス、簡易インボイスの記載事項に係るデータ（電子インボイス）の提供を受けた場合は、そのデータ又は印刷した書面を保存することができます。データを保存する場合は、電帳法の取扱いに準じます。 　また、書面の交付を受けた場合は、電帳法の規定により、スキャナ保存をすることができます。
	● 金又は白金の地金 （法30⑪、規15の7）	金又は白金の地金については、仕入れの相手方の本人確認書類（住民票の写し等）の保存が必要です。
4. 仕入明細書等 （法30⑨三、令49④、基通11-6-6）		買手が自らインボイスの記載事項を満たす仕入明細書や支払通知書を作成し、その記載事項について仕入先の確認を受けた場合は、これをインボイスに代えて保存することができます。一定期間内に連絡がない場合には確認を受けたものとする取決め等があるときは、その一定期間の経過をもって確認を受けたものとすることができます。
	● データ保存 （電帳法4②）	システムで作成した仕入明細書は、電帳法の規定により、データ保存することができます。
	● 個人事業者からの家事用資産の購入 （法30⑨三）	インボイス発行事業者である個人が、家事用の資産を売却等した場合には、その売上げは消費税の課税対象外であり、インボイスを交付することができません。 　また、買手は、仕入明細書等を作成し売手の確認を受けた場合であっても、売手において課税資産の譲渡等に該当しないため、仕入税額控除の対象となりません。
5. 口座振替 （基通1-8-1）		インボイスの記載事項は、一の書類だけで全てが記載されている必要はなく、複数の書類に分けて記載することも可能です。口座振替については、インボイスの記載事項のうち取引年月日以外の事項が記載された契約書や登録番号の通知等とともに、取引年月日を示す通帳を併せて保存することにより、仕入税額控除の要件を満たすことができます。
6. 経費の立替払い （基通11-6-2）		A社が行う課税仕入れの対価をB社が立て替えて支払う場合において、A社は、仕入先が交付したB社名宛てのインボイスをそのまま受領しても、インボイスの保存の要件を満たすことはできません。立替払を行ったB社から、インボイスとともに、その課税仕入れがA社に帰属することを明らかにする立替金精算書の交付を受けて保存する必要があります。この場合、立替払を行うB社がインボイス発行事業者である必要はありません。
		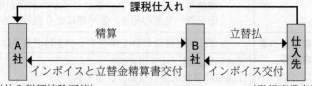
	● 精算書のみの交付 （基通11-6-2）	複数者の立替に係るインボイスで他の者に係る情報が記載されている、あるいは、多数の仕入れがあってインボイスのコピーが大量になるなどの事情がある場合は、インボイスはB社が保存し、A社が仕入税額控除の適用に必要な事項を記載した立替金精算書を交付することもできます。A社は帳簿に仕入先の名称を記載します。

● 公共交通機関特例の適用がある場合 ● ジョイントベンチャー工事に係るインボイス	立替払に係る内容が、公共交通機関特例や自動販売機特例など、帳簿のみの保存で仕入税額控除が認められる課税仕入れに該当する場合は、インボイス及び立替金精算書の保存は不要です。 　JV工事（ジョイントベンチャー工事）等の共同事業で、幹事会社以外の各構成員が持分に応じてインボイスの交付を受けることができないときには、インボイスのコピーに各配分内容を記載したものを請求書等に該当するものとして取り扱います。 　なお、コピーが大量になる等により、この方法が難しい場合には、幹事会社がインボイスを保存することを条件に、各構成員は幹事会社から受ける精算書（各構成員別に工事原価を計算した「完成工事原価報告書」が添付されている。）をインボイスとして保存することができます。
7. 委託販売手数料 　（基通10-1-12）	標準税率の課税資産の譲渡等のみを行う委託販売等においては、その課税期間中に行った委託販売等の全てについて、委託販売手数料を控除した残額を委託者における資産の譲渡等の金額とする純額処理が認められています。この場合、委託者において課税仕入れは計上されませんが、委託販売手数料に係るインボイスの保存が必要です。 　また、受託者においては、標準税率の課税資産の譲渡等のみを行う受託業務について、委託された商品の譲渡等に伴い収受する金額を課税資産の譲渡等の金額とし、委託者に支払う金額を課税仕入れに係る金額とすることが認められています。この場合、委託者に支払う金額は課税仕入れに計上されますが、インボイスの保存は不要です。
8. 出来高検収 　（基通11-6-7）	建設工事等を行う元請業者が、インボイスの記載事項を満たす出来高検収書を作成して下請業者にその記載事項の確認を受け、その出来高検収書に基づいて外注工事代金を支払っている場合には、その出来高検収書をインボイスに代えて保存し、仕入税額控除を行うことができます。 　ただし、下請業者がインボイス発行事業者でなくなったことにより、その外注工事がインボイスの交付ができないものであることが判明した場合には、その外注工事完了日の属する課税期間における課税仕入れに係る支払対価の額から出来高検収書により仕入税額控除の対象とした金額を控除することとなります。
9. 工事進行基準 　（法57の4①）	工事進行基準の適用により、工事の完成前に課税資産の譲渡等を計上した部分があっても、その計上につきインボイスを交付する義務はありません。引渡基準と同じく、完成引渡しの時に、請負総額のインボイスを交付します。
10. 令和5年10月1日をまたぐ取引 ● 所有権移転外ファイナンスリース	買手におけるインボイス保存の要件は、売手におけるインボイスの交付の義務と対応しています。したがって、売手の課税売上げと買手の課税仕入れの計上時期が、令和5年10月1日の前後に分かれる場合は、原則として、買手にインボイス保存の必要はなく、区分記載請求書等を保存することになります。 　所有権移転外ファイナンスリースについて、会計上、賃貸借処理を行うものについては、消費税においても、そのリース料の支払いに応じた分割控除が認められています。インボイス制度が開始していない令和5年9月30日まで（以下「施行前」といいます。）に行ったリース譲渡について、令和5年10月1日以後に分割控除を行う場合は、区分記載請求書を保存します。

仕入税額控除の要件（帳簿及び請求書等の保存）

	●短期前払費用 （基通11-3-8、法基通2-2-14、基通37-30の2）	法人税において、短期前払費用につきその支払った日の属する事業年度の損金の額に算入している場合には、消費税の計算についても、その支出した課税期間の課税仕入れとして取り扱います。例えば、令和5年9月1日に翌年8月31日までの1年間事務所の賃借料を支払い、その支払日の課税仕入れとした場合は、その全額について、区分記載請求書等を保存することになります。
	●未成工事支出金 （基通11-3-5）	建設工事等に係る目的物の完成前に行った課税仕入れ等について未成工事支出金として経理した場合は、継続適用を要件として、その目的物の引渡しをした日の属する課税期間における課税仕入れ等とすることができます。施行前に行った課税仕入れについては、令和5年10月1日以後に仕入税額控除を行う場合においても、インボイスの保存は不要です。区分記載請求書等の保存により、仕入税額控除の適用を受けることができます。
	●建設仮勘定 （基通11-3-6）	建設工事等のために行った課税仕入れ等について建設仮勘定として経理した場合は、その目的物の完成した日の属する課税期間における課税仕入れ等とすることができます。施行前に行った課税仕入れについては、令和5年10月1日以後に仕入税額控除を行う場合においても、インボイスの保存は不要です。区分記載請求書等の保存により、仕入税額控除の適用を受けることができます。
11. 課税庁の運営方針		国税庁が令和5年8月25日の「適格請求書等保存方式の円滑な導入等に係る関係府省庁会議」において公表した「インボイス制度の周知広報の取組方針等について」には、次の記載があります。

インボイス制度後の税務調査の運用について

○これまでも、保存書類の軽微な記載不備を目的とした調査は実施していない。

　・従来から、大口・悪質な不正計算が想定されるなど、調査必要度の高い納税者を対象に重点的に実施。

○仮に、調査等の過程で、インボイスの記載事項の不足等の軽微なミスを把握しても、

　・インボイスに必要な記載事項を他の書類等※で確認する、

　　※相互に関連が明確な複数の書類を合わせて一のインボイスとすることが可能。

　・修正インボイスを交付することにより事業者間でその不足等を改める、といった対応を行う。

○まずは制度の定着を図ることが重要であり、柔軟に対応していく。

(2) インボイスの保存を要しない取引

項　目	説　　　　明
1. 災害特例 （法30⑦⑪）	災害その他やむを得ない事情によりその保存をすることができなかったことをその事業者において証明した場合は、帳簿、請求書等及び本人確認書類の保存は必要ありません。
2. 公共交通機関 　特例など （令49①一、 　規15の4）	取引を限定してインボイスの保存を不要とする取扱いがあります。次の表で「インボイス不要」と表示したものは、所定の事項が記載された帳簿を保存することにより仕入税額控除が認められます。

取引	売手の インボイス	買手の 仕入税額控除
● 3万円未満の公共交通機関による旅客の運送（公共交通機関特例） ● 3万円未満の自動販売機による商品の販売等（自動販売機特例） ● 郵便切手類を対価とする郵便サービス（郵便切手特例）	交付義務免除	インボイス不要
● 出荷者が卸売市場に委託して行う生鮮食料品等の譲渡（卸売市場特例） ● 生産者が農協等に委託して行う農林水産物の譲渡（農協特例）		農協等が交付する書類を保存
● 入場券等が使用の際に回収される入場料等（回収特例）	簡易インボイスを交付して回収	インボイス不要
● 従業員等に支給する通常必要と認められる出張旅費・通勤手当等 ● インボイス発行事業者以外からの次の購入（棚卸資産に限ります） ➤ 古物商が行う古物の購入（古物商特例） ➤ 質屋が行う質物の購入（質屋特例） ➤ 宅地建物取引業者が行う建物の購入（宅建特例） ➤ 再生資源等の購入（再生資源特例）	インボイス発行事業者でない	インボイス不要

● 帳簿の記載

帳簿には、通常の記載事項に追加して、上記特例のいずれかに該当する旨の記載が必要です。

> 例）「3万円未満の鉄道料金」「公共交通機関特例」「入場券等」「古物商特例」「質屋特例」「出張旅費等特例」など

また、回収特例については、その支払対価の額が3万円以上である場合には、相手方の住所等を帳簿に記載しなければなりません。

● 古物商等
（基通11-6-3）

古物商特例、質屋特例及び宅建特例については、古物営業法、質屋営業法又は宅地建物取引業法により、業務に関する帳簿等へ相手方の氏名及び住所を記載することとされているものは、住所又は所在地の記載が必要です。

また、買取りの際に相手方に記載させる書類にインボイス発行事業者か否かのチェック欄を設けるなど、インボイス発行事業者以外からの購入であることを客観的に明らかにしておく必要があります。

仕入税額控除の要件（インボイスの保存を要しない取引）

	● 再生資源等の買取り	なお、古物商が、古物営業法上の「古物」に該当しないもの（例：金、白金の地金等）を、古物営業と同等の取引方法（古物台帳に記帳する等）により買い受ける場合には、その仕入れも古物商特例の対象となります。 　再生資源特例については、事業者から購入する場合は、その事業者の住所又は所在地の記載が必要です。

3. 少額特例
（平28改法附則53の2）

一定規模以下の事業者について、インボイスの保存を要せず、帳簿の保存のみで仕入税額控除の要件を満たす少額特例の経過措置が設けられています。

期間	インボイス制度の開始から令和11年9月30日までの期間
対象	基準期間における課税売上高が1億円以下の事業者、又は、特定期間における課税売上高が5,000万円以下の事業者
金額	税込1万円未満の課税仕入れ

※課税期間の途中であっても、令和11年10月1日以後に行う課税仕入れについては、適用はありません。

※特定期間における課税売上高の5,000万円は、課税売上高による判定に代えて給与支払額の合計額の判定によることはできません。

※1万円の判定は、一商品ごとの金額ではなく、一回の取引の合計額が税込1万円未満であるかどうかにより判定します。

4. 免税事業者からの仕入れに係る経過措置（8割控除・5割控除）
（平28改法附則52、53）

● 10億円を超える課税仕入れ

インボイスの交付を受けない課税仕入れについて、上記「2. 公共交通機関特例など」「3. 少額特例」に該当しなくても、次の割合で仕入税額控除を認める経過措置が設けられています。

> 令和5年10月1日から令和8年9月30日までの3年間…80%
> 令和8年10月1日から令和11年9月30日までの3年間…50%

この経過措置の適用を受けるためには、帳簿に、経過措置の適用を受ける課税仕入れである旨を記載し、区分記載請求書等と同様の記載事項が記載された請求書等（データの受領可能）を保存することが必要です。

令和6年10月1日以後開始する課税期間においては、一のインボイス発行事業者以外の者からの課税仕入れの額の合計額がその年又はその事業年度で10億円を超える場合には、その超えた部分の課税仕入れについて、8割控除・5割控除は適用できません。

■売上げに係る対価の返還等をした場合の消費税額の控除

項　目	説　明
1. 値引等があった場合 （法38①）	課税事業者が国内において行った課税資産の譲渡等について、値引きや返品等により対価の返還等をした場合には、その返還等をした日の属する課税期間の課税標準額に対する消費税額から、その課税期間において行った返還等の金額に係る消費税額を控除します。 　この税額控除を「売上げに係る対価の返還等をした場合の消費税額の控除」（以下、「返還等対価に係る税額控除」）といいます。

課税取引に係る返品・値引き・割戻し等による対価の返還	売手側：課税売上げの修正 → 値引き等があった課税期間の売上げに係る消費税額から値引き等に係る消費税額を控除
	買手側：課税仕入れの修正 → 値引き等があった課税期間の仕入れに係る消費税額から値引き等に係る消費税額を控除

返還等対価に係る税額控除のポイント
①課税事業者であること ②自己の課税売上げに対する値引き等であること ③金銭による返金又は売掛金の減額であること ④免税事業者であったときの課税売上げでないこと ⑤輸出免税に該当しないこと ⑥その課税期間に値引き等を行っていること ⑦記載事項を満たす帳簿の保存があること

●控除の時期 （法38①）	返還等対価に係る税額控除は、その対価の返還等をした課税期間に行います。
2. 対象 （法38①、基通 14-1-1〜4）	返還等対価に係る税額控除の対象となるのは、次のものです。

項目	内容	
返品・値引き	売上商品の返品、売上金額の値引き	左の理由により対価の返還又は売掛金の減額
割戻し（リベート）	一定期間に一定額又は一定量を購入した取引先に対する代金の一部返戻（飛越しリベートを含む*）	
売上割引	売掛金等がその支払期日前に決済されたことにより支払うもの	
販売奨励金	販売促進の目的で、販売数量・販売高等に応じて取引先に支払うもの	
事業分量配当金	協同組合等が組合員に支払う事業分量配当金のうち、販売分量等に応じて支払うもの	
船舶の早出料	貨物の積卸期間が短縮され、運送期間が短縮したために行う運賃の割戻し	

＊売上げ割戻し（リベート）については、直接の取引先に支払うものの他、間接的な取引先に支払う、いわゆる飛越しリベートも含みます。

●輸出免税売上げの値引き等 （法38①）	返還等対価に係る税額控除は、課税標準額の計算の基礎となった課税売上げの修正を行うためのものですから、輸出取引等、消費税が免除される取引についての値引きは、その売上げが課税標準とされていないため、適用がありません。

売上げに係る対価の返還等をした場合の消費税額の控除

	● 免税事業者であった時の売上げ （基通14-1-6）	免税事業者であった課税期間に行った課税資産の譲渡等について、対価の返還等をしても、控除の対象とはなりません。
3. 売上返還の税率 （基通14-1-5）		売上返還の税率は、その返還をした課税資産の譲渡等に適用した税率です。 標準税率又は軽減税率の課税資産の譲渡等の対価、課税資産の譲渡等でない収入などにつき、一括して売上げに係る割戻しを行ったときは、割戻金額をそれぞれの取引に係る部分に合理的に区分しなければなりません。
4. 控除の方法		返還等対価に係る税額控除は、税額ベースで控除する方法と売上高から直接控除する方法があります。
	● 税額ベースでの控除 （法38①）	税額ベースで控除を行う場合は、課税標準額に対する消費税額から、返還等の金額に係る消費税額を控除します。
	● 売上高ベースでの控除 （基通14-1-8）	継続処理を要件に、税額による調整に代えて、返還等の額を税率ごとの売上高から直接控除する方法によることができます。
5. 控除しきれない場合		課税標準額に対する消費税額から、返還等対価に係る消費税額を控除して控除しきれない金額は、還付されます。

6. 売上割戻しを行った日
（基通14-1-9）

売上割戻しの算定基礎が販売価額又は販売数量であり、その算定基礎が契約において明示されている

No ／ Yes

原則	課税売上の日
特例	割戻し通知日又は支払日（継続適用が要件）

原則	割戻し通知日又は支払日
特例	未払計上した日 （要件：①課税期間末までに算定基準決定 　　　　②申告期限までに相手方に通知 　　　　③継続適用）

7. 一定期間支払わない売上割戻し
（基通14-1-10）

契約により、次の期間、保証金等として預かる割戻し
・特約店契約の解約等の特別事由発生まで
・5年超の一定期間

売上割戻しの時期

原則	現実に支払った日（売掛金への充当を含む）
特例	相手方が実質的に利益を享受可能となった日 ・契約等に基づく通常金利を支払っている又は請求があれば支払う場合 ・保証金等の代わりに他の財産を提供することができる場合 ・支払われない金額が割戻し額の50%以下である場合 ・相手方名義の預貯金等としている場合

| 8. 売上げの取消し
（通則法23②、
基通14-1-11） | 課税資産の譲渡等を行った後に、無効又は取消しとなった場合には、当初からその課税資産の譲渡等はなかったものとして処理します。
ただし、売上対価の返還等の処理によることもできます。 |

区分	処理方法
課税資産の譲渡等を行った課税期間に無効又は取消しとなった場合	課税資産の譲渡等を直接取消し
その後の課税期間に無効又は取消しとなった場合	売上対価の返還等として処理することが可能

9. 振込手数料	☞172ページ
10. 適用要件	返還等対価に係る税額控除は、その返還等をした金額の明細を記録した帳簿を保存することが要件です。 　インボイス発行事業者は、税込 1 万円以上の売上げに係る対価の返還等を行った場合には、返還インボイスを交付しなければなりません。ただし、返還インボイスの交付は、返還等対価に係る税額控除の適用の要件ではありません。
11. 帳簿の記載事項 （法38②、令58①、平28改令附則8②）	①相手方の氏名又は名称 ②売上げ値引き等を行った年月日 ③内容（軽減税率対象にはその旨） ④金額（税率ごとの金額） 　不特定多数の者を取引相手とする小売業・飲食店業・駐車場業等の場合は①相手方の氏名又は名称は記載不要です。
12. 帳簿の保存期間 （令58②③）	帳簿は、帳簿の閉鎖の日の属する課税期間の末日の翌日から 2 ヶ月を経過した日から 7 年間（終わりの 2 年間はマイクロフィルムによる保存が可能）保存します。
13. 帳簿の保存を要しない場合 （法38②、基通8-1-4）	帳簿の保存がない場合においても、災害その他やむを得ない事情により帳簿の保存をすることができなかったことを証明したときは、控除の適用があります。 災害その他やむを得ない事情とは、次のものをいいます。

災害	震災、風水害、雪害、凍害、落雷、雪崩、がけ崩れ、地滑り、火山の噴火等の天災又は火災その他の人為的災害で自己の責任によらないものに基因する災害
やむを得ない事情	災害に準ずるような状況又はその事業者の責めに帰することができない理由により帳簿の保存ができない状況にある事態

売上げに係る対価の返還等をした場合の消費税額の控除

■貸倒れに係る消費税額の控除

項　目	説　　　　明
1. 貸倒れがあった場合	課税事業者が国内において行った課税資産の譲渡等に係る売掛金その他の債権について、貸倒れが生じた場合には、その貸倒れがあった日の属する課税期間の課税標準額に対する消費税額から、その課税期間において生じた貸倒れの金額に係る消費税額を控除します。

<table>
<tr><th colspan="2">貸倒れに係る消費税額の控除のポイント</th></tr>
<tr><td>①</td><td>課税事業者であること</td></tr>
<tr><td>②</td><td>自己の課税売上げに係る貸倒れであること</td></tr>
<tr><td>③</td><td>免税事業者であったときの課税売上げでないこと</td></tr>
<tr><td>④</td><td>輸出免税に該当しないこと</td></tr>
<tr><td>⑤</td><td>その課税期間に貸倒れが生じたこと</td></tr>
<tr><td>⑥</td><td>貸倒れの事実を証明する書類の保存があること</td></tr>
<tr><td>⑦</td><td>貸倒れに係る消費税額の控除を行った後に売掛金等の回収ができた場合には、再度の調整が必要となる</td></tr>
</table>

項　目	説　　　　明
●控除の時期	貸倒れに係る税額控除は更生計画の認可決定など、貸倒れが確定した課税期間に行います。貸倒引当金の計上は対象となりません。
2. 貸倒れの範囲 （法39①、令59、規18）	貸倒れに係る消費税額の控除の対象となる貸倒れの範囲と対象金額は、次のとおりです。 　買掛金等の債務と相殺した売掛金は、控除の対象になりません。

項　目	説　　　　明
●輸出免税売上げの貸倒れ （法39①）	貸倒れに係る消費税額の控除は、課税標準額の計算の基礎となった課税売上げの修正を行うためのものですから、輸出取引等、消費税が免除される取引に係る貸倒れについては、その売上げが課税標準とされていないため、適用がありません。

● 免税事業者 であったと きの売上げ （基通14-2-4）	免税事業者であった課税期間に行った課税資産の譲渡等について、貸倒れが生じても、控除の対象とはなりません。
● 貸倒れの区分 （基通14-2-3）	課税資産の譲渡等に係る売掛金等とそれ以外の売掛金等について貸倒れがあった場合で、これらを区分することが著しく困難であるときは、貸倒れがあったときのそれぞれの売掛金等の割合によって区分します。
3. 貸倒れの税率 （基通14-2-3）	貸倒れの税率は、その貸倒れとなった課税資産の譲渡等に適用した税率です。 標準税率又は軽減税率の課税資産の譲渡等に係る債権、非課税資産の譲渡等に係る債権などにつき貸倒れがあった場合において、これらを区分することが著しく困難であるときは、貸倒れとなったときにおけるそれぞれの債権の額の割合により区分することができます。
4. 控除しきれない場合	課税標準額に対する消費税額から貸倒れに係る消費税額を控除して控除しきれない金額は還付されます。
5. 適用要件 （法39②）	貸倒れに係る消費税額の控除は、その貸倒れの事実を証明する書類を保存することが要件です。
6. 書類の保存期間（規19） ● 書類の保存を要しない場合 （基通8-1-4）	書類は、貸倒れがあった日の属する課税期間の末日の翌日から2ヶ月を経過した日から7年間、保存します。 書類の保存がない場合でも、災害その他やむを得ない事情により書類の保存ができなかったことを証明したときは、控除の適用があります。 災害その他やむを得ない事情とは、次のものをいいます。 表： 災害：震災、風水害、雪害、凍害、落雷、雪崩、がけ崩れ、地滑り、火山の噴火等の天災又は火災その他の人為的災害で自己の責任によらないものに基因する災害 やむを得ない事情：災害に準ずるような状況又はその事業者の責めに帰することができない理由により書類の保存ができない状況にある事態
7. 償却済債権の回収 （法39③）	貸倒れに係る消費税額の控除の適用を受けた後に、その控除の対象となった金額の全部又は一部の領収をしたときは、領収をした金額に係る消費税額を「控除過大調整税額」として、その領収をした日の属する課税期間の課税標準額に対する消費税額に加算します。 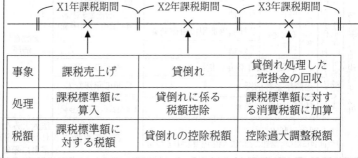
● 適用する税率	☞132ページ

図表（7. 償却済債権の回収）:

X1年課税期間 ～ X2年課税期間 ～ X3年課税期間

事象	課税売上げ	貸倒れ	貸倒れ処理した売掛金の回収
処理	課税標準額に算入	貸倒れに係る税額控除	課税標準額に対する消費税額に加算
税額	課税標準額に対する税額	貸倒れの控除税額	控除過大調整税額

■信託

項　目	説　明
1. 信託とは	信託にあたっては、信託財産の財産権を受託者に移転することによってその財産の管理・処分権を受託者に与え、受託者は、自己の固有財産や他の信託財産とは明確に区分して、委託者の信託目的に従ってその信託財産の管理・処分を行います。信託の受益者は、信託の利益から受託者に信託報酬を支払い、信託契約の終了時には、信託財産は委託者又は受益者に移転します。 　信託制度は、財産の所有及び管理とその収益とを分離して、その実質的な利益をすべて受益者に享受させようとする制度であり、信託財産の所有権の移転は形式的なものにすぎません。したがって、原則として、信託の開始に際し信託契約に基づいて委託者がその財産を受託者に移転する行為、又は、信託の終了により受託者から委託者又は受益者に信託財産を移転する行為は資産の譲渡等には該当しないものとされ、信託財産の運用に係る資産の譲渡等、課税仕入れ及び課税貨物の保税地域からの引取り（資産等取引）は、受益者に帰属します。 　ただし、特定受益証券発行信託、法人課税信託による資産の移転については、その資産の移転のときに、移転時の時価をもってその資産の譲渡があったものとなります。
2. 信託に係る課税関係 （法14①、15②、別表第二3、令2①三、10③二、基通4-2-1、4-2-2)	上記1.を踏まえ、信託に係る消費税の課税関係をまとめると次のようになります。 　各信託の定義は次によります。 ＊¹ 法人税法2二十九　　＊² 法人税法2二十九の二 ＊³ 法人税法12④一　　＊⁴ 法人税法12④二 ★¹ 所得税法2①十一　　★² 所得税法2①十五 ★³ 所得税法2①十五の二

信託の分類			信託財産の移転 令2①三、基通4-2-1	取引の帰属 法14①、15②、基通4-2-2	収益の分配 令10③二	信託報酬 別表第二3
受益者等課税信託 (発生時に受益者に所得税又は法人税が課税されるもの)			資産の譲渡なし	受益者に帰属	不課税	課税
受益者等課税信託以外	分配時に受益者に所得税又は法人税が課税されるもの＊¹	集団信託 合同運用信託★¹	資産の譲渡なし (収益の分配金を対価とする信託のための移転)	受託者に帰属	非課税	非課税
		集団信託 証券投資信託 公社債投資信託★²				非課税
		集団信託 証券投資信託 その他				課税
		その他の投資信託 公社債等運用投資信託★³				非課税
		その他の投資信託 その他				課税
		特定受益証券発行信託＊¹	資産の譲渡			課税
		退職年金等信託＊³	資産の譲渡なし (収益の分配金を対価とする信託のための移転)			課税
		特定公益信託等＊⁴				課税
法人課税信託＊² (受託者に対して信託ごとに法人税が課税されるもの)			資産の譲渡	法人とみなされた各受託事業者に帰属		―

3. 受益者等課税信託 （法14①②、令26④）	信託の受益者は、受益者としての権利を現に有する者です。 　ただし、信託の変更をする権限を現に有し、かつ、信託財産の給付を受けることとされている者は、受益者とみなされます。 　受益者が複数の場合は、信託財産に属する資産の全部をそれぞれの受益者がその有する権利の内容に応じて有するものとし、資産等取引の全部をそれぞれの受益者がその有する権利の内容に応じて行ったものとされます。
● 他の受益者が存在しない場合 （基通4-3-1）	その受益者が有する受益者としての権利がその信託財産に係る受益者としての権利の一部にとどまる場合であっても、その他の権利を有する者が存しない又は特定されていないときには、その受益者がその信託財産に属する資産の全部を有するものとみなされ、かつ、資産等取引の全部がその者に帰属します。
● 信託の受益者としての権利の譲渡 （基通4-3-3）	受益者等課税信託の受益者等が有する権利の譲渡が行われた場合には、その権利の目的となる信託財産の譲渡が行われたこととなります。
● 受益者等課税信託に係る受益者の範囲 （基通4-3-4）	信託の受益者には、原則として、次に掲げる者は含まれません。 (1)　その信託が終了するまでの間における残余財産の帰属権利者 (2)　委託者が生存している間において、委託者の死亡の時に受益者となるべき者として指定された者 (3)　委託者が生存している間において、委託者の死亡の時以後に信託財産に係る給付を受ける受益者
● 受益者とみなされる委託者 （基通4-3-5）	受益者とみなされる者には、信託の変更をする権限を有している委託者で次の場合に該当するものが含まれます。 (1)　委託者が信託行為の定めにより帰属権利者として指定されている場合 (2)　残余財産受益者等の指定に関する定めがない場合又は残余財産受益者等として指定を受けた者のすべてがその権利を放棄した場合
4. 法人課税信託 （法14①、15①②③、基通4-4-1）	法人課税信託の受託者は、各法人課税信託の信託資産等及び固有資産等ごとにそれぞれ別の事業者とみなされ、各法人課税信託の信託資産等及び固有資産等は、別の者とみなされたそれぞれの者に帰属するものとされます。 　この場合、信託資産等が帰属するとみなされた者を受託事業者といい、固有資産等が帰属するとみなされた者を固有事業者といいます。

受託者が行う取引	受託者の固有資産等	⇨	それぞれ別の法人として処理
	各法人課税信託等		

```
信託資産等：信託財産に属する資産及びその資産等取引
固有資産等：法人課税信託の信託資産等以外の資産及びその資産取引等
資産等取引：資産の譲渡等、課税仕入れ及び課税貨物の保税地域からの引取り
```

● 個人事業者が受託事業者である場合 （法15③）	個人事業者が受託事業者である場合には、その受託事業については、法人とみなして消費税法の規定を適用します。

信託

5. 法人課税信託の免税の判定等	
●固有事業者の基準期間における課税売上高 （法15④、令27①②）	法人課税信託の固有事業者については、その納税義務の判定及び簡易課税制度の適用の判定に用いる基準期間における課税売上高は、次のとおり計算します。 固有事業者の基準期間における課税売上高＝①＋② ①固有事業者の固有資産等に係る基準期間における課税売上高 ②固有事業者の基準期間の初日から１年以内に終了した各受託事業者の各事業年度における課税売上高
●受託事業者の納税義務 （法15⑥⑦⑪、基通4-4-1、4-4-4）	受託事業者が課税事業者であるか免税事業者であるかは、その課税期間の初日における固有事業者の納税義務の有無により判定します。 　したがって、基準期間における課税売上高が1,000万円超である場合のほか、課税事業者を選択している場合、合併や分割があった場合の特例により固有事業者が課税事業者となる場合には、受託事業者も課税事業者となります。 　また、受託事業者は、固有事業者とは別に独立して課税事業者を選択することはできません。
●受託事業者の簡易課税制度の適用関係 （法15⑧、基通4-4-2～4）	受託事業者の簡易課税制度の適用の有無は、その課税期間の初日において固有事業者に簡易課税制度の適用があるかどうかにより判定します。 　受託事業者は、固有事業者とは別に独立して簡易課税制度を選択することはできません。
●受託事業者の課税期間の短縮 （基通4-4-4）	受託事業者は、固有事業者とは別に独立して課税期間の短縮の特例の適用を受けることができます。
●課税売上割合に準ずる割合 （基通4-4-4）	受託事業者は、固有事業者とは別に独立して課税売上割合に準ずる割合の承認申請をし、その承認を受けて適用することができます。
6. 受託事業者のインボイス （基通4-4-3）	法人課税信託の固有事業者がインボイス発行事業者である場合において、受託事業者の事業として交付するインボイス等に記載すべき登録番号は、固有事業者の登録番号です。

■課税期間

項　　目	説　　　　明
1. 法人の課税期間（法2①十三、19①、法法13①）	課税期間とは、納付する消費税額の計算の基礎となる期間です。 法人の課税期間は、原則として、法人税法に規定する事業年度です。 　　　　　　　　　（法令又は定款等に定められた会計期間） ●個人事業者の課税期間　☞245ページ
2. 設立（基通3-2-1）	法人の最初の課税期間開始の日は次によります。

設立形態等	最初の課税期間開始の日
設立の登記により成立する法人（合併・分割を除く）	設立の登記をした日
行政官庁の認可・許可によって成立する法人	認可・許可の日
合併により設立された法人	合併契約書において定められた合併期日
分割により設立された法人	分割契約書において定められた分割期日

項　　目	説　　　　明
3. 組織変更（基通3-2-2）	特例有限会社を株式会社に、合名会社を合資会社にするなど法人が法律上の組織変更をした場合においても、消費税法上、組織変更前の法人の解散および組織変更後の設立はなかったものとして取り扱われます。（課税期間は組織変更によって区分されず、継続します。）
4. 課税期間の短縮特例（法19①三～四の二）	課税期間は、3ヶ月ごと又は1ヶ月ごとに短縮することができます。

区分	課税期間	申告期限
原則	各事業年度	各期間の末日の翌日から2ヶ月以内
3ヶ月短縮	事業年度をその開始の日から3ヶ月ごとに区分した各期間	
1ヶ月短縮	事業年度をその開始の日から1ヶ月ごとに区分した各期間	

●特例の選択届出（法19①）
●選択届出書の効力（法19②）

　事業者が課税期間短縮の特例を選択する場合は、「消費税課税期間特例選択届出書」を所轄税務署長に提出しなければなりません。
　「消費税課税期間特例選択届出書」の効力は、提出日の属する短縮期間の翌期間の初日から発生します。
　その際、期首から提出日を含む短縮期間の末日までは、一の課税期間とみなされます。

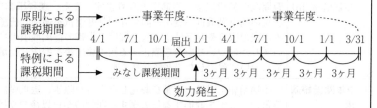

●開業等の場合

　「消費税課税期間特例選択届出書」の提出日の属する期間が、次のいずれかである場合は、提出日の属する短縮期間から適用されます。

課税期間

(法19②、令41①、基通1-4-7~8)	事業者が国内において課税資産の譲渡等に係る事業を開始した日の属する期間	⇒ 提出から適用の日の属する期間
	法人が吸収合併によりこの規定の適用を受けていた被合併法人の事業を承継した場合の合併があった日の属する期間	
	法人が吸収分割によりこの規定の適用を受けていた分割法人の事業を承継した場合の吸収分割があった日の属する期間	

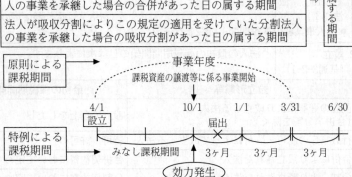

- 合併・分割
  (基通3-3-3~4)

被合併法人、分割法人等が提出した「消費税課税期間特例選択届出書」の効力は、合併法人、分割承継法人等には及びません。合併法人等が適用を受ける場合には、新たに届け出る必要があります。

5. 特例の不適用
(法19③、基通3-3-1)

課税期間短縮の特例の適用をやめようとするとき又は事業を廃止したときは、その旨を記載した届出書を所轄税務署長に提出します。

特例の適用は、免税事業者となった場合等でも不適用届出書の提出がない限り存続します。

- 不適用の時期
  (法19④)

不適用届出書を提出した場合には提出した日の属する短縮期間の翌期間の初日以後、不適用となります。

不適用となった日から期末までは、一の課税期間とみなされます。

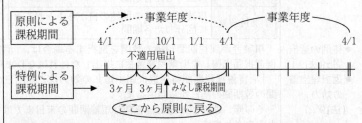

- 事業廃止届
  (基通1-4-15)

事業廃止届出書を提出した場合には、提出した日の属する短縮期間の翌期間の初日以後、不適用となります。また、課税事業者選択不適用、課税期間特例選択不適用、簡易課税制度選択不適用、任意の中間申告書の提出の取りやめ又は、法人の確定申告書の提出期限の特例の不適用のいずれかについて事業を廃止する旨の届出書を提出した場合には、すべてについて提出したことになります。

6. 2年間継続適用
(法19①⑤)

不適用届出書は、事業を廃止した場合を除き、選択届出の効力が生ずる日から2年を経過する日の属する期間の初日以後でなければ提出することができません。したがって、課税期間短縮の特例は、2年間は継続適用が強制されます。

3ヶ月から1ヶ月へ、1ヶ月から3ヶ月へ短縮の期間を変更する場合も同様です。

消費税の申告と納付

■国内取引に係る確定申告

項　目	説　明
1. 納税義務の成立と税額の確定 （通則法15②七、16①） ※大法人の令和2年4月1日以後開始する課税期間に係る申告は、e-Taxによることが義務付けられています。	国内取引に係る消費税の納税義務は、課税資産の譲渡等が行われた時に成立し、課税期間ごとに、事業者が自ら計算して、税務署長に確定申告書を提出することによって、納付すべき税額が確定します（租税債務の確定）。このように、納付税額が納税義務者の申告によって確定し、その申告がない場合に限って税務署長が確定のための処分を行う方式を申告納税方式といいます。 

申告期限と納期限一覧

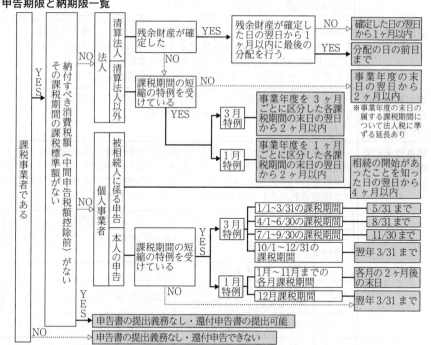

| **2. 法人の申告期限と納期限**
（法45①④、49、基通15-2-6） | ・通常…その事業年度（課税期間）の末日の翌日から2ヶ月以内
・課税期間短縮特例の場合…短縮した各課税期間の末日の翌日から2ヶ月以内
・清算中の法人…原則として課税期間の末日の翌日から2ヶ月以内
　（その法人の資産負債を全部引き継ぐ実質的な営業譲渡があった場合は、引継日の翌日から1ヶ月以内）
　残余財産が確定した場合には、確定した日の翌日から1ヶ月以内 |

3. 申告期限の延長 （法45の2、通則法15②七、法法74、75、75の2）	法人税法は、確定決算主義を採用するため、決算が確定しない場合の確定申告期限の延長を設けています。消費税は、課税資産の譲渡等をした時に納税義務が成立し、確定申告書の作成に当たって決算の確定を待つ必要はありませんが、令和2年度税制改正において、働き方改革を後押しする納税事務負担の削減の観点から、法人税の申告期限を延長することができる法人については、届出により、消費税の申告期限を1ヶ月延長することができるよう見直されました。 　課税期間を短縮している場合は、事業年度の末日の属する課税期間の申告期限が延長されます。
4. 災害等があった場合 （通則法11、通則令3）	災害その他やむを得ない理由により申告・納付等ができないと認められる場合には、その理由がやんだ日から2ヶ月以内に限り、その期限の延長を行う制度があります。

区分	延長後の期限
災害地域が指定される場合	災害等がやんだ日から2ヶ月以内の指定された日
納税者の申請による場合	

5. 申告不要 （法45①）	課税事業者であっても、その課税期間において、①課税標準額に算入すべき金額　②納付すべき消費税額（中間申告額控除前）の両方がない場合には、確定申告書の提出は必要ありません。 　ただし、その場合でも課税事業者は還付申告が可能です。
6. 提出期限が休日の場合 （通則法10）	確定申告書の提出期限が、土曜日、日曜日、祝日等の休日にあたるときは、その翌日がその期限とみなされます。
7. 郵送は消印有効 （通則法22）	確定申告書及びその添付書類は、郵便又は信書便により提出することができます。その場合には、その郵便物又は信書便物の通信日付印に表示された日（その表示がないとき、表示が明瞭でないときは、発信日として推定される日）に提出されたものとみなされます。

区分		提出の日
郵便	書留・簡易書留・配達記録	郵便物受領証等に記載された引受日
	普通郵便・速達郵便	消印の日
信書便	一般信書便事業者・特定信書便事業者が行う信書便	配送伝票等に記載された差出日

一般信書便事業者・特定信書便事業者以外は信書便の取扱いができません。

8. 時間外収受	税務署の開庁時間外には、時間外収受箱に投函して提出することができます。この場合、申告書は、勤務時間開始とともに取り出され、直前の開庁日に提出されたものとして取り扱われます。
9. 期限後申告 （通則法18、35②）	課税事業者は、確定申告書の提出期限後においても、決定があるまでは、期限後申告書を提出することができます。 　この場合には、その申告書を提出する日までにその申告書に記載した消費税を国に納付しなければなりません。

10. 還付申告 （法46、52、53）	その課税期間の課税標準額に対する消費税額から控除対象仕入税額等の税額を控除して控除しきれない金額は、控除不足還付税額として申告すれば還付されます。 また、中間納付税額についても、その課税期間の消費税額から控除して控除しきれない金額は、中間納付還付税額として還付されます。
● 課税事業者	課税事業者は、上記5.申告不要の場合でも、還付を受けるために申告書を提出することができます。
● 免税事業者	免税事業者は、どのような場合でも申告書を提出することはできません。
11. 還付加算金 （法52②③）	還付金には、利息に相当する還付加算金が付されます。 還付加算金の計算の基礎となる期間は、次のとおりです。ただし、未納となっているその課税期間の中間申告に係る消費税に充当する場合は、還付加算金及び未納消費税に係る延滞税及び利子税は計算されません。

申告の種類	期間の初日	期間の終日
期限内申告	申告期限の翌日	支払決定をする日又は他の国税に充当する日
期限後申告	提出日の属する月の翌月初日	

■修正申告

項　目	説　明
1. 修正申告 （通則法19）	申告書・決定通知書・更正通知書に記載された税額に不足額がある場合又は還付金の額が過大である場合には、税務署長による更正があるまでは、修正申告書を提出することができます。
2. 修正申告による納付 （通則法35②）	修正申告書を提出する場合は、その申告書を提出する日までにその増差税額を国に納付しなければなりません。
3. 仕入税額控除の計算方法 （基通15-2-7注）	個別対応方式又は一括比例配分方式のいずれによって計算するかは、その修正申告に係る確定申告書において適用した仕入税額控除の計算方法によります。

■更正の請求

事由		更正の請求期限
申告書の計算に誤りがあった場合 （通則法23①、127一、基通15-3-1）	期限内申告、期限後申告	申告期限から5年以内※
	申告義務がない場合の還付申告書が申告期限後に提出された場合	提出日の翌日から5年以内

※更正の請求書に偽りの記載をして提出した者は、1年以下の懲役又は50万円以下の罰金に処するものとされています。
※無申告により決定を受けた場合には適用がありません。
※更正の請求又は更正の申出を行う際には、「事実を証明する書類」の提出が必要です。
※個別対応方式又は一括比例配分方式の適用を確定申告と変更して更正の請求をすることはできません。

更正の請求・中間申告

事由		更正の請求期限
計算の基礎に変更があった場合 (通則法23②、127一、通則令6)	①申告又は決定による税額計算の基礎となった事実に関する訴えについて、計算の基礎としたところと異なる判決・和解等があった場合 ②課税物件の帰属を変更する更正又は決定があった場合 ③法定申告後に生じた①②に類するやむを得ない理由がある場合 (計算の基礎になった事実の許可の取消し、国税庁長官の法令の解釈に変更があった場合等)	その事実が確定した日、決定等があった日、その理由が生じた日の翌日から2ヶ月以内
前課税期間の修正等 (法56、基通15-3-1)	前課税期間以前の申告について、修正申告・決定・更正があったことによりその後の決定を受けた課税期間の税額が過大となった場合等	修正申告書の提出日等の翌日から2ヶ月以内

■中間申告

項　目	説　　明
中間申告回数 (法42)	課税事業者は、中間申告書を提出し、その中間申告書に記載した消費税を国に納付しなければなりません。 　中間申告書の提出義務は、前課税期間の確定消費税額に応じて、次のように区分されます。

前課税期間の確定消費税額 (国税部分の金額)	中間申告	申告期限	納付税額		
1ヶ月相当額が400万円超 ※年額4,800万円超	毎月 一月中間申告	毎月末日の翌日から2ヶ月以内(ただし、最初の1ヶ月については3ヶ月以内)	直前課税期間の確定消費税額	$\times \dfrac{1}{12}$	仮決算により計算した額
3ヶ月相当額が1,200万円以下100万円超 ※年額4,800万円以下400万円超	年3回 三月中間申告	三月中間申告対象期間の末日の翌日から2ヶ月以内	直前課税期間の確定消費税額	$\times \dfrac{3}{12}$	
6ヶ月相当額が200万円以下24万円超 ※年額400万円以下48万円超	年1回 六月中間申告	六月中間申告対象期間の末日の翌日から2ヶ月以内	直前課税期間の確定消費税額	$\times \dfrac{6}{12}$	
6ヶ月相当額が24万円以下 ※年額48万円以下	任意の中間申告				
		直前課税期間の確定消費税額について、修正申告等により増減があった場合には、毎月末日またはその課税期間開始の日以後3ヶ月・6ヶ月・9ヶ月を経過する日において、その金額を判定します。			

1. 一月中間申告 （法42①、基通15-1-9(1)）	直前課税期間の確定消費税額の1ヶ月相当額が400万円を超える（年税額4,800万円超）場合には毎月中間申告が必要となり、毎月末日の翌日から2ヶ月以内に中間申告書を提出しなければなりません。 　ただし、最初の1ヶ月（個人事業者においては1月と2月）については前課税期間の申告期限の翌日から2ヶ月以内となります。
2. 三月中間申告 （法42④、基通15-1-9(2)）	直前課税期間の確定消費税額の3ヶ月相当額が100万円超1,200万円以下（年税額400万円超4,800万円以下）の場合には、その課税期間を3ヶ月ごとに区分したそれぞれの期間の末日の翌日から2ヶ月以内に中間申告書を提出しなければなりません。 （一月中間申告をした後、確定消費税額が更正により減少し、年額4,800万円以下となったときは、毎月中間申告をした期間については三月中間申告の必要はありません。）
3. 六月中間申告 （法42⑥、基通15-1-9(3)）	直前課税期間の確定消費税額の6ヶ月相当額が24万円超200万円以下（年税額48万円超400万円以下）の場合には、その課税期間開始の日から6ヶ月を経過した日の翌日から2ヶ月以内に中間申告書を提出しなければなりません。 （一月中間申告または三月中間申告をした後、確定消費税額が更正により減少し、年額400万円以下となったときは、六月中間申告の必要はありません。）
4. 中間申告不要 （法42⑧）	次の場合には、中間申告は不要です。 　①合併によらない設立1期目の法人 　②その年に新規開業した個人事業者（相続による事業承継を含む） 　③事業年度が3ヶ月以下の法人 　④課税期間の特例の適用がある事業者 　⑤前課税期間の確定消費税額の6ヶ月相当額が24万円以下の事業者
5. 任意の中間申告 （法42⑧） ● 不適用の届出 （法42⑨、⑩、基通1-4-15）	直前課税期間の確定消費税額の6ヶ月相当額が24万円以下であることにより申告書を提出する義務がない事業者は、「任意の中間申告を行う旨の届出書」を提出することにより、その届出書の提出をした日以後にその末日が到来する六月中間申告対象期間の六月中間申告書を提出することができます。 　任意の中間申告をやめようとするとき又は事業を廃止したときは、「任意の中間申告を提出することの取りやめの届出書」又は「事業廃止届」にその旨を記載して、その納税地を所轄する税務署長に提出しなければなりません。 　その届出書の提出があったときは、その提出があった日以後にその末日が到来する六月中間申告対象期間については、「任意の中間申告を行う旨の届出書」の届出は、その効力を失います。 　事業を廃止した旨の届出があった場合には、課税事業者の選択、簡易課税制度の選択、課税期間の特例の選択についても、事業を廃止した旨の届出があったものとして取り扱われます。 　任意の中間申告には、中間申告書のみなし申告の取扱いは適用されません。

中間申告	● 申告書の提出がなかった場合 （法42⑪、44、基通15-1-1の3、15-1-6）	「任意の中間申告を行う旨の届出書」の提出をした事業者が、六月中間申告書をその提出期限までに提出しなかった場合には、「任意の中間申告を提出することの取りやめの届出書」を提出したものとみなされます。 　したがって、任意の中間申告をしたい場合には、必ず申告書の提出が必要であり、申告書の提出がない限り、未納となって延滞税が課せられることはありません。
	6. 合併があった場合（法42②③⑤⑦、基通15-1-1）	法人の合併があった場合には、中間申告書の提出の要否及び税額について、被合併法人の税額を加味する調整計算が必要となります。 　法人の分割、個人事業者の相続については、特例計算はありません。
	7. 仮決算による計算（法43） ● 義務の判定（基通15-1-4） ● 簡易課税（基通15-1-3） ● 個別対応方式の適用（基通15-2-7） ● 還付不可（基通15-1-5） ● 申告書の様式等 ● 計算方法の併用（基通15-1-2）	中間申告対象期間を一の課税期間とみなして仮決算を行った場合は、その仮決算により納税額を計算して申告することができます。 　仮決算により納付する税額を計算した場合であっても、中間申告の要否及び回数は、前課税期間の確定消費税額により判定します。 　簡易課税制度を適用すべき事業者は、簡易課税制度を適用して計算します。 　個別対応方式を適用することができる事業者は、一括比例配分方式を適用して仮決算による中間申告書を提出した場合においても、確定申告については、個別対応方式を適用することができます。 　また、一括比例配分方式を適用した場合の２年間継続適用の規定によって、一括比例配分方式によるものと強制される場合でも、中間申告については、個別対応方式を適用することができます。 　仮決算によって、控除不足額が生じても、中間決算による還付は行われません。 　仮決算により申告する場合の申告書の記載事項、様式及び添付する明細書は、確定申告書と同一です。 　一月中間申告、三月中間申告を行う場合には、中間申告の度ごとに、前課税期間の確定消費税額による方法と仮決算を行う方法のいずれかを選択適用して納付税額を計算することができます。
	8. みなし提出（法42⑪、44、基通15-1-6）	中間申告書の提出期限までにその提出がなかった場合には、その提出期限において、前課税期間の確定消費税額による中間申告書の提出があったものとみなされます。したがって中間申告について期限後申告となることはありません。 　ただし、任意の中間申告については、みなし提出はなく、申告書の提出がなかった場合には不適用の届出をしたものとみなされます。 　前期納税実績による中間申告書及び納付書は、通常、その金額を印字したものが税務署から送付されます。
	9. 災害があった場合（法42の2、基通15-1-11）	国税通則法11条による申告期限の延長により、確定申告書と提出期限が同一の日となる中間申告書の提出は、不要です。 　一月中間申告又は三月中間申告において、中間申告の提出期限が同一となる場合には、それぞれの中間申告が必要です。

■加算税

項　目	説　　　　明
1. 加算税の税率等	法定申告期限までに適正な申告又は納付が行われない場合、加算税又は延滞税が課されます。加算税の税率等は次のとおりです。

名称	課税要件	課税割合（増差本税に対する）	不適用・割合の軽減	
			要件	不適用・軽減割合
過少申告加算税（注1～3）	期限内申告について、修正申告・更正があった場合	10%　［期限内申告税額と50万円のいずれか多い金額を超える部分（※）］15%	・正当な理由がある場合 ・更正を予知しない修正申告の場合（注4）	不適用
無申告加算税（注1・3・5・6）	①期限後申告・決定があった場合 ②期限後申告・決定について、修正申告・更正があった場合	15%　［50万円超300万円以下の部分］20%　★［300万円超の部分］30%（注7）	・正当な理由がある場合 ・法定申告期限から1月以内にされた一定の期限後申告の場合	不適用
			更正・決定を予知しない修正申告・期限後申告の場合（注4）	5%
不納付加算税	源泉徴収等による国税について、法定納期限後に納付・納税の告知があった場合	10%	・正当な理由がある場合 ・法定納期限から1月以内にされた一定の期限後の納付の場合	不適用
			納税の告知を予知しない法定納期限後の納付の場合	5%
重加算税（注5・6・8）	仮装隠蔽があった場合	［過少申告加算税・不納付加算税に代えて］35%　［無申告加算税に代えて］40%	★は、令和6年1月1日以後に法定申告期限が到来する国税について適用［令和5年度改正］	

（注1）国外財産調書・財産債務調書の提出がある場合には5%軽減（所得税・相続税）する。国外財産調書・財産債務調書の提出がない場合等には5%加算（所得税・相続税（財産債務調書については所得税））する。国外財産調書について、税務調査の際に国外財産の関連資料の不提出等があった場合には更に5%加算等する。

（注2）電子帳簿等保存法上の一定の要件を満たす電子帳簿（優良な電子帳簿）に記録された事項に関して生じる申告漏れ（重加算税対象がある場合を除く。）については、過少申告加算税を5%軽減する。

（注3）税務調査の際に行われる税務当局の質問検査権の行使に基づく帳簿の提示又は提出の要求に対し、帳簿の不提出等があった場合には、過少申告加算税又は無申告加算税を5%又は10%加算（所得税・法人税・消費税）する（令和6年1月1日以後適用）。

（注4）調査通知以後、更正・決定予知前にされた修正申告に基づく過少申告加算税の割合は5%（※部分は10%）、期限後申告等に基づく無申告加算税の割合は10%（50万円超300万円以下の部分は15%、★300万円超の部分は25%）とする。

（注5）過去5年内に、無申告加算税（更正・決定予知によるものに限る。）又は重加算税を課されたことがあるときは、10%加算する。

（注6）前年度及び前々年度の国税について、無申告加算税（申告が、調査通知前に、かつ、更正予知する前にされたものであるときに課されたものを除く。）又は無申告重加算税を課される者が更なる無申告行為を行う場合には、10%加算する★。

（注7）納税者の責めに帰すべき事由がないと認められる事実に基づく税額（例えば、相続税事案で、本人に帰責性がないと認められる事実に基づく税額（相続人が一定の確認をしたにもかかわらず、他の相続人の財産が事後的に発覚した場合において、その相続財産について課される税額））については、上記の300万円超の判定に当たっては除外される★。

（注8）スキャナ保存が行われた国税関係書類に係る電磁的記録又は電子取引の取引情報に係る電磁的記録事項に関して生じる仮装隠蔽があった場合の申告漏れについては、重加算税を10%加算する。

2. データ保存する事項の加算税（電帳法8④⑤）	電帳法の「優良な電子帳簿」である場合には、そのデータ保存をした事項に関する過少申告加算税は、5%軽減されます（申告もれに重加算税対象がある場合は適用されません）。また、データについて隠蔽又は仮装された事実による重加算税は、10%加算されます。 　適用時期：令和4年1月1日以後に法定申告期限の到来する国税
3. 免税事業者と判明した場合等（加算税取扱基準） ●簡易課税制度の適用がなくなった場合	還付申告書を提出した課税期間について、調査等により免税事業者であることが判明した場合、更正等による納付税額には、正当な理由がある場合を除き過少申告加算税が課税されます。 　簡易課税制度の適用を受けた事業者が、調査等の結果、基準期間における課税売上高が5,000万円を超えるため簡易課税制度の適用を受けられなくなった場合、これに起因する増差税額には、正当な理由がある場合を除き過少申告加算税が課税されます。

加算税・更正・決定

● 基準期間に不正行為があった場合	基準期間において隠ぺい仮装の不正行為があったため重加算税が課せられ、その不正事実に連動した次の事実に起因して消費税額が増加するときであっても、その課税期間について重加算税は課税されません。 ①基準期間における課税売上高が1,000万円を超え、課税事業者となることが判明した場合 ②基準期間の課税売上高が5,000万円を超え、簡易課税制度の適用を受けられないことが判明した場合	
● 法人税等に不正事実があった場合	法人税等につき不正事実があり重加算税が賦課される場合には、その不正事実が影響する消費税の不正事実に係る増差税額についても、重加算税が賦課されます。	
4. 罰則 （法64、66）	適正な納税義務を実現するために、行政上の制裁措置である延滞税及び加算税等の賦課の他、司法上の制裁措置である罰則が設けられています。主な罰則は次のとおりです。 • 偽りその他不正の行為により、消費税を免れ、又は還付を受けた者は、10年以下の懲役若しくは1,000万円（脱税額が1,000万円を超える場合は、情状により、脱税額）以下の罰金に処し、又はこれを併科する。 • 偽りその他不正の行為により保税地域からの引取りに係る消費税を免れ、又は免れようとした者は、10年以下の懲役若しくは1,000万円（脱税額の10倍が1,000万円を超える場合は、情状により、1,000万円を超え脱税額の10倍相当額）以下の罰金に処し、又はこれを併科する。 • 偽りその他の不正の行為による還付の未遂は、罰する。 • 確定申告書をその提出期限までに提出しないことにより消費税を免れた者は、5年以下の懲役若しくは500万円（脱税額が500万円を超える場合は、情状により、脱税額）以下の罰金に処し、又はこれを併科する。 • 正当な理由がなく課税資産の譲渡等に係る確定申告書又は課税貨物の引取りに係る申告書をその提出期限までに提出しなかった者は、1年以下の懲役又は50万円以下の罰金に処する。ただし、情状により、その刑を免除することができる。	

■更正・決定

項目	説明
1. 更正 （通則法24、27）	税務署長は、納税申告書の提出があった場合において、その納税申告書に記載された課税標準等又は税額等の計算が国税に関する法律の規定に従っていなかったとき、その他その課税標準等又は税額等がその調査したところと異なるときは、その調査により、その申告書に係る課税標準等又は税額等を更正します。
2. 決定 （通則法25、27）	税務署長は、納税申告書を提出する義務があると認められる者がその申告書を提出しなかった場合には、その調査により、課税標準等及び税額等を決定します。
3. 再更正 （通則法26、27）	税務署長は、更正又は決定をした後、その更正又は決定をした課税標準等又は税額等が過大又は過少であることを知ったときは、その調査により、その課税標準等又は税額等を更正します。

■**納税地**

項　目	説　明
1. 納税地 ●法人の納税地 （法22、令43）	国内取引についての納税地は、原則として、所得税・法人税の納税地と同じになります。 　法人の場合、下記以外の場所を納税地として選択することはできません。

項目	説明
●個人事業者の 　納税地	☞246ページ
2. 人格のない社団等 （基通2-2-1）	人格のない社団等の本店又は主たる事務所の所在地は、次によります。

区分	所在地
定款・規約等に本店又は主たる事務所の定めあり	定められた場所
上記以外	代表者が駐在し、事業の本拠となる場所（一定でない場合は代表者の住所）

項目	説明
3. 被合併法人 （基通2-2-2）	合併があった日後における被合併法人の納税地は、合併法人（合併後存続する法人・合併により設立された法人）の納税地となります。
4. 納税地の指定 （法23①、令44）	その事業者の納税地が、資産の譲渡等の状況からみて消費税の納税地として不適当であると認められる場合には、その納税地を所轄する国税局長又は国税庁長官は、消費税の納税地を指定することができます。
5. 納税地の異動届 （法25）	法人の消費税の納税地に異動があった場合は、異動前の納税地の所轄税務署長に、「法人の消費税異動届出書」を提出しなければなりません。 　個人事業者については、令和5年1月1日以後の納税地の異動について、届出書の提出は不要です。異動後又は変更後の納税地を申告書に記載します。 　ただし、国税当局からの各種送付文書の送付先の変更等のため、年の途中で納税地の異動又は変更をする意思があるときは、「所得税・消費税の納税地の異動又は変更に関する申出書」を提出することができます。

消費税の経理処理

■税抜経理方式と税込経理方式

項　目	説　　　　明
1. 経理方式	所得税又は法人税の所得の金額の計算において、消費税の課税の対象となる取引の経理処理には、税抜経理方式と税込経理方式とがあります（所得税経理通達1、4、経理通達1、4）。

経理方式	内容	税額の取扱い			
		売上げの消費税等	仕入れの消費税等	納付税額	還付税額
税込経理方式	対価に含まれる消費税等の額を区分しない	売上金額に含める	資産の取得価額・経費の額に含める	租税公課として損金算入	雑収入として益金算入
税抜経理方式	対価に含まれる消費税等の額を区分する	仮受消費税等とする	仮払消費税等とする	全額控除の場合は、仮受消費税等と仮払消費税等との差額が納付税額又は還付税額となる	
期末一括税抜方式	期中は、消費税等の額を区分しないで、決算期末において、一括して消費税等の金額を仮受消費税等・仮払消費税等に振り替える				
月末一括税抜方式	個々の取引計上時は、消費税等の額を区分しないで、月ごとに一括して消費税等の金額を仮受消費税等・仮払消費税等に振り替える				

- ●納付すべき消費税額 — いずれの経理方式によっても、納付すべき消費税額は同額となります。
- ●地方消費税 — 地方消費税は、必ず消費税とあわせて経理処理します（所得税経理通達2、経理通達3）。
- ●会計システムの入力 — 会計システムで処理する場合は、税込の金額を入力し、税込経理方式又は税抜経理方式を指示するのが一般的な処理方法です。
- ●還付申告を行う場合 — 税込経理方式では、還付税額が所得の金額に算入されることに留意して下さい。

2. 経理処理の選択 （所得税経理通達2、5、経理通達3、5） ●混合方式 （所得税経理通達3、経理通達3） ●経理処理を変更した場合	税抜経理方式または税込経理方式のいずれによるかは、事業者の任意です。ただし、免税事業者は、経営分析等のために税抜経理方式を採用している場合であっても、所得金額の計算にあたっては、税込経理方式しか適用できません。また、売上げについて税込経理方式を適用した場合には、すべて税込経理方式となります。 　売上げについて税抜経理方式を適用している場合には、両者の混合方式とすることができます。ただし、売上げの他に、少なくとも棚卸資産、固定資産及び繰延資産、経費等のいずれか1つについて、税抜きとしなければなりません。 　混合方式による場合、棚卸資産の取得に係る取引については、税抜きか税込みかを継続適用しなければなりません。 　税抜経理方式から税込経理方式に、税込経理方式から税抜経理方式に変更した場合であっても、期首棚卸高や固定資産の価額について、その仕入れ等の事業年度において計上した金額を修正する必要はありません。会計処理を変更した場合であっても、前事業年度の期末棚卸高と当事業年度の期首棚卸高は一致します。

3. 免税事業者からの仕入れに係る税抜経理（令139の4⑤⑥、規28②）	所得税及び法人税においては、仮払消費税等の額は、仕入税額控除の適用を受ける課税仕入れ等の税額とされており、仕入先がインボイス発行事業者でない場合は、税抜経理方式であっても仮払消費税等の額がないことになります。 　たとえば、110万円の建物を購入した場合の税抜経理方式における処理は、次のようになります。

	借方	貸方
①インボイスの保存あり	建物　　　　　1,000,000円 仮払消費税等　　100,000円	現金　1,100,000円
②インボイスの保存なし	建物　　　　　1,100,000円	現金　1,100,000円

　インボイスの保存がない建物（減価償却資産）の課税仕入れについて①の経理処理を行った場合には、その取得価額を修正して算出した償却限度額に対応する申告調整が必要となります。

● 簡易課税・2割特例（経理通達1の2）

　簡易課税制度又は2割特例を適用する事業者については、継続適用を条件として、上記①の経理処理が認められます。

● 8割控除（経理通達3の2、経過的取扱い(2)、所得税経理通達3の2、経過的取扱い(2)）

　令和5年10月1日から令和8年9月30日までの間に8割控除の経過措置を適用する場合は、支払対価の額のうち消費税等の額の80%相当額が仮払消費税等の額となります。

　消費税等相当額の全額（上記の例では10万円）を仮払消費税等として計上した場合には、仕入税額控除の対象とならない20%相当額について、申告調整を行うことになります。

　なお、経過措置終了後の処理を先取りして上記②のように仮払消費税等を計上しないこともできます。

● 5割控除

　令和8年10月1日から令和11年9月30日までの間は、上記の仮払消費税等とするべき割合が50%になります。

● インボイスのない仕入れに係る経理処理

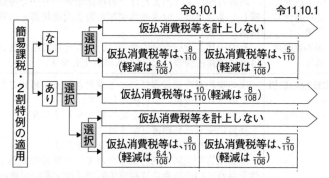

4. 法人税法上の取引価額	法人税の所得金額の計算の基礎となる取引価額は、上記3.を除き、原則として、その事業者が選択した経理方式により計上した金額となります（経理通達9～12）。

● 少額減価償却資産

　少額減価償却資産の限度額は10万円未満（青色中小法人、青色個人事業者については30万円未満）とされていますが、税込経理方式では、税込金額で判定するため、税率10%では、本体価額は90,909円（青色中小法人、青色個人事業者については272,727円）が限度額となります。

● 資産の取得

　税込経理方式を行う場合、減価償却資産の取得価額に含まれる消費税

税抜経理方式と税込経理方式

価額 ● 寄附金の時価	等は、償却によって損金算入されます。 　法人税法では、寄附金の損金不算入の規定により、資産を贈与または低額譲渡した場合には、時価により譲渡益が課税されます。 　この場合の時価は、売上げに適用している経理処理によることとされており、税込経理方式では、法人税の負担が重くなります。
● 貸倒引当金	貸倒引当金の損金算入限度額は、売掛金等の金額を対象に計算されるため、いずれの経理方式でも同じ計算結果となります。
● 交際費等	税込経理方式では、交際費等に係る消費税等の額は、その全額を交際費等の額に含めます。 　税抜経理方式では、損金不算入となる交際費等の額の計算や、交際費等の範囲から除かれる飲食費の金額基準である1万円以下の判定は、交際費等に係る控除対象外消費税額等を交際費等の額に含めて行います（特定課税仕入れである場合は、含めません）。
5. 個人事業者の選択 （所得税経理通達2） ● 取引価額 （所得税経理通達12） ● 譲渡所得の収入金額 ● 消費税等の必要経費算入 ● 税抜経理による場合の差額 （所得税経理通達6）	個人事業者は、事業所得、不動産所得、山林所得、雑所得の所得区分ごとに税抜経理方式・税込経理方式・混合方式を選択することができます。 　所得税法上、事業所得・不動産所得・山林所得・雑所得の取引価額は、上記3.を除き、その個人事業者が選択した経理方法によります。 　譲渡所得の収入金額は、その譲渡資産を使用していた事業等に適用している経理方式により、税込みまたは税抜きの金額とします。 　税込経理方式によれば、納付すべき消費税額は必要経費の額に、還付される消費税額は総収入金額に計上されます。異なる所得区分となる業務を行っている場合には、一括して計算した消費税額をそれぞれの所得区分において租税公課または雑収入に計上します。 　端数処理により、または全額控除以外の方法で控除対象仕入税額を計算した場合には、仮受消費税等と仮払消費税等との差額が、実際の納付税額と一致しません。 　その一致しない部分の金額は、それぞれの所得区分において費用（又は繰延消費税額等）、又は収入に計上します。
6. 印紙税の取扱い （間消3-2通）	次の契約書や領収書について課税される印紙税の額は、その課税文書に記載された金額により決定します。 ①不動産の譲渡等に関する契約書（第1号文書） ②請負に関する契約書（第2号文書） ③金銭又は有価証券の受取書（第17号文書） 　消費税等の金額が区分記載されている場合や税込価額と税抜価額とが併記されている場合には税抜価額が課税文書の記載金額となります。

具体例		記載金額
請負金額 1,100万円 請負金額 1,000万円 請負金額 1,100万円	うち消費税額等 100万円 外消費税額等 100万円 税抜価格 1,000万円	1,000万円
請負金額 1,100万円	（消費税等を含む）	1,100万円

■控除対象外消費税額等

項　　目	説　　　　　明
1. 控除対象外消費税額等の処理 （法令139の4、所令182の2）	税抜経理方式による場合に、仕入税額控除の対象とならない部分の仮払消費税額等を控除対象外消費税額等といいます。 　控除対象外消費税額等は、個別対応方式又は一括比例配分方式による場合に発生し、また、全額控除の場合であっても、居住用賃貸建物に係る課税仕入れ等について発生します。控除対象外消費税額等は、次の①～③いずれかの処理を行います。 　①発生時に損金算入 　②課税仕入れ等に係る資産の取得価額に算入 　③繰延消費税等として償却

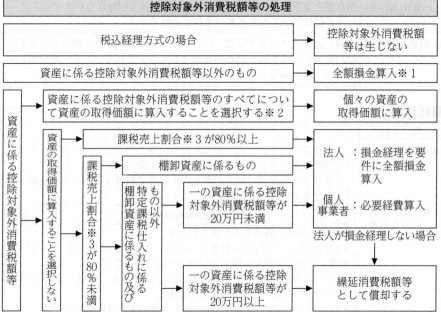

控除対象外消費税額等の処理

※1　交際費等の取扱い（経理通達12）
　　交際費等に係る控除対象外消費税額等は、交際費等の額に含めます。
※2　資産の取得価額に算入する場合（経理通達13）
　　資産の取得価額に算入するか否かは、個々の資産ごとに選択することはできません。その事業年度に生じた資産に係る控除対象外消費税額等の一部を資産の取得価額に算入した場合には、その資産の取得価額に算入した資産に係る控除対象外消費税額等は、資産の取得価額から減額して、繰延消費税等として処理することとなります。
※3　課税売上割合（法規28①）
　　課税期間の特例を選択している場合には、その事業年度を一の課税期間とした場合の課税売上割合を算出し、80％以上であるかどうかを判定します。

<table>
<tr><td rowspan="9" style="writing-mode:vertical">控除対象外消費税額等・総額表示</td><td>2. 償却限度額等
（法令139の4③④、
所令182の2③④）
●発生事業年度
●その後の事業年度</td><td colspan="2">法人は、次の算式で計算した金額の範囲内で損金経理した金額を損金の額に算入します。個人は、次の算式で計算した金額を必要経費に算入します。</td></tr>
</table>

法人：償却限度額／個人：必要経費算入額 ＝ 繰延消費税額等 × $\dfrac{\text{当期の月数}}{60}$ × $\dfrac{1}{2}$

法人：償却限度額／個人：必要経費算入額 ＝ 繰延消費税額等 × $\dfrac{\text{当期の月数}}{60}$

3. 明細書の添付（法令139の5、所令182の2⑨）
資産に係る控除対象外消費税額等又は繰延消費税額等につき損金経理をした金額がある場合には、損金の額に算入される金額の計算に関する明細書をその事業年度の確定申告書に添付しなければなりません。
所得税においても明細書の添付が必要です。

4. 税込経理方式
税込経理方式の場合には、仕入れに係る消費税額は、取得した資産又は経費の額に含まれ、仮払消費税として計上されないため、控除対象外消費税額等の処理は必要ありません。

■総額表示

項　目	説　明
総額表示義務（法63）	対消費者取引では、あらかじめ行う価格の表示について消費税額及び地方消費税額を含む税込み総額の表示が義務づけられています。 　総額表示の義務付けは、消費者が値札等を見れば実際の支払総額が一目でわかるようにするためのものです。

総額表示義務がないもの
- 免税事業者が価格を表示する場合※
- 取引成立後に発行する書類である場合（納品書・請求書・領収書等）
- 事業者間取引である場合（卸売専門店の値札等）
- 明らかに事業者に対する価格表示である場合（建設機械のカタログ等）
- メーカー希望小売価格を表示する場合
- 価格表示を行わない場合（「時価」と表示する場合を含む）
- 値引額を表示する場合（100円引き　10%引き等）

※免税事業者は、総額表示の義務の対象とされていませんが、消費者の支払うべき価格を表示することが適正な表示とされています。

総額表示が義務づけられるもの
- 値札、商品陳列棚、店内表示、商品カタログ、メニュー等
- 商品パッケージなどへの印字、貼付
- 新聞折込広告、ダイレクトメールなどのチラシ
- 新聞、雑誌、テレビ、インターネットホームページ、電子メール等による広告
- ポスター、看板など
- 単価や料率の表示
- 不特定多数の者を対象に会員の募集を行っているメンバー制のスポーツクラブにおける価格表示等

輸入または輸出がある場合

■輸入取引

項　目	説　明
1. 課税の対象 （法4②、基通 5-6-2）	保税地域から外国貨物を引き取る際には、輸入の消費税が課税されます。 　輸入取引については、国内取引と異なり、事業性があるか対価性があるかにかかわらず、保税地域から引き取られるすべての外国貨物が課税の対象となります。
2. 納税義務者 （法5②）	外国貨物を保税地域から引き取る者は、その外国貨物に係る消費税の納税義務者となります。 　外国貨物を保税地域から引き取る者とは、関税法における輸入者すなわち輸入申告書に記載した名義人です。
3. 実質的輸入者 （基通11-1-6）	関税の減免税を受けるため、実質的な輸入者があるにもかかわらず、課税貨物を国内で使用する者が輸入申告をする必要がある場合（限定申告）において、次の要件のすべてに該当するときは、その実質的な輸入者がその課税貨物を保税地域から引き取ったものとします。 　①実質的な輸入者が輸入貨物を輸入申告者に対して有償譲渡する 　②実質的な輸入者がその貨物の引取りに係る消費税等を負担する 　③実質的な輸入者が輸入許可書等の原本を保存する 　　　　　　　　　　　　　　輸入申告の名義人 　保税地域　←‥‥‥‥‥‥‥‥‥‥‥‥‥‥‥‥‥‥‥‥ 　　　　↓引取り　　実質的な輸入者　→譲渡→　貨物の国内使用者
4. 保税地域 （関税法29、37、 42、56、62の2、 62の8）	保税地域とは、外国から輸入した貨物について関税の課税を保留した状態で保管する地域をいい、輸出する貨物についても保税地域に搬入され、輸出の許可の手続きが行われます。 　保税地域は、①指定保税地域、②保税蔵置場、③保税工場、④保税展示場、⑤総合保税地域の5種類です。
5. 外国貨物と内国貨物 （関税法2① 三、四）	外国貨物と内国貨物は、輸入又は輸出の許可を受けているかどうかにより次のように区分されます。 　　　　　　　　　　　　保税地域 　─内国貨物─　　　　　税　　　─外国貨物─ 　①輸出の許可を受けていない貨物　　関　①輸出の許可を受けた貨物 　②外国から到着した貨物で輸入が許可されたもの　　②外国から到着した貨物で輸入が許可される前のもの 　③本邦の船舶により公海で採捕された水産物　　③外国の船舶により公海で採捕された水産物で輸入が許可される前のもの 　　　　　　　　　輸入・輸出の許可

輸入取引

6. 非課税と免税 （法2①十一、6 ②、別表第二 の二、関定法 14～17、輸徴 法13）	外国貨物	非課税貨物…	①有価証券等　②郵便切手類　③印紙 ④証紙　⑤物品切手等　⑥身体障害者用物品 ⑦教科用図書
		免税貨物…（無条件免税、特定用途免税、再輸出免税等）	
		課税貨物…（上記以外）	

輸入貨物に係る主な免税は、次のとおりです。

輸入に係る消費税の免除で主なもの	
無条件免税	①天皇及び皇族用物品 ②外国の元首に属する物品・在外公館から送還された公用品 ③国際機関等が贈与する勲章等、国連等から寄贈された教育用物品 ④国際博覧会等の公式のカタログ類 ⑤記録文書その他の書類、ニュース映画用のフィルム ⑥注文の取集めのための見本・輸出貨物に貼り付けるラベル等 ⑦海外旅行者が入国時に携帯して輸入する一定の生活用物品等 ⑧空港の到着時免税店において購入した一定の物品 ⑨国内に移住するための引越荷物等 ⑩再輸入貨物（減免戻適用物品を除く） ⑪遭難した船舶等の解体材・事故により積み戻された貨物 ⑫課税価格の合計額が1万円以下の物品
特定用途免税	輸入の許可の日から2年間は用途変更をしない次のもの ①学術研究用・慈善用・国際親善用寄贈物品 ②儀式・礼拝用寄贈物品 ③日本赤十字社への寄贈療用物品 ④国際博覧会等用消費物品 ⑤国内に移住する者が個人的に使用する目的で入国の際輸入する 　自動車等 ⑥条約の規定による特定用途免税物品
	外交官用貨物等の免税
再輸出免税	輸入の許可の日から1年以内に輸出される次のもの ①加工・修理される貨物又は加工材料、輸入貨物・輸出貨物の容器 ②学術研究用品・試験品・試験用機器 ③注文の取集めの見本品 ④国際運動競技会等において使用される物品 ⑤映画撮影用の機械及び器具 ⑥博覧会、展覧会等の出展品 ⑦一時入国者が入国の際輸入する自動車等 ⑧条約の規定により再輸出される貨物

● 到着時免税 　店制度 　（関定法14七）	上記「無条件免税」の⑦のとおり、海外旅行者等が入国の際に携帯する生活用物品等については、携帯品免税の措置が取られています。 　これと併せ、入国旅客が本邦空港内の入国エリアに設置された到着時免税店において購入する外国貨物は、国外で購入した物品と合算した上で、個人的使用と認められる一定量・金額のものに限り、消費税等が免除されます。
7. みなし引取り 　（法4⑥、令7、 　輸徴法5、8、 　基通5-6-4）	保税地域において外国貨物が消費され、又は使用された場合には、その消費等をした者がその消費等の時にその外国貨物を引き取るものとみなして課税されます。 　その外国貨物が課税貨物の原料又は材料として消費又は使用された場

● 製造品の引取り （輸徴法3）	合等は課税されません。 　外国貨物を材料等として加工・製造された課税貨物のその引取りは課税の対象です。
● 内国貨物を原料としている場合 （基通5-6-5）	保税地域において外国貨物の製造等に内国貨物を原料等として使用したときであっても製造された貨物は外国貨物とみなされ、課税の対象となります。 　ただし、税関長の承認を受けている場合には、原料となった外国貨物の数量に対応するものが外国貨物とみなされます。

8. 課税標準
（法28④、関定法4～4の8）

輸入の課税標準額 ＝ 関税課税価格（CIF価格：Cost insurance and freight） ＋ 関税額＋個別消費税額

FOB価額（Free on board）＋ 輸入港までの運賃、保険料等

（貨物が輸出港を出発するまでに要した費用の額）

（酒税・たばこ税・揮発油税
石油ガス税・石油石炭税
（附帯税を含まない））

● 無償による貨物の輸入等	引取りの時までに支払価格が決定していない取引、無償取引 ⇨ 関税法により評価して、CIF 価格を決定
● 無体財産権の使用対価 （基通5-6-3）	特許権等の無体財産権の使用料を支払う外国貨物を保税地域から引き取る場合の関税の課税価格は、次によります。

区分		使用料の取扱い
使用料の支払いが、輸入の条件となっている場合	⇨	関税の課税価格に含める
使用料の支払いが、輸入の条件となっていない場合	⇨	関税の課税価格に含めない

9. 税率

　適用する税率は、国内取引に係る消費税と同じです。その貨物の引取りの日によって判断します。
☞127ページ

10. 申告と納付
（法47、49～51、関税法6の2、7の2、輸徴法6～7）

　保税地域から引き取る課税貨物については、関税の輸入申告に併せて消費税の申告と納付を行います。

申告納税方式（原則）	賦課課税方式
申告期限 ①一般申告：引取りの時 ②特例申告：引取りの日の翌月末日 納期限の延長あり	①国内への入国者の携帯品 ②一定の郵便物 ③不当廉売貨物 ④保税地域内での亡失貨物等 ⑤その他一定の課税貨物 申告期限：引取りの時

輸入取引・事業者が輸入した場合

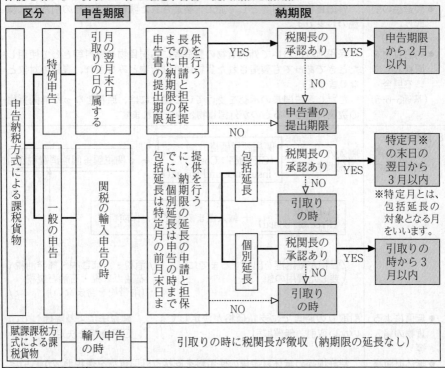

保税地域からの引取りに係る確定申告書の提出期限と納期限

区分	申告期限	納期限

11. 納税地(法26) 　輸入についての消費税の納税地は、その保税地域の所在地です。

■事業者が輸入した場合

項　目	説　　　明
1. 事業者が輸入した場合 (法30①)	課税事業者が、事業として保税地域から課税貨物を引き取った場合には、その課税貨物の引取りに係る消費税額は、仕入税額控除の対象となります。

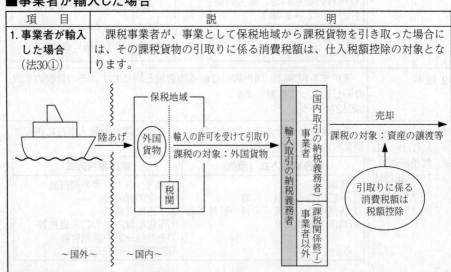

2. 仕入税額控除の時期 (法30①、令46、基通11-3-9)	区分		控除の時期
	一般申告	通常	輸入許可日
		輸入の許可前に引き取った場合	実際引取り日又は納税した日
	特例申告		申告書提出日又は決定通知日

● 輸入の許可前の引取り (基通11-3-10)

輸入の許可前に引き取った場合の見積消費税額が、その後確定した消費税額と異なる場合の差額は、その確定した課税期間の課税仕入れ等の税額に加減算します。

● 納期限の延長があった場合(法30①)

引取りの消費税について、納期限の延長を受けている場合であっても、その延長に関係なく、引取りの日(特例申告は申告又は決定の日)の属する課税期間に控除します。

3. 仕入税額控除の要件(法30⑦)

帳簿及び輸入許可書等の保存がない課税貨物に係る消費税額については、控除されません。

● 記載事項 (法30⑧⑨、令49⑤⑥)

帳簿及び輸入許可書等の記載事項は、次のとおりです。

区分	記載事項
帳簿	①引取りの日 ②課税貨物の内容 ③課税貨物に係る消費税及び地方消費税の額
輸入許可書等 又は 輸入申告控等	①保税地域の所在地を所轄する税関長 ②輸入許可(特例申告の場合は、さらに申告日又は決定通知日) ③課税貨物の内容 ④課税貨物に係る消費税の課税標準額 ⑤引取りに係る消費税額及び地方消費税額 ⑥書類の交付を受ける事業者の氏名又は名称

● 保存期間 (令50)

帳簿…………帳簿の閉鎖の日
輸入許可書…受領した日 } の属する課税期間の末日の翌日から2ヶ月を経過した日から7年間(終りの2年間はいずれか一方の保存)

● 保存を要しない場合 (法30⑦、基通11-2-22、8-1-4)

災害その他やむを得ない事情により、保存ができなかったことをその事業者において証明した場合は、帳簿及び輸入許可書等の保存がなくても仕入税額控除の適用があります。

災害	震災、風水害、雪害、凍害、落雷、雪崩、がけ崩れ、地滑り、火山の噴火等の天災又は火災その他の人為的災害で自己の責任によらないものに基因する災害
やむを得ない事情	災害に準ずるような状況又はその事業者の責めに帰することができない理由により帳簿及び輸入許可書等の保存ができない状況にある事態

4. 控除対象仕入税額 (法30①)

国内課税仕入れに係る消費税額 + 輸入につき納付すべき消費税額※ → 合計額につき { 全額控除 / 一括比例配分方式 / 個別対応方式 } を適用

※附帯税の額は含みません

<table>
<tr><td rowspan="20">事業者が輸入した場合</td><td>5. 輸入品の値引き</td><td colspan="2">輸入品につき、国外の取引先から値引き等により対価の額の返還を受けても、控除対象仕入税額を減額する調整は不要です。</td></tr>
<tr><td>6. 還付を受けた場合等
(法32④、基通11-3-10)</td><td colspan="2">保税地域から引き取った課税貨物に係る消費税額が還付される場合には、その還付を受けた消費税額について、控除対象仕入税額を減額する調整が必要となります。</td></tr>
<tr><td></td><td>輸入の消費税等</td><td>処理方法</td></tr>
<tr><td></td><td>還付消費税額</td><td>還付を受けた課税期間の控除対象仕入税額から控除</td></tr>
<tr><td></td><td>更正等による追加納付税額</td><td>引取りの日等の属する課税期間につき更正の請求ができる</td></tr>
<tr><td></td><td>輸入許可前に納付した見積消費税額と確定額との差額</td><td>確定した日の属する課税期間の控除対象仕入税額に加減算</td></tr>
<tr><td></td><td>輸入先から値引き・割戻し等を受けた場合</td><td>処理なし</td></tr>
<tr><td>● 還付を受ける場合の具体例
(基通12-1-13)</td><td colspan="2">①輸入の許可後に保税地域等で災害その他やむを得ない理由により、課税貨物が滅失・変質・損傷した場合
②許可の日から1年以内に再輸出する場合
③品違い・数量違い、輸入後における販売又は使用の禁止等により、再輸出又は廃棄することがやむを得ないと認められる場合において、輸入の許可の日から6ヶ月以内に保税地域に入れられたとき</td></tr>
<tr><td>● 調整の時期
(法32④、基通12-1-14)</td><td colspan="2">控除対象仕入税額の調整は、還付税額が確定した日の属する課税期間において行います。</td></tr>
<tr><td>● 控除しきれない場合
(法32⑤)</td><td colspan="2">課税仕入れ等の税額から、還付を受ける消費税額を控除して控除しきれない金額があるときは、その控除しきれない金額は、「控除過大調整税額」として課税標準額に対する消費税額に加算します。</td></tr>
<tr><td>● 免税事業者であった課税期間の引取り</td><td colspan="2">免税事業者であった課税期間に保税地域から引き取った課税貨物に係る消費税額について還付を受けたとしても、上記の調整計算は行いません。</td></tr>
<tr><td>7. 調整対象固定資産の輸入
(法9⑦、12の2②、33、34、35、37②③、令20の3)</td><td colspan="2">保税地域から引き取った調整対象固定資産についても、国内取引と同様に、控除対象仕入税額の調整が必要です。☞163ページ
また、新設法人又は特定新規設立法人が基準期間のない課税期間中に、課税事業者を選択した事業者が2年間の継続適用期間中に、調整対象固定資産を引き取った場合には、国内において調整対象固定資産の課税仕入れを行った場合と同様に、事業者免税点制度及び簡易課税制度の適用が制限されます。☞87、91、252ページ</td></tr>
<tr><td>8. 棚卸資産の輸入</td><td colspan="2">免税事業者が課税事業者となった場合、課税事業者が免税事業者となる場合の在庫棚卸資産に係る消費税額の調整は、輸入した棚卸資産についても適用があります。☞94ページ</td></tr>
</table>

■輸出取引

項　目	説　　　　　明
1. 輸出免税等 （法7） ● 輸出は国内 　取引 （規5①一、基 　通7-2-1、関 　税法2①）	事業者が国内において行う課税資産の譲渡等のうち、輸出取引等に該当するものは、消費税が免除されます。これを輸出免税といいます。 　輸出免税とは、輸出物品の譲渡やサービスについて課税しない一方で、その仕入れに含まれている税額を仕入税額控除の対象とし、輸出に対しての消費税の負担をゼロとするものです。 　このような輸出免税の仕組みを一般に「０％課税」と表現します。 　消費税は、関税法の定義により、「輸出」を「内国貨物を外国に向けて送り出すこと」としています。したがって、「輸出」の具体的な手続きは、輸出の許可を受けて内国貨物を外国貨物とし、外国に向けて出発する船舶や航空機に積み込んで送り出すことです。 　輸出として行われる資産の譲渡は、国内にある目的物を譲渡した相手方に引き渡すために輸出の許可を経ることが必要な取引形態であり、譲渡の時（輸出の手続きが行われる時）に資産が所在する場所は国内であることから、国内取引となります。 　これに対し、あらかじめ国外に搬出された資産の譲渡は、国外取引となります。

2. 課税・免税・非課税の比較

項目	課税	免税	非課税
課税標準額	算入	算入しない	
基準期間における課税売上高	算入		算入しない
課税売上割合	課税売上げとして分母・分子に算入		分母のみに算入
対応する課税仕入れの区分	課税売上対応分に区分		非課税売上対応分に区分
対応する課税仕入れの税負担	売上げに転嫁		仕入れをした事業者が負担

3. 輸出免税等の範囲

輸出免税等の範囲	根拠条文
• 輸出として行われる資産の譲渡・貸付け • 外国貨物の譲渡・貸付け • 外国貨物の荷役・運送等の役務の提供 • 旅客・貨物の国際輸送又は国際通信・国際郵便 • 外航船舶等・国際輸送用コンテナーの譲渡・貸付け・修理 • 外航船舶等の水先・誘導等の役務の提供 • 非居住者に対する無形固定資産等の譲渡・貸付け • 非居住者に対して行われる役務の提供で次に掲げるもの以外のもの 　①　国内に所在する資産に係る運送又は保管 　②　国内における飲食又は宿泊 　③　①②に準ずるもので、国内において直接便益を享受するもの • 非居住者に対する利子を対価とする金銭の貸付け	法7 令17
• 外航船舶等に積み込まれる船用品又は機用品の譲渡	措法85
• 在日アメリカ海軍販売所等に対する物品の譲渡	措法86の2
• 外国公館等及び大使等に対する課税資産の譲渡等	措法86

輸出取引

その取引について、直接の規定がなく、取引を行った場所が明確でない場合の国内取引、国外取引の判定は、最終的に売り手側のその取引に係る事務所等の所在地によるものとされ、買い手が誰であるかがその判定に影響することはありません。しかし、免税の判断においては、非居住者に対する役務の提供など、買い手が非居住者等であることが判断の重要なポイントになるものがあります。

| 4. 輸出物品の下請加工等
(基通7-2-2) | 輸出免税となるのは、自ら行う取引が輸出取引等に該当する場合です。
輸出取引等を行う者への国内での資産の譲渡等や、他者が輸出する物品についての下請加工の請負は、輸出免税になりません。 |

5. 外国貨物の譲渡
(基通7-2-3)

国外で購入した貨物を国内の保税地域に陸揚げし、輸入手続きを経ないで再び国外へ譲渡する場合は、次によります。
①貨物の購入 → 不課税（国外取引）
②貨物の譲渡 → 免税（輸出として行われる資産の譲渡）

6. 船荷証券
(基通5-7-11、6-2-2)

船荷証券とは、貨物の運送をする者が、荷主からの運送品の受取りと荷揚地においてこれと引換えに運送品を引き渡す義務を証明するために発行する有価証券をいいます。

船荷証券の譲渡は、その船荷証券に表象されている貨物の譲渡ですから、非課税となる有価証券等の譲渡から除かれます。

その船荷証券に表示されている荷揚地（PORT OF DISCHARGE）が国内であるものは、国内において行う外国貨物の譲渡として免税となり、荷揚地が国外であるものは、国外取引として課税対象外となります。

区分	売手側	買手側
荷揚地が国内	免税売上げ	課税仕入れではない （保税地域から引き取る際に課税）
荷揚地が国外	不課税売上げ	課税仕入れではない

7. 外国貨物に係る役務の提供等
● 役務の提供の範囲
(基通7-2-12)
● 役務の提供の下請け
● 内国貨物に係る役務の提供
(基通7-2-13、関税法29)

外国貨物の荷役・運送・保管・検数・鑑定等の役務の提供は輸出取引等となります。

外国貨物に係る役務の提供等には、例えば、外国貨物に係る検量・港湾運送関連事業に係る業務・輸入貨物に係る通関手続・青果物に係るくんじょう等の役務の提供が含まれます。

外国貨物の荷役等の役務の提供を下請けした場合において、その役務の提供の場所が、外国貨物の輸出入に係る通関が行われた保税地域内であるときは、免税取引となります。

内国貨物についての荷役等の役務の提供については、その貨物の輸出又は輸入に係る指定保税地域、保税蔵置場、保税展示場、総合保税地域、税関長が指定した場所において行われる場合には、輸出免税の規定が適用されます。

8. 国際輸送等の範囲 （令6②、基通5-7-13、7-2-4～5）	国際輸送又は国際通信とは、国内及び国外にわたって行われる輸送又は通信をいいます。国際輸送の一環として行われる国内での輸送は、国際輸送として取り扱われます。

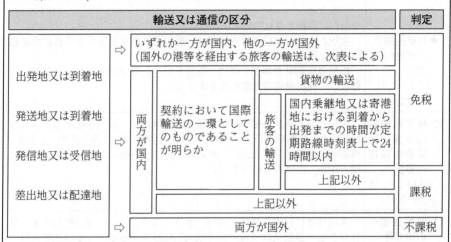

輸送又は通信の区分					判定
出発地又は到着地 発送地又は到着地 発信地又は受信地 差出地又は配達地	⇨ いずれか一方が国内、他の一方が国外 （国外の港等を経由する旅客の輸送は、次表による）				
	⇨ 両方が国内	契約において国際輸送の一環としてのものであることが明らか	旅客の輸送	貨物の輸送	免税
				国内乗継地又は寄港地における到着から出発までの時間が定期路線時刻表上で24時間以内	
				上記以外	課税
		上記以外			
	⇨ 両方が国外				不課税

●国外の港を経由する旅客の輸送 （基通7-2-7）	日本を出発地又は到着地とする国際輸送のうち、国外の港等を経由する場合の取扱いは次によります。

	出発地	経由地	到着地	区分	判定
国際輸送	国内の港等	国外の港等	国外の港等	国内を出発し、経由地で入国手続をすることなく国外の到着地まで乗船等する旅客の輸送	免税
				国内の出発地から国外の経由地まで乗船等する旅客の輸送	
				国外の経由地から国外の到着地まで乗船等する旅客の輸送	不課税
	国外の港等	国外の港等	国内の港等	国外を出発し、経由地で入国手続をすることなく国内の到着地まで乗船等する旅客の輸送	免税
				国外の出発地から国外の経由地まで乗船等する旅客の輸送	不課税
				国外の経由地から国内の到着地まで乗船等する旅客の輸送	免税

●海外パック旅行 （基通7-2-6）	旅行業者が主催する海外パック旅行に係る役務の提供は、国内取引と国外取引とに区分して取り扱われます。

区分	内容	判定
国内における役務の提供	国内輸送、国内の宿泊 パスポート交付申請等の事務代行 国内の事業者に対する事務代行	課税
国外における役務の提供	国内から国外、国外から国内への輸送 国外での輸送、宿泊、観光案内等	不課税 （免税にならない）

輸出取引

9. 外航船舶等の譲渡等 （令17①、② 一、二）	外航船舶等の譲渡等については、国際間輸送の手段であることに着目して、 ①外国航路専用の船舶・航空機・コンテナーであること ②船舶運航事業者等（海上運送法に規定する船舶運航事業者・船舶貸渡業者、航空法に規定する航空運送事業者）に対して行うものであること を条件に免税とされています。
●外航船舶等の修理の下請け （令17①、②、基通7-2-10）	免税となる外航船舶等の修理は、船舶運航事業者等からの直接の求めに応じて行うものに限られます。 　船舶運航事業者等から修理の委託を受けた事業者の下請けとして行う修理は、輸出免税の対象となりません。
10. 外航船舶等の水先・誘導等の役務の提供 （令17②三、基通7-2-11）	免税となる外航船舶等に係る役務の提供とは、船舶運航事業者等に対して行う外航船舶等の清掃・廃油の回収・汚水処理・水先・誘導・入出港・離着陸の補助、又は入出港・離着陸・停泊・駐機のための施設の提供に係る役務の提供等をいいます。
11. 非居住者への譲渡等 （令6①、17②六）	非居住者に対する無体財産権の譲渡又は貸付けは、輸出免税です。無体財産権の譲渡又は貸付けが免税取引に該当するかどうかは次によります。

種類	国内取引の判定		譲渡先又は貸付先	判定
鉱業権 租鉱権 採石権等 樹木採取権	鉱区等の所在地が国内		非居住者	免税
			居住者	課税
	鉱区等の所在地が国外		国外取引であるため不課税	
特許権 実用新案権 商標権等	国内でのみ権利の登録あり		非居住者	免税
			居住者	課税
	2以上の国で権利の登録あり	譲渡又は貸付けを行う者の住所地が国内	非居住者	免税
			居住者	課税
		譲渡又は貸付けを行う者の住所地が国外	国外取引であるため不課税	
	国内で権利の登録なし			
著作権等	譲渡又は貸付けを行う者の住所地が国内		非居住者	免税
			居住者	課税
	譲渡又は貸付けを行う者の住所地が国外		国外取引であるため不課税	
営業権 漁業権 入漁権	事業を行う者の住所地が国内		非居住者	免税
			居住者	課税
	事業を行う者の住所地が国外		国外取引であるため不課税	

●電気通信利用役務の提供	☞電気通信利用役務の提供については、220ページを参照してください。

| ● 非居住者等の範囲
（令1②、基通7-2-15、外為管理法解釈通達） | 原則的に、国内に本店を有しない法人及び国内に住所又は居所を有しない個人が非居住者です。
ただし、非居住者の支店や事務所等が国内にある場合には、その支店や事務所等と直接行う取引は、居住者に対して行ったものとなります。 ||| |

	自然人	居住者	・非居住者以外の日本人 ・国内にある事業体に勤務する外国人 ・入国後6ヶ月以上の外国人
		非居住者	・居住者以外の外国人 ・2年以上外国に滞在する目的で出国した又は滞在している日本人 ・外国にある事業体に勤務する目的で出国した日本人 ・一時帰国の期間が6ヶ月未満の日本人
	法人	居住者	・内国法人 ・外国法人の国内に所在する支店、事務所等
		非居住者	・外国法人 ・内国法人の国外にある支店、事務所等

12. 非居住者に対する役務の提供 （法4③二、令17②六、基通7-2-16〜17）	国内取引の判定	役務の提供先		判定
	役務の提供を行う場所が国内	国内に支店等を有しない非居住者	国内において直接便益を享受しないもの	免税
			国内において直接便益を享受するもの （具体例） ・国内に所在する資産の運送や保管 ・国内に所在する不動産の管理や修理 ・建物の建築請負 ・電車等による旅客の輸送 ・国内における飲食又は宿泊 ・理容・美容・医療又は療養 ・劇場・映画館等における観劇等 ・国内間の電話・郵便 ・日本語学校等における語学教育等	課税
		居住者 国内に支店等を有する非居住者 （役務の提供を受ける非居住者の国内の支店等の業務が、その役務の提供に係る業務と関連がなく、国内の支店等がその役務の提供に直接的にも間接的にもかかわっていない場合には国内に支店等を有していないものとして取り扱う）		
	役務の提供を行う場所が国外	国外取引であるため不課税		

輸出取引

13. 外航船等への積込物品
（措法85、基通7-2-18、7-3-1～2）

区分		税関長の承認	判定
外国籍の外航船舶等への積込品（実質的に日本国籍と同様のものを除く）	全ての貨物	あり	免税
		なし	課税
日本籍の外航船舶等への積込品	酒類・製造たばこ・船用品・機用品	あり	免税
		なし	課税

14. 軍用品
（措法86の2、基通7-2-19）

　在日米軍の海軍販売所等、公認調達機関へ所定の方法により行う物品の譲渡は免税となります。

15. 外国公館等への譲渡
（措法86、措令45の4）

　外国公館等への資産の譲渡は、免税店舗の指定を受けた事業者が所定の手続きにより譲渡した場合に限り、免税となります。

16. 非課税資産の輸出等
（法31、令51、基通11-2-11、11-2-16）

控除対象仕入税額の計算にあたっては、
　　①輸出取引等に該当する非課税資産の譲渡等
　　②国外で使用又は販売するための輸出
は、免税売上げとみなして次のとおり処理します。

- 対応する課税仕入れ等の区分…課税売上対応分とします。
- 課税売上割合の計算…輸出取引等に該当する非課税資産の譲渡等の対価の額又は国外へ移送される資産の本船甲板渡し価額（FOB価額）を課税売上高に算入します。
- ただし、有価証券、支払手段、抵当証券、貸付金、預金、売掛金その他の金銭債権の輸出は、この取扱いから除かれます。
- また、たとえば、国外の者に贈与するなど、国外における自己の使用のため又は国外における資産の譲渡等のためのいずれにも該当しない目的でする輸出は、この取扱いの対象ではありません。

区分			課税区分	課税標準	課税売上割合の計算	基準期間における課税売上高（事業者免税点、簡易課税制度適用の判定）	その取引に対応する課税仕入れの用途区分
資産の譲渡等	課税資産の譲渡等	国外	不課税	算入しない	算入しない	算入しない	課税売上対応分
		国内 輸出等	免税		課税売上高に算入	算入	
		国内 輸出等以外	課税	算入			
	非課税資産の譲渡等	輸出等	非課税		課税売上高に算入*		非課税売上対応分
		輸出等以外			非課税売上高に算入	算入しない	
資産の譲渡等以外		国外	不課税	算入しない	算入しない		共通対応分
		国内 輸出			FOB価格を売上高に算入*		課税売上対応分
		国内 輸出以外			算入しない		共通対応分

＊有価証券、支払手段、貸付金、預金、売掛金その他の金銭債権の輸出を除く。

17. 非居住者から の利子の受 取り （令17③）	債務者が非居住者である場合の貸付利息、外国金融機関（国内の支店を除く）から受け取る預金利息、外国国債等の償還差益、非居住者から受ける手形の割引料等を対価とする金融取引は、輸出取引等に該当する非課税資産の譲渡等です。

18. 適用要件
（法7②、規5、基通7-2-23）
● 輸出証明書

輸出免税の規定は、輸出証明書を課税期間の末日の翌日から2ヶ月を経過した日から7年間保存することによって適用されます。

区分	輸出証明書
輸出として行われる資産の譲渡又は貸付けである場合（船舶又は航空機の貸付けである場合を除く）	輸出許可書 輸出許可通知書(輸出申告控)等
船舶又は航空機の貸付けである場合	契約書等 （記載事項） 貸借双方の氏名、住所、貸付けの日、内容、対価の額
郵便による輸出｜輸出の時におけるその資産の価額が20万円を超える場合	郵便物輸出証明書
郵便による輸出｜輸出の時におけるその資産の価額が20万円以下の場合	①小包郵便物又はEMS郵便物 ・日本郵便㈱発行の郵便物の引受証 ・発送伝票等の控え（記載事項：輸出人・受取人の住所氏名、品名・数量・価額、日本郵便㈱の引受けの年月日）②通常郵便物 ・日本郵便㈱発行の郵便物の引受証（品名・数量・価額の追記が必要）
上記以外の取引	契約書等 （記載事項） 譲渡者、購入者の氏名、住所、譲渡日、内容、対価の額

19. 商社を通じて 輸出した場合	商社を通じて輸出する場合、輸出申告書の名義人は、形式的にはその商社となりますが、実際の輸出者が輸出申告書の原本を保存し、「消費税輸出免税不適用連絡一覧表」を作成してその写しを名義人である商社に交付して確認すれば、実際の輸出者において輸出免税の適用を受けることができます。

消費税輸出免税不適用連絡一覧表

日付：＿＿＿＿＿

（宛先）
＿＿＿＿＿＿＿＿＿＿

下記の輸出取引については当社が消費税法第7条（輸出免税等）の適用を受けることとなるので、貴社にはその適用がないことを連絡します。

輸出免税適用者名
（取引責任者名　　　　　）

記

No.	海外客先	取引年月日	輸出金額	Invoice No.
1				
2				
3				
⋮				

■輸出物品販売場（免税ショップ）

項　目	説　　明
輸出物品販売場制度 （法8）	輸出物品販売場制度は、輸出物品販売場（いわゆる免税ショップ）の経営の許可を受けた事業者が、外国人旅行者等の免税購入対象者に対し、所定の方法により免税対象物品を免税販売する制度です。
1. 輸出物品販売場 （令18②、18の2②）	輸出物品販売場には、次の種類があります。

一般型 輸出物品販売場	事業者がその販売場においてのみ免税販売手続を行う輸出物品販売場
手続委託型 輸出物品販売場	販売場が所在する特定商業施設（商店街やショッピングセンター等）内に免税手続カウンターを設置する承認免税手続事業者が、免税販売手続を代理して行う輸出物品販売場
自動販売機型 輸出物品販売場	免税販売手続が一定の基準を満たす自動販売機によってのみ行われる輸出物品販売場

他に日米地位協定2条1項の施設内等における基地内輸出物品販売場があります。

2. 免税購入対象者 （法8①）、令18①）	免税購入対象者は、外為法に規定する非居住者のうち、短期滞在の外国人旅行者などに限られ、例えば次に該当する人は免税購入対象者ではありません。 ①日本国内にある事務所に勤務している人 ②日本に入国後6ヶ月以上経過した人 ③在留資格が研修、留学などである人
● 海外旅行者への販売 （基通7-2-20）	海外旅行等のため出国する者が渡航先において贈答用に供するものとして出国に際して携帯する物品（1個当たりの対価の額が1万円を超えるものに限る。）で、帰国に際して携帯しないことの明らかなもの又は渡航先において使用若しくは消費をするものは、その物品を出国する者に譲渡した輸出物品販売場の許可を受けている者が輸出するものとして免税を適用することができます。 　輸出物品販売場の経営者は、その出国する者から誓約書又は輸出証明書を徴して保存しなければなりません。
3. 免税対象物品 （法8①、令18②⑬⑭）	免税対象物品は、輸出するために購入される物品のうち、次の金額基準を満たす通常生活の用に供する物品で、金又は白金の地金を除きます。事業用又は販売用として購入されることが明らかな物品は、免税販売の対象となりません。

区　分	販売価額の合計額
消耗品（飲食料品、医薬品、化粧品その他の消耗品） 　　　※指定された方法で包装したもの	5千円以上 50万円以下
一般物品（家電、バッグ、衣料品等、消耗品以外のもの）	5千円以上

販売価額の合計額とは、同一の免税購入対象者に対する同一の輸出物品販売場における1日の販売価額（税抜）の合計額をいいます。

一般物品と消耗品のそれぞれが5,000円未満であったとしても、一般物品を消耗品に指定された包装をすることで、その一般物品を消耗品として5千円以上の判定を行うことができます。

4. 国税庁へのデータ送信と保存	免税販売をした場合は、免税購入対象者から旅券等の提示を受け、購入記録情報（購入の事実及び氏名その他旅券等に記載された情報）に係るデータを、インターネット回線等を通じて国税庁が運用する免税販売管理システムに遅滞なく送信します。書面による提出はできません。送信した購入記録情報は、免税販売を行った日の属する課税期間の末日の翌日から2月を経過した日から7年間、納税地又は免税販売を行った販売場の所在地に保存します。この手続を行わない場合には、免税は適用できません。
5. 譲渡の禁止 （法8④⑤）	免税購入した物品は、税務署長の承認を受けた場合を除き、国内における譲渡又は譲受けはできません。承認なく譲渡又は譲受けがあった場合は、税務署長は、直ちに消費税を徴収します。譲り受けた者（所持する者を含む）には、消費税の連帯納付義務があります。
6. 免税購入した物品を輸出しない場合 （法8③⑤）	免税購入した免税購入対象者が、本邦から出国する日又はその者が免税購入対象者でなくなる日までにその物品を輸出しないときは、税関長又は税務署長は、被災等による承認を受けた場合を除き、直ちに消費税を徴収します。
7. 臨時販売場 （法8⑧⑨、令18の5）	臨時販売場（7ヶ月以内の期間を定めて免税販売をする販売場）を設置しようとする輸出物品販売場経営者は、臨時販売場を設置する日の前日までに届出書をその納税地を所轄する税務署長に提出したときは、その販売場は輸出物品販売場とみなされます。
8. 到着時免税店	☞206ページ

輸出物品販売場（免税ショップ）

国境を越えた役務の提供がある場合

■国境を越えた役務の提供に対する課税の特例

項　目	説　　　　明			
1. デジタルコンテンツの提供	役務の提供の原則的な取扱によれば、日本国内で提供を受ける電子書籍や音楽の配信等は、その提供を国内の事業者が行えば国内取引、国外事業者が行えば国外取引となります。そうすると、同じ電子書籍等であっても、提供者の違いによって最終的な税負担が異なることとなり、国内外の事業者間で競争条件に歪みが生じます。 　そこで、電子書籍や音楽の配信、クラウドサービスなどのデジタルコンテンツの提供は「電気通信利用役務の提供」と位置づけられ、平成27年度税制改正により、内外判定の基準が見直され、リバースチャージ方式及び国外事業者申告納税方式が導入されました。			

2. 内外判定（法4③二、三、④、令6②六）

区分				内外判定
役務の提供が行われた場所が明らかでないもの	「電気通信利用役務の提供」	「事業者向け電気通信利用役務の提供」	国内事業者が受ける場合	国内の本支店で受けるもの　→　国内取引
				国外事業所等で受けるもの：国外において行う資産の譲渡等のみ要するもの　→　国外取引
				国外事業所等で受けるもの：国内外において行う資産の譲渡等に要するもの　→　国内取引
				国外事業所等で受けるもの：国内において行う資産の譲渡等のみ要するもの　→　国内取引
			国外事業者が受ける場合	国外の本支店で受けるもの　→　国外取引
				PE※で受けるもの：国外において行う資産の譲渡等にのみ要するもの　→　国外取引
				PE※で受けるもの：国内外において行う資産の譲渡等に要するもの　→　国外取引
				PE※で受けるもの：国内において行う資産の譲渡等にのみ要するもの　→　国内取引
		「消費者向け電気通信利用役務の提供」		役務の提供を受ける者の住所、居所、本店所在地が国内　→　国内取引
				上記の場所が国外　→　国外取引
	「電気通信利用役務の提供」以外			役務の提供を行う者の役務の提供に係る事務所等の所在地が国内　→　国内取引
				上記の場所が国外　→　国外取引

※PE (Permanent Establishment) とは、日本国内にある恒久的施設であり、次の3つに区分されています（法法141、法令185、186、所法164、所令289、290）。

①支店PE：支店、出張所、事業所、事務所、工場、倉庫業者の倉庫および鉱山・採石場等天然資源を採取する場所など

②建設PE：建設、据付け、組立て等の作業、またはその指揮監督の役務の提供を1年を超えて行う場合のその場所

③代理人PE：国内に自己のためにその事業に関し契約を結ぶ権限のある者で、これを常習的に行使する者や、商品等の資産を保管し顧客への引き渡しを行う者、あるいは注文の取得等の重要な部分をする者

3. 用語の意義 （法2①、4①、5①、令2の2）

国外事業者	所得税法上の非居住者である個人事業者及び法人税法上の外国法人
電気通信利用役務の提供	資産の譲渡等のうち、電気通信回線を介して行われる著作物の提供（著作物の利用の許諾に係る取引を含む。）その他の電気通信回線を介して行われる役務の提供（電話、電信、通信媒介を除く。）であって、他の資産の譲渡等の結果の通知その他の他の資産の譲渡等に付随して行われる役務の提供以外のもの
事業者向け電気通信利用役務の提供	国外事業者が行う「電気通信利用役務の提供」のうち、その役務の性質又はその役務の提供に係る契約条件等により、その役務の提供を受ける者が事業者であることが明らかなもの
消費者向け電気通信利用役務の提供	「電気通信利用役務の提供」のうち、「事業者向け電気通信利用役務の提供」以外のもの（※法令上の定義ではありません。）
特定役務の提供 ☞223ページ	資産の譲渡等のうち、映画若しくは演劇の俳優、音楽家その他の芸能人又は職業運動家の役務の提供を主たる内容とする事業として行う役務の提供のうち、国外事業者が他の事業者に対して行う役務の提供（当該国外事業者が不特定かつ多数の者に対して行う役務の提供を除く。）※「電気通信利用役務の提供」に該当するものを除く。
特定資産の譲渡等	「事業者向け電気通信利用役務の提供」及び「特定役務の提供」
特定仕入れ	事業として他の者から受けた「特定資産の譲渡等」
特定課税仕入れ	国内において行った課税仕入れのうち「特定仕入れ」に該当するもの

課税資産の譲渡等	⇔	課税仕入れ
特定資産の譲渡等 （①事業者向け電気通信利用役務の提供 ②特定役務の提供）	⇔	特定課税仕入れ

4. 電気通信利用役務の提供の範囲

● 電気通信利用役務の提供に該当するものの例	・電子書籍、電子新聞、音楽、映像、ソフトウエア（ゲーム等の様々なアプリケーションを含む。）などの配信 ・クラウド上のソフトウエアやデータベースなどを利用させるサービス ・インターネット等を通じた広告の配信・掲載 ・インターネット上のショッピングサイト・オークションサイトを利用させるサービス ・ソフトウエアやゲームアプリなどをインターネット上で販売するための場所（WEBサイト）を利用させるサービス ・インターネットを介して行う宿泊予約、飲食店予約サイトへの掲載等（宿泊施設、飲食店等を経営する事業者から掲載料等を徴するもの） ・インターネットを介して行う英会話教室 ・電話を含む電気通信回線を介して行うコンサルテーション
● 電気通信利用役務の提供に該当しないものの例	・電話、FAX、電報、データ伝送、インターネット回線の利用など、他者間の情報伝達を単に媒介するサービス（通信） ・ソフトウエアの制作等 ・ソフトウエアの制作を国外事業者に依頼し、その成果物の受領や制作過程の指示がインターネット等を介して行われる場合がありますが、インターネット等を介した成果物の受領等の行為は、ソフトウエア制作という役務の提供に付随した行為であり、電気通信利用役務の提供

国境を越えた役務の提供に対する課税の特例・リバースチャージ方式

		には該当しません。
		• 国外に所在する資産の管理・運用等（ネットバンキングを含む。）
		• インターネット等を介して資産の運用、資金の移動等の指示、状況・結果報告等が行われる場合がありますが、結果報告等の行為は資産の管理・運用という役務の提供に付随した行為であり、電気通信利用役務の提供には該当しません。ただし、クラウド上の資産運用ソフトの利用料金などを別途受領している場合には、その部分は、電気通信利用役務の提供に該当します。
		• 国外事業者に依頼する情報の収集・分析等
		• インターネット等を介して情報の収集・分析等の結果報告等が行われる場合がありますが、結果報告等の行為は、情報の収集・分析等という役務の提供に付随した行為であり、電気通信利用役務の提供には該当しません。ただし、他の事業者の依頼によらずに自身が収集・分析した情報を閲覧させたり、インターネット等を通じて利用させたりするサービスは、電気通信利用役務の提供に該当します。
		• 国外の法務専門家等に依頼して行う国外での訴訟遂行等
		• インターネット等を介して訴訟の状況報告等が行われる場合がありますが、状況報告等の行為は、国外における訴訟遂行という役務の提供に付随した行為であり、電気通信利用役務の提供には該当しません。
5. 課税方式		国外事業者が行う「電気通信利用役務の提供」は、「事業者向け電気通信利用役務の提供」と「消費者向け電気通信利用役務の提供」とに区分して、課税方式が定められています。

■リバースチャージ方式

1.「事業者向け電気通信利用役務の提供」		「事業者向け電気通信利用役務の提供」には、その取引に係る消費税の納税義務を役務の提供を受ける事業者に転換する「リバースチャージ方式」が適用されます。「事業者向け電気通信利用役務の提供」であるかどうかは、提供を受ける者が事業者であるかどうかではなく、「役務の性質」や「取引条件等」によって判断します。
	●「役務の性質」から、当該役務の提供を受ける者が通常事業者に限られるもの	• ネット広告の配信のように、役務の性質から当該役務の提供を受ける者が通常事業者に限られるもの
		• ソフトウエアやゲームアプリなどをインターネット上で販売するための場所（WEBサイト）を利用させるサービス
		• インターネットを介して行う宿泊予約、飲食店予約サイトへの掲載等（宿泊施設や飲食店等を経営する事業者に対するサービス）
	●「取引条件等」から、当該役務の提供を受ける者が通常事業者に限られるもの	• サービスの客観的な性質では「事業者向け電気通信利用役務の提供」に該当しない取引であっても、相対で個別に契約を締結し、その契約に基づき一対一で取引を行っており、役務の提供を受ける者が事業者であることが明確な取引であれば、「事業者向け電気通信利用役務の提供」に該当することになります。
		なお、インターネットのウェブサイトから申込みを受け付けるクラウドサービス等において、「事業者向け」であることをウェブサイトに掲載していたとしても、事業者以外の者からの申込みが行われた場合にその申込みを事実上制限できないものは、「事業者向け電気通信利用役務の提供」に該当しません。

2. リバースチャージ方式 （法4①、5①、9①④、9の2①、13②、28②、30①⑥、27改附則42、44）	①「事業者向け電気通信利用役務の提供」は、課税対象である資産の譲渡等から除かれます（消費税を上乗せせず本体価格で取引）。 ②「事業者向け電気通信利用役務の提供」は、その提供を受ける事業者の「特定課税仕入れ」となります。「特定課税仕入れ」は、納税義務の対象となり、かつ、仕入税額控除の対象となります（取引額を本体価額として税額を計算）。 ③国内において「事業者向け電気通信利用役務の提供」を行う国外事業者は、その役務の提供に際し、あらかじめ、その役務の提供に係る「特定課税仕入れ」を行う事業者が消費税の納税義務者となる旨を表示しなければなりません。

国境

〈国内〉　　　　　　　　　　　　　　　　　　　　　　　〈国外〉

「事業者向け電気通信利用役務の提供」

事業者　◄────────────────────────　国外事業者

「特定課税仕入れ」の税抜対価100の支払い

- 納税義務あり。
- 対価100を税抜き売上高、税抜き仕入高とする。

- 納税義務なし。
- 通知の義務あり。

④免税事業者は、「事業者向け電気通信利用役務の提供」を受ける場合であっても、その「特定課税仕入れ」について、納税義務は生じません。

⑤課税売上割合が95％以上である課税期間において行った「特定課税仕入れ」はなかったものとされ、課税されず、仕入税額控除の対象にもなりません。

⑥簡易課税制度の適用を受ける課税期間において行った「特定課税仕入れ」はなかったものとされ、課税されません。

⑦「特定課税仕入れ」の支払対価の額は、基準期間における課税売上高及び特定期間における課税売上高に算入しません。

⑧「特定課税仕入れ」を行った者が単なる名義人であった場合には、実質的にその仕入れを行った者に消費税法の規定が適用されます。

3. 国外事業者が行う芸能・スポーツ等に係る役務の提供 （法2①、4、5、令2の2） ●「特定役務の提供」に該当する取引の具体例	俳優、音楽家その他の芸能人又は職業運動家（タレント等）が、コンサートや舞台への出演、野球・サッカー・ゴルフなどのスポーツイベント等への出場等を行う役務の提供は、そのコンサート等の会場が日本国内であれば、国内において行う役務の提供に該当し、そのタレント等が国外の事業者（外国人タレント等）であっても、国内取引として消費税の課税対象となります。 　しかし、外国人タレント等は、一般的に、短期間で帰国することから、適切な申告納税を求めることは困難であることから、平成28年4月1日以後は、国外事業者が国内で行う芸能・スポーツ等の役務の提供（特定役務の提供）についても、リバースチャージ方式を適用することとされました。 　国外事業者が、対価を得て他の事業者に対して行う 　　①芸能人としての映画の撮影、テレビへの出演 　　②俳優、音楽家としての演劇、演奏 　　③スポーツ競技の大会等への出場 ※国外事業者であるスポーツ選手が、映画やCM等の撮影を国内で行って、その演技、出演料等を受領する場合は①に含まれます。 ※国外事業者がアマチュア、ノンプロ等と称される者であっても、スポ

<table>
<tr><td rowspan="99">リバースチャージ方式・国外事業者申告納税方式</td><td colspan="2">ーツ競技等の役務の提供を行うことにより報酬・賞金等を受領する場合は③に含まれます。
①から③の役務の提供であっても、国外事業者が不特定かつ多数の者に対して行うものは、「特定役務の提供」に該当しません。</td></tr>
</table>

■国外事業者申告納税方式

1.「消費者向け電気通信利用役務の提供」	「消費者向け電気通信利用役務の提供」は、その「消費者向け電気通信利用役務の提供」を行う国外事業者が納税義務者となります。 「消費者向け電気通信利用役務の提供」には、例えば、次のようなものが該当します。 • 一般に提供されている電子書籍・音楽・映像の配信等 • ホームページ等で事業者を対象に販売することとしているものであっても、消費者をはじめとする事業者以外の者からの申込みが行われた場合に、その申込みを事実上制限できないもの
2. 登録国外事業者制度の廃止 （平28年改法附則45①②） ● 経過措置	従前、国外事業申告納税方式は、売手が登録国外事業者制度による登録国外事業者でない場合には、その「消費者向け電気通信利用役務の提供」は仕入税額控除の対象とならないものとされていました。 登録国外事業者制度は、インボイス制度の施行に伴い適格請求書発行事業者登録制度に整理統合され、令和5年9月30日をもって廃止されました。 国外事業者が令和5年9月1日時点で登録国外事業者としての登録を受けている場合は、「適格請求書発行事業者の登録申請書」を提出することなくインボイス制度開始と同時にインボイス発行事業者として登録され、インボイス発行事業者の登録番号を付番され、公表サイトにおいて公表されています。 この取扱いの適用を受けた国外事業者は、インボイスにインボイス発行事業者の登録番号を記載することにつき困難な事情があるときは、令和6年3月31日までは、インボイスに従前の登録国外事業者の登録番号を記載することができます。
3. プラットフォーム課税制度の創設 （法15の2） ● 指定 ● 届出 ● 通知と公表	国外事業者が国内において行う消費者向け電気通信利用役務の提供がデジタルプラットフォームを介して行われるものであって、その対価について特定プラットフォーム事業者を介して収受するものである場合には、特定プラットフォーム事業者がその電気通信利用役務の提供を行ったものとみなされます。これを「プラットフォーム課税制度」といいます。 国税庁長官は、プラットフォーム事業者のその課税期間において、その提供するデジタルプラットフォームを介して国外事業者が国内において行う電気通信利用役務の提供に係る対価の額のうち、プラットフォーム事業者を介して収受するものの合計額が50億円を超える場合には、そのプラットフォーム事業者を特定プラットフォーム事業者として指定します。 上記の指定を受けるべき者は、その課税期間に係る確定申告書の提出期限までに、所定の事項を記載した届出書をその納税地を所轄する税務署長を経由して国税庁長官に提出しなければなりません。 国税庁長官は、特定プラットフォーム事業者を指定したときは、その特定プラットフォーム事業者に対してその旨を通知するとともに、その特定プラットフォーム事業者に係るデジタルプラットフォームの名称等

● 適用時期	について速やかに公表しなければなりません。 　また、国税庁による通知を受けた特定プラットフォーム事業者は、プラットフォーム課税制度の適用対象となる国外事業者に対して、適用されることとなる旨及びその年月日を通知します。 　プラットフォーム課税制度は、令和7年4月1日以後に国内において行われる電気通信利用役務の提供について適用されます。

■課税方式の判定

区分	電気通信利用役務の提供 電子書籍や音楽の配信、WEBサイトの提供等			特定役務の提供 外国人タレント等の出演等
	消費者向け 電気通信利用役務の提供		事業者向け 電気通信利用役務の提供	
	国内事業者が提供	国外事業者が提供	特定資産の譲渡等	
課税方式	通常の課税	国外事業者申告納税方式（プラットフォーム課税あり）	リバースチャージ方式	

公益法人等の特例

■分類と特例

項　目	説　　明
	国、地方公共団体、公共法人、公益法人等については、おおむね次のように区分して特例が設けられています。

区分	適用される特例			
	課税単位	資産の譲渡等の時期	仕入控除税額の計算	申告期限
国（一般会計）	○	○	課税標準額に対する消費税額と仕入控除税額とを同額とみなす	申告義務なし
地方公共団体（一般会計）	○	○		
国（特別会計）	○	○	特定収入がある場合の仕入税額控除の特例	○
地方公共団体（特別会計）	○	○		○
消費税法別表第三に掲げる公共法人、公益法人等	－	△ 要承認		△ 要承認
人格のない社団等	－	－		－

※別表第三に掲げる法人には、例えば、一般社団法人、一般財団法人、学校法人、宗教法人等があります。

■公益法人等の納税義務等

項　目	説　　明
1. 収益事業と非収益事業	公益法人等については、法人税法では、収益事業に限って課税し、収益事業を行っていない場合には、申告納税の義務はありません。 　しかし、消費税法では、収益事業であるか否かに関係なく、個々の取引が国内における資産の譲渡等に該当するかどうかで課税の対象を判断します。 　公益法人等について、特別にその納税義務を免除する規定は設けられておらず、普通法人と同様に消費税の納税義務者となります。
2. 寄附金収入 （法4、基通5-2-14）	一般的な寄附金は、給付に対する対価の支払いではないため、不課税です。 　寄附金という名目であっても、その実質が資産の譲渡又は貸付け、サービスの提供の対価である場合には、課税の対象となります。

寄附金の判定			寄附を受けた事業者	寄附を行った者
実質で判定	対価性なし		不課税	不課税
	対価性あり	課税資産の譲渡等の対価	課税売上げ	課税仕入れ（仕入税額控除の対象）
		非課税資産の譲渡等の対価	非課税売上げ	課税仕入れでない

■公益法人等の仕入税額控除の特例

項　目	説　明
1. 趣旨	補助金等によって支払われる課税仕入れは、形式上は公益法人等を経由して支払われますが、実質は補助金を交付した機関がその費用を負担しています。 　公益法人等が、国等から交付を受けた補助金等によって課税仕入れの対価を支払った場合には、仕入税額控除の金額を制限する特例が設けられています。

2. 特例適用の判定 （法60④）

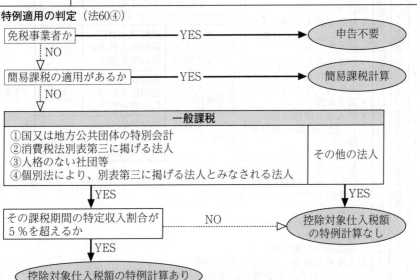

別表第三に掲げる法人	個別法により別表第三に掲げる法人とみなされる法人
公共法人、一般社団法人、一般財団法人、公益法人、宗教法人、学校法人、健康保険組合、商工会、税理士会、弁護士会等	①法人である政党又は政治団体（政党等法人法） ②地方自治法260条の2第1項の認可を受けた地縁団体 ③マンション管理組合法人（区分所有法） ④NPO法人（NPO法） ⑤マンション建替組合、マンション敷地売却組合 　（マンション建替法） ⑥防災街区整備事業組合（防災街区整備促進法） ⑦広域的運営推進機関（電気事業法）

項目	説明
3. 特定収入 　（令75①②）	特定収入とは、消費税の課税の対象とならない収入のうち、補助金収入、寄附金収入、会費収入その他非特定収入以外の収入をいいます。 　出資金収入や交付要綱等においてその使途が課税仕入れ等以外に特定されている補助金等は、非特定収入です。
4. 収入の区分 　（法60④、令75、 　基通16-2-1）	公益法人等は、特例計算を行うために、その収入を次の表に従って区分します。

公益法人等の仕入税額控除の特例

収入の区分				計算要素	
資産の譲渡等の対価	国外取引…不課税			不	資
	国内取引	国内における課税売上げ …課税売上高		課	
		輸出売上げ …免税売上高		免	
		国内における非課税売上げ …非課税売上高		非	
資産の譲渡等の対価以外の収入（課税対象外の収入）	特定収入（非特定収入以外の収入）	(例) ・補助金収入・交付金収入（下記⑥の人件費補助金等を除く） ・寄附金収入・会費収入 ・保険金収入・損害賠償金収入・配当金収入 ・喜捨金等 ・借入金・債券発行収入（下記①の借入金等を除く）	その他の特定収入 （使途が特定されていない特定収入）	特他	
			課税仕入れ等に係る特定収入（法令等により、その使途が課税仕入れ等に特定されている補助金等）／課税売上対応課税仕入れ等に係る特定収入	特課A	特課
			非課税売上対応課税仕入れ等に係る特定収入	特課B	
			共通対応課税仕入れ等に係る特定収入	特課C	
	非特定収入	①借入金等 （借入金及び債券の発行に係る収入で、法令にその返済のための補助金等の交付が規定されているもの以外のもの） ②出資金収入 ③預金、貯金及び預り金収入 ④貸付回収金 ⑤返還金及び還付金収入 ⑥人件費補助金・土地購入補助金等 （法令又は交付要綱等で、課税仕入れ等以外にその使途が特定されている補助金等）			

5. 借入金収入の取扱い
（令75①）

借入金収入が特定収入に該当するかどうか、借入金返済のために交付された補助金等が特定収入に該当するかどうかは次によります。

借入返済のための補助金等の交付			判定	
			借入金	補助金
あり	借入前に交付決定	課税仕入れ等のために使用しない借入金である場合[1]	非特定収入	非特定収入
		その他	特定収入	
	借入後に交付決定	課税仕入れ等のために使用しない借入金である場合[2]	非特定収入	非特定収入
		その他	非特定収入	特定収入
なし			非特定収入	

1 法令において借入金返済のための補助金等が交付されることとなっている場合には、通常、借入れ前に借入返済のための補助金等の使途を特定した交付要綱等が作成されます。
2 借入後に借入金の返済のためにのみ使用することとして交付された補助金等は、その借入金の使途により判断します。

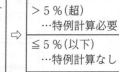

| ● 借入金返済のための補助金等の使途 | ☞232ページ |

6. 特定収入割合
（令75③）

　公益法人等の仕入税額控除の特例は、特定収入割合が5％超の場合に限って適用されます。

　算式中の記号は前ページの表を参照して下さい。

$$特定収入割合 = \dfrac{特定収入の合計額}{資産の譲渡等の対価の額の合計額 + 特定収入の合計額}$$

$$\left(\dfrac{特他 + 特課}{資 + 特他 + 特課} \right)$$

⇨ > 5％（超）…特例計算必要
　≦ 5％（以下）…特例計算なし

7. 調整割合
（令75④一）

$$調整割合 = \dfrac{その他の特定収入の合計額}{資産の譲渡等の対価の額の合計額 + その他の特定収入の合計額}$$

$$\left(\dfrac{特他}{資 + 特他} \right)$$

8. 課税売上割合
（令48）

$$課税売上割合 = \dfrac{国内における課税資産の譲渡等の対価の額}{国内における資産の譲渡等の対価の額}$$

$$\left(\dfrac{課 + 免}{課 + 免 + 非} \right)$$

● 資産の譲渡等の対価の額
（令48②〜⑥、75③）

　資産の譲渡等の対価の額は、課税売上割合を計算する場合と特定収入割合・調整割合を計算する場合とでは次の点で異なります。

区分	資産の譲渡等の対価の額	
	特定収入割合・調整割合の計算	**課税売上割合の計算**
相違点	国外の売上高を含む 有価証券の譲渡対価の全額を算入 売上対価の返還等の金額を控除しない	国内の売上高に限る 有価証券の譲渡対価及び金銭債権の譲渡対価は5％を算入 売上対価の返還等の金額を控除する
共通点区分	課税売上高は税抜き金額 輸出売上高を含める 貸倒れの金額は控除しない 貸倒れ回収額は加算しない 低額譲渡・みなし譲渡の場合の対価の額とみなされた金額を含める	

公益法人等の仕入税額控除の特例

9. 特例計算 （令75④）	納付すべき 消費税額 $=$ 課税標準額に 対する消費税額 $-$ （通常の 控除対象仕入税額 $-$ 特定収入に係る課税仕入れ等の税額）

特定収入に係る課税仕入れ等の税額	
課税売上割合 95％以上	①と②との合計額 ①：課税仕入れ等に係る特定収入（特課）× $\dfrac{7.8}{110}$ ②：（通常の控除対象仕入税額－①）×調整割合
一括比例 配分方式	①と②との合計額 ①：課税仕入れ等に係る 　　特定収入（特課）$\times \dfrac{7.8}{110}$ ×課税売上割合 ②：（通常の控除対象仕入税額－①）×調整割合
個別対応 方式	①と②と③との合計額 ①：課税売上対応課税仕入れ等に 　　係る特定収入（特課A）$\times \dfrac{7.8}{110}$ ②：共通対応課税仕入れ等に 　　係る特定収入（特課C）$\times \dfrac{7.8}{110}$ ×課税売上割合 ③：（通常の控除対象仕入税額－①－②）×調整割合

算式中の記号は228ページの表を参照して下さい。

上記 $\dfrac{7.8}{110}$ の割合は、その特定収入の使途なる課税仕入れについて10%の税率が適用される場合です。

その特定収入の使途となる課税仕入れに適用される税率が旧税率又は軽減税率となるものである部分については、それぞれの税率を適用して計算します。

10. 控除しきれない場合 （法60⑤）	通常の控除対象仕入税額から、控除しきれない特定収入に係る課税仕入れ等の税額は、課税標準額に対する消費税額に加算する金額として、申告書の「控除過大調整税額」の欄に記載します。
11. 通算調整割合による調整 （令75⑤⑥）	調整割合は、その課税期間の収入により計算するため、課税期間ごとに変動します。そこで、次のいずれにも該当する場合には、通算調整割合による調整計算を行うこととされています。 ・その課税期間の調整割合と通算調整割合との差が20％以上 ・過去2年間の課税期間において通算調整割合による調整を行っていない 　通算調整割合は、通算課税期間（1年決算法人の場合には、前々期、前期、当期の3年間の各課税期間）における調整割合を通算した割合です。

12. 補助金等の使途 （令75④、基通16-2-2）

補助金等の使途の特定	

ステップ1

免税事業者であった課税期間の事業の経費に使途が特定された補助金等（基通16-2-2(1)(注)） ➡ 非特定収入

法令、補助金等を交付する者が作成した補助金等交付要綱、補助金等交付決定書、補助金等の積算内訳書、実績報告書により明らかにされたところにより使途を特定（法令75④、基通16-2-2(1)）
➡ 課税仕入れ等に係る特定収入
➡ 非特定収入
➡ 借入返済のための補助金等

⬇ なお不明な補助金等

ステップ2

その他の特定収入（使途不特定）とする、又は、次によりさらに区分する ➡ その他の特定収入

⬇

交付要綱等においてその使途の細部は不明であるが、その使途の大要が判明するものは、その大要の範囲内で合理的計算に基づき細部の使途を判定（基通16-2-2(2)イ）
➡ 課税仕入れ等に係る特定収入
➡ 非特定収入
➡ 借入返済のための補助金等

⬇ なお不明な補助金等

ステップ3

その他の特定収入（使途不特定）とする、又は、次によりさらに区分する ➡ その他の特定収入

⬇

予算書、予算関係書類、決算書、決算関係書類で明らかにされたところにより使途を特定（基通16-2-2(2)ロ）
➡ 課税仕入れ等に係る特定収入
➡ 非特定収入
➡ 借入返済のための補助金等

⬇ なお不明な補助金等

ステップ4

その他の特定収入（使途不特定）とする、又は、次によりさらに区分する ➡ その他の特定収入

⬇ （基通16-2-2(2)ニ）

右の算式により使途を特定

$$補助金等の額 \times \frac{その課税期間における課税仕入れ等の支出額}{その課税期間における支出額}$$ ➡ 課税仕入れ等に係る特定収入

$$補助金等の額 \times \frac{その課税期間における課税仕入れ等以外の支出額 - その課税期間の借入金等返済額}{その課税期間における支出額}$$ ➡ 非特定収入

$$補助金等の額 \times \frac{その課税期間の借入金等返済額}{その課税期間における支出額}$$ ➡ 借入返済のための補助金等

支出額、課税仕入れ等の支出額、課税仕入れ等以外の支出額借入金等返済額は、既に使途が特定されているものを除いた金額です。

公益法人等の仕入税額控除の特例

13. 借入金返済のための補助金等の使途 （基通16-2-2）

借入返済のための補助金等の使途の特定		

非特定収入となった借入金等の返済のための補助金等	補助金の交付に係る借入金等が特定収入となっている場合のその補助金等	➡	非特定収入
	免税事業者であった課税期間の借入金等の元金返済に使途が特定されている補助金等 （基通16-2-2(2)ハ(注)）	➡	非特定収入
	借入金等に係る事業が行われた課税期間は免税事業者であった	➡	非特定収入

非特定収入となった借入金等の返済のための補助金等	交付要綱等において特定の事業に係る財源となる借入金等の返済に係る補助金であることが明らかである補助金等はその特定の事業に係る経費のみに使用される収入として使途を特定 （基通16-2-2(1)(注)）	課税仕入れ等のみの財源となった	➡	課税仕入れ等に係る特定収入
		課税仕入れ等以外の財源となった	➡	非特定収入
		不明	➡	その他の特定収入（使途不特定）

その他の借入返済のための補助金等は次の算式により使途を特定 （基通16-2-2(2)ハ）

補助金等の額	$\times \dfrac{\text{その課税期間における課税仕入れ等の支出額}}{\text{その課税期間における支出額}}$	➡	課税仕入れ等に係る特定収入
補助金等の額	$\times \dfrac{\text{その課税期間における課税仕入れ等以外の支出額}}{\text{その課税期間における支出額}}$	➡	非特定収入

14. 税率の経過措置 （平26改令附則14）

新税率の施行日以後に受け入れる特定収入（旧税率適用支出に係る特定収入を除く。）については新税率を適用し、施行日前に受け入れた特定収入及び施行日以後に受け入れる旧税率適用支出に係る特定収入については、旧税率を適用します。

※　旧税率適用支出に係る特定収入とは、法令、交付要綱等、国又は地方公共団体が合理的な方法により使途を明らかにした文書において、旧税率適用課税仕入れ等に係る課税仕入れに係る支払対価の額、旧税率適用課税仕入れ等に係る課税貨物の引取価額又は旧税率適用課税仕入れ等に係る借入金等の返済金等に係る支出のためにのみ使用することとされている収入をいいます。

※　旧税率適用課税仕入れ等とは、旧税率が適用される課税仕入れ及び課税貨物をいいます。

企業組織再編成があった場合

項　目	説　　明
1. 合併・分割による保有資産の承継 （令2①二）	合併・分割は、企業組織再編成のための組織法上の行為であり、その事業承継のための資産や負債の移転は、法律上生じる包括承継であることから、消費税法上の「資産の譲渡等」には該当せず、課税の対象にはなりません。ただし、現物出資、事後設立による資産の譲渡は、「資産の譲渡等」に該当します。 _（表）_

区分	事業承継のための資産の移転
吸収合併、新設合併、吸収分割、新設分割	課税対象外（不課税）
現物出資、事後設立、事業譲渡	課税の対象

項　目	説　　明
2. 新設合併の場合の納税義務の免除の特例 （法2①五、五の二、11③④、12の2、令22③～⑥）	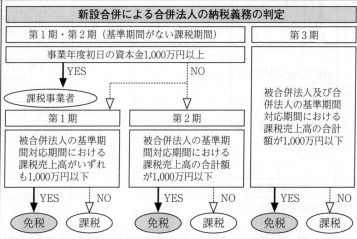 ※この判定に加えて、特定期間における課税売上高による判定（75ページ）、特定新規設立法人の判定（84ページ）があります。
● 適格合併と非適格合併	消費税には適格合併、非適格合併による課税上の取扱いの違いはありません。
3. 吸収合併の場合の納税義務の免除の特例 （法11①②、令22①②）	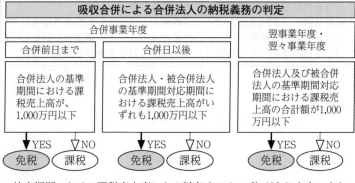 ※特定期間における課税売上高による判定（75ページ）があります。また、基準期間がない課税期間においては、資本金の額による判定及び特定新規設立法人の判定（84ページ）があります。

図（新設合併による合併法人の納税義務の判定）

第1期・第2期（基準期間がない課税期間）／第3期

事業年度初日の資本金1,000万円以上
YES → 課税事業者
NO

第1期：被合併法人の基準期間対応期間における課税売上高がいずれも1,000万円以下 → YES：免税 / NO：課税

第2期：被合併法人の基準期間対応期間における課税売上高の合計額が1,000万円以下 → YES：免税 / NO：課税

第3期：被合併法人及び合併法人の基準期間対応期間における課税売上高の合計額が1,000万円以下 → YES：免税 / NO：課税

図（吸収合併による合併法人の納税義務の判定）

合併事業年度／翌事業年度・翌々事業年度

合併前日まで：合併法人の基準期間における課税売上高が、1,000万円以下 → YES：免税 / NO：課税

合併日以後：合併法人・被合併法人の基準期間対応期間における課税売上高がいずれも1,000万円以下 → YES：免税 / NO：課税

翌事業年度・翌々事業年度：合併法人及び被合併法人の基準期間対応期間における課税売上高の合計額が1,000万円以下 → YES：免税 / NO：課税

企業組織再編成があった場合

区分			合併	
			吸収合併による合併法人 （法11①②、令22①②）	新設合併による合併法人 （法11③④、令22③④⑤⑥）
基準期間に対応する期間			●合併事業年度…当該事業年度開始の日の2年前の日の前日から1年以内に**終了** ●翌・翌々事業年度…当該事業年度の基準期間の初日から1年以内に**終了**	当該事業年度開始の日の2年前の日の前日から1年以内に**終了**
判定に用いる課税売上高	合併事業年度	合併の日の前日まで	合併法人 のみ	—
		合併日以後	合併法人 又は 被合併法人（年換算）	各被合併法人（年換算） ごと
	合併の翌事業年度		合併法人 又は 合併法人 ＋ 被合併法人（年換算）	各被合併法人（年換算） の合計
	合併の翌々事業年度（基準期間に合併している）		基準期間の初日の合併は特例判定不要 合併法人 又は 合併法人 ＋ 被合併法人（年換算＋期間調整）	合併法人（年換算） 又は 合併法人（年換算なし） ＋ 被合併法人（期間調整）
	その後の事業年度		—	—
簡易課税適用の判定に係る金額			上記適用なし	上記適用なし

①「判定に用いる課税売上高」は、判定会社については1年決算法人を前提としている。

②「年換算」とあるものは、その課税売上高の合計額を基準期間に対応する期間の各事業年度の月数の合計数で除し、これに12を乗じて計算する。

③吸収合併の「年換算＋期間調整」は、上記②により計算した金額を合併法人の基準期間に含まれる事業年度の月数で除し、これに合併法人のその基準期間の初日から合併があった日の前日までの期間の月数を乗じて計算する。

④新設合併の「期間調整」は、その課税売上高の合計額を基準期間に対応する期間の事業年度の月数の合計数で除し、これに合併法人のその事業年度開始の日の2年前の日の前日から合併があった日の前日までの期間の月数を乗じて計算する。

| 4. 会社分割
（法2①六、六
　の二、12①⑦） | 会社分割は次のように分類されます。
なお、法人税法にみられる区分、すなわち、分割にかかる株式の割当て先による分割型分割・分社型分割の区分や、適格・非適格の区分は、消費税法には関係ありません。 |

分類		内容	分割された法人	事業を承継した法人
会社分割	分割等	新設分割 現物出資 事後設立	「分割法人」という。 分割等の場合には特に「新設分割親法人（親法人）」という。	「分割承継法人」という。 分割等の場合には特に「新設分割子法人（子法人）」という。
	吸収分割	既存の法人に分割した事業を承継させる		

● 新設分割 　（法12⑦一）	新設分割とは、会社の営業の一部を切り離して、新たに設立した法人に包括的に承継させることをいいます。
● 現物出資 　（法12⑦二）	現物出資とは、金銭の出資にかえて、資産を出資することをいいます。現物出資をした法人が、新たに設立された法人の100％株主であり、その事業を承継させる場合には、納税義務の免除の特例計算を行います。
● 事後設立 　（法12⑦三、 　令23⑨）	事後設立とは、会社の設立後2年以内に、会社の設立前から存在する財産を純資産額の$\frac{1}{5}$以上の対価で取得することをいいます。親会社が金銭出資により設立された100％子会社に対して、事後設立契約に基づいて設立後6ヶ月以内に資産を譲渡した場合には、納税義務の免除の特例計算を行います。

| 5. 子法人の納税
　義務の免除の
　特例
　（法12①～③、
　令23①～④） | 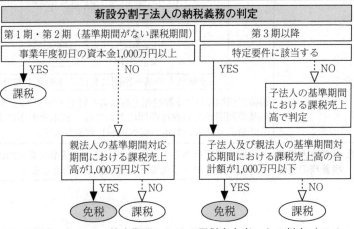
※この判定に加えて、特定期間における課税売上高による判定（75ページ）、特定新規設立法人の判定（84ページ）があります。 |
| ● 特定要件
　（法12③） | 　特定要件とは、基準期間の末日に、子法人の発行済株式の総数又は出資金額の50％超を親法人及びその株主等が所有していることをいいます。 |

企業組織再編成があった場合

6. 親法人の納税義務の免除の特例 （法12④、令23④⑤）	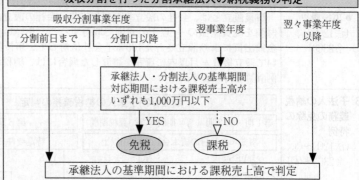 ※特定期間における課税売上高による判定（75ページ）があります。また、基準期間がない課税期間においては、資本金の額による判定及び特定新規設立法人の判定（84ページ）があります。
7. 分割承継法人の納税義務の免除の特例 （法12⑤〜⑥、令23⑥〜⑦）	**吸収分割を行った分割承継法人の納税義務の判定** ※特定期間における課税売上高による判定（75ページ）があります。また、基準期間がない課税期間においては、資本金の額による判定及び特定新規設立法人の判定（84ページ）があります。
8. 分割法人の納税義務の免除	特例の規定はありませんので、自らの基準期間における課税売上高及び特定期間における課税売上高によって判定します。

企業組織再編成があった場合

区分	分割等	
	新設分割子法人 (法12①②③、令23①②③④)	新設分割親法人 (法12④、令23⑤)
基準期間に対応する期間	● 基準期間なし…当該事業年度開始の日の2年前の日の前日から1年以内に**終了** ● 基準期間あり…当該事業年度開始の日の2年前の日の前日から1年以内に**開始**	当該事業年度開始の日の2年前の日の前日から1年以内に**開始**

判定に用いる課税売上高

分割事業年度 分割の日の前日まで	―	特例判定不要
分割事業年度 分割日以後	新設分割親法人(年換算) ごと	
分割の翌事業年度	新設分割親法人(年換算) ごと	

分割の翌々事業年度以後（基準期間に分割している）	特定要件に該当（ただし、親法人が特例判定不要） 分割子法人(年換算)　又は 分割子法人(年換算) ＋ 分割親法人(年換算) ただし、※特定事業年度中の分割は次の計算 分割子法人(年換算＋期間調整) ＋ 分割親法人(年換算)	特定要件に該当（ただし、親法人が特例判定不要） 分割親法人　又は 分割親法人 ＋ 分割子法人(年換算＋期間調整)
その後の事業年度	特定要件に該当（ただし、親法人が特例判定不要） 分割子法人　又は 分割子法人(年換算) ＋ 分割親法人(年換算)	特定要件に該当（ただし、親法人が特例判定不要） 分割子法人　又は 分割親法人(年換算) ＋ 分割子法人(年換算)

簡易課税適用の判定に係る金額	上記適用あり	上記適用あり

① 「判定に用いる課税売上高」は、判定会社については1年決算法人を前提としている。

② 「年換算」とあるものは、その課税売上高の合計額を基準期間に対応する期間の各事業年度の月数の合計数で除し、これに12を乗じて計算する。

③ 新設分割子法人の「年換算＋期間調整」は、上記②により計算した金額を特定事業年度の月数の合計数で除し、これにその分割等があった日から最後の特定事業年度終了の日までの期間の月数を乗じて計算する。

④ 新設分割親法人の「年換算＋期間調整」は、上記②により計算した金額を新設分割親法人の基準期間に含まれる月数の合計数で除し、これにその分割等があった日からその新設分割親法人の基準期間の末日までの期間の月数を乗じて計算する。

⑤ 「特定事業年度」とは、新設分割子法人のその事業開始の日の2年前の日の前日から1年以内に開始した新設分割親法人の各事業年度をいう。

9. 簡易課税制度 （法37、令56、基通13-1-3の3～3の4）	合併又は分割があった場合において、被合併法人等が提出した簡易課税制度選択届出書の効力は、合併法人等には及びません。 　合併法人等が簡易課税制度を選択する場合には、新たに届出が必要です。 　合併又は分割があった場合の適用開始時期は、次のとおりです。
● 適用開始時期	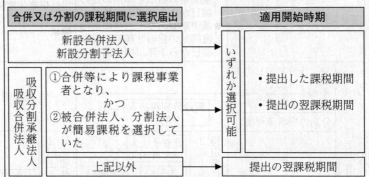
● 適用限度額 （法37①、令55）	簡易課税制度適用限度額の判定は、新設分割子法人、新設分割親法人については納税義務の判定と同様の特例計算が必要です。 　合併、吸収分割については特例計算は行いません。
10. 課税事業者の選択 （法9④、令20、基通1-4-13～14）	合併・分割があった場合において、被合併法人等が提出した課税事業者選択届出書の効力は、合併法人等には及びません。合併法人等が特例を選択する場合には、新たに届出が必要です。
● 適用開始時期 （基通1-4-13～14）	合併又は分割があった場合の適用開始時期は次のとおりです。 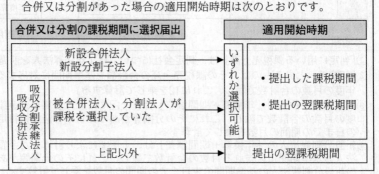

11. 課税期間	法人の課税期間は、原則としてその事業年度です。

(法法14、法2①十三、19①二、基通3-2-3〜6)

区分		課税期間
解散	合併以外の解散	①事業年度開始の日から解散の日まで ②解散の日の翌日から事業年度終了の日まで＊
清算中の法人	残余財産が確定した場合	事業年度開始の日から残余財産の確定の日まで
	継続した場合	①事業年度開始の日から継続の日の前日まで ②継続の日からその事業年度終了の日まで
	上記以外	事業年度＊
更生会社	会社更生法による更生会社	①事業年度開始の日から更生計画認可の日（又は不認可決定等の日）まで ②更生計画認可等の日の翌日から事業年度終了の日まで
人格のない社団等	事業を止め、残余財産の全部を分配した場合	事業年度等の開始の日から分配の日まで
設立無効	設立無効又は設立取消しによる清算	①事業年度開始の日から設立無効等の判決日まで ②設立無効等の判決日の翌日から事業年度終了の日まで

＊会社は解散の日の翌日から1年ごとに区切った各期間となります。

● 合併等があった場合
（法法14、法11①、12⑤）

合併等があった場合も事業年度が課税期間となりますが、税額計算は次の期間を基礎として行います。

区分		課税期間（又は計算期間）
合併法人	合併の前後を通して免税事業者又は課税事業者の場合	事業年度
	免税事業者が合併によって課税事業者となった場合	①事業年度開始日から合併日の前日まで ②合併日から事業年度終了日まで
被合併法人	合併による解散	事業年度開始日から合併日の前日まで
分割法人	分割型分割・分社型分割	事業年度
分割承継法人	分割の前後を通して免税事業者又は課税事業者の場合	事業年度
	免税事業者が分割によって課税事業者となった場合	①事業年度開始日から分割日の前日まで ②分割日から事業年度終了日まで

<table>
<tr><td rowspan="20" style="writing-mode:vertical-rl">企業組織再編成があった場合</td><td>● 課税期間短縮特例
（法19①、基通3-2-3）</td><td>課税期間短縮特例を適用する場合、事業年度開始の日から3ヶ月又は1ヶ月の期間に区分します。
合併・分割があった場合において、被合併法人等が提出した課税期間特例選択届出書の効力は、合併法人等には及びません。
合併法人等が特例を選択する場合には、新たに届出が必要です。</td></tr>
<tr><td>12. 確定申告</td><td>課税事業者は、課税期間の末日の翌日から2ヶ月以内に、確定申告書を提出し、納税しなければなりません。
ただし、清算中の法人について残余財産が確定した場合には、その確定の日から1ヶ月以内（それ以前に残余財産の全部が分配される場合にはその前日まで）となります。
☞191ページ</td></tr>
<tr><td>● 中間申告
（法42）</td><td>合併法人の中間申告の判定には、被合併法人の確定消費税額も加味することとされています。
これに対し、分割があった場合には分割法人、分割承継法人の中間申告については、その分割法人又は分割承継法人の直前課税期間の確定消費税額のみで判定します。</td></tr>
<tr><td>● 申告義務の承継（法59）
● 消滅の届出（法57①五）
● 納税地（基通2-2-2）</td><td>法人が合併した場合には、合併法人は被合併法人の中間申告義務及び確定申告義務を承継します。
合併法人は、被合併法人が合併により消滅した旨の届出書を提出しなければなりません。
被合併法人の合併の日以後の納税地は、合併法人の納税地となります。</td></tr>
<tr><td>13. リース譲渡
（法16④、令35②～⑤）</td><td>合併又は分割により、延払基準の適用を受けている法人の事業を承継した場合には、被合併法人等がまだ計上していない部分の売上げについては、合併法人又は分割承継法人の売上高となります。</td></tr>
<tr><td>14. 工事進行基準
（法17⑤、令38②）</td><td>合併又は分割により、工事進行基準の適用を受けている法人の事業を承継した場合には、被合併法人等が計上した売上高を除いたところで、合併法人又は分割承継法人の売上高とします。</td></tr>
<tr><td>15. 仕入返還等
（法32⑦）</td><td>合併又は分割により事業を承継した法人が、被合併法人等が行った課税仕入れにつき、仕入れに係る対価の返還等を受けた場合には、合併法人又は分割承継法人が自ら行った課税仕入れにつき対価の返還等を受けたものとして、控除対象仕入税額から控除します。</td></tr>
<tr><td>16. 還付を受けた消費税
（法32⑦）</td><td>合併又は分割により事業を承継した法人が、被合併法人等が保税地域から引取った課税貨物につき、税関長から消費税の還付を受けた場合には、合併法人又は分割承継法人が自ら引取った課税貨物につき消費税の還付を受けたものとして、控除対象仕入税額から控除します。</td></tr>
<tr><td>17. 調整対象固定資産
（法33①②、34①、35①）</td><td>①課税売上割合が著しく変動した場合の仕入控除税額の調整
②転用の場合の仕入控除税額の調整
は、合併又は分割により承継した調整対象固定資産についても適用されます。
この場合の通算課税売上割合は、次の期間の資産の譲渡等の対価の額を基礎に計算します。</td></tr>
</table>

通算する期間
合併により免税事業者が課税事業者となった場合 …合併により課税事業者となった日から第三年度の課税期間まで
合併により納税義務の免除の有無に移動がなかった場合 …合併日の属する課税期間の初日から第三年度の課税期間まで

18. 在庫に係る調整 （法36①③） ● 合併等により課税事業者となった場合 ● 免税事業者の事業を承継した場合	免税事業者が、合併又は分割により、事業年度の中途から課税事業者になった場合には、免税事業者であった期間中に仕入れた在庫棚卸資産に係る税額を仕入れ等の税額に含めて、控除対象仕入税額を計算します。 　課税事業者が、合併又は分割により、免税事業者である被合併法人等の棚卸資産を引き継いだ場合には、その被合併法人等が、免税事業者であった期間中に仕入れた引継ぎ棚卸資産に係る税額を仕入れ等の税額に含めて、控除対象仕入税額を計算します。
19. 売上返還等 （法38④）	合併又は分割により事業を承継した法人が、被合併法人等が行った課税売上げにつき、売上げに係る対価の返還等を行った場合には、合併法人又は分割承継法人が自ら行った課税売上げにつき対価の返還等を行ったものとして、売上対価の返還等に係る税額控除を行います。
20. 貸倒れ （法39⑥）	合併又は分割により承継した売掛金等について貸倒れがあった場合には、合併法人又は分割承継法人が自ら行った課税売上げに係る貸倒れとして、税額控除を行います。

個人事業者の場合

■個人事業者の取扱い

項　目	説　　　明
1. 課税の対象 （基通5-1-1、5-1-8）	個人事業者は、事業者の立場と消費者の立場をあわせもっています。このうち、事業として行う売上げ及び仕入れのみが課税の対象となり、消費者の立場で行う自宅の売却や生活用品の購入等は、消費税の納税額の計算に関係しません。

区分		判定
法人 人格のない社団等	全ての取引	「事業として」に該当
個人事業者	①独立、反復、継続して行われる譲渡、貸付け、役務の提供 　• 所得税における事業所得に限らない 　• その規模を問わない ②事業付随行為（事業用固定資産の売却など）	「事業として」に該当
個人事業者	独立、反復、継続して行われる譲渡、貸付け、役務の提供でなく、事業付随行為でもない 例 { • 自己の売却 　• 事業資金の調達のためにする生活用資産の譲渡 　• 仕入代金の支払いに代えて家事用資産を引き渡す代物弁済 　• 会員権取引業者以外が行うゴルフ会員権等の譲渡 　• 事業資金以外の預貯金の利子の受取り	「事業として」に該当しない
事業を行わない個人が行う取引 給与を対価とする役務の提供		課税対象外 （不課税）

項　目	説　　　明
2. 個人事業者と 給与所得者の 区分 （基通1-1-1）	事業者とは、自己の計算において独立して事業を行う者をいいます。請負契約又はこれに準ずる契約に基づく業務の遂行ないし役務の提供は「事業として」に該当し、雇用契約又はこれに準ずる契約に基づく役務の提供は、「事業として」行うものに該当しません。 　民法上、「雇用」とは、当事者の一方が相手方に対して労働に従事することを約し、相手方がこれに対してその報酬を与えることを約するもの、「請負」とは、当事者の一方がある仕事を完成することを約し、相手方がその仕事の結果に対してその報酬を支払うことを約するものとされています。 　契約によってその区分が判定できない場合には、例えば、次の事項を総合勘案して判定することになります。

項目	総合勘案して判断
作業従事者の代替性あり	事業所得の要素
時間的拘束、指揮監督あり	給与所得の要素
完成品についての危険負担なし	給与所得の要素
報酬の支払者から材料等の供与あり	給与所得の要素

項　目	説　　　明
●大工等の具 体例（大工等 の取扱通達、	①作業従事者の代替性が認められる例 　• 急病等により作業に従事できない場合には、本人が他の作業員を手配し、作業に従事しなかった日数に係る本件報酬も本人に支払われ、

大工等の取扱情報）	作業に従事した者に対する報酬は、本人が支払う。 （報酬の支払者が他の作業員を手配し、作業に従事しなかった日数に係る報酬は従事した他の作業員に支払われる場合は代替性がないこととなる。） ②時間的拘束（業務の性質上当然に存在する拘束を除く。）を受ける例 • 作業時間が定められており、時間内に予定する作業が終わった場合には他の作業にも従事する。 • 作業時間が定められており、時間外の作業について報酬が加算される。 （近隣への騒音の配慮から作業時間が定められているが、終了時間までに予定されている作業が終わった場合に自己の判断で帰宅しても所定の報酬の支払を受ける場合や、作業の進行状況等に応じてその日の作業時間を自らが決定できる場合は、拘束を受けていないこととなる。） ③指揮監督（業務の性質上当然に存在する指揮監督を除く。）を受ける例 • 現場監督等から、作業の具体的内容・方法等の指示がなされている。 （指示書等の交付によって通常注文者が行う程度の作業の指示がなされている場合や、他職種との工程の調整や事故の発生防止のために作業の方法等の指示がなされている場合は、指揮監督を受けないこととなる） ④完成品についての危険負担がない例 • 完成品が引渡し前に台風により損壊した場合であっても、提供した役務に対する報酬の支払を請求できる。 （提供した役務に対する報酬の支払を請求できない場合は、危険負担があることとなる。） ⑤報酬の支払者から材料等（くぎ材等の軽微な材料や電動の手持ち工具程度の用具等を除く。）を供与されている例 • 手持ちの大工道具以外は報酬の支払者が所有する用具を使用している。 （報酬の支払者が所有する用具を使用せず、本人が所有する据置式の用具を建設作業等に使用している場合は供与されていないこととなる。）
● 報酬の支払者における仕入税額控除 （法2①十二、法30①一）	所得税法上、給与所得となる給与等を対価とする役務の提供を受けることは、課税仕入れではありません。したがって、その報酬が給与所得に該当する場合には仕入税額控除の対象となりません。
● 事業付随行為 （令2③、基通5-1-7）	事業活動の一環として又は関連して行われる資産の譲渡、貸付け、役務の提供は、事業として行われたものに該当します。 （例示） • 事業の用に供している建物、機械等の売却 • 利子を対価とする事業資金の預入れ • 事業の遂行のための取引先又は使用人に対する利子を対価とする金銭等の貸付け • 新聞販売店における折込広告 • 浴場業、飲食業等における広告の掲示 • 職業運動家、作家、映画・演劇等の出演者等で事業者に該当するものが対価を得て行う他の事業者の広告宣伝のための役務の提供

個人事業者の取扱い

	• 職業運動家、作家等で事業者に該当するものが対価を得て行う催物への参加又はラジオ放送若しくはテレビ放送等に係る出演その他これらに類するもののための役務の提供

3. みなし譲渡
(法4⑤一、基通5-1-2、5-3-1～2)

個人事業者が、事業用資産を家事に消費又は使用した場合は課税の対象となります。この場合の「使用」とは完全に転用することをいい、事業用自動車を休日に家事のためにも利用する場合等はみなし譲渡となる「使用」ではありません。

また、個人事業者が廃業の時に所有する事業用資産は、みなし譲渡の対象となります。

● 課税標準
(法28③、基通5-1-10、10-1-18)

区分	売上げ計上額	
みなし譲渡 • 個人事業者本人が消費 • 生計一親族が消費	棚卸資産…いずれか 大きい金額	①課税仕入れの額 ②販売価額×50%
	棚卸資産以外…時価	
有償譲渡	受け入れた対価の額	

● 低額譲渡

個人事業者には、低額譲渡の適用はありません。

4. 親族間の取引
(基通5-1-10)

有償譲渡の場合、相手先が生計一の親族でも受け入れた対価の額を売上げとします。

5. 仕入れの事業性
(所法45①、所令96、所基通45-2)

消費税法にいう「事業」は、所得税における「業務」の範囲におおむね一致すると考えられることから、仕入れについての事業性の判断は、所得税において業務上の支出に該当するかどうかの判断に準じて行うこととなります。

すなわち、家事費を除き、家事関連費については業務の遂行上必要な部分の金額を明らかに区分することができる場合に限って、「事業」として行った仕入れとして取り扱うことができます。

● 生計一親族からの仕入れ
(所法56、基通5-1-10、11-1-3)

所得税においては、事業者が生計を一にする親族に支払った費用の額は、必要経費の額に算入することができません。支払いを受けた親族においてもその収入はなかったものとみなされ、その親族が収入を得るために要した費用の額をその事業者の必要経費の額に算入します。しかし、消費税にはこのような規定は設けられていないため、仕入れの相手方が生計を一にする親族であっても、それが課税取引に該当すれば仕入税額控除の対象となり、支払いを受けた親族においては課税売上げになります。

また、親族において生じた費用は、その事業者の課税仕入れになりません。

6. 家事共用資産
(基通10-1-19、11-1-4～5)

売上げ	事業と家事の用途に共通して使用する資産を譲渡した場合には、その譲渡金額を事業部分と家事部分に合理的に区分して資産の譲渡等の対価の額を計算する。
仕入れ	事業と家事の用途に共通して使用する目的で取得した資産や水道光熱費等の経費の支払いについては、使用率等の合理的基準により計算した事業用部分の金額が仕入税額控除の対象となる。

7. 現金基準 （法18①②、 所法67）	要件	
	所得税において現金基準の適用を受ける （その年の前々年の事業所得、不動産所 得の金額の合計額が300万円以下）	入金日…売上げの日 出金日…仕入れの日

● 適用をやめる場合
（法18③、令40、規12）

（売上げの調整）

$$調整額 = 適用最後の課税期間の期末売掛金等 - 適用開始課税期間の期首売掛金等$$

①プラスの場合……課税・非課税の区分ごとに売上高に加算

②マイナスの場合 課税売上げのマイナス…売上対価の返還等
非課税売上げのマイナス…非課税売上高から控除

（仕入れの調整）

$$調整額 = 適用最後の課税期間の期末買掛金等（課税仕入れ分のみ） - 適用開始課税期間の期首買掛金等（課税仕入れ分のみ）$$

①プラスの場合……課税仕入れに加算
②マイナスの場合…その税額を控除対象仕入税額から控除
（控除しきれない税額は、控除過大調整税額）
適用開始時には上記のような調整はありません。

8. 課税期間 （法19①、基通 3-1-1~2）	個人事業者の課税期間	
	継続して事業を行っている年 事業を開始した年 事業を廃止した年	1月1日~12月31日
	課税期間短縮特例を選択した場合	暦により3ヶ月ごと又は1ヶ月ごと

● 特例の適用関係

☞189ページ

9. 確定申告期限 （法45①、49、 措法86の4）	個人事業者の確定申告期限		
	通常		その年の翌年3月31日
	課税期間短縮特例 を選択した場合	12月31日を含む課税期間	その年の翌年3月31日
		その他の課税期間	各課税期間の末日の翌日 から2ヶ月以内

● 出国する場合（所法127）

　個人が出国する場合、所得税の確定申告を行いますが、消費税については出国に際して確定申告を行う取扱いはありません。課税期間ごとに確定申告を行います。

10. 納税地 （法20、21、令42）	国内取引に係る個人事業者の納税地は、原則として住所地となりますが、所得税法に準じて、納税地を選択することができます。 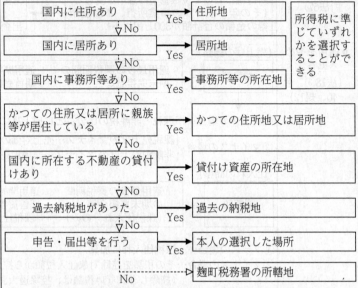 （注）住所とは、個人事業者の客観的生活の本拠をいいます。 　　　事務所等とは、その名称にかかわらず、資産の譲渡等に係る事業活動の拠点をいい、複数ある場合には、主たる事務所等の所在地が納税地となります。
●死亡した者の納税地	個人事業者が死亡した場合には、その死亡した者の納税地は、相続人の納税地によらず、被相続人の死亡当時の納税地となります。相続税及び被相続人の所得税の納税地と同じです。
●納税地の異動届	令和5年1月1日以後の納税地の異動については、異動届出書は不要です。
11. 基準期間における課税売上高 （法2①十四）	個人事業者の基準期間は、その年の前々年です。 　個人事業者は、基準期間に開業したため年を通して事業を行っていない場合でも、売上高の年換算はしません。
12. 2年間又は3年間の継続適用	法人の場合、過去2年以内に1年でない事業年度があるときは、課税事業者又は簡易課税制度の選択につき、強制適用期間が2年超となることがあります。 　しかし、個人事業者の場合、年の中途で事業を開始した場合でも、課税期間は暦年であり、1月1日から継続適用期間が開始します。 　また、2年間の継続適用の期間内に調整対象固定資産の仕入れ等をした場合には、さらにその仕入れ等をした課税期間から3年間は免税事業者となることができない特例があります（91ページ参照）。

■相続により事業を承継した場合

項　目	説　明
1. 相続による事業用資産承継	相続により承継する事業用資産は、対価を支払って譲り受けるものではないため、相続人の課税仕入れには該当しません。
2. 納税義務の免除の特例 （法10①②、基通1-5-3）	個人が相続により被相続人の事業を承継した場合には、納税義務の有無は、次により判定します。 　特定遺贈又は死因贈与により事業を承継した場合には適用がありません。

区分	相続人の納税義務の判定		
相続があった年	1月1日から相続開始の日まで（下図①）	相続人の基準期間における課税売上高	＝ 1,000万円以下 → Yes 免税 / No 課税
	相続開始の日の翌日から12月31日まで（下図②）	相続人の基準期間における課税売上高 被相続人の基準期間における課税売上高	いずれも1,000万円以下 → Yes 免税 / No 課税
相続があった年の翌年・翌々年（下図③・④）		相続人の基準期間における課税売上高 ＋ 被相続人の基準期間における課税売上高	＝ 合計額が1,000万円以下 → Yes 免税 / No 課税

```
        X1年      X2年      X3年
      ┌──────┬──────────┬──────────┐
   相続
      ×
      └─┬─┘─┬──────┬──────────┬──────────
        ①   ②     ③          ④
```

※相続人の特定期間における課税売上高が1,000万円を超える場合には、納税義務は免除されません。

- インボイス発行事業者の事業を承継した場合のみなし登録
　インボイス発行事業者の事業を承継した相続人は、相続開始から少なくとも4ヶ月間は、登録申請書の提出がなくてもインボイス発行事業者とみなされます。
☞168ページ

- 2割特例の適用
　相続があった年においては、相続があった場合の納税義務の免除の特例の適用があっても、その相続よりも前にインボイス発行事業者の登録を受けている場合には、2割特例を適用することができることとされています。
☞143ページ

3. 課税事業者の選択、課税期間短縮特例 ● 適用開始時期	相続があった場合において、被相続人が提出した課税事業者選択届出書及び課税期間特例選択届出書の効力は、相続人には及びません。 　相続人がこれらの特例を選択する場合には、新たに届出が必要です。 　これらの特例の適用開始時期は次のとおりです。

相続により事業を承継した場合

（基通1-4-12、3-3-2）	相続があった課税期間に選択届出	相続により事業を開始した場合		いずれか選択可能 ①相続があった課税期間 ②相続があった課税期間の翌課税期間
		相続前から事業を営んでいた場合	被相続人が特例を選択していた	
			上記以外	届出の翌課税期間
	相続があった課税期間後の課税期間に選択届出			

＊課税期間の特例については、「課税期間」はその選択しようとする「期間」となります。

4. 簡易課税制度
（法37、令56、基通13-1-3の2）
● 適用開始時期

相続があった場合において、被相続人が提出した簡易課税制度選択届出書の効力は、相続人には及びません。
相続人が簡易課税制度を選択する場合には、新たに届出が必要です。
相続があった場合の適用開始時期は、次のとおりです。

	相続があった課税期間に選択届出	相続により事業を開始した場合		いずれか選択可能 ①相続があった課税期間 ②相続があった課税期間の翌課税期間
		相続前から事業を営んでいた場合	次のいずれにも該当 ・相続により課税事業者となった ・被相続人が簡易課税を選択していた	
			上記以外	届出の翌課税期間
	相続があった課税期間後の課税期間に選択届出			

● 適用限度額

簡易課税制度の適用限度額5,000万円の計算にあたっては、納税義務の判定の場合と違って、被相続人の課税売上高は加味しません。

5. 中間申告

相続があった場合においても、中間申告納付税額は、被相続人の前年の確定消費税額を加味することなく、相続人本人の確定消費税額のみを計算の基礎とします。

6. リース譲渡
（法16④、令34②〜④）

相続によりリース譲渡につき、延払基準の適用を受けている被相続人の事業を承継した場合には、被相続人がまだ計上していない部分の売上げについては、相続人の売上高となります。

7. 工事進行基準
（法17⑤、令38①）

相続により工事進行基準の適用を受けている被相続人の事業を承継した場合には、被相続人が計上した売上高を除いたところで、相続人の売上高とします。

8. 仕入返還等
（法32③）

相続により事業を承継した相続人が、被相続人が行った課税仕入れにつき、仕入れに係る対価の返還等を受けた場合には、相続人が自ら行った課税仕入れにつき対価の返還等を受けたものとして控除対象仕入税額から控除します。

9. 還付を受けた消費税
（法32⑥）

相続により事業を承継した相続人が、被相続人が保税地域から引取った課税貨物につき、税関長から消費税の還付を受けた場合には、相続人が自ら引取った課税貨物につき消費税の還付を受けたものとして、控除対象仕入税額から控除します。

10. 調整対象固定資産 (法33〜35)	①課税売上割合が著しく変動した場合の仕入控除税額の調整 ②転用の場合の仕入控除税額の調整 は、相続により承継した調整対象固定資産についても適用されます。
11. 在庫に係る調整 (法36①③) ●相続により課税事業者となった場合 ●免税事業者の事業を承継した場合	免税事業者が、相続により、事業年度の中途から課税事業者になった場合には、免税事業者であった期間中に仕入れた在庫棚卸資産に係る税額を仕入れ等の税額に含めて、控除対象仕入税額を計算します。 　課税事業者が、相続により免税事業者である被相続人の棚卸資産を引き継いだ場合には、その被相続人が、免税事業者であった期間中に仕入れた引継ぎ棚卸資産に係る税額を仕入れ等の税額に含めて、控除対象仕入税額を計算します。
12. 売上返還等 (法38③)	相続により事業を承継した相続人が、被相続人が行った課税売上げにつき、売上げに係る対価の返還等を行った場合には、相続人が自ら行った課税売上げにつき対価の返還等を行ったものとして、売上対価の返還等に係る税額控除を行います。
13. 貸倒れ (法39④)	相続により承継した売掛金等について貸倒れがあった場合には、相続人が行った課税売上げに係る貸倒れとして、税額控除を行います。
14. 未分割の場合 (基通1-5-5)	相続財産の分割が実行されるまでの間は、各相続人について、納税義務の免除の特例により加味すべき金額は、被相続人の基準期間における課税売上高に法定相続分を乗じた金額となります。 　また、未分割の期間に発生した法定果実や未分割の状態で譲渡した資産の譲渡収入等は、各相続人にそれぞれの法定相続分に応じた金額が帰属します。

■事業の承継にかかわりなく相続人に適用がある事項

項　目	説　　　　明			
1. 申告義務と納付義務の承継 (法59、通則法5、基通17-2-1) ●還付申告 (法46②)	相続人は、事業を承継したか否かにかかわらず、被相続人の消費税の申告義務と納付義務を承継します。 　併せて帳簿の保存義務も承継します。 　課税事業者が死亡した場合、その相続人は、被相続人にかかる還付申告書を提出することができます。			
2. 申告期限 (法45②③)	**区分**	**申告書**	**提出義務者**	**提出期限**
	1月1日〜 3月31日に死亡	・死亡した年分の確定申告書 ・前年分の確定申告書（本人未提出の場合）	相続人	相続の開始があったことを知った日の翌日から4ヶ月以内
	4月1日以降死亡	死亡した年分の確定申告書		
3. 死亡の届出 (法57①四)	相続人は、被相続人が死亡した旨の届出書を提出しなければなりません。			

縦書き見出し: 簡易課税制度の概要

簡易課税制度

■簡易課税制度の概要

項　目	説　明
1. 簡易課税制度とは	簡易課税制度とは、実際の課税仕入れ等に係る消費税額にかかわりなく、その課税期間の課税標準額に対する消費税額を基に控除対象仕入税額を計算する方法をいいます。 　なお、簡易課税制度を適用した場合、仕入税額控除により還付税額が生じることはありません。 　適用の単位についての留意点は、課税事業者の選択と同じです。
2. 適用要件	簡易課税制度は、届出書を提出して選択します。 　簡易課税制度選択届出書を提出するか否かは納税義務者の任意ですが、届出書を提出した後は不適用届出書の提出がない限り、基準期間における課税売上高が5,000万円以下である課税期間については、必ず適用されます。

簡易課税制度選択届出書の提出	基準期間における課税売上高	
	5,000万円以下	5,000万円超
あり	簡易課税	一般課税
なし	一般課税	

項　目	説　明
3. 控除対象仕入税額の計算 （法37①、基通13-1-6）	控除対象仕入税額 ＝（課税標準額に対する消費税額 － 売上返還等対価に係る消費税額 ＋ 貸倒回収額に係る消費税額）× みなし仕入率 ・みなし仕入率については、260ページ参照。
4. 売上対価の返還等と貸倒れ	簡易課税制度は仕入税額控除の特例であるため、簡易課税制度を適用している場合であっても、売上対価の返還等に係る税額控除及び貸倒れの税額控除は、一般課税の場合とかわりなく適用されます。
5. 簡易課税制度選択のポイント	簡易課税制度を選択した場合、課税標準額に対する消費税額から納付すべき消費税額を計算するため、仕入れについて区分経理や帳簿及び請求書等の保存が不要となります。 　他方、個々の課税売上高がいずれの事業に該当するのかを把握しなければならないため、複数の事業を営んでいる場合には、課税売上高の区分の手数がかかります。 　また、課税売上高に対する一般課税による控除対象仕入税額の割合が、みなし仕入率を上回る場合には、一般課税に比べて税負担が重くなります。 　したがって、簡易課税制度の選択は、事務負担の増減と税負担の増減とを勘案して判定することになります。 　なお、免税事業者がインボイス発行事業者の登録により課税事業者となった場合は、令和5年10月1日から令和8年9月30日までの日の属する課税期間においては、簡易課税制度選択届出書を提出していても2割特例を適用することができます。2割特例の適用要件については、142ページを参照して下さい。
6. 納税額の計算	簡易課税と一般課税の納付税額の計算方法を比較すると、次のページのようになります。

納付税額の計算	一般課税による場合	簡易課税制度による場合
課税標準額	課税売上高×$\dfrac{100}{110}$	
課税標準額に対する消費税額	課税標準額×7.8%	
調整税額	控除過大調整税額	貸倒回収に係る税額
適用要件	帳簿及び請求書等の保存	①当課税期間開始前に簡易課税制度選択届出書の提出あり ②基準期間における課税売上高 ≦5,000万円
控除対象仕入税額	全額控除 個別対応方式 一括比例配分方式 非課税資産の輸出等に係る特例 資産の国外移送に係る特例 仕入れ対価の返還等に係る特例 期首在庫・期末在庫の調整 調整対象固定資産に係る調整 居住用賃貸建物に係る調整	$\left(\begin{array}{l}課税標準額に対する消費税額\\ △返還等対価に係る消費税額\\ +貸倒回収の消費税額\end{array}\right)×$みなし仕入率
返還等対価に係る税額	売上げ対価の返還等の金額×$\dfrac{7.8}{110}$	
貸倒れの税額	貸倒れの金額×$\dfrac{7.8}{110}$	
納付する消費税額	課税標準額に対する消費税額 +控除過大調整税額 △控除対象仕入税額 △返還等対価に係る税額 △貸倒れに係る税額	課税標準額に対する消費税額 +貸倒れ回収に係る税額 △控除対象仕入税額 △返還等対価に係る税額 △貸倒れに係る税額
納付する地方消費税額	納付する消費税額×$\dfrac{22}{78}$	
納付税額合計	消費税額+地方消費税額	

(注) ①経過措置により旧税率が適用される取引又は軽減税率が適用される取引がある場合には、税率が異なるごとに区分してそれぞれの税率を適用して計算します。
返還等対価に係る税額及び貸倒れの税額は、その課税資産の譲渡等に適用した税率で計算します。

②令和5年10月1日から令和8年9月30日までの日の属する課税期間においては、みなし仕入率を80%として計算する2割特例があります。☞2割特例 142ページ

■簡易課税制度の手続き

項　目	説　　　明	
1. 選択届出書 （法37①③④、 平28改法附 則40②、43② ④、規17①、 基通13-1-3）	簡易課税制度の選択は、選択届出書を納税地の所轄税務署長に提出して行います。	

届出書	消費税簡易課税制度選択届出書	
提出先	所轄税務署長	
提出ができない期間 （3年縛り）	（調整対象固定資産を取得した課税期間から適用する場合を除く） ①新設法人 　資本金の額が1,000万円以上の新設法人が基準期間がない事業年度に含まれる各課税期間中に調整対象固定資産の課税仕入れ等を行った場合 ②課税事業者を選択した者 　課税事業者となった課税期間の初日から2年を経過する日までの間に開始した各課税期間中に課税対象固定資産の課税仕入れ等を行った場合	調整対象固定資産の課税仕入れ等を行った課税期間の初日から同日以後3年を経過する日の属する課税期間の初日の前日まで （この間に提出しても、なかったものとされる）
	課税事業者が、一般課税による課税期間中に高額特定資産の仕入れ等を行った場合	高額特定資産の仕入れ等の課税期間の初日から同日以後3年を経過する日の属する課税期間の初日の前日まで （この間に提出してもなかったものとされる）
記載事項	①適用開始年月日 ②基準期間 ③基準期間における課税売上高 ④事業内容と事業区分	
提出単位	事業者ごと	
効力の発生時期	①通常の場合…提出した課税期間の翌課税期間の初日 ②事業を開始した課税期間等に提出した場合 　　…提出した課税期間又はその翌課税期間の初日	
効力の存続	不適用の届出書又は事業廃止の届出書を提出するまで届出の効力が存続する	

●恒久的施設がない国外事業者	令和6年10月1日以後に開始する課税期間から、その課税期間の初日において恒久的施設を有しない国外事業者は、簡易課税制度の適用ができません。
2. 選択できない場合（3年縛り） （法37③）	課税事業者を選択した者がその継続適用期間内に、新設法人又は特定新規設立法人が納税義務が免除されない設立から2年以内に、調整対象固定資産の仕入れ等をして一般課税により申告した場合には、その仕入れ等から3年間は免税事業者となることができず、簡易課税制度を適用することもできません。 　また、高額特定資産の仕入れ等をして一般課税により申告した場合に

	は、その仕入れ等から3年間は、免税事業者となることができず、簡易課税制度を適用することもできません。 ☞87、91ページ
3. 届出書の効力 （法37①）	簡易課税制度は、簡易課税制度選択届出書を提出した課税期間の翌課税期間から適用します。たとえば2年後等、翌課税期間以外の課税期間を適用開始時期として記載し、指定することはできません。
4. 提出課税期間 からの適用 （法37①、令56、 基通13-1-3 の3～4、13- 1-5）	簡易課税制度選択届出書を提出した課税期間が次の開業等の課税期間である場合には、提出した課税期間と翌課税期間のいずれかを記載して、適用開始の課税期間を指定することができます。

提出した課税期間		適用開始時期
①国内において課税資産の譲渡等に係る事業を開始した課税期間 ②吸収合併があった課税期間 ③吸収分割があった課税期間 ②③の要件： ・基準期間における課税売上高1,000万円以下 ・吸収合併又は吸収分割により簡易課税を適用している法人の事業を承継	いずれか選択可能 →	・提出した課税期間 ・提出の翌課税期間

●事業開始の 課税期間等 （令56、基通 1-4-7～8）	上記①の「事業者が国内において課税資産の譲渡等に係る事業を開始した課税期間」とは、課税資産の譲渡等（課税売上げ）が最初に発生した課税期間ではなく、その準備行為も含めて、実質的に事業を開始した次の課税期間をいいます。

国内において課税資産の譲渡等に係る事業を開始した課税期間
設立の日の属する課税期間
非課税となる社会福祉事業等のみを行っていた法人が新たに国内において課税資産の譲渡等に係る事業を開始した課税期間
国外取引のみを行っていた法人が新たに国内において課税資産の譲渡等に係る事業を開始した課税期間
設立登記を行ったのみで事業活動を行っていない法人が、実質的に事業活動を開始した課税期間
前課税期間の末日まで2年以上課税売上げ、課税仕入れ、課税貨物の引取りがなかった事業者が、国内課税取引に係る事業を再び開始した課税期間

●相続があった場合	☞247ページ
5. インボイス制度に係る経過措置 （平30改令附則18）	**①2割特例から簡易課税制度に接続する場合の特例** 　2割特例の適用を受けた課税期間の翌課税期間中に簡易課税制度選択届出書を提出したときは、その課税期間の初日の前日に提出したものとみなされ、その提出した日の属する課税期間から簡易課税制度を適用することができます。

簡易課税制度の手続き

【個人事業者が3年間の経過措置期間が終了する翌課税期間において簡易課税制度を適用する場合】

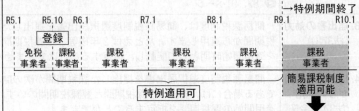

R9.12.31までに選択届出書を提出すれば、
R9年分の申告から簡易課税制度を適用できる。

【個人事業者の基準期間における課税売上高が1,000万円を超える課税期間がある場合】

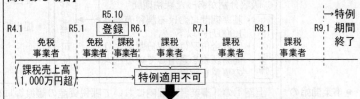

R6.12.31までに選択届出書を提出すれば、
R6年分の申告から簡易課税制度を適用できる。

②新たに登録した場合の特例

　令和5年10月1日から令和11年9月30日の属する課税期間においてインボイス発行事業者の登録をする免税事業者が、登録日の属する課税期間中に簡易課税制度選択届出書を提出したときは、その課税期間の初日の前日に提出したものとみなされ、その提出した日の属する課税期間から簡易課税制度を適用することができます。

6. 免税事業者となった場合 （基通13-1-3）	簡易課税制度選択届出書を提出した場合には、簡易課税制度選択不適用届出書を提出しない限り、その効力が存続します。 　したがって、簡易課税制度を選択した後に、免税事業者となった場合や、基準期間における課税売上高が5,000万円を超えた場合であっても、その後、基準期間における課税売上高が1,000万円超5,000万円以下となった場合には、再び簡易課税制度が適用されます。
7. 合併・分割があった場合 （基通13-1-3 の3～4）	被合併法人・分割法人が提出した簡易課税制度選択届出書の効力は合併法人・分割承継法人には及びません。 　合併法人・分割承継法人が簡易課税制度を選択する場合には新たに届出が必要です。
8. 末日が休日の場合	国税に係る手続きについて、その期限が定められているものについては、その期限の日が土曜日、日曜日等の休日である場合には、その期限は翌日に延長されます（通則法10）。 　しかし、簡易課税制度選択届出書については、提出期限ではなく、効力の発生時期として定められているため、課税期間の末日が休日であっ

	ても、提出期限はその翌日に延長されません。 　課税期間の末日が休日である場合には、その前日までに提出する必要があります。 　不適用の届出書も同じです。
9. 郵送は消印有効 （通則法22）	簡易課税制度選択届出書を郵便又は信書便で提出した場合、その郵便物又は信書便物の通信日付印の日が提出日となります。 　不適用届出書も同じです。
10. 取下げ	簡易課税制度選択届出書は、提出した課税期間の末日まで（適用が開始する課税期間の初日の前日まで）は、その取下げが可能であると解されています。

11. 不適用届出書
（法37⑤⑥⑦）

届出書	消費税簡易課税制度選択不適用届出書・事業廃止届
提出する場合	簡易課税制度の選択をやめる場合 事業廃止の場合
提出先	所轄税務署長
提出できる日	①選択届出書提出課税期間の翌課税期間の初日から２年を経過する日の属する課税期間の初日以後 ②廃業する課税期間
提出単位	事業者ごと
不適用となる 課税期間	提出日の属する課税期間の翌課税期間以後

● 事業廃止届 （基通1-4-15）	事業廃止の届出書を提出した場合には、簡易課税制度選択不適用届出書の提出があったものとされます。 　また、課税事業者選択不適用届出書、課税期間特例選択不適用届出書、簡易課税制度選択不適用届出書、任意の中間申告書を提出することの取りやめの届出書のいずれかに事業を廃止する旨を記載して提出した場合には、他の不適用届出書も提出したことになります。
● 不適用となる課税期間	簡易課税制度選択不適用届出書を提出した課税期間の翌課税期間以後は、一般課税により控除対象仕入税額を計算します。
12. 2年間継続適用 （法37⑥⑦）	簡易課税制度選択不適用届出書は、簡易課税制度を選択した課税期間の初日から２年を経過する日の属する課税期間の初日以後でなければ提出することができません。 　したがって、通常の場合、簡易課税制度を選択した後２年間は、継続適用が強制されます。
13. 手続きの留意点	①　事務所ごと、所得区分ごとに特例を選択することはできない。 ②　適用開始日を翌々課税期間等に指定することはできない。 ③　事業を開始した課税期間に選択届出書を提出する場合は、その課税期間又は翌課税期間のいずれから適用を開始するか明記する。 ④　法人が設立期から選択した場合は、継続適用期間が２年を超えることがある。 ⑤　特例により課税期間の途中から適用を開始した場合でも、不適用届出書の提出が可能となる時期は、課税期間の初日を基準とする。 ⑥　被合併法人等が簡易課税制度の適用を受けていたとしても、合併法人、分割承継法人、相続人が適用を受けたいときは、あらためて選択

簡易課税制度の手続き

届出書を提出しなければならない。

⑦ 事業を行っていた者が、相続、吸収合併、吸収分割により事業を承継した場合にその課税期間から簡易課税の適用を開始するための要件
- 被相続人等が簡易課税を選択しており、
- 相続等があった場合の特例により課税事業者となり、
- 相続開始等の課税期間中に簡易課税制度選択届出書を提出すること（12月に相続があった場合には、特例申請により翌年 2 月末日まで）

⑧ 12月中に相続が開始したことは、やむを得ない事情に該当し、届出特例（14.参照）の対象となる。

⑨ 相続開始前には事業を営んでいなかった相続人、新設合併による合併法人は、通常の事業開始と同じ取扱いとなる。

⑩ 分割等により事業を承継した場合は、納税義務の免除の特例に準じて算出した金額で簡易課税制度適用の5,000万円以下の判定を行う。

⑪ 相続、合併、吸収分割により事業を承継した場合は、納税義務の免除の特例に用いた金額にかかわらず、合併法人等の単独の基準期間における課税売上高で簡易課税制度適用の5,000万円以下の判定を行う。

⑫ 事業を廃止した場合は、廃止届により、不適用となる。

⑬ 基準期間における課税売上高が5,000万円を超え、再び5,000万円以下となった場合であっても、不適用の届出がない限り、簡易課税制度選択届出の効力は消滅しない。

⑭ 個人事業者の所得区分に変更があっても、届出の効力は消滅しない。

⑮ 郵便又は信書便による場合には発信主義（消印有効）となるが、課税期間の末日が休日であっても期限の特例の適用はない。

⑯ 郵便又は信書便以外は、税務署に到着した日が提出の日となる。

⑰ 届出を失念した場合は、課税期間の特例又は事業年度の変更により対応することが考えられる。

⑱ 誤って提出した場合であっても、その提出ができる日までは取下げが可能と解されている。

14. 届出特例
（法37⑧、令57の2、基通13-1-5の2）

やむを得ない事情により、簡易課税制度選択届出書又は簡易課税制度選択不適用届出書を提出できなかった場合には、そのやむを得ない事情がやんだ日から 2 ヶ月以内は、前課税期間の末日までにその提出があったものとみなす特例の申請を行うことができます。

```
                X1.4.1                                              X2.4.1
                       事情がやんで 2 月以内に提出
  やむを得ない事情        （選択届出書・申請書）
  ──×──────────────────────×──────────────────────
   一般課税                          簡易課税
```

※税務署長の承認により、X 1 年 3 月31日に提出したものとみなされる（みなし承認なし）。

● やむを得ない事情の範囲
（基通13-1-5の2）

やむを得ない事情とは、災害の発生等をいい、制度の不知や提出忘れ等は該当しません。

やむを得ない事情の範囲
① 震災、風水害、雪害、凍害、落雷、雪崩、がけ崩れ、地滑り、火山の噴火等の天災又は火災その他の人的災害で自己の責任によらないものに基因する災害が発生したことにより、届出書の提出ができない状態になったと認められる場合

② ①の災害に準ずるような状況又はその事業者の責めに帰することができない状態にあることにより、届出書の提出ができない状態になったと認められる場合
③ その課税期間の末日前おおむね1ヶ月以内に相続があったことにより、その相続に係る相続人が新たに届出書を提出できる個人事業者となった場合
この場合には、その課税期間の末日にやむを得ない事情がやんだものとして取り扱う。
④ ①から③までに準ずる事情がある場合で、税務署長がやむを得ないと認めた場合

● 2年間継続適用

この特例によっても、2年間継続適用の必要があります。

15. 災害変更特例
（法37の2）

災害その他やむを得ない理由が生じたことにより被害を受けた事業者が、その被災により簡易課税制度の選択を変更する必要が生じた場合には、所轄税務署長の承認により、その選択の変更が認められます。

※税務署長の承認により、X1年3月31日に提出したものとみなされる（みなし承認あり）。

● やむを得ない理由の範囲
（基通13-1-7、通則法基通11-1）

やむを得ない理由とは、おおむね以下のような災害の発生等をいいます。これは、災害等があった場合に期限の延長を認める国税通則法11条に規定する災害その他の事実と同様です。

やむを得ない理由の範囲
① 地震、暴風、豪雨、豪雪、津波、落雷、地すべりその他の自然現象の異変による災害 ② 火災、火薬類の爆発、ガス爆発、その他の人為による異常な災害 ③ ①又は②に掲げる災害に準ずる自己の責めに帰さないやむを得ない事実

● 選択の制限解除
（法37の2①）

簡易課税制度を選択する場合
対象課税期間：災害等やむを得ない理由が生じた課税期間

この特例により簡易課税制度選択届出書を提出する場合には、簡易課税制度選択届出書の提出の制限（いわゆる3年縛り）は解除されます。

● 不適用の制限解除
（法37の2⑥、令57の3①、基通13-1-9）

簡易課税制度の選択をやめる場合
対象課税期間：次のうち、いずれか一つの課税期間 ・災害等やむを得ない理由が生じた課税期間 ・生じた課税期間の翌課税期間以後の課税期間のうち次の要件のすべてに該当する課税期間 　① 災害等の生じた日からその災害等のやんだ日までの間に開始した課税期間であること 　② その災害等が生じた日の属する課税期間につき既にこの特例の不適用の承認を受けていないこと 　③ 簡易課税制度の2年間強制適用の課税期間であること

この特例により簡易課税制度選択不適用届出書を提出する場合には、簡易課税制度の2年間の継続適用は解除されます。

簡易課税制度の手続き

したがって、災害等があった課税期間の翌課税期間以後に災害がやんだ場合は、2年間の継続適用により不適用の届出ができない期間についてはこの特例によることとなり、その期間の後においては上記**14.**の届出特例によることになります。

不適用の特例は、1つの災害等につき一度だけ適用を受けることができるものとされています。

● 承認申請の
期限
（法37の2②
⑦、13-1-8）

申請書の提出期限は、原則として、災害等のやんだ日から2月以内です。

ただし、災害等のやんだ日が、特例の適用を受けようとする課税期間の末日の翌日（法人の確定申告期限の延長の適用を受ける課税期間又は個人事業者の12月31日を含む課税期間である場合は、その末日の翌日から1月を経過した日）以後に到来する場合は、特例の適用を受けようとする課税期間に係る確定申告書の提出期限（国税通則法第11条の規定により申告書の提出期限が延長された場合はその延長された申告書の提出期限）となります。

● みなし承認
（法37の2③
④⑤⑦）

承認又は却下の処分は書面により通知するものとされています。

災害等の生じた課税期間の確定申告期限までに処分がなかったときは、その日においてその承認があったものとみなされます（災害その他やむを得ない理由のやんだ日がその適用を受けようとする課税期間の末日の翌日以後に到来する場合を除きます。）。

16. 特定非常災害の特例
（措法86の5②
⑥～⑩）

① 特定非常災害の指定を受けた災害の被災事業者が、被災日の属する課税期間以後の課税期間について簡易課税制度を選択する場合において、指定日までに簡易課税制度選択届出書を提出したときは、その適用を受けようとする課税期間の初日の前日までに提出したものとみなされます。この場合、調整対象固定資産又は高額特定資産の仕入れ等をした場合に届出書の提出を制限する取扱いは適用されません。

② 特定非常災害の指定を受けた災害の被災事業者が、被災した日の属する課税期間以後の課税期間について簡易課税制度の適用をやめようとする場合において、指定日までに簡易課税制度選択不適用届出書を提出したときは、その適用をやめようとする課税期間の初日の前日までに提出したものとみなされます。この場合、簡易課税制度を選択した場合の2年間の継続適用の要件は適用されません。

指定日までに簡易課税制度選択届出書を提出した被災事業者は、2年間継続の制限に関係なく、簡易課税制度を適用した後、直ちに簡易課税制度選択不適用届出書を提出することができます。

※指定日は、その災害の状況等を勘案して国税庁長官が定めます。

※この特例に申請手続きはありません。特定非常災害の被災事業者は届出によって特例の適用を受けることができます。届出書には、特定非常災害の被災事業者である旨を記載します。

● 災害等特例一覧

特例の区分	特定非常災害の特例	災害変更特例	届出特例
適用対象	特定非常災害の被災事業者	やむを得ない理由がある事業者	やむを得ない事情がある事業者
特例の対象	課税事業者選択制度簡易課税制度	簡易課税制度	課税事業者選択制度簡易課税制度

承認等	届出のみで適用	承認を受けて適用 （みなし承認あり）	承認を受けて適用
課税事業者選択 不適用の制限	解除	—	解除しない
簡易課税選択の 制限	解除	解除	解除しない
簡易課税選択 不適用の制限	解除	不適用の届出につき 解除	解除しない

17. 届出を失念した場合の対応	やむを得ない事情や災害の発生等がなく、単に簡易課税制度選択届出書または不適用届出書の提出を失念した場合の特例はありません。 　このような場合、課税期間の短縮特例の選択や決算期の変更によって対応することが考えられます。 　例えば、簡易課税制度選択届出書の提出を失念した場合、課税期間開始後すぐに1ヶ月短縮特例の届出と簡易課税制度選択届出書とを提出すれば、短縮しない場合より11ヶ月早く適用を開始することができます。 　また、簡易課税制度を適用する課税期間中に当初予定していなかった多額の設備投資を行うこととなった場合には、その設備投資の前に、決算期を変更して、または、課税期間の短縮の特例を選択して、不適用届出書を提出すれば、一般課税により還付を受けることができます。その後の影響については次の通りです。

区分		課税期間の特例の選択	事業年度変更
対応方法		課税期間特例選択届出書と簡易課税制度選択（不適用）届出書を提出する	事業年度を変更し、変更後の事業年度が開始する前に、異動届と簡易課税制度選択（不適用）届出書を提出する
その後の影響	消費税	●消費税について、2年間は1ヶ月ごと又は3ヶ月ごとの申告をすることとなる ●決算期以外は、申告期限の延長がない ●課税売上割合は短縮した課税期間をベースに計算する	●変更後も、申告期限は法人税と一致する ●1年でない事業年度が生じて、基準期間、特定期間、第三年度の取り方に注意が必要
		●課税期間の特例の適用期間中は2割特例を適用することができない	●高額特定資産の仕入れ等をしていなければ、2割特例を適用することができる
		●高額特定資産の仕入れ等をすると、その課税期間の初日から3年を経過する課税期間まで簡易課税制度を適用することができない	
			1年でない事業年度により制限される期間が長くなる可能性がある
	消費税以外	●原則として消費税以外に影響がない	●経理や事業計画の期間に影響する ●法人税の申告時期も変更する ●1年でない事業年度が生じて、法人税の欠損金の繰越期間に影響する

■みなし仕入率

項　目	説　　　明	
1. みなし仕入率 （法37①、令57 ①⑤、平26改 令附則4)	事業の種類によって90％～40％のみなし仕入率を適用します。	

$$\left(\begin{array}{c}\text{課税標準額に}\\\text{対する消費税額}\end{array} - \begin{array}{c}\text{返還等対価に}\\\text{係る消費税額}\end{array} + \begin{array}{c}\text{貸倒回収額に}\\\text{係る消費税額}\end{array}\right) \times \begin{array}{c}\text{みなし}\\\text{仕入率}\end{array}$$

事業区分	該当する事業	みなし 仕入率
第1種事業	卸売業	90％
第2種事業	小売業、農業、林業、漁業のうち、飲食料品の譲渡に係る事業	80％
第3種事業	製造業等（農業、林業、漁業のうち、飲食料品の譲渡に係る事業を除く）	70％
第4種事業	第1・2・3・5・6種以外の事業（飲食店業等）	60％
第5種事業	運輸通信業、金融業、保険業、サービス業（飲食店業に該当する事業を除く）	50％
第6種事業	不動産業	40％

※事業区分のフローチャート　☞263ページ

● 適用税率が複数である場合

　標準税率が適用される課税売上げのほかに、旧税率又は軽減税率が適用される課税売上げがあり、売上げに複数の税率が適用される場合には、みなし仕入率及び控除対象仕入税額は税率ごとに算出します。

● 兼業の場合（令57②～④、基通13-4-1~2)

　複数の区分の事業がある場合には、すべての事業に係るみなし仕入率を加重平均して、みなし仕入率を算出します。
　ただし、特定の事業の課税売上高が全体の75％以上である場合には、特例①又は特例②を選択することができます。

兼業の場合のみなし仕入率			
区分	原則	特例①	特例②
適用要件		特定のひとつの事業が75％以上	特定のふたつの事業の合計が75％以上
みなし 仕入率	すべての事業に係るみなし仕入率を加重平均して算出 （詳細261ページ）	75％以上の事業のみなし仕入率をそのまま全体に適用 （詳細262ページ）	75％以上のふたつの事業のみなし仕入率によって、加重平均して算出 （詳細262ページ）

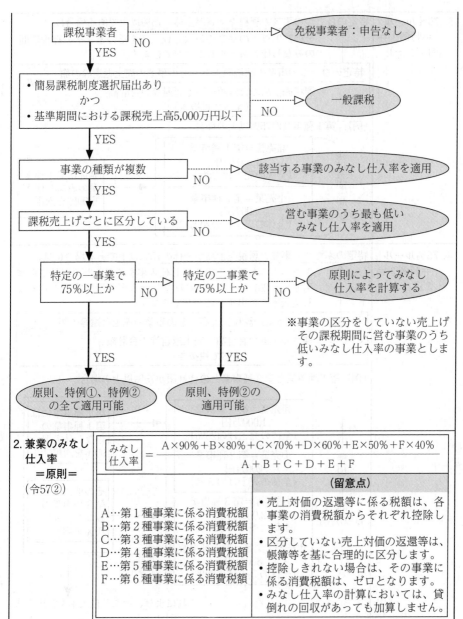

課税事業者 ──NO──▷ 免税事業者：申告なし

YES

• 簡易課税制度選択届出あり
　　かつ
• 基準期間における課税売上高5,000万円以下 ──NO──▷ 一般課税

YES

事業の種類が複数 ──NO──▷ 該当する事業のみなし仕入率を適用

YES

課税売上げごとに区分している ──NO──▷ 営む事業のうち最も低い みなし仕入率を適用

YES

特定の一事業で 75%以上か ──NO──▷ 特定の二事業で 75%以上か ──NO──▷ 原則によってみなし 仕入率を計算する

※事業の区分をしていない売上げ その課税期間に営む事業のうち 低いみなし仕入率の事業としま す。

YES ── 原則、特例①、特例② の全て適用可能

YES ── 原則、特例②の 適用可能

2. 兼業のみなし 仕入率 ＝原則＝ （令57②）	みなし 仕入率 ＝	$\dfrac{A×90\%＋B×80\%＋C×70\%＋D×60\%＋E×50\%＋F×40\%}{A＋B＋C＋D＋E＋F}$
		（留意点）
	A…第1種事業に係る消費税額 B…第2種事業に係る消費税額 C…第3種事業に係る消費税額 D…第4種事業に係る消費税額 E…第5種事業に係る消費税額 F…第6種事業に係る消費税額	• 売上対価の返還等に係る税額は、各事業の消費税額からそれぞれ控除します。 • 区分していない売上対価の返還等は、帳簿等を基に合理的に区分します。 • 控除しきれない場合は、その事業に係る消費税額は、ゼロとなります。 • みなし仕入率の計算においては、貸倒れの回収があっても加算しません。

みなし仕入率

3. 75%ルール =特例①= （令57③一）	特定のひとつの事業の課税売上高が全体の75％以上である場合には、その75％以上の事業のみなし仕入率をそのままその課税期間のみなし仕入率とすることができます。 $$\dfrac{特定のひとつの事業の課税売上高－その事業の売上返還等の額}{課税売上高の合計額－売上返還等の合計額} \geqq 75\%$$ （すべて税抜き） 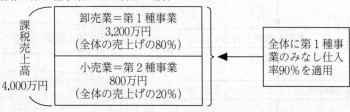
4. 75%ルール =特例②= （令57③二）	特定のふたつの事業の課税売上高が全体の75％以上である場合には、ふたつのうち低い方のみなし仕入率をそのふたつ以外にも適用して、261ページの2.のみなし仕入率の計算式によりみなし仕入率を算出することができます。 $$\dfrac{特定のふたつの事業の課税売上高－その事業の売上返還等の額}{課税売上高の合計額－売上返還等の合計額} \geqq 75\%$$ （すべて税抜き） 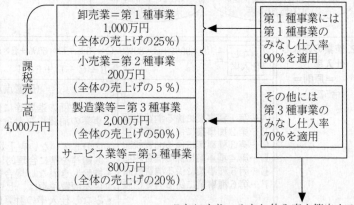

（例）　第1種事業が75％以上の場合

課税売上高 4,000万円
- 卸売業＝第1種事業 3,200万円（全体の売上げの80％）
- 小売業＝第2種事業 800万円（全体の売上げの20％）

全体に第1種事業のみなし仕入率90％を適用

（例）　第1種事業と第3種事業との合計額が75％以上の場合

課税売上高 4,000万円
- 卸売業＝第1種事業 1,000万円（全体の売上げの25％）
- 小売業＝第2種事業 200万円（全体の売上げの5％）
- 製造業等＝第3種事業 2,000万円（全体の売上げの50％）
- サービス業等＝第5種事業 800万円（全体の売上げの20％）

第1種事業には第1種事業のみなし仕入率90％を適用

その他には第3種事業のみなし仕入率70％を適用

これにより、みなし仕入率を算出する

$$みなし仕入率＝\dfrac{1,000万円×7.8\%×90\%＋（4,000万円－1,000万円）×7.8\%×70\%}{4,000万円×7.8\%}＝75\%$$

※この計算式は、売上のすべてに標準税率10％が適用される場合です。

■事業区分

（事業区分のフローチャート）　　　出典：国税庁ホームページ

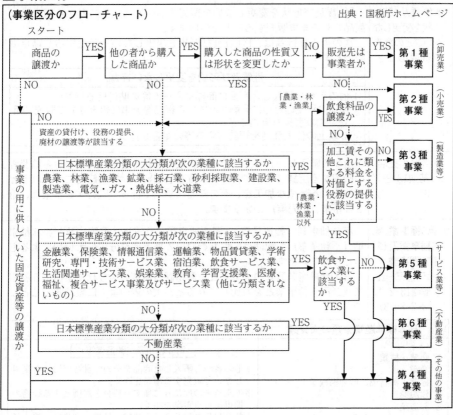

項　目	説　明
1. 事業区分の判定 （基通13-2-1）	第1種事業から第6種事業までのいずれの事業に該当するかは、個々の課税売上げごとに判定します。 　ただし、資産の譲渡に伴い通常役務の提供が併せて行われる取引の場合で、その役務の提供の対価を受領していないときは、取引の全体が資産の譲渡に係る事業に該当するものとして判定することができます。
2. 第1種事業及び第2種事業 （令57①一、二、⑥）	第1種事業（卸売業）及び第2種事業（小売業）は、いずれも他の者から購入した商品をその性質及び形状を変更しないで他に販売する事業です。 　販売先が事業者である場合には、第1種事業（卸売業）となります。販売先が消費者であるなど事業者でない場合は、第2種事業（小売業）となります。

区分	判定	
第1種事業 （卸売業）	他の者から購入した商品をその性質及び形状を変更しないで他に販売する事業	他の事業者に販売 （事業者に販売したことが書類等又は客観的状況等で明らか）
第2種事業 （小売業）		第1種事業以外 （消費者に販売、販売先不明など）

事業区分

● 性質及び形状を変更しないことの意義 （基通13-2-2）	「性質及び形状を変更しないで販売する」とは、他の者から購入した商品をそのまま販売することをいいます。 　次のような行為は、「性質及び形状を変更しないで販売する」場合に該当します。

性質及び形状を変更しない行為
①他の者から購入した商品に商標やネーム等を貼付ける行為
②運送の利便のために分解されている部品等を単に組み立てて販売（組立て式の家具の組立て等）
③２以上の仕入商品を箱詰めする等の組合せ行為

● 食料小売店 （基通13-2-3）	他から購入した食料品をその性質及び形状を変更しないで専ら消費者に販売する店舗において、そのような店舗において一般的に行われると認められる軽微な加工を、その販売店舗内で行って販売する事業は、第２種事業（小売業）となります。
3. 第3種事業、第5種事業及び第6種事業 （令57①三〜五、基通13-2-4、13-2-8の3）	第３種事業（製造業等）、第５種事業（サービス業等）及び第６種事業（不動産業）の範囲は、おおむね日本標準産業分類の大分類によるものとされています。 　日本標準産業分類の大分類と、簡易課税制度の第３種事業、第５種事業及び第６種事業とを対比してみると、次の表のように整理することができます。

日本標準産業分類の大分類	簡易課税制度の事業区分
A 農業、林業 B 漁業 C 鉱業、採石業、砂利採取業 D 建設業 E 製造業 F 電気・ガス・熱供給・水道業	第３種事業（製造業等） ※他の者から購入した商品をその性質及び形状を変更しないで販売する事業を除く。 ※加工賃その他これに類する料金を対価とする役務の提供を行う事業を除く。 ※飲食料品の譲渡を行う農業・林業・漁業は、第２種事業となる。
G 情報通信業 H 運輸業、郵便業 J 金融業、保険業 K 不動産業、物品賃貸業 L 学術研究、専門・技術サービス業 M 宿泊業、飲食サービス業 N 生活関連サービス業、娯楽業 O 教育、学習支援業 P 医療、福祉 Q 複合サービス事業 R サービス業（他に分類されないもの）	第５種事業（サービス業等） ※「K 不動産業、物品賃貸業」は、不動産業に該当するものを除く。 ※「M 宿泊業、飲食サービス業」は、飲食サービス業に該当するものを除く。 ※他の者から購入した商品をその性質及び形状を変更しないで販売する事業を除く。
K 不動産業、物品賃貸業	第６種事業（不動産業） ※「K 不動産業、物品賃貸業」のうち、不動産業に該当するものに限る。 ※他の者から購入した商品をその性質及び形状を変更しないで販売する事業を除く。

※日本標準産業分類は、統計の正確性と客観性を保持し、統計の相互比較性と利用の向上を図ることを目的として設定された統計基準であり、すべての経済活動を産業別に分類しています。

※日本標準産業分類の大分類には、上記以外に「I 卸売業、小売業」、「S 公務（他に分類されるものを除く）」「T 分類不能の産業」があります。

※第1種事業（卸売業）及び第2種事業（小売業）は、「他の者から購入した商品をその性質及び形状を変更しないで販売する事業」とされているので、日本標準産業分類の大分類において「I 卸売業、小売業」に分類されるものであっても、製造問屋業、製造小売業等は、第3種事業（製造業等）に該当することとなります。

※「T 分類不能の産業」とは、「A 農業、林業」から「S 公務（他に分類されるものを除く）」までのいずれにも該当しない産業があるという積極的な分類ではなく、「主として調査票の記入が不備であって、いずれに分類すべきか不明の場合又は記入不詳で分類しえないものである。」と説明されています。

● 製造業等 （基通13-2-4 ～6、13-2-8）	次の事業は、第3種事業（製造業等）に該当します。 ①建売住宅を販売する建売業で自ら建築した住宅を販売するもの ②自己が請け負った建設工事（第3種事業に該当するもの）の全部を下請に施工させる元請としての事業 ③自己の計算において原材料等を購入し、これをあらかじめ指示した条件に従って下請加工させて完成品として販売する、いわゆる製造問屋としての事業 ④顧客から特注品の製造を受注し、下請先又は外注先等に製造させ顧客に引き渡す事業 ⑤天然水を採取して瓶詰等して人の飲用に販売する事業 ⑥新聞、書籍等の発行、出版を行う事業 ⑦製造小売業 ⑧製造業に伴い生じた加工くず、副産物等の譲渡 ⑨修理業等を含めて製造業に分類される事業として行う修理等
● 加工賃収入 （基通13-2-7）	日本標準産業分類の大分類によれば第3種事業（製造業等）となる事業であっても、「加工賃その他これに類する料金を対価とする役務の提供」は第3種事業から除かれ、第4種事業となります。 日本標準産業分類の大分類で第5種事業（サービス業等）となるものは、第4種事業とはならず、第5種事業です。

区分		判定
他の者の原料・製品等に対して行う加工等の役務の提供	日本標準産業分類の大分類で製造業に該当するもの	第4種
	日本標準産業分類の大分類でサービス業に該当するもの	第5種

● 不動産業	日本標準産業分類の不動産業に該当して第6種事業となるのは、次の事業です（土地の貸付け、住宅の貸付けは非課税です。）。 不動産代理業・仲介業、貸事務所業、土地賃貸業、貸家業、貸間業、駐車場業、その他の不動産賃貸業、不動産管理業
4. 第4種事業 （基通13-2-8 ～9）	第4種事業（その他の事業）は、他のいずれにも該当しない事業です。次のものは、第4種事業（その他の事業）に該当します。 ①自己が使用していた固定資産等の譲渡 ②小売業、卸売業から生じた段ボール等の不用品等の譲渡（不用品等が

<table>
<tr><td rowspan="3">事業区分</td><td>● 飲食店業
（基通13-2-8
の2）</td><td>生じた事業区分とすることもできる）
③飲食店業
• 旅館、ホテル等において、請求書や領収書等により宿泊と明確に区分して代金を領収する飲食物の提供は、飲食店業に該当します。
• 食堂等が行う出前は飲食店業に該当しますが、調理した飲食物を持ち帰り用として販売する事業は製造業です。
• 飲食するための施設を設けず、調理した飲食物を宅配する事業は、製造業です。</td></tr>
<tr><td>5. 事業区分の方法
（基通13-3-1）</td><td>事業区分の方法は、帳簿に記帳する方法のほか、次の方法によることができます。
• 納品書、請求書、売上伝票又はレジペーパー等に事業の種類又は売上げの内容を記載する方法
• 事業場ごとに一の種類の事業のみを行っている場合は、その事業場ごとに区分する方法</td></tr>
<tr><td>6. 事業の区分をしていない場合
（令57④）</td><td>事業の区分をしていない売上げは、その課税期間に営む事業のうち最もみなし仕入率が低い事業に該当するものとみなされます。
　ただし、一の種類の事業に係る課税売上げのみを区分していない場合には、その課税期間における課税売上高から区分している事業に係る課税売上高の合計額を控除した残額を、その区分していない種類の事業に係る課税売上高とすることができます。
　例えば、第1種、第2種、第3種事業を行っている事業者が、帳簿上、第1種事業及び第2種事業に係る課税売上げを区分している場合には、区分していない残りの課税売上げは第3種事業として区分しているものとして取り扱うこととなります。</td></tr>
</table>

■事業区分具体例【目次】

■事業区分の具体例

【卸売業・小売業】

	内　　　容	事業区分	備　　　考
各種商品卸売業	仕入れた商品を事業者に販売	1	
	仕入れた商品を事業者しか入場できない特定の店舗で販売	1	
	事業者に会員証を交付し、会員証を提示した者にのみ商品を販売することとしている場合	1	
	店頭に消費者には販売しない旨の掲示をして事業者でなければ販売しない場合	1	
	仕入れた商品を事業者以外も入場できる店舗で相手の確認を行わず販売	2	
	仕入れた商品を事業者以外に販売	2	
	販売した商品についてその後行う修理やメンテナンス	5	
	仕入れた商品について性質及び形状の変更を行って事業者に販売	3	
	仕入れた商品について性質及び形状の変更を行って事業者以外に販売	3	
	代理商、中立商	4	
	商品代金と区別して受領する配送料	5	
	商品代金と区別して受領する配送料で運送業者等を利用し預り金として処理するもの	課税対象外	
	商品代金と区別して受領する配送料を預り金として処理した上で、利用した配送業者から受ける取次手数料	5	
	無償で配送サービスを行う場合の商品の販売	1	事業者以外に対する販売は第2種
	配送料を商品代金に含めて行う商品の販売と配送サービス	1	
	商品のこん包材、使用済みダンボール等の売却	4	こん包材等を生じさせた事業の区分に処理することも可
	自己の事業に使用していた建物、設備、機材、備品等の売却	4	
各種商品小売業	仕入れた商品を事業者に販売	1	
	仕入れた商品を事業者以外に販売	2	
	販売した商品についてその後行う修理やメンテナンス	5	
	仕入れた商品について性質及び形状の変更を行って事業者に販売	3	
	仕入れた商品について性質及び形状の変更を行って事業者以外に販売	3	
	商品代金と区別して受領する配送料	5	
	商品代金と区別して受領する配送料で運送業者等を利用し預り金として処理するもの	課税対象外	
	商品代金と区別して受領する配送料を預り金として処理した上で、利用した配送業者から受ける取次手数料	5	
	無償で配送サービスを行う場合の商品の販売	2	事業者への販売は第1種
	配送料を商品代金に含めて行う商品の販売と配送サービス	2	
	商品のこん包材、使用済みダンボール等の売却	4	こん包材等を生じさせた事業の区分に処理することも可
	自己の事業に使用していた建物、設備、機材、備品等の売却	4	

【卸売業・小売業】

内　　　容		事業区分	備　　考
製造問屋	自己が企画設計した商品を製造業者に発注し製造させ、完成品を仕入れて事業者に販売	1	
	自己が企画設計した商品を製造業者に発注し製造させ、完成品を仕入れて販売するもので、事業者への販売であることが確認できないもの	2	
	自己が企画設計し、材料を支給して製造業者に製造させ、完成品を仕入れて事業者に販売	3	
	自己が企画設計し、材料を支給して製造業者に製造させ、完成品を仕入れて販売するもので、事業者への販売であることが確認できないもの	3	
	顧客から商品の製造を受注して、材料を支給しないで製造業者に製造させて販売	3	
	第3種事業に伴い生じた加工くず、副産物の譲渡	3	
商標、ネーム等を貼付する行為	輸入品に自己の名称を表示したシールを貼付して販売	2	事業者への販売は第1種
	完成品を購入し、ビンや箱にラベルを貼付して販売	2	
	仕入れた商品に自己のロゴを付して販売	2	
	仕入れた商品等に販売先の他の事業者の名入れ等を行いその他の加工をしないで販売	1	
	別途受け取る名入れ代	5	
複数の商品の詰め合わせ	完成品を仕入れ、1ダースずつ箱に詰めて小売業者に販売	1	事業者への販売は第1種
	購入した複数の商品を選別し組み合わせ、セット商品として自己のロゴを貼付し販売	2	
	仕入れた商品を何種類か選んで袋に詰め、福袋として消費者に販売	2	
	完成品を仕入れ、製造した製品とのセット商品として販売	3	
デパートのテナント	売上高の一定率をテナント料として支払う場合の消費者への販売	2	
	テナントがデパートに商品を販売する商品販売契約（消化仕入れ）の場合	1	
無店舗販売	通信販売、訪問販売で事業者に販売	1	
	通信販売、訪問販売で消費者に販売	2	
	通信販売、訪問販売で購入者が事業者かどうか不明	2	
	自動販売機による販売	2	事業者しか購入し得ない場所に設置された場合は第1種
	化粧品の無店舗販売で、販売員（事業者）に販売	1	
	化粧品の無店舗販売で、消費者に販売	2	
眼鏡店	小売価格を明示しているレンズ、眼鏡枠を加工して明示した小売価格以外に加工賃を別途受領しない販売	2	
	検眼	5	
宝石店	仕入れた裸石と空枠を指輪に加工し加工賃を上のせして販売	3	
	陳列している裸石と空枠を客の希望により組み合わせて指輪にして販売（加工賃を受領しない）	2	事業者への販売は第1種
	客が持参した裸石と陳列している空枠を組み合わせて指輪にして販売（加工賃を受領しない）	2	
	購入する顧客に合わせて無償でサイズを調整して仕入れた商品を販売	2	
	顧客が持ち込んだ指輪等のサイズを調整する場合の工賃	5	

【卸売業・小売業】

	内　　　容	事業区分	備　　　考
衣服等販売	仕入れた背広の内側に名入れして販売	2	事業者への販売は第1種
	既製品である制服に、販売先の事業者名等を刺繍して事業者に販売	1	
	既製品である制服の販売に伴って別途収受する刺繍名入れ料	5	
	服の販売に伴い別途受領するズボンの裾上料、上着の丈直し賃	5	
	既製品を仕入れてデザインの改良をし、オリジナル商品として販売	3	
	呉服の仕立小売、洋服の仕立小売	3	
	服地の販売と同時に仕立てを請け負い、服地代と仕立代とを区分して請求	3	原則として、全体が第3種
	受注製造する業者のカタログを示し、顧客が選択したものを発注して完成品を仕入れて販売	2	事業者への販売は第1種
	仕入れた商品全体にデザインとして染色等の加工を施して販売	3	
	生糸を染色して販売	3	
	白地のTシャツを染色して販売	3	
	仕入れたタオル生地をタオルの大きさに切断し、ネーム等を印刷してタオルとして事業者に販売	3	
	タオルの吸水性を高めるために洗浄して販売	2	事業者への販売は第1種
	靴の修理	5	
家電店	個人事業者に対する仕入れた家電の販売	1	
	法人に対する仕入れた家電の販売	1	
	仕入れた家電の店頭販売	2	事業者への販売は第1種
	仕入れた本体、モニタ、プリンタ、キーボード等をセットにして行うパソコンの販売	2	
	メモリの増設、ソフトのインストール等をして行うパソコンの販売	3	
	パーツを組み立てパソコンを製作して販売	3	
	ソフトをカスタマイズして販売	5	
	仕入れた家電の販売につき無料で配送取付工事を行う	2	事業者への販売は第1種
	仕入れた家電の販売につき別途取付工事料等を受領する場合の商品代金部分	2	
	仕入れた家電の販売につき別途受領する配送料、取付工事料	5	
	仕入れた家電を配送、取付工事込みで販売し、商品代金と工事代金の区別なく一括で受領	5	全体が第5種 区分していない場合はみなし仕入率の低い事業となる
	販売した家電について一定期間の保証をするために受領するアフターサービス料	5	
	保証期間中に無料で修理を行い交換した部品代のみ受領	2	事業者への販売は第1種
	販売した家電の有料修理代	5	
	販売した家電の有料修理に使用し、作業料とは別に示した部品代	5	全体が第5種
	交換した部品代（交換作業以外に修理をしていない）	2	事業者への販売は第1種

【卸売業・小売業】

【卸売業・小売業】

簡易課税の事業区分具体例

	内　　　容	事業区分	備　　考
カメラ店	フィルムや写真立て等の店頭販売	2	事業者への販売は第1種
	カメラの店頭販売	2	
	フィルムの現像、焼付、引き伸ばし	5	
	デジタルカメラで撮影された画像データを預ってプリント、シール等に加工	5	
	フィルムの現像等の依頼を受け、外注先等に発注し、プリントして顧客に引き渡し	5	
	DPE取次業	5	
	あらかじめ撮影しておいた写真を使用してポストカードを作成し販売	3	
	プリントやネガを預って年賀はがき、カレンダーを作成	3	
	自動販売機による証明写真	5	
	客の依頼により記念写真を撮影、現像し台紙、額に入れて販売	5	
文具店	仕入れた文房具等を店頭で販売	2	事業者への販売は第1種
	事務用品等を仕入れ、販売先の名入れを行って事業者に販売	1	
	仕入れた印鑑に名前を彫刻して販売	3	
	仕入れた表札素材に名前を彫刻又は揮毫して販売	3	
	仕入れた賞状に名前を揮毫して販売	3	
	印鑑、表札の製作を受注し、外注先に製造させて販売	3	
	名刺の印刷を受注し、外注先に名刺を製造させて販売	3	
食料品小売店	菓子製造小売、パン製造小売、豆腐・かまぼこ等加工食品製造小売、惣菜・弁当等の製造小売	3	製造小売業は第3種となる
	お茶、菓子等の食料品を店頭で販売	2	事業者への販売は第1種
	お茶、菓子等の食料品を掛売り契約している個人事業者に販売	1	
	お茶、菓子等の食料品を法人に販売	1	
	製品として完成しているものを仕入れて単に温める程度で消費者に販売	2	
	購入した缶詰、ビン詰食品を箱詰めし、中元、歳暮用ギフトとして百貨店等に販売	1	
	購入した缶詰、ビン詰食品を箱詰めし、中元、歳暮用ギフトとして店頭販売	2	事業者への販売は第1種
	仕入商品であるハムとベーコンを組み合わせて、セット商品として小売業者に販売	1	
	仕入商品であるハムとベーコンを組み合わせて、セット商品として店頭販売	2	事業者への販売は第1種
	仕入れた食材を洗浄し切り分けて調理レシピを添付して宅配	2	
	仕入れた食材に調理を加えて宅配	3	
	商品代金と区別して受領する配送料	5	
	アイスクリーム屋、駄菓子屋におけるソフトクリームの販売	2	事業者への販売は第1種

【卸売業・小売業】

内	容		事業区分	備　考
食肉小売店	仕入れた肉を切る、挽く、たれに漬け込む、混ぜ合わせる、こねる、乾かす等（食肉小売店において通常販売する商品に一般的に行われる軽微な加工）を加えて同一の店舗で販売	仕入れた肉をスライスして販売	2	事業者への販売は第1種（食品小売店以外の業者が行った場合には第3種となる場合がある）
		仕入れた肉をスライスしタレに漬け込んで販売	2	
		仕入れた肉をミンチ肉にして販売	2	
		仕入れた肉を生ハンバーグにして販売	2	
		仕入れたハムをスライスして販売	2	
	ブロイラーを購入し、解体して焼鳥用に串に刺して販売		3	
	仕入れた肉を主材料としてコロッケを製造して過熱しないで販売		3	
	仕入れた肉を主材料としてシューマイ、餃子を製造して過熱しないで販売		3	
	仕入れた肉を材料としてポテトサラダを製造して販売		3	
	牛を購入し、牛肉塊、原皮等にして事業者に販売		3	
	仕入商品に加熱行為等を伴う加工を行って販売	焼く、蒸す、煮る、揚げる等	3	
		仕入れた肉をタタキ、チャーシュー、ローストビーフにして販売	3	
		仕入れたハンバーグを加熱して販売	3	
		仕入れた肉をハンバーグにして加熱して販売	3	
		仕入れたコロッケやトンカツを油で揚げて販売	3	
	仕入れた肉をスライスして真空パック処理して販売		2	事業者への販売は第1種
	仕入れた肉をスライスして冷凍処理して販売		2	
鮮魚小売店	仕入れた魚を切る、挽く、たれに漬け込む、混ぜ合わせる、こねる、乾かす等（鮮魚小売店において通常販売する商品に一般的に行われる軽微な加工）を加えて同一の店舗で販売	3枚おろし、ひらき、切り身、刺身にして販売	2	事業者への販売は第1種（食品小売店以外の業者が行った場合には第3種となる場合がある）
		すり身にして販売	2	
		鮮魚に塩を振りかけて販売	2	
		タレ漬け、酢漬けにして販売	2	
		ウニ・カキ等を購入し、殻を取り除いて箱詰めして販売	2	
	仕入れた大きさのまま又は切断して、串に刺して販売		3	
	うなぎを開いて串に刺して販売		3	
	生サケに塩をまぶし、新巻として販売		3	
	生わかめを乾燥わかめ又は塩わかめにして販売		3	
	生サケから取り出した卵の薄皮を剥いで塩漬けしイクラとして販売		3	
	かつおぶしを購入し、削りぶしにして販売		3	
	海苔を仕入れ裁断し、袋に小分けして販売		2	
	仕入商品に加熱行為等を伴う加工を行って販売	焼く、蒸す、煮る、揚げる等	3	
		ほし海苔をあぶって焼き海苔にして販売	3	
		焼き魚、煮魚にして販売	3	
		かつおをタタキにして販売	3	
		てんぷらにして販売	3	

【卸売業・小売業】

	内　　　容	事業区分	備　　考
青果小売店	購入した果物を天日で乾燥させて販売	3	
	生しいたけを乾燥させて干ししいたけにして販売	3	
	落花生を煎って殻から取り出し、ピーナッツとして販売	3	
	仕入れた果物をすりつぶして砂糖等と混ぜ合わせ冷凍しシャーベットとして販売	3	
	購入した果物を進物用に籠盛りにして販売	2	事業者への販売は第1種（食品小売店以外の事業者が行った場合には第3種となる場合がある）
	購入した果物の表面を薬品等で着色して販売	2	
	購入した果物を放置して熟成させて販売	2	
	購入した果物を一口大にカットしてパックに詰めて販売	2	
	購入した果物を一口大にカットして冷凍処理して販売	2	
	農家から野菜を仕入れ、皮むき、千切り等をして販売	2	
	大根を千切り乾燥して千切り大根として販売	2	
	農家から野菜を仕入れ、漬物にして販売	2	
茶の小売店	荒茶を仕入れ、加工して製品茶として販売	3	
	自己で製造した茶と他から購入した茶とを混ぜ合わせて販売	3	
	購入した茶どうしを混ぜ合わせて店頭販売	2	事業者への販売は第1種
	仕入れたコーヒー豆をブレンドして店頭販売	2	
	仕入れたコーヒー豆をミルで挽いて袋に入れて店頭販売	2	
米穀店	仕入れた玄米を精米し、店頭販売	2	事業者への販売は第1種
	仕入れた玄米を精米する際に出た糠を店頭販売	2	
	仕入れた米を一般家庭に配達して販売（配送料はサービス）	2	
	仕入れた米を事業者に配達して販売（配送料はサービス）	1	
	仕入れた複数の米を混合して店頭販売	2	事業者への販売は第1種
	仕入れた複数の米を混合して食堂に販売	1	
ベーカリー	パンの生地を仕入れ、焼いて店頭で消費者に販売	3	
	冷凍パイを仕入れ、焼いて店頭で消費者に販売	3	
	仕入れたパンを材料としてサンドイッチに調理して販売	3	
	仕入れたパック飲料を販売	2	
	製造したパンを百貨店に卸売り	3	
	店舗内に飲食スペースを設けて店内飲食用として製造したパンを販売	4	
	店舗内に飲食スペースを設けて店内飲食用として仕入れたパック飲料を販売	4	
コンビニエンスストア	仕入れた商品の販売	2	事業者への販売は第1種
	仕入れた弁当を電子レンジで加熱して販売	2	
	自動販売機による仕入商品の販売	2	
	自動販売機、ATMを設置させたことにより業者から受ける手数料	5	
	宅配の仲介手数料	5	
	携帯電話加入の受付手数料	5	
	電話代、電気代等の振込業務の事務代理手数料	5	
	映画やコンサートのチケットの販売	非課税	
	映画やコンサートのチケットの販売代行手数料	5	
自動販売機による販売	清涼飲料水、レトルト食品を一定の温度で保存する自動販売機で販売	2	
	コップ販売式の自動販売機でコーヒー等の飲料を販売	2	
	コップ販売式の自動販売機でコーヒー等の飲料を販売（ミルク、砂糖等が混入される）	2	

【卸売業・小売業】

内　　　容	事業区分	備　　考
自動販売機による販売 給湯装置などにより販売時に調理を行う自動販売機によりカップ麺等を販売	2	
自動販売機を設置させ手数料を受領	5	
新聞販売店 新聞を事業者に販売	1	
新聞を消費者に販売	2	
折込広告収入	5	
仏具店 仏壇、仏具を寺院に販売	1	製造販売は第3種
仏壇、仏具を消費者に販売	2	
仕入れた墓石に文字等を彫刻して販売	3	
薬局、薬店 医師の処方箋による調剤、投薬	非課税	
調剤した薬を販売	3	公的な医療保障制度に係る医療等としての資産の譲渡等は非課税
仕入れた薬を販売	2	
仕入れた薬を病院に販売	1	
仕入品（栄養ドリンク、洗剤等）の販売	2	事業者への販売は第1種
消毒液を18ℓ缶で仕入れ、小売用容器に小分けして販売	2	
医療機器の販売 購入した医療機器を病院に販売	1	
製造した医療機器を病院に販売	3	
自動車・自転車販売 普通乗用自動車を個人に販売	2	
普通乗用自動車を個人に販売する場合で、名入れ塗装等により事業用であることが明らかなとき	1	
普通乗用自動車を法人に販売	1	
業務用のバス、トラックを個人に販売	1	
業務用のバス、トラックを法人に販売	1	
ユーザーの希望に応じてオプションを取り付けて販売（取付料はサービス）	2	事業者への販売は第1種
ユーザーの希望に応じてオプションを取り付けて販売した場合の取付料	5	
中古車に板金、塗装、部品の取替え等を施して販売	3	
中古車に点検、清掃、ワックスがけ等の行為をして販売	2	事業者への販売は第1種
タイヤやオイルの交換（工賃部分はサービス）	2	
自動車の支給を受けて保冷車等に改造する事業	3	
自転車の部品を仕入れ自転車を組み立てて販売	3	
ユーザーが選択した自転車の部品を仕入れ自転車を組み立てて販売	3	
運送の利便のために分解されている自転車の部品等を単に組み立てて販売	2	事業者への販売は第1種
ユーザーの自転車を預り仕入れた部品を使用して改造	4	
ガソリンスタンド等 店舗における給油	2	
店舗における給油で屋号が塗装されているなど事業用であることが明らかな車両である場合	1	
店舗における給油で事業者との契約による掛売り	1	
元売業者と委託販売契約を締結している場合の軽油の販売	4	売上高は委託販売手数料
タイヤやオイルの交換（工賃部分はサービス）	2	事業者への販売は第1種
洗車、ワックスがけ、点検等	5	
プロパンガスの販売店が、プロパンガスを食堂や工場に販売	1	
石油ガスを運送業者、タクシー業者に販売	1	

【卸売業・小売業】

	内　　　　容	事業区分	備　　考
家具・建具店	家具・建具・畳の製造小売	3	
	運送の利便のために分解されている組立て式の家具を組み立てて販売	2	事業者への販売は第1種
	畳の表替え、裏返し、修理	5	
	オーダーメイドによるカーテンやカーペットの仕立て販売	3	
建設資材等の販売	木材を仕入れ、角材にして販売	3	第1種に該当するとしているもので、一般小売店舗における販売等、事業者に対する販売であることが明らかであるといえないものは第2種
	9寸角の木材を仕入れ、3寸角の柱にして販売	3	
	床柱用の木材を仕入れ、皮むき、切断等を行い床柱にして販売	3	
	木材に防虫剤を注入して販売	3	
	土砂を購入して選別、水洗いし、生コン用、埋め立て用として販売	1	
	コードや電線をカットしてメーター売り	1	
	ガラスを仕入れ、注文に応じて縦、横に裁断して建設業者に販売	1	
	仕入れた板金を取引先等の注文により、単に縦、横に裁断して事業者に販売	1	
	仕入れた板金を取引先等の注文により、裁断して縁を丸めて事業者に販売	3	
	仕入れた板金を取引先等の注文の形状に裁断して事業者に販売	3	
	仕入れた板金を取引先等の注文により、単に縦、横に裁断して穴をあけて事業者に販売	3	
	他から購入した鉄屑を溶かして地金とし他の事業者に販売	3	
	鋼材の強度を増す目的で焼入して他の事業者に販売	3	
	仕入れたサッシとガラスを組み立て、規格品仕様のサッシ窓として建設業者に販売	1	
	仕入れたサッシとガラスに裁断等の加工を行い、規格外の窓として販売	3	
	サッシ窓の製作等を請け負う場合	3	
	サッシを組み立てて現場に搬入し取付工事をする場合	3	
	給排水設備工事等の設備を伴わない簡単な据付工事を行うシステムキッチン等の販売	1	
	別途請求する据付料	5	
	工務店との給排水設備工事等に係る一括請負契約により、システムキッチンの納入・据付けを行う場合	3	
	組立式の二段式駐車場設備等を仕入れ、基礎工事を行い、組立て、据付けて納入する場合	3	
	海外からボルト・ナット類を輸入し、それを国内規格に合わせて削ったり、広げたりして事業者に販売	3	
	仕入れた建設機械を販売	1	
	カタログ販売の建設機械を簡単な組立作業をして販売	1	
	カタログ販売の建設機械について据付工事契約をし、工事費込みで販売	3	
	墓石に文字等を彫刻して販売	3	
	消火器の薬材の詰め替え	1	
	仕入れた建設機械を他の事業者にリース	5	
	事業者に対するリースで、税法上売買取引とされるもの	1	
	事業者に対するリースで、税法上金融取引とされるもの		資産の譲渡等に該当しない
花店	生花を仕入れて盛花、かご花として店頭で販売	2	事業者への販売は第1種

【卸売業・小売業】

	内　容	事業区分	備　考
花店	種、球根を仕入れてある程度の生育をして販売	3	
	生花を仕入れてドライフラワー、ポプリ、押し花にして販売	3	
	ディスプレイ等の手数料	5	
ペットショップ	仕入れた子犬をそのまま販売	2	事業者への販売は第1種
	生まれたばかりの子犬を仕入れてある程度成育して販売	3	
	仕入れた犬をつがいにして生ませた子犬をある程度成育して販売	3	
	つがいにして子犬を生ませた親犬を販売	4	
	仕入れたペット用缶詰の販売	2	事業者への販売は第1種
	仕入れたペット用装備品等の販売	2	
	ペットホテル	5	
	鰯をエサ用にミンチ、冷凍、ブロック状（こませ）にして販売	3	
再生資源回収業	回収したものをそのまま分別して販売	1	
	回収したものを解体、分別して販売	1	
	廃車処理のため購入した廃車を解体して鉄くずとして販売	1	
	購入した廃車から使用可能な部品を取り出して販売	1	事業者以外に対する販売は第2種
	電線を購入し、ゴム部分を取り外して銅部分を販売	1	
	購入した古紙、空き瓶、空き缶等を運送の利便のため裁断、プレスして販売	1	
	鉄スクラップを製鉄原料として炉に直接投入できるようにプレス、粉砕して販売	3	鉄スクラップ加工処理業に該当する
	廃棄処理するために廃品等を有料で引取り	5	

【農業、林業、漁業】　※令和元年10月1日以後は、農林水産業のうち消費税の軽減税率が適用される飲食料品の譲渡を行う事業は第2種となります。

	内　容	事業区分	備　考
農業	耕種農業、畜産農業	3	原材料の支給を受けて行う加工処理は第4種
	果樹園農業者が観光果樹園を併設し、果物狩りをさせる事業	3	
	自己が育成した牛の売却	3	
	事業用資産である乳牛の売却	4	
	養豚業における廃豚（母豚）の売却	4	
	自己が育成又は採取した牧草及び芝生の販売	3	
	仕入れた芝を一定規格に切り分けて販売	2	
	農業従事者が他の農業従事者の田植え、稲刈り等を手伝う	4	
	農業サービス業、園芸サービス業（加工賃等を得る事業に該当するもの）	4	
	種馬により種付けを行う畜産サービス業	4	
	子馬を牧場で放牧、育成することを請け負い、成長させて引き渡す畜産サービス業	4	
	農業用水供給事業	3	
	土地改良区が行う土地改良事業	3	
	土地改良区が国等からの委託により行う調査設計業務等	5	
	庭師が行う植木の剪定	4	
	庭師が、石、庭園樹等を自己で調達し、庭造りを行う造園業	3	
	仕入れた植木をそのまま販売	2	

【農業、林業、漁業】　※令和元年10月１日以後は、農林水産業のうち消費税の軽減税率が適用される飲食料品の譲渡を行う事業は第２種となります。

	内　　容	事業区分	備　　考
農業	仕入れた植木を剪定して販売	2	事業者への販売は第１種
	仕入れた苗木を土に植えて保管（生育を前提としない）した後に販売	2	
林業	育林業、素材生産業、特用林産物生産業	3	原材料の支給を受けて行う加工処理は第４種
	狩猟、天然きのこの採取	3	
	森林内で樹脂・樹皮（松やに、うるし等）を採集して販売	3	
	林業従事者が他の林業従事者の下草刈り、炭焼き、丸太の皮剥ぎ等を手伝う	4	
	林業サービス業（加工賃等を得る事業に該当するもの）	4	
	林業サービス業に該当していても、苗木を購入して育林を行う場合	3	
漁業	海面漁業、内水面漁業、海面養殖業、内水面養殖業	3	原材料の支給を受けて行う加工処理は第４種
	漁業従事者が他の漁業従事者の船に乗り込んで漁業に従事する給与以外の人的役務の提供	4	
	養殖業者が、稚魚を仕入れて成魚にして販売	3	
	委託により稚魚、稚貝の支給を受けて養殖する事業	4	
	漁業従事者が他の漁業従事者の養殖等を手伝う	4	
	漁、養殖をせず、成魚を仕入れて販売	1	事業者以外に対する販売は第２種
	潮干狩をさせる事業（貝の採取は漁業に該当）	3	
農業、林業、漁業に係る事業に伴い生じた加工くず、副産物の譲渡		3	
自己の事業に使用していた建物、設備、機材、備品等の売却		4	

【鉱業、採石業、砂利採取業】

内　　容	事業区分	備　　考
金属鉱業、石炭・亜炭鉱業	3	原材料の支給を受けて行う加工処理は第４種
採石業、砂・砂利・玉石採取業	3	
他の者の鉱区を下請けにより採掘する事業でダイナマイト等の原材料を自己で持たない場合	4	
他の鉱業従事者の採掘した鉱物を請負により破砕、選別する事業	4	
原油・天然ガス鉱業	3	
原油、天然ガス鉱業者が他の者の鉱区を下請によりボーリング又は採掘する場合	4	
これらの製造業に係る事業に伴い生じた加工くず、副産物の譲渡	3	
自己の事業に使用していた建物、設備、機材、備品等の売却	4	

【建設業】

	内　　容	事業区分	備　　考
各種建設業	一般土木建築工事業、土木工事業、舗装工事業、建築工事業、木造建築工事業、建築リフォーム工事業	3	原材料の支給を受けて行う加工処理は第４種
	大工工事業、土工・コンクリート工事業、左官工事業	3	
	鉄骨・鉄筋工事業	3	
	石工・れんが・タイル・ブロック工事業	3	
	板金・金物工事業	3	
	塗装工事業	3	
	床・内装工事業	3	

【建設業】

内　　容	事業区分	備　　考
各種建設業　サッシ等のコーキング事業	3	原材料の支給を受けて行う加工処理は第4種
電気工事業、電気通信・信号装置工事業	3	
管工事業	3	
機械器具設置工事業	3	
上記各種建設業のうち、原材料を自己調達し、材料代と工事代金を別請求している場合	3	原則として全体が第3種
上記各種建設業のうち、原材料を自己調達し、補助材料の支給を受けて行う工事等	3	
上記各種建設業のうち、原材料の支給を受けて、補助材料を自己調達して行う工事等	4	
上記各種建設業のうち、原材料の支給を受け建設工事の一部を行う人的役務の提供	4	
上記各種建設業のうち、道具等を持参し又は道具等を持参しないで行う人的役務の提供	4	
上記各種建設業のうち、工事用資材を自己で持たず他の事業者の工事に人夫を派遣する事業	4	
上記各種建設業のうち、機械等を持参し原材料を持たないで行う事業	4	
上記各種建設業者が行う修繕	3	
上記各種建設業者が行う修繕で原材料の支給を受けるもの	4	
しゅんせつ工事業	4	
とび工事業、解体工事業	4	
他の者からの委託に基づくはつり、解体工事	4	
解体工事と建設工事とを一括して請負	3	
建設業者が、受注した工事を他の建設業者に丸投げした場合	3	
塗装、しっくい等の資材を自己で調達して請け負う塗装工事	3	
塗装、しっくい等の主要な資材の無償支給を受けて請け負う塗装工事	4	
デザイン性の高い塗装や装飾、看板書き	5	
建設工事の企画、調査、測量、設計、監督等	5	
自己が建設した建物の補修工事	3	
自己が建設した建物等の補修工事で材料費のみを請求する場合	3	
建物等の補修工事で材料費と工事費を区分請求する場合	3	
建物等の補修工事を下請業者に請け負わせ、仲介料のみを受領する場合	5	
一定期間の補修工事につき定額で請け負う場合	3	
一定期間は無償で補修工事、メンテナンスを行うことを約し、定額で受領する保守料	5	
建設業者が行う修繕（原材料の支給を受けるものを除く）	3	
建設業者が行う修繕で原材料の支給を受けて行うもの	4	
機械等の製造業者が、部品の支給を受けて行う組立	4	
配管業者が注文により水道管等の長さを調整し、裁断して販売	1	事業者以外に対する販売は第2種
冷暖房施設工事業者が冷房機の保守点検の際に、必要に応じ行うフロンガスの充填（その他のサービス業に該当）	5	
建設業に係る事業に伴い生じた加工くず、副産物の譲渡	3	
自己の事業に使用していた建物、設備、機材、備品等の売却	4	

【製造業】

内　　容	事業区分	備　　考
食品製造業　畜産食料品製造業、水産食料品製造業、野菜缶詰・果実缶詰・農産保存食料品製造業、調味料製造業、糖類製造業、精穀・製粉業、パン・菓子製造業、動植物油脂製造業	3	原材料の支給を受けて行う加工処理は第4種

【製造業】

簡易課税の事業区分具体例【製造業】

内　　　容	事業区分	備　　考
食品製造業		
玄米の支給を受けて行う精米	4	
もち米の支給を受けて行う賃もち	4	
麦の支給を受けて行う製粉	4	
果物等の支給を受けて行う缶詰加工	4	
貝、えびの支給を受けて行うむき身の製造	4	
野菜を漬物にして販売	3	食料品小売店であれば、通常販売する商品に一般的に行われる軽微な加工を加えて同一の店舗で販売するものは第2種
仕入れた肉をスライスしタレに漬け込んで販売	3	
仕入れた肉をミンチ肉にして販売	3	
仕入れた肉を生ハンバーグにして販売	3	
仕入れた鮮魚をすり身にして販売	3	
仕入れた鮮魚をタレ漬け、酢漬けにして販売	3	
かつおぶしを購入し削りぶしにして販売	3	
生ワカメを乾燥ワカメ又は塩ワカメにして販売	3	
落花生を煎って殻から取り出しピーナッツとして販売	3	
鰻を開いて串に刺して販売	3	
仕入商品等に焼く、煮る等の加熱処理を行い販売	3	
自己で製造した商品と仕入商品との混合	3	
飲料・たばこ・飼料製造業		
清涼飲料製造業、酒類製造業、茶・コーヒー製造業、製氷業、たばこ製造業、飼料・有機質肥料製造業	3	原材料の支給を受けて行う加工処理は第4種
天然水の販売（自ら採取して販売するものでないもの）	2	事業者への販売は第1種
自ら採取して行う天然水の販売	3	
原材料の支給を受けて行う加工処理	4	
酒類の支給を受けて行う酒類のビン詰め	4	
果物等の支給を受けて行うジュースの製造	4	
繊維工業		
製糸業、紡績業、化学繊維・ねん糸等製造業、織物業、ニット生地製造業、染色整理業、綱・網・レース・繊維粗製品製造業、外衣・シャツ製造業、下着類製造業、和装製品・その他の衣服・繊維製身の回り品製造業	3	原材料の支給を受けて行う加工処理は第4種
糸・テープ等の支給を受けて行う糸・テープ等の巻取り	4	
糸の支給を受けて行う反物等を織る作業	4	
生地又は刺繍糸の支給を受けて行う刺繍	4	
糸又は生地の支給を受けて行う染色	4	
反物等の支給を受けて行う裁断、縫製	4	
生地の支給を受けて行う縫製（糸、ボタン等を自己で調達する）	4	
洋服メーカーが指示を受けて行う洋服の型紙の製作	3	
木材・木製品製造業、家具・装備品製造業		
製材業、木製品製造業、造作材・合板・建築用組立材料製造業、木製容器製造業	3	原材料の支給を受けて行う加工処理は第4種
家具製造業、宗教用具製造業、建具製造業、その他の家具・装備品製造業	3	
竹製品、とう製品の製造	3	
9寸角の木材を、4寸角の柱にして販売	3	
木材の支給を受けて皮むき、切断等する事業	4	
原材料の支給を受けて容器、履物を組立加工する事業	4	
製作された容器、履物等の支給を受けて行う塗装	4	
木材の支給を受けて行う折箱等の製造	4	
工芸品の製造業者が、材料の支給を受けて工芸品を製造	4	
パルプ製造業等		
パルプ製造業、紙製造業、加工紙製造業、紙製品製造業、紙製容器製造業	3	原材料の支給を受けて行う加工処理は第4種
紙の支給を受けて紙製品を製造する事業	4	

【製造業】

内　　　容		事業区分	備　　考
印刷業等	印刷業、製版業	3	印刷業原材料の支給を受けて行う加工処理は、第4種
	写真植字業	3	
	製本業、印刷物加工業、印刷関連サービス業（原材料の支給を受けて加工処理を行うもの）	4	
	葉書の支給を受けて行う印刷	4	
	紙の支給を受けて行う印刷	4	
	印刷物の支給を受けて製本を請け負う事業	4	
化学工業、石油製品・石炭製品製造業	化学肥料製造業、無機化学工業製品製造業、有機化学工業製品製造業	3	原材料の支給を受けて行う加工処理は第4種
	油脂加工製品・石けん・合成洗剤・界面活性剤・塗料製造業	3	
	医薬品製造業	3	
	化粧品・歯磨・その他の化粧用調整品製造業	3	
	石油精製業、潤滑油・グリース製造業、コークス製造業、舗装材料製造業、その他の石油製品・石炭製品製造業	3	
プラスチック製品、ゴム製品等製造業	プラスチック製品製造業、ゴム製品製造業、なめし革・同製品・毛皮製造業	3	原材料の支給を受けて行う加工処理は第4種
	成形用樹脂の支給を受けて行う成形加工	4	
	プラスチック製品の支給を受けて行う塗装、メッキ、組立	4	
	革、毛皮の支給を受けて行うなめし、調整、仕上げ	4	
	革、毛皮の支給を受けて行う縫製	4	
窯業・土石製品、金属製品製造業等	窯業・土石製品製造業、鉄鋼業、非鉄金属製造業、金属製品製造業	3	原材料の支給を受けて行う加工処理は第4種
	陶磁器等の支給を受けて行う塗装、メッキ、蒔絵、沈金を施す事業	4	
	金属の支給を受けて行うメッキ	4	
	金属の支給を受けて行う表面処理	4	
	金属の支給を受けて行う鋳造、鍛造、圧延、溶接	4	
	金属の支給を受けて行うプレス、シャーリング、打ち抜き、プレス、施盤加工又は彫刻	4	
	金型の支給を受け金属を自己で調達して抜き打ちプレス等を行う事業	3	
	アルミのインゴットやプレス加工済の半製品等の支給を受けて行う塗装等	4	
機械器具製造業等	はん用機械器具製造業、生産用機械器具製造業、業務用機械器具製造業	3	原材料の支給を受けて行う加工処理は第4種
	電子部品・デバイス・電子回路製造業	3	
	電気機器具製造業、情報通信機械器具製造業、輸送用機械器具製造業	3	
	機械の組立を請け負って行う事業	4	
	部品の支給を受けて組立を行う事業	4	
	部品の支給を受けて溶接を行う事業	4	
	原材料の支給を受けて行う旋盤等による部品の下請加工	4	
	パイプの支給を受け切断、曲げ作業等を行う事業	4	
	製作した機械の販売と据付けが別の取引と認められる場合の本体部分	3	
	機械の販売と据付けが別の取引と認められる場合の据付料金部分	5	
	製造から据付けまでの一貫した請負契約の場合	3	
	基板の支給を受けて基板に文字を印刷する事業	4	

【製造業】

内　　容		事業区分	備　　考
機械器具製造業等	他の事業者が開発したソフトウエア等の譲渡	2	事業者への販売は第1種
	自己が開発したソフトウエア等の譲渡	5	
	他の事業者が開発したソフトウエアをOSとして機械本体に組み込んで販売	3	
	コンピュータの製作に当たり、制御用プログラム（基幹ソフトウエア）を開発し、組み込んで販売	3	
	ソフトウエアを開発し、仕入れたコンピュータに組み込んで一括して販売	5	
	自己が開発したソフトウエアをOSとして仕入れた機械本体に組み込んで販売	5	
	自己が開発したソフトウエアをOSとして仕入れた機械本体に組み込み、ソフトウエアと機械本体を区分して販売する場合のソフトウエア部分	5	
	自己が開発したソフトウエアをOSとして仕入れた機械本体に組み込み、ソフトウエアと機械本体を区分して販売する場合の機械本体部分	2	事業者への販売は第1種
	自動車の支給を受けて保冷車等に改造する事業	3	
	鉄道車両の製造業者が行う鉄道車両の修理	3	
	船舶の製造業者が行う船舶の修理	3	
	航空機製造業者及び航空機用原動機製造業者が行う航空機のオーバーホール	3	
	完成品の検査を行う事業（商品検査業に該当）	5	
	機械の修理を行う事業	5	
	機械器具製造業者が行うオーバーホール	5	サービス業（機械等修理業）に該当
	船舶製造修理業者、航空機製造業者が行うオーバーホール	3	修理業を含めて製造業に分類される
その他の製造業	貴金属・宝石製品製造業、装身具・装飾品・ボタン・同関連品製造業、時計・同部分品製造業	3	原材料の支給を受けて行う加工処理は第4種
	楽器製造業	3	
	がん具・運動用具製造業、ペン・鉛筆・絵画用品・その他の事務用品製造業	3	
	漆器製造業、畳等生活雑貨製品製造業	3	
	宝石の支給を受けて行う切断、研磨、取付け	4	
	真珠の支給を受けて行う染色	4	
	製品の支給を受けて漆塗りを行う事業	4	
	わらの支給を受けて畳を製造する事業	4	
	畳の表替え、裏返し、修理は他に分類されないその他の修理業に該当	5	
	造花及び脚を用いて花輪を製作する事業	3	
これらの製造業に係る事業に伴い生じた加工くず、副産物の譲渡		3	
自己の事業に使用していた建物、設備、機材、備品等の売却		4	

【電気・ガス・熱供給・水道業】

内　　容	事業区分	備　　考
電気業（電気を供給する事業）	3	
地上に太陽光パネルを設置して太陽光発電により電気を供給する事業	3	
賃貸住宅の屋根に太陽光パネルを設置して太陽光発電により電気を供給する事業	3	
ガス業（導管によりガスを供給する事業）	3	

【電気・ガス・熱供給・水道業】

内　　　容	事業区分	備　　　考
熱供給業	3	
上水道業、工業用水道業、下水道業、農業集落排水事業	3	
導管により供給する簡易水道業、農業集落排水事業	3	
サービスステーションが行うガス器具の修理、点検等	5	
プロパンガスを家庭用ボンベ等に詰め替えて販売（中味のみの取引形態となっているもの）	2	事業者への販売は第1種
温泉の泉源を保有し、旅館等に温湯を供給する事業	5	
停泊する船舶に給水栓、タンク船により飲料水の供給を行う事業	2	事業者への販売は第1種
これらの製造業に係る事業に伴い生じた加工くず、副産物の譲渡	3	
自己の事業に使用していた建物、設備、機材、備品等の売却	4	

【情報通信業】

内　　　容	事業区分	備　　　考
固定電気通信業、移動電気通信業、電気通信に附帯するサービス業	5	
公共放送業、民間放送業、有線放送業	5	
ソフトウエア業、情報処理・提供サービス業、インターネット付随サービス業	5	
注文に応じソフトウエアを設計して販売	5	
ソフトウエアの設計を外注先に依頼し設計させて顧客に納品する事業	5	
ソフトウエアの設計依頼を受け外注先に丸投げした場合	5	
ソフトウエアを開発し、他から仕入れた機械本体に組み込んで一括して販売	5	
自己が開発したソフトウエアをOSとして仕入れた機械本体に組み込み、ソフトウエアと機械本体を区分して販売する場合のソフトウエア部分	5	
自己が開発したソフトウエアをOSとして仕入れた機械本体に組み込み、ソフトウエアと機械本体を区分して販売する場合の機械本体部分	2	事業者への販売は第1種
ゲームソフトの制作（パソコン、携帯ゲーム等）	5	
映像情報制作・配給業、音声情報制作業	5	
映像・音声・文字情報制作に附帯するサービス業	5	
新聞業、出版業、広告制作業	3	
印刷を自ら行わない出版	3	
出版業者が紙や葉書の支給を受けて行う印刷	4	
新聞等における紙上広告、出版事業者の広告収入	5	
第3種事業に伴い生じた加工くず、副産物の譲渡	3	
第3種事業以外の事業に伴い生じた加工くず、副産物の譲渡	4	加工くず等を生じさせた事業の区分に処理することも可
自己の事業に使用していた建物、設備、機材、備品等の売却	4	

【運輸業、郵便業】

内　　　容	事業区分	備　　　考
鉄道業、道路旅客輸送業、道路貨物運送業、水運業、航空運輸業	5	
倉庫業	5	
こん包業、運送代理業、運輸施設提供業等の運輸に附帯するサービス業	5	
郵便業、信書便事業	5	
日本郵便株式会社等以外の者が行う郵便切手類の譲渡（非課税とならない郵便切手類の譲渡）	2	事業者への販売は第1種
これらの事業に係る事業に伴い生じた加工くず、副産物の譲渡	4	
自己の事業に使用していた建物、設備、機材、備品等の売却	4	

簡易課税の事業区分具体例　【金融業、保険業】【不動産業・物品賃貸業】【学術研究、専門・技術サービス業】

【金融業、保険業】

内　　　容	事業区分	備　　考
銀行業、協同組織金融業、貸金業、クレジットカード業等非預金信用機関、金融商品取引業、補助的金融業、保険業等の各種受取手数料	5	
保険代理店手数料	5	
商品先物取引業者が行う商品の自己売買	2	事業者への販売は第1種 資産の引渡しを伴わない差金決済は不課税
これらの事業に係る事業に伴い生じたダンボール等不用品の譲渡	4	
自己の事業に使用していた建物、設備、機材、備品等の売却	4	

【不動産業・物品賃貸業】

	内　　　容	事業区分	備　　考
不動産取引業、不動産賃貸業・管理業	土地売買業、建物売買業、不動産代理業・仲介業	6	
	他の事業者が建築施工したものを購入してそのまま販売する事業	2	事業者への販売は第1種
	自ら施工したものを販売	3	
	自らが施主となって請負契約により建築業者に施工させたものを販売	3	
	土地付建物を買取り、そのままの状態で消費者に販売	2	土地部分は非課税
	土地付建物を買取り、そのままの状態で事業者に販売	1	
	注文住宅を請け負って下請けに建築させて販売	3	
	中古住宅をリフォーム（塗装、修理等）して販売	3	
	不動産賃貸業	6	
	駐車場の貸付け	6	
	不動産管理業	6	
物品賃貸業	各種物品賃貸業	5	
	リース取引のうち売買とされるもの	2	事業者への販売は第1種
	リース取引のうち金融取引とされるもの		資産の譲渡等に該当しない
第3種事業に伴い生じた加工くず、副産物の譲渡		3	
第3種事業以外の事業に伴い生じたダンボール等不用品の譲渡		4	不用品を生じさせた事業の区分に処理することも可
自己の事業に使用していた建物、設備、機材、備品等の売却		4	

【学術研究、専門・技術サービス業】

	内　　　容	事業区分	備　　考
学術・開発研究機関	学術・開発研究機関	5	
	学術・開発研究機関が行う開発製造した物品の販売	3	
専門サービス業等	法律事務所、特許事務所、公証人役場、司法書士事務所、土地家屋調査士事務所、行政書士事務所、公認会計士事務所、税理士事務所、社会保険労務士事務所	5	
	デザイン業、経営コンサルタント業、純持株会社	5	
	著述家業、評論家業、芸術家業、声楽家業、作曲家業、ピアニスト業、映画監督業	5	
	広告業、獣医業、土木建築サービス業、機械設計業、商品・非破壊検査業、計量証明業、写真業、その他の技術サービス業	5	
	建設工事の企画、調査、測量、設計、監督等	5	
	地質調査、市場調査、世論調査、社会調査	5	
	ピアノ、オルガンの調律	5	

【学術研究、専門・技術サービス業】

	内　容	事業区分	備　考
専門サービス業等	専門サービス業者が行う仕入商品の販売	2	事業者への販売は第1種
	写真館が結婚式等の写真を撮影し、単に台紙等にはめ込み、記念写真として作成・引き渡す事業	5	
	写真館が遠足に同行して撮影した写真を希望者に販売	5	
	写真館が小学校等からネガの支給を受け、又は自ら撮影した写真を基に卒業アルバム等を製作	3	
第3種事業に伴い生じた加工くず、副産物の譲渡		3	
第3種事業以外の事業に伴い生じたダンボール等の不用品の譲渡		4	不用品を生じさせた事業の区分に処理することも可
自己の事業に使用していた建物、設備、機材、備品等の売却		4	

【宿泊業、飲食サービス業】

	内　容	事業区分	備　考
旅館、ホテル業	宿泊サービス	5	
	区分せずに行う宿泊と食事の提供	5	
	宿泊サービスと区分して行う食事の提供	4	
	飲食物のルームサービス（宿泊料と区分してあるもの）	4	
	客室冷蔵庫の飲食物等の売上げ（宿泊料と区分してあるもの）	4	
	レストランにおける食事の提供	4	
	レストラン内で飲食させる目的で行う自動販売機によるジュース等の販売	4	
	自動販売機によるジュース、コーヒー等の販売	2	
	売店における仕入品の販売	2	事業者への販売は第1種
	売店において調理したサンドイッチ、オードブル等を販売	3	
	ホテルが外注して製造させたホテルグッズの販売	3	
	提携企業が製造したホテルグッズを仕入れて販売	2	事業者への販売は第1種
	売店における仕入商品の販売	2	
	ゲームコーナーの売上げ	5	
	レストラン経営をするテナントからホテルが受領するテナント料	5	
飲食店	食堂、レストラン、そば店、うどん店、すし店、酒場、ビアホール、バー、キャバレー、ナイトクラブ、喫茶店その他の飲食店の店内においてさせる飲食	4	
	飲食のための施設を有する飲食店が行う出前	4	
	調理した食品をテイクアウト用として販売	3	
	仕入れた食品をそのままテイクアウト用として販売	2	事業者への販売は第1種
	喫茶店が仕入れたケーキやコーヒー豆等を持ち帰り用に販売	2	
	仕出し	4	
	仕出専門店（飲食設備等を有していない）が行う仕出し	3	
	飲食店内にあるセルフサービス用の自動販売機による酒等の販売	4	
	料理代金とは別に徴収する料理代金の10％程度のサービス料、奉仕料等	4	
	宴会に際して客の求めに応じ芸者、コンパニオン等を外部の提携業者等から呼び、飲食代とは別に徴収する花代等	5	
	置屋等の芸者、コンパニオンの派遣料	5	
	食材の残りや残飯を肥料、飼料用としてリサイクル販売	4	

【宿泊業、飲食サービス業】

内　　容	事業区分	備　考
飲食設備等を有していない宅配ピザ店が行うピザの宅配	3	
飲食設備等を有している場合の宅配	4	
ハンバーガーショップ等飲食施設がある場合の持ち帰り用の販売（製造した製品）	3	
ハンバーガーショップ等飲食施設がある場合の持ち帰り用の販売（購入した商品）	2	
第3種事業に伴い生じた加工くず、副産物の譲渡	3	
第3種事業以外の事業に伴い生じた加工くず、副産物の譲渡	4	加工くず等を生じさせた事業の区分に処理することも可
自己の事業に使用していた建物、設備、機材、備品等の売却	4	

宅配ピザ等 は最初の4行に対応

【生活関連サービス業、娯楽業】

内　　容	事業区分	備　考
洗濯業	5	
一般公衆浴場業、その他の浴場業	5	
浴場における石鹸、シャンプー等の販売	2	
浴場における飲料等の販売	2	
美容室、理容室におけるカット、セット、パーマ等の技術売上げ	5	
美容室、理容室における化粧品、シャンプー等の販売	2	
エステティック業、リラクゼーション業、ネイルサービス業	5	
旅行業、家事サービス業、衣服裁縫修理業、物品預り業、墓地管理業、冠婚葬祭業	5	
結婚式場が請け負って行う結婚式、披露宴（飲食物の提供に係る対価を区分していても全体が第5種）	5	
骨壺等の販売	2	
映画館、興行場、興行団、競輪・競馬等の競走場、競技団	5	
体育館、ゴルフ場、ゴルフ練習場、ボウリング場、テニス場、バッティング・テニス練習場、フィットネスクラブ等、スポーツ施設提供業	5	
プロサッカー選手等のプロスポーツ選手の報酬	5	
俳優業、女優業	5	
歌手業、ダンサー業	5	
落語家業、漫才業、タレント業	5	
公園、遊園地、遊戯場	5	
ゴルフ場を経営する事業者が、会員権を発行する場合に受け取る入会金で返還しないもの	5	
入場料等と区分する物品の販売	2	事業者への販売は第1種
店内飲食用の酒類等の提供	4	
これらの事業に係る事業に伴い生じたダンボール等の不用品の譲渡	4	
自己の事業に使用していた建物、設備、機材、備品等の売却	4	

区分欄：洗濯・理容・美容・浴場業／その他のサービス業／娯楽業

【教育、学習支援業】

内　　　　容	事業区分	備　　考
学校教育に係る役務の提供で非課税とならないもの	5	
塾、予備校としての役務の提供	5	
ピアノ教室、バレエ教室としての役務の提供	5	
自動車教習所としての役務の提供	5	
その他教養・技能教授業	5	
学校が行う校内の売店での文房具・制服等の販売	2	
学校が経営する校内の売店への文房具・制服等の販売	1	
学校から委託を受けた校内売店業者が行う文房具・制服等の販売	2	
校内で売店を開設する事業者から学校が受領する手数料	5	
業者から委託を受けて制服等の販売をする場合に学校が受ける委託販売手数料	5	
学校が行う学校給食の提供、学校食堂	4	
学校から委託を受けて行う学校食堂の経営	4	
業者が、学校からの注文に応じて行う自己が調理した弁当の販売	3	
スクールバスの利用料（利用の有無に関係なく授業料に含めて全員から徴収する場合は非課税）	5	
博物館、美術館、動物園、水族館の入場料	5	
博物館等の売店でのみやげ物等の販売	2	事業者に対する販売は第1種
ダンボール等の不用品の譲渡	4	不用品を生じさせた事業の区分に処理することも可
自己の事業に使用していた建物、設備、機材、備品等の売却	4	

【医療、福祉】

内　　　　容		事業区分	備　　考
病院等	病院、一般・歯科診療所、助産・看護業、療術業、医療に附帯するサービス （公的な医療保障制度に係る療養、医療、施設療養又はこれらに類するものとしての資産の譲渡等、医師、助産師その他医療に関する施設の開設者による助産に係る役務の提供は非課税）	5	
	病院等が他から購入した物品を販売	2	
	病院内の売店における仕入れ商品の販売	2	
	病院内のレストランにおける飲食の提供	4	
保健所、健康相談施設		5	
社会保険事業団体、福祉事務所、児童福祉事業、老人福祉・介護事業、障害者福祉事業 （社会福祉法に規定する社会福祉事業及び更生保護事業法に規定する更生保護事業として行われる資産の譲渡等は非課税）		5	
授産施設等を経営する事業において授産活動としての作業に基づき行われる資産の譲渡		3	製造したもの
これらの事業に係る事業に伴い生じたダンボールなどの不用品の譲渡		4	
自己の事業に使用していた建物、設備、機材、備品等の売却		4	

【その他のサービス事業】

	内　　　　　容	事業区分	備　　　考
自動車整備業	自動車の整備・修理	5	
	自動車の整備、修理に伴う部品代	5	区分しても全体が第5種
	事業者に対して行うタイヤやオイルの交換の工賃	5	
	事業者に対してタイヤやオイルを交換（修理を伴わないもの）する場合のタイヤ代、オイル代	1	
	オイル交換等の工賃	5	
	下取りした中古車に板金、塗装、部品の取替え等を施して販売	3	
	下取りした中古車に点検、清掃及びワックスがけ程度を行って販売	2	事業者への販売は第1種
	損害保険等の代理店手数料	5	
	代車料	5	
機械等修理業	機械、電気器具等の整備・修理	5	
	機械等の整備、修理に当たり別途請求する部品代	5	区分しても全体が第5種
	交換した部品代（交換作業以外に修理をしていない）	2	事業者への販売は第1種
	部品交換等の工賃	5	
	表具業者が、軸装、額装により新たに掛軸等を製作して販売	3	
	表具業者が、主要原材料である作品及び額の支給を受けて額装を行う事業	4	
	郵便局、信書便事業（郵便物、信書便物として差し出された物の引受、取集・区分及び配達等を行う事業）	5	
廃棄物処理業		5	
職業紹介業、労働者派遣業		5	
速記・ワープロ入力・複写業		5	
建物サービス・警備業		5	
トレーディングスタンプ業		5	
宗教団体が経営する博物館、宝物殿等の入館料、駐車場の利用料等		5	
宗教団体が行う絵葉書、写真帳、暦等の販売（購入したもの）		2	事業者への販売は第1種
表具業者が、軸装、額装により新たに掛軸等を製作する事業		3	
表具業者が、主要原材料である作品及び額の支給を受けて額装する事業		4	
第3種事業に伴い生じた加工くず、副産物の譲渡		3	
第3種事業以外の事業に伴い生じたダンボール等の不用品の譲渡		4	不用品を生じさせた事業の区分に処理することも可
自己の事業に使用していた建物、設備、機材、備品等の売却		4	

【軽減税率と標準税率の具体例】

区分	【軽減税率】	【標準税率】	判定のポイント
食品表示法に規定する食品	• 食用として販売される塩	• 工業用として販売される塩	食品とは、食品表示法に規定する食品であり、人の飲用又は食用に供されるものをいう。
	• 食用の籾（もみ）	• 人の飲用又は食用に供されるものではない「種籾（たねもみ）」	
	• ケーキの材料など食材として販売されるかぼちゃの種	• 果物の苗木など栽培用として販売される植物及びその種子	
	• かき氷 • かき氷に用いられる氷や飲料に入れて使用される氷などの食用氷	• 保冷用の氷 • ドライアイス	
	• ミネラルウォーターなどの飲料水	• 水道水（ペットボトルに入れて食品として販売する場合を除く）	水道水は、飲食用も含めた生活用水として供給されるものであり、食品に該当しない。
	• 人の食用に供される活魚などの水産物	• 食肉加工することを目的に販売する生きている牛、豚、鳥	水産物は生きた状態で食品に該当するが、畜産物は切断した状態から食品に該当する（食品表示基準）。
	• 賞味期限が近い「食品」の特売	• 賞味期限切れの「食品」を廃棄するための譲渡	廃棄のために譲渡する食品は、人の飲用又は食用に供されるものではない。
	• 百貨店等における高級食材の販売	• 高級食材とは別料金の箱代	高級食材であっても軽減税率の対象となる。
	• 人の食用として販売する果物（購入者は動物の餌にする目的）	• 牛や豚等の家畜の飼料 • 人が食べても害のない材料を使用したペットフード	購入者の使用目的は食品であるかどうかの判定に影響しない。
医薬品	• 特定保健用食品、栄養機能食品 • 医薬品等に該当しない栄養ドリンク • 医薬品等に該当しない健康食品、美容食品	• 医薬品等に該当する栄養ドリンクや食品	「医薬品」、「医薬部外品」「再生医療等製品」は食品に該当しない。
酒類	• みりん風調味料	• みりん	酒税法に規定する酒類は食品に該当しない。酒類の判定は、アルコール分１度以上の飲料であるかどうかによる。
	• ノンアルコールビール	• ビール、発泡酒	
	• 料理酒などの発酵調味料（アルコール分が一度以上であるものの塩などを加えることにより飲用できないようにしたもの）	• 料理に使用する目的で購入する日本酒	

軽減税率と標準税率の具体例

区分	【軽減税率】	【標準税率】	判定のポイント
酒類	• 酒類を原料とした菓子	• 「食品」の原材料となるワイン	酒類を原料とした菓子であっても、その菓子が酒類に該当しなければ、食品に該当する。
	• アルコール分が1度未満の甘酒	• アルコール分が1度以上のかき氷	
	• 日本酒を製造するための米	• 日本酒	原材料の米は、酒類ではないため食品に該当する。
添加物	• 金箔（食品衛生法に規定する「添加物」として販売）	• 工業用の金箔	食品衛生法に規定する添加物は食品に該当する。
	• 食用及び清掃用に使用できる重曹を食品衛生法に規定する「添加物」として販売	• 食用及び清掃用に使用できる重曹を清掃溶剤として販売	人の飲用又は食用に供されるものとして販売するかどうかによる。
	• 化粧品メーカーが化粧品の原材料として購入する食用添加物の販売	• 化粧品メーカーへの化粧品の原材料の販売	購入者の使用目的は食品であるかどうかの判定に影響しない。
貸付け・役務の提供	• ウォーターサーバー用の水の販売	• ウォーターサーバーのレンタル	ウォーターサーバーのレンタルは資産の貸付けに該当し、飲食料品の譲渡ではない。
	• コーヒーの生豆	• 生豆の焙煎加工	加工は役務の提供に該当し、飲食料品の譲渡ではない。
	• パック旅行とは別に希望に応じて別料金で飲食料品を販売	• 飲食料品のお土産付きパック旅行（内訳としてお土産代を明示していても）	飲食料品のお土産付きパック旅行は、様々な資産の譲渡等を複合して提供されるもので、旅行として包括的な一の役務の提供となる。
		• パック旅行とは別に希望に応じて別料金で飲食料品の購入をあっせん	購入のあっせんは飲食料品の譲渡ではない。
	• 送料込みの飲食料品の販売 • インターネット等を利用した飲食料品の通信販売	• 飲食料品の販売に伴い別途徴収する送料	飲食料品の譲渡に要するものであっても、送料は飲食料品の譲渡の対価ではない。 通信販売であっても飲食料品の譲渡には軽減税率を適用する。
	• 自動販売機により行われるジュース、パン、お菓子等の販売（店内飲食でない）	• 自動販売機の販売手数料	自動販売機を設置させたことにより受ける販売手数料は、飲食料品の譲渡の対価ではない。
	• 会社宛ての領収書で実費精算する弁当代の支払い	• 食事代として支給する出張の日当の支払	出張等のための日当は、仮に従業員等が軽減税率の適用対象となる飲食料品の譲渡に充てたとしても、事業者は飲食料品の譲渡の対価として支出するものとはならない。

軽減税率と標準税率の具体例

区分	【軽減税率】	【標準税率】	判定のポイント
包装材料等	• 無料の容器に入れた飲食料品の販売 • 無料の保冷剤を付けた洋菓子の販売	• 飲食料品の対価とは別に徴収する容器代、ラッピング代 • 洋菓子の対価とは別に徴収する保冷剤代 • 無料で提供する容器の仕入れ	
	• キャラクターを印刷したビニール袋、プラスチック容器、紙箱、缶箱等に入れたお菓子の販売（装飾品や玩具等に該当しない缶箱等）	• キャラクター印刷代	包装材料等について別途対価を定めている場合のその包装材料等の譲渡は、飲食料品の譲渡には該当しない。
	• 食品添加物である炭酸ガスが充てんされたボンベの販売（ボンベ代無料）	• 炭酸ガスの対価とは別に徴収するボンベ代	
	• 割り箸、よう枝、スプーン、お手拭き等を付帯した弁当の販売	• 別料金の食器具等の販売	
	• ガラス瓶入りの飲料の販売	• 使用後の空き瓶の有償回収	空き瓶は飲食料品ではない。
	• 名称や産地等を直接印刷した桐の箱に入れて販売するメロン（税抜売価10,000円超）	• 食器として使用されると考えられる重箱入りのお節料理の販売（一体資産として判定）	高級食品で桐の箱等を使用する場合、商品名などを直接印刷等して、その飲食料品の販売のみに使用していることが明らかなときは、その包装材料等も含めて飲食料品の譲渡に該当する。 飲食の用に供された後において食器や装飾品として利用できる容器をあらかじめ食品と組み合わせて一の商品として価格を提示して販売しているものは一体資産に該当する。
一体資産	• 税抜売価10,000円の食品と食品以外が入った福袋（仕入対価の割合は、食品が$\frac{2}{3}$以上） • 税抜売価10,000円のビールとジュースの詰め合わせ歳暮商品（単品価格の比でジュースが$\frac{2}{3}$以上）	• 税抜売価10,000円の食品と食品以外が入った福袋（仕入対価の割合は、食品が$\frac{2}{3}$未満） • 税抜売価10,000円のビールとジュースの詰め合わせ歳暮商品（単品価格の比でジュースが$\frac{2}{3}$未満） • 税抜売価11,000円のビールとジュースの詰め合わせ歳暮商品（単品価格の比でジュースが$\frac{2}{3}$以上）	一体資産は、次のいずれの要件も満たす場合、その全体が軽減税率の適用対象となる。 ①一体資産の税抜価額が10,000円以下であること ②食品の価額の占める割合が$\frac{2}{3}$以上であること

軽減税率と標準税率の具体例

区分	【軽減税率】	【標準税率】	判定のポイント
一体資産	• 税抜売価10,000円の紅茶とティーカップのセット商品（紅茶の仕入価額2,000円、ティーカップの仕入価額1,000円）	• 税抜売価10,000円の紅茶とティーカップのセット商品（紅茶の仕入価額2,000円、ティーカップの仕入価額1,100円）	一体資産は、次のいずれの要件も満たす場合、その全体が軽減税率の適用対象となる。①一体資産の税抜価額が10,000円以下であること②食品の価額の占める割合が$\frac{2}{3}$以上であること
		• 単品では各6,000円、セット販売なら10,000円と表示した紅茶とティーカップのセット販売（紅茶は軽減税率、ティーカップは標準税率）	価額の内訳を表示するものは一体資産に該当しない。セット販売（一括譲渡）であっても、資産ごとに税率を判定する。
	• 仕入れに軽減税率が適用されたおもちゃ付きお菓子の販売（税抜売価10,000円以下）	• 仕入れに軽減税率が適用されたおもちゃ付きお菓子の販売（税抜売価10,000円超） • 仕入れに標準税率が適用されたおもちゃ付きお菓子の販売	軽減税率が適用された一体資産を仕入れる小売業者等は、自己の税抜売価が10,000円以下であれば軽減税率を適用する。
	• 税込売価10,800円（食品の価額の占める割合が$\frac{2}{3}$以上）の一体資産	• 税込売価10,801円（食品の価額の占める割合が$\frac{2}{3}$以上）の一体資産	税込みで価格設定した場合、10,801円から11,000円までは、税率10％で割り戻すと本体価額が1万円以下となるが、軽減税率の対象とならない。
レストラン・ファストフード店等	• レストランにおけるレジ前のお菓子の販売 • レストランへの食材の販売	• レストランにおける食事の提供	食事の提供又は持帰りのいずれに該当するかは、その飲食料品の提供を行った時点において、顧客の意思を確認して判定する。
	• 牛丼屋、ハンバーガー店等のテイクアウト（顧客が購入時に持帰りの意思表示） • 単品販売で、店内飲食のドリンクとは別に持帰り用に注文したハンバーガー	• 牛丼屋、ハンバーガー店等での店内飲食（顧客が購入時に店内飲食の意思表示） • 販売した飲食料品をトレイに載せて座席まで運ぶ場合 • ハンバーガーとドリンクのセットについてドリンクのみを店内飲食の意思表示（セット全体が標準税率）	
		• 飲食した残り料理の持帰り	
	• お土産用に注文した寿司の持帰り	• 寿司屋での店内飲食 • 店内で飲食する寿司と区別なく提供したものを客が自由に持帰り	

区分	【軽減税率】	【標準税率】	判定のポイント
レストラン・ファストフード店等	・飲食設備がない店舗での飲食料品の販売	・飲食店で、缶又はペットボトルのまま提供	ペットボトル飲料などをコップに入れずそのまま提供していても、店内で飲食させるものとして提供している場合は食事の提供に該当する。
		・飲食店のセルフサービスの飲食 ・カウンターのみの立ち食い	セルフサービスや立ち食いであっても、飲食設備における食事の提供に該当する。
	・コーヒーを持帰り用のカップに注いで販売	・持帰り用のカップを使用したが、顧客が店内飲食の意思表示をした場合	持帰り用のカップに注いでも顧客が店内飲食の意思表示をした場合は軽減税率の対象とならない。
	・そば屋の出前 ・ピザの宅配	・そば屋の店内飲食 ・ピザ屋の店内飲食	顧客の指定した場所まで単に飲食料品を届ける行為は、税率の判定に影響しない。
コンビニエンスストア等	・イートインコーナーを利用しないことを前提に販売される飲食料品	・イートインコーナーでの飲食を前提に提供される飲食料品	食事の提供又は持帰りのいずれに該当するかは、その飲食料品の提供を行った時点において判定する。
	・「イートインコーナーを利用する場合はお申し出ください」と張り紙をして、販売時にその申し出がない場合	・「イートインコーナーを利用する場合はお申し出ください」と張り紙をして、販売時にその申し出がある場合	大半の商品が持帰りである店舗においては、張り紙と申し出の有無により意思確認ができる。
	・休憩場所はあるが、飲食禁止である場合の飲食料品の販売	・建前は飲食禁止の休憩場所であるが、事実上飲食させる場合	実態として飲食できない休憩スペースは飲食設備ではない。
	・ドリンクだけが可能な休憩場所のあるスーパーマーケットが行う総菜の販売	・休憩場所で飲むと意思表示したドリンクの販売	
	・従業員がバックヤードで飲食する弁当の販売	・従業員が就業後にイートインを利用して飲食する弁当の販売	従業員専用のバックヤードは顧客により飲食に用いられないことが明らかであるため飲食設備に該当しない。
ホテル	・ホテルの売店における飲食料品の販売	・食事付きの宿泊サービス	ホテル宿泊という包括的な一の役務の提供となる。
		・ホテルのルームサービス	ルームサービスは、ホテル施設内の飲食設備において飲食させる食事の提供に該当する。
	・ホテルの客室に置かれたお菓子の販売 ・ホテル客室の冷蔵庫に置かれたジュースの販売	・ホテルの宴会場、会議室での食事の提供	ホテル等客室に置かれたお菓子や備え付けられた冷蔵庫内の飲料の販売は、単なる飲食料品の販売に該当する。
		・ホテルの冷蔵庫に置かれたビールの販売	酒税法に規定する酒類は食品に該当しない。

軽減税率と標準税率の具体例

区分	【軽減税率】	【標準税率】	判定のポイント
その他の施設	• 屋台での軽食（テーブル、椅子等の飲食設備がない場合）	• 屋台の軽食（テーブル、椅子、カウンター等の飲食設備で飲食させる）	屋台であっても、飲食設備があれば食事の提供に該当する。
	• 公園のベンチの前に出した屋台での軽食の販売（ベンチ使用許可等なし）	• 公園のベンチの前に出した屋台での軽食の販売（ベンチ使用許可等あり）	飲食料品の提供者と設備の設置者が異なる場合でも、双方の合意に基づきその設備を飲食料品の提供者の顧客に利用させるときは食事の提供に該当する。
	• フードコートで販売するが持帰りの意思表示により持帰り用に包装	• フードコートでの飲食	
	• 遊園地の売店が食べ歩き用のお菓子を販売	• 遊園地の売店が自ら管理するベンチ等で飲食するお菓子を販売	同じ施設内にあっても管理の及ばない設備はその事業者の飲食設備ではない。
	• 果物狩りで収穫した果物を別途対価を徴収して販売	• 果樹園での果物狩りの入園料（顧客に果物を収穫させ、その場で飲食させる）	顧客に収穫させ、その場で飲食させる役務の提供は飲食料品の譲渡ではない（潮干狩りや釣り堀等も同様）。
	• バーベキュー施設への食材の宅配	• バーベキュー施設におけるバーベキュー用の食材の提供	配達先がたまたまバーベキュー施設である場合の飲食料品の宅配は、飲食料品の譲渡に該当する。
	• バーに届ける出前	• カラオケ店が行う料理の提供	配達先がたまたまバーなど飲食する施設であっても、飲食料品の出前は飲食料品の譲渡に該当する。
	• 映画館や球場などの売店や弁当の移動販売	• 顧客の注文に応じてその座席等で行う食事の提供 • 売店のそばにテーブル等を設置し、その場で飲食させている場合	映画館や球場、飛行機や旅客列車等であっても、座席等で飲食させるために提供している場合は食事の提供に該当する。
	• 機内でのお菓子の販売 • 列車、新幹線のワゴンサービスの弁当販売	• 機内食の提供 • 食堂車における食事の提供 • 食事付き予約列車における座席での飲食	
給食	• 学校給食 • 老人ホーム及びサービス付き高齢者向け住宅等での食事の提供	• 学生食堂 • 企業の社員食堂 • 病院の給食（医療の提供に該当するものは非課税）	軽減税率は、学校給食及び老人ホーム等の給食に限定されている。
		• 老人ホームから受託した給食の調理	老人ホームとの給食調理委託契約に基づき行う食事の調理は、老人ホームの運営者が行う食事の提供ではない。

区分	【軽減税率】	【標準税率】	判定のポイント
ケータリング	• 企業の会議室に届ける宴会用の料理の販売	• 企業の会議室などで料理を提供するケータリング	相手方の指定した場所において調理や給仕を行う場合は、軽減税率の適用対象とはならない。
ケータリング	• 顧客の指定した場所に届けるだけの仕出し料理の販売	• 顧客の指定した場所で配膳を行う仕出し料理の販売	
ケータリング	• 調理用に加工した食材の宅配	• 食材を持ち込んで行う出張料理、料理代行サービス • 家事代行サービス	
ケータリング	• 喫茶店が会議室までコーヒーを配達	• 届けた会議室で給仕等の役務の提供	
ケータリング	• 配達先で味噌汁を取り分け用の器に注ぐ	• 器に注いだ味噌汁を各席に配置する	
輸入	• 食品の輸入 • 輸入した食品の販売	• 輸入した食品を飼料として販売	輸入の際に、人の飲用又は食用に供されるものとして輸入されるかどうかにより判定。
輸入	• 課税標準額が10,000円以下で食品の価格の占める割合が $\frac{2}{3}$ 以上である一体貨物の輸入	• 課税標準額が10,000円超、又は、食品の価格の占める割合が $\frac{2}{3}$ 未満である一体貨物の輸入	一体貨物の税率は一体資産に準じて判定。
新聞	• 定期購読契約による新聞	• 駅売りの新聞 • 電子版の新聞	電子版の新聞の配信は、電気通信利用役務の提供であり、新聞の譲渡に該当しない。

軽減税率と標準税率の具体例

【個人事業者が開業した場合の主な届出書・申請書】

●所得税

届出書等	提出期限等
個人事業の開業・廃業等届出書	事業開始等の日から1ヶ月以内に提出しなければならない。給与支払事務所等を開設する場合は、この届出書にその旨を記載する。
青色申告承認申請書	青色申告の承認を受けたい場合に提出する。 ①1月15日までに開業した場合……その年の3月15日 ②1月16日以後に開業した場合……事業を開始した日から2ヶ月以内
青色事業専従者給与に関する届出書	青色専従者給与を必要経費に算入したい場合に提出する。 ①1月15日までに開業した場合……その年の3月15日 ②1月16日以後に開業した場合……その日から2ヶ月以内 ③新たに事業専従者を有することとなった場合…その日から2ヶ月以内
源泉所得税の納期の特例の承認に関する申請書	源泉所得税等を年2回にまとめて納付したい場合に提出する。申請書を提出した日の翌月に支払う給与等から適用される。

●消費税

届出書等	提出期限等
適格請求書発行事業者登録申請書	事業開始日から登録する場合はその課税期間中に提出する。事業開始日に課税事業者かつインボイス発行事業者となる。
適格請求書発行事業者の公表事項の公表（変更）申出書	国税庁ホームページの公表事項として、「屋号」、「本店又は主たる事務所等の所在地」、「外国人の通称又は旧姓氏名」を新たに追加する又は変更する場合に、随時、提出する。
課税事業者選択届出書	事業開始日から選択する場合はその課税期間中に提出する。令和11年9月30日までは、適格請求書発行事業者登録申請書により課税事業者となるので、提出不要。
簡易課税制度選択届出書	事業開始日から選択する場合はその課税期間中に提出する。※選択しても2割特例適用可能。
課税期間特例選択届出書	事業開始日から選択する場合はその課税期間中に提出する。※選択すると2割特例適用不可。

●共通

届出書等	提出期限等
所得税・消費税の納税地の異動又は変更に関する申出書	個人事業者は、申告書の納税地欄に記載することで、納税地を変更することができる。申告前に、国税当局からの各種文書の送付先を事務所等の所在地としたい場合は、随時、申出書を提出することができる。

※上記は、e-Taxを利用してオンラインで届出又は申請をすることができます。送信受付日が提出の日となります。
※申請書や届出書を郵送する場合の提出日は、発送の日です（消印有効）。

2024/25

知っておきたい
紙の基礎！

今さら人に聞けない
基礎知識から
最新の業界動向まで

CONTENTS

知っておきたい 繊（パ）の基礎 2024/25